Max Planck Institute for Innovation and Competition

For further volumes/weitere Bände:
http://www.springer.com/series/7760

MPI Studies on Intellectual Property and Competition Law

Volume 21

Edited by

Josef Drexl
Reto M. Hilty
Joseph Straus

Reto M. Hilty • Frauke Henning-Bodewig
Herausgeber

Corporate Social Responsibility

Verbindliche Standards des
Wettbewerbsrechts?

 Springer

Herausgeber
Reto M. Hilty
Max-Planck-Institut für Innovation und
Wettbewerb
München
Deutschland

Frauke Henning-Bodewig
Max-Planck-Institut für Innovation und
Wettbewerb
München
Deutschland

ISSN 2191-5822
ISBN 978-3-642-54004-2
DOI 10.1007/978-3-642-54005-9
Springer Heidelberg New York Dordrecht London

ISSN 2191-5830 (electronic)
ISBN 978-3-642-54005-9 (eBook)

Die Deutsche Nationalbibliothek verzeichnet diese Publikation in der Deutschen Nationalbibliografie;
detaillierte bibliografische Daten sind im Internet über http://dnb.d-nb.de abrufbar.

Gedruckt auf säurefreiem und chlorfrei gebleichtem Papier

Springer ist Teil der Fachverlagsgruppe Springer Science+Business Media (www.springer.com)

Inhaltsverzeichnis

Autorenverzeichnis

Thomas Ackermann Prof. Dr. iur., LL.M. (Cambridge); Inhaber des Lehrstuhls für Bürgerliches Recht, Europäisches und Internationales Wirtschaftsrecht an der Ludwig-Maximilians-Universität, München

Axel Birk Prof. Dr. iur.; Präsident des Instituts für Unternehmensrecht, Hochschule Heilbronn

Yuanshi Bu Prof. Dr. iur., LL.M. (Harvard); Professorin für internationales Wirtschaftsrecht mit Schwerpunkt Ostasien an der Albert-Ludwigs-Universität, Freiburg

Thomas Cottier Prof. Dr. iur., LL.M.; Ordinarius für Europa- und Wirtschaftsvölkerrecht; Direktor des World Trade Institute an der Universität Bern, Schweiz

Jochen Glöckner Prof. Dr. iur., LL.M. (USA); Inhaber des Lehrstuhls für deutsches und Europäisches Privat- und Wirtschaftsrecht an der Universität Konstanz; Richter am OLG Karlsruhe

Irmgard Griss Prof. Dr. iur.; ehemalige Präsidentin des Obersten Gerichtshofs der Republik Österreich; Ersatzmitglied des österreichischen Verfassungsgerichtshofes; Honorarprofessorin an der Universität Graz

Frauke Henning-Bodewig Prof. Dr. iur.; Affiliated Research Fellow am Max-Planck-Institut für Innovation und Wettbewerb, München; Honorarprofessorin an der Friedrich-Alexander-Universität Erlangen/Nürnberg

Reto M. Hilty Prof. Dr. iur.; Direktor am Max-Planck-Institut für Innovation und Wettbewerb, München; Honorarprofessor an der Ludwig-Maximilians-Universität, München; Ordinarius ad personam an der Universität Zürich

Gregory Jackson Prof. Dr. phil. (Columbia); Professor für Betriebswirtschaftslehre, Personalpolitik an der Freien Universität, Berlin

Helmut Köhler Prof. Dr. iur.; em. Professor an der Ludwig-Maximilians-Universität, München; Lehrstuhl für Bürgerliches Recht, Recht des Geistigen Eigentums und Wettbewerbsrecht

Diana Liebenau wissenschaftliche Mitarbeiterin am Lehrstuhl für Bürgerliches Recht, Recht des Geistigen Eigentums und Wettbewerbsrecht an der Ludwig-Maximilians-Universität, München

Christoph Lütge Prof. Dr. phil.; Inhaber des Peter Löscher-Stiftungslehrstuhls für Wirtschaftsethik an der Technischen Universität, München

Ansgar Ohly Prof. Dr. iur., LL.M. (Cambridge); Inhaber des Lehrstuhls für Bürgerliches Recht, Recht des Geistigen Eigentums und Wettbewerbsrecht an der Ludwig-Maximilians-Universität, München; ständiger Gastprofessor an der University of Oxford

Alexander Peukert Prof. Dr. iur.; Professor für Bürgerliches Recht und Wirtschaftsrecht mit Schwerpunkt im internationalen Immaterialgüterrecht an der Goethe-Universität Frankfurt/Main, Exzellenzcluster Normative Ordnungen

Rupprecht Podszun Prof. Dr. iur.; Professor für Bürgerliches Recht, Immaterialgüter- und Wirtschaftsrecht an der Universität Bayreuth; Affiliated Research Fellow am Max-Planck-Institut für Innovation und Wettbewerb, München

Berrit Roth Ref. jur., MA (Sinologie); wissenschaftliche Mitarbeiterin an der Albert-Ludwigs-Universität, Freiburg

Franz Jürgen Säcker Prof. Dr. iur. Dr. rer. pol. Dres. h.c.; Direktor des Instituts für deutsches und europäisches Wirtschafts-, Wettbewerbs- und Regulierungsrecht an der Freien Universität, Berlin

Ingo Schoenheit Dr.; Geschäftsführender Vorstand des imug Instituts sowie Geschäftsführender Gesellschafter der imug GmbH

Gesine Schwan Prof. phil. Dr. Dr. h.c.; Präsidentin der Humboldt-Viadrina School of Governance, Berlin; ehemalige Präsidentin der Europa-Universität Viadrina in Frankfurt/Oder

Rudolf Streinz Prof. Dr. iur.; Inhaber des Lehrstuhls für Öffentliches Recht und Europarecht an der Ludwig-Maximilians-Universität, München

Jules Stuyck Prof. Dr. iur.; em. Universität Leuven, Belgien; Gastprofessor an der Central European University, Budapest, Ungarn sowie an der Université Panthéon-Assasse Paris II, Frankreich; Rechtsanwalt (Partner Liedekerke, Brüssel)

Axel von Walter Dr. iur.; Rechtsanwalt in München, Lehrbeauftragter an der Ludwig-Maximilians-Universität, München

Gabriela Wermelinger MLaw; Research Fellow und Doktorandin am World Trade Institute der Universität Bern, Schweiz

Teil I
Vorwort und Einführung

Vorwort und Einführung in die Thematik

Reto M. Hilty und Frauke Henning-Bodewig

Wirtschaftsethik ist eines der spannendsten Themen der letzten Jahre. Es beschäftigt nicht nur Ökonomen und Politologen, sondern auch die Juristen und hier insbesondere die Wettbewerbsrechtler. Im Fokus steht dabei das *Recht zur Bekämpfung unlauteren Wettbewerbs,* im deutschsprachigen Rechtskreis kurz auch Lauterkeitsrecht genannt. Es hat nicht nur in Deutschland große praktische Bedeutung erlangt. Vielmehr kennen alle entwickelten Wirtschaftsnationen – wenn auch mit unterschiedlichem Ansatz und mit unterschiedlicher Bedeutung – eigenständige Regeln zur Bekämpfung unlauteren Wettbewerbs.[1]

Im deutschen Wirtschaftsrecht, insbesondere im Lauterkeitsrecht, galt lange Zeit das *Leitbild des ehrbaren Kaufmanns.* So untersagte z. B. das Gesetz gegen unlauteren Wettbewerb (UWG) von 1909 jede gegen die „guten Sitten" verstoßende Wettbewerbshandlung, wobei der Begriff der guten Sitten anhand des „Anstandsgefühls aller billig und gerecht Denkenden" (und dieses Anstandsgefühl wiederum unter Heranziehung des Leitbilds des ehrbaren Kaufmanns) interpretiert wurde.

Die Ausrichtung am Leitbild des „ehrbaren Kaufmanns" in Deutschland stand dabei ganz im Einklang mit der damals in allen großen Wirtschaftsnationen vorherrschenden Ansicht. Dies spiegelt sich deutlich wider in der *Pariser Verbandsübereinkunft* von 1883, dem ersten großen internationalen Vertrag auf dem Gebiet des gewerblichen Eigentums, der seit 1900 in Art. 10bis ein Verbot der gegen die „anständigen Gebräuche" verstoßenden Wettbewerbshandlungen enthält. Dieser Begriff wird noch heute unter Einbeziehung ethischer Vorstellungen – allerdings

---

[1] Vgl. *Henning-Bodewig* (ed.), International Handbook on Unfair Competition, 2013.

R. M. Hilty (✉)
Max-Planck-Institut für Innovation und Wettbewerb
München, Deutschland
E-Mail: hilty@ip.mpg.de

F. Henning-Bodewig
Max-Planck-Institut für Innovation und Wettbewerb
München, Deutschland
E-Mail: Frauke.Henning-Bodewig@ip.mpg.de

R. M. Hilty, F. Henning-Bodewig (Hrsg.), *Corporate Social Responsibility,*
MPI Studies on Intellectual Property and Competition Law 21,
DOI 10.1007/978-3-642-54005-9_1, © Springer-Verlag Berlin Heidelberg 2014

beschränkt auf die im jeweiligen Handel und Gewerbe herrschenden Ansichten – interpretiert.

Das Leitbild des „ehrbaren Kaufmanns", der sein wirtschaftliches Verhalten an den „anständigen Gebräuchen" ausrichtet, ist freilich ein Spiegelbild der im letzten Jahrhundert vorherrschenden Sicht. In eine moderne, vorwiegend auf *Effizienz* ausgerichtete Wirtschaftswelt schien es nicht mehr zu passen. Im deutschen Wettbewerbsrecht wurde dieses Leitbild jedenfalls weitgehend aufgegeben. So trat im reformierten UWG von 2004/2008 anstelle des früher maßgeblichen Begriffs der „guten Sitten" die neutrale Formulierung „unlautere Geschäftspraktiken". Nach wohl vorherrschender Meinung wird die Unlauterkeit dabei funktional bestimmt, d. h. anhand der Folgen des geschäftlichen Verhaltens für den Wettbewerb.

Gegen diese Meinung werden inzwischen freilich wiederum gewichtige Argumente vorgetragen. Als Folge ist gerade in den letzten Jahren ein gewisses *Umdenken* zu verzeichnen. Mit der Frage, inwieweit eine *Ausgliederung der Ethik* aus dem UWG gerechtfertigt ist – und ob funktionale und ethische Interpretationen des Lauterkeitsbegriffs bei richtigem Verständnis überhaupt einen Gegensatz bilden -, hat sich das Max-PlanckInstitut für Innovation und Wettbewerb bereits 2008 ansatzweise befasst[2]. Schon dabei hat sich gezeigt, dass ein Abstellen auf allgemeine sittliche Moralvorstellungen im Wirtschaftsrecht genauso unangebracht erscheint wie das Ausblenden jeder ethisch geprägten Wertvorstellung der Wirtschaftsakteure. Erkannt wurde aber auch, dass der Bereich der *„ business ethics "* so facettenreich und anfällig für Missverständnisse ist, dass er einer grundsätzlichen Erörterung bedarf.

Die Finanz-und Wirtschaftskrise hat die Brisanz dieser Thematik eindrucksvoll verdeutlicht. Sie hat gezeigt, dass Wettbewerbsfreiheit nicht zwangsläufig zu einer erstrebenswerten Ausprägung von Wettbewerb führt. Vielmehr bedarf es offenbar eines Gegengewichts in der Form einer Kontrolle wirtschaftlichen Handelns unter dem Gesichtspunkt der „Fairness".

Die Bedeutung eines wirtschaftlich fairen Verhaltens – auch und gerade im Hinblick auf die eigene geschäftliche Reputation – hat längst auch die Wirtschaft selbst erkannt. Ein von Unternehmen ins Spiel gebrachtes Instrumentarium, das auf mehr wirtschaftliche Fairness abzielt, ist die sog. *Corporate Social Responsibility* (CSR). Gemeint sind damit von Unternehmen selbst gesetzte Standards in Bezug auf ihr wirtschaftliches Verhalten (z. B. Arbeitsbedingungen, Umweltverhalten, soziale Aspekte).

Diese Standards werden zunehmend auch *nach außen kommuniziert*, z. B. über das Internet, aber auch im Wege des Marketings und sogar in der Werbung. Sie dienen der Imagepflege und zielen teilweise direkt auf die Absatzförderung.

Wie ist es jedoch rechtlich zu beurteilen, wenn die Standards der Corporate Social Responsibility nicht mit dem tatsächlichen Handeln des Unternehmens übereinstimmen? Sind sie dann nur wohlklingende Absichtserklärungen, oder handelt es sich dabei um *rechtlich verbindliche* kommerzielle Kommunikationen – und wenn

---

[2] S. den Tagungsband *Hilty/Henning-Bodewig* (Hrsg.), Lauterkeitsrecht und Acquis Communautaire, 2009.

ja, unter welchen Voraussetzungen entsteht ein Rechtsanspruch gegen solche Unternehmungen? Anders gefragt: Gibt es ein „corporate right to lie", oder setzt das (deutsche, europäische, internationale) Recht diesem Verhalten Grenzen und wer kann die Einhaltung dieser Grenzen verlangen?

Ein vom Max-Planck-Institut für Innovation und Wettbewerb am 16./17. Mai 2013 in München veranstalteter *Workshop* diente der vertieften Diskussion dieser Frage, d. h. der Frage nach der rechtlichen Verbindlichkeit der Standards der Corporate Social Responsibility. Im Fokus stand dabei die Beurteilung anhand wettbewerbsrechtlicher – deutscher, aber auch internationaler und europäischer – Regeln. Eine derartige rechtliche Beurteilung ist jedoch nicht möglich ohne Diskussion der vorgeschalteten Frage, welche Rolle die Corporate Social Responsibility für die Unternehmen und die Abnehmer spielt und welcher Stellenwert ihr aus gesamtwirtschaftlicher und soziologischer Sicht zukommt. Aber auch die Vorstellungen anderer Rechtsordnungen und Kulturkreise können nicht unberücksichtigt bleiben, denn die zunehmende Globalisierung erfordert international akzeptierte Standards wirtschaftlichen Verhaltens. Zu diskutieren war dabei letztlich, ob es neben einem Verbraucherleitbild auch ein rechtlich verbindliches *Unternehmerleitbild* gibt oder geben sollte, wie dieses aussehen könnte und wer die Ausrichtung wirtschaftlichen Verhaltens an diesem Leitbild kontrollieren kann und sollte.

Die in dieser Publikation abgedruckten, überarbeiteten Referate beleuchten die unterschiedlichen *Facetten der Corporate Social Responsibility* und diskutieren schwerpunktmäßig – aber keineswegs ausschließlich – ihre rechtliche Verbindlichkeit unter verschiedenen, namentlich lauterkeitsrechtlichen Gesichtspunkten. Eine glatte Antwort auf alle Fragen dieser hochkomplexen Thematik vermögen sie naturgemäß nicht zu geben. Gleichwohl ist es den Teilnehmern – sämtlich herausragende Vertreter ihrer Disziplin – gelungen, die wissenschaftliche Diskussion einen großen Schritt voranzubringen.

Teil II
Keynote

Keynote

Gesine Schwan

Liebe Frau Henning-Bodewig, lieber Herr Hilty, meine Damen und Herren, es ist mir eine Freude, als Politologin einmal vor Juristen sprechen zu dürfen, denn das Thema der „Corporate Social Responsibility" (CSR) ist ja nicht nur aus juristischer, sondern auch aus politologisch/philolosophischer Sicht von großem Interesse. Das Verhältnis der Juristen zu den Politologen, zu denen ich mich zähle, ist leider häufig nicht ganz spannungsfrei. So wurde zum Beispiel einer der bekanntesten Professoren der Politikwissenschaft, Ernst Fraenkel, der nicht nur in Deutschland, sondern auch noch im amerikanischen Exil juristische Examina abgelegt und sogar im Auftrag der Amerikaner an der koreanischen Verfassung mitgewirkt hat, von den traditionellen Juristen immer etwas von oben herab angesehen, da er ja nicht an einer Juristischen Fakultät, sondern „nur" an einem politikwissenschaftlichen Institut, dem Otto-Suhr-Institut an der FU Berlin, lehrte.

Aus juristischer Sicht stellt das Thema des heutigen Workshops, nämlich die Corporate Social Responsibility, offenbar ein relativ neues Problem dar. Aber auch bei den Politologen wäre es vor 30 Jahren kaum auf die Tagesordnung gekommen. Auch bei ihnen herrschte lange Zeit die Meinung vor, dass Wirtschaft eben Wirtschaft sei und dass man – sofern man eine rechtliche Verbindlichkeit anstrebe – diese nur auf gesetzgeberischem Wege, also durch positiv-rechtliche Regelungen erreichen könne. Gewiss gab es auch damals schon eine Verantwortung der Wirtschaft in sozialen Dingen, z. B. gab es Unternehmer, die ihren Arbeitern Wohnungen zur Verfügung stellten, und natürlich ist in diesem Zusammenhang auch die Mitbestimmung zu nennen, bei der Deutschland anderen Ländern weit voraus war. Im Allgemeinen herrschte jedoch die Ansicht vor, dass ohne gesetzlich eindeutig festgelegte Regeln niemand für etwas zur Verantwortung gezogen werden könne, was er freiwillig zu leisten hätte. Dies schloss und schließt eine Art Doppelstrategie nicht aus, d. h. es wurde nicht selten versucht, den Staat so wirkungsvoll und so lange wie möglich von der Etablierung eben dieser rechtlichen Leitlinien abzuhalten, denn diese würden ja möglicherweise auf eine Beschränkung des unternehmeri-

G. Schwan (✉)
Humboldt-Viadrina School of Governance
Berlin, Deutschland
E-Mail: office.schwan@humboldt-viadrina.org

R. M. Hilty, F. Henning-Bodewig (Hrsg.), *Corporate Social Responsibility*,
MPI Studies on Intellectual Property and Competition Law 21,
DOI 10.1007/978-3-642-54005-9_2, © Springer-Verlag Berlin Heidelberg 2014

schen Handlungsspielraums hinauslaufen. Lange Zeit galt jedenfalls das Motto „the business of business is business", verbunden mit der zuweilen offen vorgetragenen Forderung, irgendwelche rechtlich bindenden Verpflichtungen bitte zu unterlassen.

Hier hat sich heute doch einiges geändert. Bevor ich jedoch auf diese geänderte Sichtweise eingehe, möchte ich noch kurz etwas zu dem Untertitel dieses Workshops „Die Fairness im Wirtschaftsleben: rechtlich verbindlich oder leere Worte?" anmerken. Dahinter scheint mir die Annahme zu stehen, dass das, was rechtlich verbindlich ist, auch wirksam ist. Aus der Sicht der Politikwissenschaft lassen sich jedoch unschwer Situationen nennen, in denen etwas zwar rechtlich verbindlich ist, aber gleichwohl – weil nicht befolgt – ins Leere läuft. Damit gewinnt für mich die Frage an Bedeutung, welche anderen Sanktions- und Implementationsmöglichkeiten es neben – nicht notwendigerweise statt! – der rechtlichen Verbindlichkeit gibt. Auch bei dem heutigen Workshop sollte man aus meiner Sicht verstärkt danach fragen, auf welch andere Weise als durch eine gesetzliche Regelung sich ein geschäftsethisches Verhalten durchsetzen ließe.

Aber zurück zu meinem Ausgangspunkt, dem gewandelten Selbstverständnis der Wirtschaft. Seit mehreren Jahrzehnten spricht man stark von der „Verantwortung der Wirtschaft" und meint damit – anders als früher – eine Verantwortung, die über die bereits erwähnte soziale Verantwortung für die eigenen Arbeitnehmer hinausgeht. Zurückzuführen ist dies sicher auch auf die zunehmend grenzüberschreitende Betätigung von Unternehmen, die die Möglichkeiten des Nationalstaates, über seine eigene Politik wirtschaftliche Betätigungen oder den Arbeitsmarkt, die Besteuerung usw. zu regeln, immer stärker einschränkt. Für die Unternehmen haben sich jedenfalls neue Freiräume geöffnet, d. h. sie können sich der nationalstaatlichen Gesetzgebung und den damit verbundenen Sanktionen entziehen. Zugleich hat die wirtschaftliche Betätigung weit intensivere Auswirkungen als früher auf das soziale, wirtschaftliche und kulturelle Umfeld, für das gemeinhin der Staat verantwortlich zeichnet. Ein krasses Beispiel hierfür ist die Verlegung von Arbeitsplätzen, für deren Kollateralschäden die Politik irgendwie aufkommen muss, während die Unternehmen, sofern sie ökonomisch und betriebswirtschaftlich geschickt agieren, einen ganz anderen Handlungsspielraum zu nutzen vermögen. Diese Disproportionalität ist in der letzten Zeit immer stärker zutage getreten und dürfte die Ursache dafür sein, dass die Diskussion über eine Verantwortung der Wirtschaft für die Negativfolgen des wirtschaftlichen Handelns zumindest in Gang gekommen ist. Diese Diskussion wird zunehmend auch auf globaler Ebene geführt, denn innerhalb der Nationalstaaten, auch Deutschlands, hält sich noch vieles von dem geschilderten traditionellen Selbstverständnis der Wirtschaft, während Missstände infolge der globalen Wirtschaftsbetätigung auch von multilateralen und transnationalen Organisationen, z. B. der organisierten Zivilgesellschaft, aufgegriffen werden.

Dieser Workshop befasst sich mit einem speziellen Aspekt dieses modernen Verständnisses von der Verantwortung der Wirtschaft, nämlich der Corporate Social Responsibility und zwar aus der Perspektive des Rechts, des Wettbewerbsrechts. Es geht, wenn ich es richtig verstanden habe, um die Frage, welche rechtlichen Regeln eingreifen, wenn ein Unternehmen die Einhaltung bestimmter Standards der Corporate Social Responsibility behauptet, in Wahrheit jedoch ganz anders handelt.

Sicherlich wird es dabei in rechtlicher Hinsicht eindeutige Fälle geben, z. B. klare Täuschungsfälle. Es wird aber genauso sicher auch Grauzonen geben, die nicht nur rechtlich schwer festzumachen sind, sondern die auch Ökonomen Kopfzerbrechen bereiten. Denn selbstverständlich darf die Möglichkeit der Unternehmen, überhaupt mit Gewinn zu operieren, nicht torpediert werden. Es kann also immer nur darum gehen, auf welche Art und Weise ein Gewinnstreben, das als solches völlig legitim ist, zu erfolgen hat und welche externen Effekte des eigenen Gewinnstrebens der Gemeinschaft aufgebürdet werden dürfen.

Letzteres lässt sich sicher nicht *ex cathedra* beantworten, sondern ist Teil der politischen Auseinandersetzung, wobei ich mit Politik nicht nur Parteipolitik meine, sondern von einem sehr viel breiteren, eher von *Aristoteles* inspirierten Politikverständnis ausgehe. Der Begriff Politik in diesem Sinne ist für mich durchaus positiv besetzt, denn trotz aller Vorbehalte gegen bestimmte Ausprägungen gibt es aus meiner Sicht keine Alternative, wenn es darum geht, in einem Gemeinwesen grundlegende Interessenkonflikte ohne Gewalt zu lösen. In diesem Zusammenhang spielt natürlich auch das Recht, ebenso wie die Wirtschaft und die Kultur, eine große Rolle. So vermag das Recht eine ganze Reihe von potentiell konfliktbehafteten Themen entweder von vornherein zu kanalisieren oder aber im Nachhinein zu entschärfen, wobei es bei der Setzung des Rechts auch immer wieder darum gehen wird, zuvor im politischen Diskurs Interessenkonflikte auszuhandeln.

Versucht man unter politischen, politologischen, soziologischen Gesichtspunkten das Verständnis der Corporate Social Responsibility zu erfassen, dann gibt es für mich drei Kategorien, in denen diese Außenwirkung entfaltet: Da ist zunächst einmal das traditionelle Sponsoring, eng verwandt mit Public Relations, z. B. in Form der finanziellen Unterstützung von Sportveranstaltungen, die nicht zuletzt wegen der häufig gegebenen Weiterverbreitung durch die Medien eine attraktive Möglichkeit der Bekanntmachung eines Unternehmens oder seiner Marke darstellen. Dann ist da der Bereich der Spenden, die man gut in das eigene Geschäftsmodell oder in Gewinnerwartungen einbauen kann. Und schließlich gibt es den Bereich, der für mich den eigentlichen Kern der Corporate Social Responsibility ausmacht, nämlich das Einstehen für das eigene Geschäftsmodell und das eigene Geschäftsumfeld, d. h. ökonomisch gesprochen, die Verantwortung für die externen Effekte des geschäftlichen Handelns. Dieses Verständnis von Corporate Social Responsibility steht klar im Gegensatz zu der früher vorherrschenden Auffassung, also dem Motto „so viel Business wie möglich und dann schauen wir mal, was passiert" – einschließlich der Auffassung, dass alles, was nicht explizit gesetzlich verboten ist, auch gemacht werden kann und wird.

Dieses neuere Verständnis von Corporate Social Responsibility – also die Verantwortung für das eigene Geschäftsmodell – ist in der Wirtschaft auch heute noch nicht allgemein akzeptiert. Wenn ich mitunter vor Unternehmern über das Verständnis der Wirtschaft von der sog. „Governance" – einem Begriff, auf den ich noch zurückkommen werde –, spreche, dann zeigt sich nicht selten, dass gerade mittelständische Unternehmen, die ja das Herz z. B. der deutschen Wirtschaft ausmachen, zwar ganz gerne das Theater ihrer Stadt unterstützen und vielleicht auch noch publikumswirksam ein paar Elitestudenten, aber wenig davon wissen wollen, dass zu einer „good governance" auch die Verantwortung für das eigene Geschäftsmodell und die Zuliefer- und Abnehmerkette zählt. Die Begeisterung nimmt dann erfahrungsgemäß noch mehr ab, wenn es um die Pläne der EU geht, über eine Richtlinie gewisse Standards der Corporate Social Responsibility verbindlich zu machen. Hier wird also noch sehr viel Überzeugungsarbeit geleistet werden müssen, d. h. man wird versuchen müssen zu vermitteln, dass niemand daran denkt, das Gewinnstreben als solches zu verteufeln, dass niemand die Wirtschaft in einen karitativen Verein umwandeln möchte, sondern dass es immer nur um die Frage geht, unter welchen Rahmenbedingungen, mit welchen Regeln, aber auch mit welch subjektiver Einstellung dieses Gewinnstreben erfolgt.

Und dies führt fast zwangsläufig zum Leitbild des „ehrbaren Kaufmanns", von dem bereits in der Einleitung die Rede war. Auch bei diesem Leitbild geht es ja um das Verhältnis von Regelwerk und subjektiver Einstellung. Die Haltung der Wirtschaft ist auch hier ambivalent. Einerseits gibt es die Forderung nach einem geschäftsethisch „richtigen" Verhalten der Unternehmen, sicherlich auch zum Teil in überzogener Form, denn Unternehmen müssen und sollen ja, wie bereits mehrfach betont, Gewinne erzielen können. Andererseits gibt es eine tatsächliche Einstellung, die nicht unbedingt mit dem geforderten Verhalten übereinstimmt. Sämtliche Bemühungen nutzen meines Erachtens daher nichts, wenn es an einer effizienten Überprüfung der „Compliance" fehlt. Solange hinter vorgehaltener Hand ganz andere Grundsätze gelten, als sie offiziell verlautbart werden – und zwar ohne irgendwelche Konsequenzen –, wirkt es irgendwie lächerlich, vom „ehrbaren Kaufmann" zu sprechen. Solange z. B. die Auffassung vorherrscht, „ohne ein bisschen Korruption zieht man keine Aufträge an Land" – und diese Auffassung ist mir jedenfalls vor den großen Korruptionsprozessen der letzten Jahre ganz offen begegnet –, dann wird sich an dem System als solchem nicht viel ändern.

Ein wesentlicher Punkt, an dem man ansetzen könnte, um das Leitbild des ehrbaren Kaufmanns glaubwürdig zu verankern, scheint mir die geschäftliche Reputation, der Ruf des Unternehmens zu sein. Dass es für Unternehmen durchaus wirtschaftlich attraktiv ist, über Corporate Social Responsibility-Grundsätze etwas zur Rufverbesserung zu tun, zeigt sich schon daran, dass Unternehmen – mitunter sogar in wahrheitswidriger Weise – damit werben, sich auf eine bestimmte Art „sozial" oder, weiter gehend, im Einklang mit bestimmten Grundregeln des „Global Compact", der vom ehemaligen Generalsekretär der Vereinten Nationen *Kofi Annan* ins Leben gerufen worden ist, zu verhalten, z. B. indem sie behaupten, für bestimmte Arbeitsbedingungen zu sorgen, Korruption zu vermeiden, die Umwelt zu schonen oder das unternehmerische Tätigwerden ganz allgemein in einem bestimmten rechtsstaatlichen Rahmen ablaufen zu lassen. Sobald Unternehmen derartige Themen jedoch nach außen kommunizieren, setzen sie sich einem gewissen Druck aus, Rechenschaft über ihr tatsächliches Verhalten ablegen zu müssen. Auch wenn sicher nach wie vor versucht wird, unterhalb des Radars dieser Rechenschaft zu fliegen, ist die Reputation ein großer Anreiz für Unternehmen, bestimmte Grundsätze eines geschäftsethischen Verhaltens aufzustellen und zu befolgen. Für die Allgemeinheit ergibt sich daraus jedoch erst dann ein Vorteil, wenn das Unternehmen sich auch tatsächlich wie angekündigt verhält. Die Ankündigungen müssen daher systematisch und fachkundig auf ihre Einhaltung hin überprüft werden.

Um noch einmal auf den „ehrbaren Kaufmann" zurückzukommen: Die Politikwissenschaft zeigt, dass es seit der Antike kein einziges institutionelles Regelsystem gegeben hat, das nicht pervertiert werden könnte. Positiv entfalten sich die Wirkungen eines Regelwerks immer nur dann, wenn es in Einklang mit der jeweiligen politischen Kultur steht. *Montesquieu* hat dies z. B. in seinem berühmten Werk „Vom Geist der Gesetze" (De l'Esprit des Lois) für die Republik, die Despotie und die Monarchie wie folgt erklärt: die Despotie funktioniert nur, wenn die Menschen Angst haben, die Monarchie nur, wenn sie ein gewisses Ehrverständnis in Bezug auf den Monarchen haben und sich in ihren jeweiligen sozialen Gruppen Ehrenkodizes unterwerfen und die Republik nur dann, wenn sie von der „Liebe zur Gleichheit" getragen ist. Ich benutze bewusst den Ausdruck „Liebe zur Gleichheit" – „l'amour de égalité" –, um zu verdeutlichen, dass es um mehr als ein zähneknirschendes Akzeptieren geht. „Gleichheit" bedeutet dabei keineswegs, dass nun alle Menschen dasselbe verdienen müssten, vielmehr geht es um die rechtliche Gleichbehandlung und den Anspruch, die Würde jedes Menschen auf gleiche Weise zu respektieren. Ob wir aber in Deutschland eine derartige „Liebe zur Gleichheit" als prägende Kultur haben, wage ich zu bezweifeln. Entsprechend problembehaftet ist dann auch das Unterfüttern mit Leitbildern wie dem des „ehrbaren Kaufmanns". Es wird einer gewissen Einordnung in das herrschende System bedürfen, um diesem Leitbild zum Zuge zu verhelfen.

Da es aus Unternehmersicht bei der Corporate Social Responsibility vor allem um die Reputation geht, dürfte der entscheidende Faktor für ihre Durchsetzung die Überwachung und Kontrolle durch die „organisierte Zivilgesellschaft" sein. Als Präsidentin der „*Humboldt-Viadrina School of Governance*" liegt mir gerade dies sehr am Herzen, denn die Corporate Social Responsibility ist Teil des weiteren Bereichs der „Governance". Ich verwende dabei bewusst diesen englischen Begriff, denn das deutsche Wort „Regierungsführung" wird bei uns gemeinhin assoziiert mit Exekutive, die nun gerade nicht gemeint ist. Normativ kann man von „good governance" sprechen, wenn ein bestimmtes unternehmerisches Verhalten demokratischen Prinzipien entspricht und menschenrechtliche Grundsätze beachtet. Bei der „good governance" spielen in Zeiten der Globalisierung immer mehr auch supranationale Vereinigungen, etwa die Vereinten Nationen oder die OECD, aber auch die Europäische Union, eine Rolle. Denn wie ich bereits eingangs sagte, stehen der transnational handelnden Wirtschaft Freiräume offen, deren Negativfolgen nicht mehr von einem Nationalstaat allein aufgefangen werden können. Ein typisches Beispiel hierfür ist die von mir gleichfalls bereits erwähnte Verlagerung von Arbeitsplätzen ins Ausland und die Nutzung von Infrastrukturen in einem Land, in dem – legalerweise – keine Steuern entrichtet werden. Ein wirklich wirksames Gegengewicht hierzu kann weder der einzelne Nationalstaat, der seinen eigenen nationalen Legitimationsmechanismen und auch Lobbyeinflüssen unterliegt, noch eine transnationale Organisation wie etwa die EU bilden.

„Good governance" lässt sich vielmehr nur dann erreichen, wenn es zusätzliche Kräfte gibt, die dafür sorgen, dass das Kräfteverhältnis zwischen Politik und

Wirtschaft austariert wird. Dabei ist es eine Aufgabe des gesellschaftlichen Diskurses festzulegen, welche durch die – zunächst völlig legitimen – Partikularinteressen entstehenden Kosten der Gemeinschaft auferlegt werden können und welche nicht. Die Zivilgesellschaft, also die nichtstaatliche Form der Gesellschaft, die sich gleichwohl politisch engagiert, muss Einfluss nehmen können auf diese Willensbildung und die daraus resultierenden Zielsetzungen. Vor allem durch den Appell an die Öffentlichkeit.

„Good governance" ist also das (durchaus auch konfliktreiche) Zusammenspiel der traditionellen Government-Akteure und -Verfahren, also Regierung, Parlament, Gerichtbarkeit, Parteien, sowie der transnational agierenden Unternehmen und der organisierten Zivilgesellschaft zugunsten gemeinwohlorientierter Entscheidungen.

Dies gilt auch für die von einzelnen Unternehmen aufgestellten Grundsätze der Corporate Social Responsibility, die ihrerseits sehr viel zu einer „good governance" beizutragen vermögen. Keiner der in ihre Bewertung involvierten Akteure hat von vornherein den Richtigkeitsanspruch für sich gepachtet, vielmehr muss eine „antagonistische Kooperation" stattfinden. Nur über eine öffentlich transparente Konfliktaustragung lässt sich auch das nötige Vertrauen in der Gesellschaft schaffen, weil alle Seiten einer Entscheidung ausgeleuchtet werden. Dies kann im Einzelfall eine Provokation in der Sache einschließen, um auf ein bestimmtes Problem aufmerksam zu machen, aber auch sie sollte bestimmten Spielregeln unterliegen. Alle Akteure müssen auf transparente Weise in den durch die Demokratie vorgegebenen Grundstrukturen tätig werden, d. h. ihre Aktionen müssen demokratisch legitimiert sein. Nur wenn nicht alles auf die Staatsspitze abgeschoben wird, sondern allgemein ein „good governance"-Verständnis herrscht und praktiziert wird, lässt sich auch in der europäischen Union weiterkommen.

Da aus der Sicht der Unternehmen bei der Corporate Social Responsibility die Reputation im Vordergrund steht, sind nach meiner Einschätzung auch diejenigen Sanktionen am erfolgreichsten, die diese Reputation in der Öffentlichkeit zu bedrohen vermögen. Natürlich ist die große Rolle, die man damit der Öffentlichkeit zugesteht, nicht ohne Gefahren. Die Öffentlichkeit lässt sich zweifelsohne auch manipulieren, z. B. indem über die Medien eine „Skandalisierung" bestimmter Ereignisse herbeigeführt wird, die in der Sache nicht angebracht ist. Mittlerweile agieren einige der zur „organisierten Zivilgesellschaft" zählenden Initiativen auch hochprofessionell. Die „organisierte Zivilgesellschaft" setzt sich aus vielen einzelnen, sehr unterschiedlichen Initiativen zusammen, auch mit unterschiedlichen Fähigkeiten und Bereitschaften zur Fairness. Die Gefahr einer derartigen Manipulation ändert jedoch nichts an der Bedeutung, die der „organisierten Zivilgesellschaft" in ihrem Zusammenspiel mit anderen Akteuren zukommt. Sie ist insbesondere auch für die Gesetzgebung wichtig. Letzteres zeigt deutlich das Problem der Korruption von Unternehmen im Ausland, auf das als erste eine Bürgerinitiative aufmerksam gemacht hat, was dann durch ein Dreierspiel von Vertretern der Unternehmen, der Politik und der Zivilgesellschaft zunächst von der deutschen Bundesregierung und dann von der OECD aufgegriffen wurde und das schließlich verschiedene nationale Gesetzgeber zum Handeln veranlasst hat. Mit anderen Worten: ohne Aktivitäten aus der Mitte der Gesellschaft wird sich auch Corporate Social Responsibility nicht erfolgreich durchsetzen lassen.

Es ist mir durchaus bewusst, dass gerade Juristen etwas mehr Berechenbarkeit im Hinblick auf die Durchsetzung von Grundsätzen der „good governance" oder auch der Corporate Social Responsibility anstreben und eine Sanktionierung über die Öffentlichkeit wegen deren Unberechenbarkeit nicht durchwegs für positiv halten. Gleichwohl denke ich, dass ein Zusammenspiel der genannten Akteure, Institutionen und Verfahren letztlich am wirkungsvollsten ist. Die Kunst wird darin bestehen, alle involvierten Aspekte gegeneinander abzuwägen und zur Not auch einmal mit der relativen Unsicherheit einer derart herbeigeführten Entscheidung zu leben. Wichtig erscheint mir dabei die Bereitschaft zu sein, eine Entscheidung notfalls auch zu korrigieren, nämlich dann, wenn die Unwägbarkeiten, die es in dieser Welt interdependenter Akteure nun einmal gibt, nachträglich eine andere Beurteilung erfordern. Eine Diskussion über die rechtliche Verbindlichkeit der Corporate Social Responsibility erfordert jedenfalls immer auch eine Diskussion darüber, durch welche anderen Maßnahmen – z. B. die Initiative der „organisierten Zivilgesellschaft" – man eine wirksame Durchsetzung erreichen könnte.

Teil III
CSR aus gesellschaftspolitischer Perspektive, aus Unternehmer- und Verbrauchersicht

A Socio-Political Perspective on Corporate Social Responsibility: Understanding Regulatory Substitution and the Persistence of Irresponsibility

Gregory Jackson

Abstract Corporate Social Responsibility (CSR) reflects a socio-political shift toward private self-regulation based on voluntarism and market-based pressures of enforcement. CSR initiatives have been linked to political demands for market liberalization and the absence of regulation, and legitimated increasingly in terms of a "business case" or positive-sum relationship between social responsibility and good business performance. The institutionalization of CSR as voluntary realm suggests several paradoxes observed in empirical evidence: between CSR as a complement or substitute of regulation, between responsible and irresponsible corporate actions, and between the diffusion and implementation of CSR. Empirical evidence suggests that CSR adoption is driven by substitution for formal regulation associated and business activities falling into regulatory voids. Moreover, its adoption is highly correlated with corporate irresponsibility. However, efforts to improve implementation through legal regulation or multi-stakeholder initiatives may threaten to undermine the business case that legitimated its initial adoption.

1 Introduction

Corporate social responsibility (CSR) started its career as a concept in *business ethics*, and has gradually spread. Mainstream research on business strategy has come to address the impact of CSR on company performance. A large literature now addresses whether or not policies aiming at greater responsibility toward salient stakeholders of the corporation result in greater financial returns, better reputation, or avoidance of organizational stigma associated with negative behaviors. A further stage of CSR research occurred with the discovery of CSR in political science. Here CSR is part of a wider field of *private governance*, which increasingly supplements or replaces state regulation. Looking at this trajectory, it is perhaps not surprising that CSR has now been "discovered" by legal scholars, who will surely bring their

G. Jackson (✉)
Department of Management, Freie Universität Berlin
Berlin, Germany
e-mail: gregory.jackson@fu-berlin.de

R. M. Hilty, F. Henning-Bodewig (Hrsg.), *Corporate Social Responsibility*,
MPI Studies on Intellectual Property and Competition Law 21,
DOI 10.1007/978-3-642-54005-9_3, © Springer-Verlag Berlin Heidelberg 2014

own unique questions and sets of concerns about CSR. For example, a legal perspective raises new questions about the interface between ethical responsibility and legal liability, private standard setting and legal regulation, or the nature of corporate disclosure.

Given this background, the paper aims to understand the emergence of CSR as a *new kind of socio-political phenomenon*. CSR is something of a trend that can be observed in different countries all over the world. But rather than simply being a management fashion, I will argue that CSR reflects a larger political shift in change in the relation between business and society. The paper proposes three paradoxes related to CSR: between CSR as a complement or substitute of regulation, between responsible and irresponsible corporate actions, and between the adoption and implementation of CSR.

2 Regulatory Models: From Law to Private Governance

Traditional models of regulation assume a context based in *law*. Enforcement is conducted by administrative agencies of the state. Private actors may prompt regulatory enforcement in cases of restitution, where they may sue each other in court with the force of law behind them. Legal rules of the game are created by governments, and in most European societies endowed with some legitimacy based on the democratic process. These rules are broadly aimed at the public interest—however that may be constructed in political terms within a particular time and place. Increasingly, this model has developed well known limitations in the context of global markets. A large social science literature now laments the declining regulative capacities of nation states, which are horizontally influenced by cross-border economic transactions flows of people, and attempts at regulatory harmonization—not least of which through the European Union.[1] Where economic transactions take place across multiple jurisdictions and faces a growing complexity across the supply chain, for example, national law faces limits to creating binding norms for labor or environmental standards. *Globalization* thus poses a new and dual challenge for regulators: existing national legal standards face pressures for erosion through the growing opportunities for 'exit' from existing jurisdictions, whereas the establishment of new global regulations face challenges of coordination in a global political domain absent a sovereign state.

Within this context, CSR has emerged as an important new phenomenon. CSR generally refers to policies and practices adopted voluntarily by individual corporations with the aim of addressing social or environmental responsibilities vis-à-vis its stakeholders. Many definitions of CSR stress that these measures are those that *go beyond* the legal duties of corporations to those stakeholders. As we will see,

---

[1] *Le Galès*, States in Europe: uncaging societies and the limits to the infrastructural power, Socio-Economic Review, 2014, 131 ff.

Table 1 Contrasting modes of regulation

	State regulation based in law	Voluntary or private self-regulation
Type of Norms	Rules aimed at public interest concerns	Principles aimed at positive sum dimensions of private and social goods
Legitimacy	Democratic process Rule of law	Voluntary adoption Competitive reputation
Enforcement	Enforced by administrative agencies of the state or private actors with support of legal coercion	Enforced by private actors with support of market mechanisms

CSR is based on a very different mode of regulation (see Table 1). Similar to more traditional modes of regulation, CSR shares the broad aim of regulating corporate activities with a view to certain norms of behaviour. However, regulation typically relates to different types of norms, has different sources of legitimacy, and utilizes different modes of enforcement. First, CSR must refer to certain norms, which define the scope of responsibility for what and to whom. Unlike more rule-based norms found in law that define specific rights and duties, the development of CSR has tended to stress the application of broad principles, often expressed in terms of codes or formalized sets of "best practices." These principles emphasize the positive sum aspects of responsibilities toward stakeholders, such as when promoting gender diversity in the workplace leads to higher productivity or adopting green products leads to greater consumer loyalty. A good example is the *UN Global Compact*, which is based on ten principles. For example, Principle 7 states that "businesses should support a precautionary approach to environmental challenges" and does not thereby designate a specific rule for behaviour. I think an important thing that must be recognized here is that the principles of this private regulation are shifting away from public interest toward just those areas, where you can define a kind of positive sum relationship between private and social goals. More credence is given to private goals or try to kind of engage in an act of discovery about where the private and the public overlap. Second, norms are legitimated through their voluntary adoption by the corporations themselves, rather than being imposed by external agencies. These norms are the basis for competitive evaluations of corporate reputation. In sum, we refer to this mode as *voluntary or private self-regulation*. Third, unlike enforcement by state agencies, CSR is enforced in the sense that CSR is viewed as having important consequences for the reputation of the company among market participants and its other stakeholders. The actors here are essentially private ones, and through their actions may reward or sanction company policies related to CSR. For example, adopting extensive CSR policies will have a positive effect on corporate reputation and the failure to do so may lead the corporation to suffer a negative reputation. Reputation may translate into higher transaction costs with stakeholders, or lead stakeholders to end their relationship with the company (e.g. declining customer loyalty, employee turnover, etc).

Private self-regulation essentially relies on the operation of a viable form of market mechanism for its enforcement. Reputational rewards or sanctions arise in the market when we approve or disapprove of something, and this leads to changes in contracting behaviour of salient stakeholders in the market. This might be a re-action of consumers, employees, or so on. There are a lot of good things to say about this model: it can be flexible, as it is not limited to being a rule-based or one size-fits-all model, and thus CSR can be used as an arena to apply and adapt principles to the complexities of modern production and institutional diversity across a global production system. At the same time, viewed in the mirror of public regulation, the notion of voluntary self-regulation by business has very obvious deficits. The relative effectiveness of these models will be discussed later in the paper. But first, we need to understand in greater detail the history of CSR as a model of regulation.

3   The Historical Origins and Socio-Political Relevance of CSR

No definitive history of CSR has been written. Nonetheless, some research done on CSR in different countries is very suggestive regarding several key historical episodes. If you look at the *United States*, when did a discourse of social respon-sibility of companies first emerge and take hold? Work by *Richard Marens* has shown that CSR really emerges over the course of the 1910s to 1930s when we see the big challenge to the legitimacy of corporate managers by labor unions and workers movements.[2] While not yet called CSR, the idea of companies being so-cially responsible for its workforce emerges in this period as an alternative model to a kind of democratic or political engagement of business with organised labor. Whereas the political demands for participation in the workplace by unions basi-cally get defeated, in their place US business adopts a paternalistic responsibility of the employer to take care of its workers. Importantly, this social responsibility does not entail formal negotiation and is not cast in a language of employee rights—it stresses only diffuse obligations of employers.

Whereas *Marens* has stressed the pressures stemming from the labor movement as an impetus for CSR, *Gabriel Abend* tells a complementary parallel story in terms of the history of business ethics in the United States.[3] In particular, he documents the origin and diffusion of corporate codes of ethics, often stemming from business associations and being adopted by individual businesses over time starting slowly during the 1910s. Many of these codes mention the Christian Golden Rule: "As ye would have men do unto you, do ye also unto them." The codes stress the import-ance of "the public" and importance of reputation for the company. In particular,

---

[2] This section draws on observations in *Marens*, Destroying the Village to Save It: Corporate So-cial Responsibility, Labour Relations, and the Rise and Fall of American Hegemony, Organization 2010, 743 ff. and *Marens,* Generous in Victory? American Managerial Autonomy, Labour Rela-tions and the Invention of Corporate Social Responsibility, Socio-Economic Review 2012, 59 ff.

[3] *Abend*, A Genealogy of Business Ethics, PhD Dissertation, Department of Sociology, Northwes-tern University, 2008.

a watershed movement was when the Chamber of Commerce issued their code of ethics in 1924.[4] The third principle states that "equitable consideration is due in business alike to capital, management, employees and the public." Other principles stress the importance of "bettering condition of employment," the "trustful" delivery of goods and services, the solution of "controversies" by voluntary agreement wherever possible, and so on. Perhaps most striking is the final principle 15, which states that "business should render restrictive legislation unnecessary though so conducting itself as to deserve and inspire public confidence." In short, the ethical principles that were being adopted by American business were conceived not only as a voluntary action, but directed toward and legitimated an explicit means to avoid state intervention and legal regulation. This stance is vividly express by Governor of Maryland *Albert C. Ritchie* in 1926:

> Business should so regulate itself as to relieve the government of the need of doing so. It is developing its own ethics, its own philosophy, its own ideals, it should develop its own self-government. Organized business is often more effective to prevent abuses and punish wrong-doing in its own ranks than is the government armed with the letter of the law.[5]

Moving to more recent cases, the emergence of CSR in the *UK* occurred in the wake of Thatcherism, starting in the mid-1980s and spreading rapidly into the 1990s. British firms have been seen as early movers in the field of CSR, and their experiences have played an important role in defining the emerging global institutional field surrounding CSR as a contemporary phenomenon. During the 1980s, the British economy experienced deregulation, weakening of labour unions and welfare state retrenchment. It was also a heyday related to the rising power of institutional investors, particularly pension funds, and an era of hostile takeovers, which threatened the control of entrenched managers if they failed to maintain high valuations for their companies in the stock market. Shareholder value emerged as a key ideology of corporate governance.[6] While companies faced pressures to increase shareholder value, wide-ranging liberalization and privatization of public enterprises and services renewed societal demand for new social and charitable programs from the business sector. During this period, the UK corporations vastly increased their level of charitable contributions.[7] Although limited in scope, these charitable activities changed the frame of discourse and implicitly acknowledge the importance of commitments toward particular stakeholders.

---

[4] *Abend* (fn. 3), 323 quoting *Nation's Business* September 1924, 66.

[5] *Abend* (fn. 3), 351 quoting "Business Can and Must Rule Itself." *Nation's Business* June 5, 1926, 19.

[6] *O'Sullivan/Lazonick*, Maximising Shareholder Value: A New Ideology for Corporate Governance, Economy and Society 2000, 13 ff.

[7] *Brammer/Millington*, The Evolution of Corporate Charitable Contributions in the UK between 1989 and 1999: Industry Structure and Stakeholder Influences, Business Ethics: A European Review, 2003, 216 ff.

Daniel Kinderman has undertaken perhaps the most systematic study on the political history of CSR in the UK context.[8] A key player in his account is the newly formed association "Business in the Community," which was created to promote the agenda of CSR. *Kinderman* shows that the CSR agenda was advocated by business closely associated with the political agenda for deregulation and privatization. Similarly, other analysis of UK government policy documents show the stress on CSR as a voluntary measures to be associated with improved corporate reputation and competitiveness—despite the weak evidence that business have linked the idea of CSR with changed practices around core issues, such as employment relations.[9] The discourse on CSR was mainstreamed in a highly symbolic element of the Companies Act of 2006, which followed a comprehensive review of British Company Law. The 2006 act explicitly advocated an 'enlightened shareholder-value' perspective, whereby directors have a responsibility to consider stakeholder interests, albeit only to the extent that these increase long-term value to shareholders.[10] The enlightened shareholder-value perspective was championed in the responsible committee by its chair, the late corporate law professor *John Parkinson*. While *Parkinson* was not interested in advocating the CSR agenda per se, his theoretical writings on stakeholder theory and the co-ownership claim of stakeholders with specific assets invested in the firm. However, this argumentation dovetailed very nicely with the discourse on CSR, and helped further legitimate the CSR agenda after passage of the Act. Striking about the UK is the how CSR was closely associated with opposition to both state regulation, as well as advocacy of more formal and institutionalized forms of stakeholder engagement. In sum, at some risk of simplification, *Kinderman* suggests that the UK case shows CSR emerging as something like a *quid pro quo* that substitutes for formal regulation. Companies voluntarily agreed to take on greater responsibilities and to take care of areas of normative concern, which where once left over to the state.

This narrative could be continued for a number of other countries. *Germany* appears to be something of a latecomer to the whole discussion of CSR. If you look at the discourse of CSR in Germany, one can see a lot of discussion during the 1970s and 1980s that is focused on humanizing work and the democratization of the workplace, where the responsibilities of companies are described in the language of social concerns. But moving into the 1990s and 2000s, this language gets replaces with a kind of new discourse that, heavily influenced by international developments, describes CSR in a very particular way. When the term CSR becomes established in Germany and gains it's internationally accepted meaning, it has a very particular

---

[8] *Kinderman*, 'Free Us up So We Can Be Responsible!' The Complementarities of CSR and Neo-Liberalism in the UK, 1977–2010, Socio-Economic Review 2012, 29 ff.

[9] *Deakin/Hobbs*, False Dawn for CSR? Shifts in Regulatory Policy and the Response of the Corporate and Financial Sectors in Britain', Corporate Governance 2007, 68–76 ff.

[10] *Parkinson*, Corporate Power and Responsibility. Issues in the Theory of Company Law, 2003 and *Parkinson*, Models of the Company and the Employment Relationship, British Journal of Industrial Relations 2003, 481 ff.

definition centred almost exclusively on the business case and its correlate emphasis on voluntarism.[11]

The tension between legal regulation of companies and self-regulation was an important fault line in debates over CSR in the *European Union*. Looking back to the EU Commission paper of 2001, the EU defines CSR as a concept whereby companies integrate social and environmental concerns in their business operations and in their interaction with the stakeholders on a voluntary basis. While this view was not shared by all, European business associations lobbied hard and were able to prevail in terms of this regulatory concept.[12] Here CSR does not imply a legal obligation, but is constructed as an area of voluntary private activity. The 2001 document shows that the EU discussed the need for regulation along the lines of having a "level playing field" for European companies. But this notion inspired from competition law is the only moment where the EU seems to reflect on the concept of whether law is needed as a supporting or facilitating condition of CSR, as voluntary action. Moving forward to the 2006 report of the EU, it argues: "Because CSR is fundamentally about voluntary business behaviour, an approach involving additional obligations and administrative requirements for business risks being counterproductive and would be contrary to the principles of better regulation."[13] In short, debates over the appropriate role of law in constructing CSR have received fairly short shrift at the EU level. What emerges is a very particular socio-political conception of CSR as something that is to be voluntary and where the whole idea of a "business case" underpinning CSR is very important.

4   Some Paradoxes Surrounding CSR

In its current socio-political role, CSR is largely based on the idea that firms will engage with their social responsibilities through voluntary actions. This presumption is based, in turn, on the notion that a positive sum relationship exists between being more social or more environmental, on one hand, and the kind of business and economic performance, on the other. Business schools have seen an explosion of research on the links between CSR and business performance, albeit with somewhat *inconclusive results*. A key variable here is that CSR policies need to address salient

---

[11] *Lohmeyer*, The puzzling history of corporate social responsibility in Germany—Insights from a systematic historical discourse analysis, 29th Conference of European Group of Organizational Studies (EGOS) in Montréal, 2013.

[12] *Kinderman*, Corporate Social Responsibility in the EU, 1993–2013: Institutional Ambiguity, Economic Crises, Business Legitimacy and Bureaucratic Politics, Journal of Common Market Studies 2013, 701 ff.

[13] http://eur-lex.europa.eu/LexUriServ/LexUriServ.do?uri=COM:2006:0136:FIN:EN:HTML (accessed 9. November 2013).

Table 2 Business objectives of CSR

	"Business case" logic	"Insurance" logic
Relational objectives	Promote best practices Strategic differentiation	Ensure minimum standards Citizenship
Economic objectives	Gain reputational capital among stakeholders in ways that support competitive advantage	Prevent reputational losses or lessen risks of irresponsible behavior

stakeholders in the enterprise. Salience implies that stakeholder claims have three characteristics: legitimacy, urgency, and power.[14]

Most of the business research on this subject concludes something like the following: a market for virtue does exist, but is a very niche strategy and consequently a rare thing.[15] Some firms can differentiate themselves having more green or ethical products, and gain a positive reputation for it than translates into customer loyalty. But this is actually very rare to find, and sometimes washes out in large-N studies aimed at showing net effects based on changes relate to average levels of CSR.

Part of the complexity is based on the failure to distinguish between two distinct set aims surrounding CSR that are coming from the business sector. The business case for CSR refers to situations where firms try to differentiate themselves by adopting best practices, and thereby gain reputation as a kind of asset that supports their competitive advantage. There exists, however, a somewhat alternative logic or set of motivations, which I think is very important to explain the rise of CSR. Often companies are not seeking to gain advantages, so much as hinder losses. This logic is similar to the idea of CSR as insurance.[16] Here CSR might be considered to be similar to buying an insurance policy in which companies are not trying to discover best practices, but prevent reputational losses or avoid harm by signing up to a minimum standard. In short, CSR is driven by a concern over the risk of irresponsible behaviour (Table 2).

In this section, I will explore further how these different objectives of CSR have implications for the relationship between CSR and regulatory institutions, as well as between CSR and irresponsible actions.

4.1   CSR as a Complement or Substitute for Regulatory Institutions?

Considering the socio-political context of CSR discussed earlier, an important question is whether we can say something more general about the relationship between CSR as a form of voluntary self-governance and formal regulatory institutions.

---

[14] *Mitchell/Agle/Wood*, Toward a Theory of Stakeholder Identification and Salience: Defining the Principle of Who and What Really Counts', The Academy of Management Review 1997, 853 ff.

[15] *Vogel*, The Market for Virtue, Brookings Institute, 2006.

[16] *Godfrey/Merrill/Hansen*, The Relationship between Corporate Social Responsibility and Shareholder Value: An Empirical Test of the Risk Management Hypothesis, Strategic Management Journal 2009, 425 ff.

Here I draw on my past work related to the distinction between CSR as a complement to regulation or a substitute.[17] CSR can be a *complement to regulation*. Mandatory disclosure, for example, is an important regulatory basis for CSR and its market-driven elements. Indeed, information disclosure features very prominently in this debate and shows the importance of the shadow of law here. In order to have an effective market, market participants must be informed and be able to evaluate and also compare "how good is good." How can an investor, employee or customer really say that BMW is doing a better job than Daimler, or vice versa, in addressing an issue like reduction of carbon emissions? For this, we need information that is reliable, valid, and allows trustworthy comparisons across companies.[18] Indeed, the whole institutional infrastructure for auditing and verifying information disclosure related to CSR is only just emerging and is very important to having any kind of effective market. So, if we want a free market, we need rules that can govern the market. Here regulation could play a complementary role to this. Similar arguments can be made from the perspective of stakeholder theory. The more institutions empower stakeholders with rights of participation or create duties of corporations toward certain stakeholders, these enabling institutions may support the development of voluntarily or localized practices aimed at CSR. In particular, some movement can be seen away from business-driven programs and toward the development and diffusion of multi-stakeholder initiatives that are associated with higher standards or stronger enforcement characteristics.[19]

While there is a potentially complementary relationship between these two modes of public and private regulation, we can speculate that a limiting condition will apply. The more legal regulation increases, the more CSR will take on a mandatory character. Even mandatory disclosure will often prompt strong normative pressures to undertake actions. As more and more firms will adopt certain CSR practices, CSR will undergo (and perhaps is already undergoing) a certain degree of institutionalization. To the extent that certain CSR practices are institutionalized, strong standards are likely to squeeze out the possible strategic advantages that firms are able to derive from the business case.[20] In common sense terms, it will become harder and harder to be better than the other guy. So in some sense, as regulation increases, the very rationale for the business case becomes weaker. This may be one of the reasons why the leading firms in CSR tend to oppose these more regulatory solutions.

If we follow the logic of CSR as insurance, the relationship between CSR and legal regulation may be characterized in an opposite sense as *substitution*. This reflects some of the historical evidence, where business receives a quid pro quo of

---

[17] This section draws on *Jackson/Apostolakou*, Corporate Social Responsibility in Western Europe: An Institutional Mirror or Substitute? Journal of Business Ethics 2010, 371 ff.

[18] On the role of evaluation in markets more generally, see *Beckert/Musselin* (eds.), Constructing Quality: The Classification of Goods in Markets, 2013.

[19] *Fransen*, Multi-Stakeholder Governance and Voluntary Programme Interactions: Legitimation Politics in the Institutional Design of Corporate Social Responsibility', Socio-Economic Review 2012, 163 ff.

[20] *Jackson/Brammer*, in: *Barnett/Pollack* (eds.), Oxford Handbook on Corporate Reputation, 297 ff.

fewer rules in exchange for more responsibilities. It may be the case that fewer re-gulations leave a greater scope for a business case. But the insurance logic extends this argument in a particular way in that firms operating in less regulated settings may be "exposed" to risks of irresponsible behaviour, such as environmental acci-dents, labor problems, and so on. Considering the wider supply chain of firms or the cross-border nature of economic activities, business may face institutional voids where private standards are needed to substitute and perhaps even compensate for a lack of state action. Consider health insurance in the United States. The weak development of state policies on health care both leaves considerable scope for a business case whereby companies adopt CSR in the form of health care for its emp-loyees to differentiate themselves as a good employer, but companies may also need to fill this gap to mitigate certain risks to its reputation if its employees are seen as lacking basic health care.

In previous work, we tested the competing *hypotheses of complements and substitutes* by looking at the relationship between certain regulatory institutions and CSR practices across a sample of Western European countries.[21] Our sample consisted of 274 companies from 16 countries, and utilized CSR indicators from the Sustainable Asset Management (SAM) database that is used by the Dow Jones Sustainability Index. Our results showed that in countries with stronger employee rights, firms adopted fewer policies related to the social dimensions of CSR. Mo-reover, this effect is stronger at the bottom end—meaning that firms were less likely to adopt minimum standards of CSR in these areas, whereas regulatory institutions had relatively little effect on the likelihood of a firm adopting best practices as mea-sured by being among the top 20% of firms on this indicator. Put differently, the weaker employee rights are institutionally in a country, the more companies from those countries are likely to adopt CSR. A similar substitution effect can be found at the sectorial level, where firms in industries with very high environmental impacts as measured by carbon footprint are more likely to adopt higher environmental CSR standards. In short, we find substantial evidence for substitution. Who are the leaders in CSR? Our results very well predict the company at the top of the CSR ranking in 2007, which comes from a highly liberal European economy (the UK) and a high pollution industry (oil), namely British Petroleum. Needless to say, this was before the oil spill at Deepwater Horizon and the subsequent delisting of BP from the Down Jones Sustainability Index.

Similar results can be seen in the international sphere. One of my PhD students at FU Berlin is conducting a study of British multi-national enterprises and has shown that the degree of CSR adoption in the field of labor rights is closely lin-ked to the institutional characteristics of the host country environments where their subsidiaries are located.[22] The statistical results show that the degree of CSR adop-tion is positively associated with the company exposure to country environments characterized by weak formal labor law and absence of the rule of law, as well as

---

[21] *Jackson/Apostolakou*, (fn. 17)

[22] *Rathert*, How Host Country Institutions Influence Corporate Social Responsibility Adoption, Oxford University Centre for Corporate Reputation, Annual Symposium, 2013.

Table 3 Correlation of CSR strengths and concerns in US firms, by issue domain in 1991–2007. (Source: own calculations from the KLD dataset)

Domain	Correlation coefficient
Community	0.128*
Governance	−0.077*
Diversity	−0.172*
Employees	0.049*
Environment	0.317*
Human rights	0.136*
Product safety	0.073*

*Significant at 0.05 level

high degrees of actual human rights abuses or documented cases of labor standards violations. Here CSR is again acting largely as a substitute for formal institutions, in the sense that adoption of voluntary CSR policies being driven by gaps or voids in institutionalized regulation on the ground and high prevalence of associated "risks" of irresponsible corporate actions, either directly or by association.

CSR as a substitute for regulation suggests something of a *paradox*: the less institutional regulation, the more CSR. But is this a bad thing?

4.2   CSR as Reducing or Increasing Irresponsibility?

The first paradox can be interpreted with the help of a *second empirical paradox*: the more CSR companies adopt, the more irresponsible behaviour those corporations engage in. This claim can be explored using data from US firms drawn from the KLD database, which is perhaps the most widely used set of CSR indicators among existing academic studies. The KLD data measures different dimensions of CSR: community, environment, product safety, employee rights and diversity. One advantage of the KLD is its relatively long existence, so that we can track trends and developments over time. Here we present a short descriptive analysis of the data between 1991 and 2007, prior to the 2008 financial crisis and subsequent rise in concerns over irresponsible actions. The correlations presented reflect on a total of 23,136 firm-year observations or an average sample size of 1364 firms per year.

Diversity policies and governance are the two areas that demonstrate a negative relationship—meaning more CSR strengths are associated with fewer concerns over irresponsibility on the same issue (see Table 3). This reflects a process of diffusion and large increase in the number of policies aiming for equal opportunity in the workplace[23], which lead to an overall decline in identified problems after the mid-1990s. But in other areas like environment, the KLD indicate a far larger number of strengths than concerns, and often a rising trend in the number of concerns in the

---

[23] *Dobbin/Kim/Kalev*, You Can't Always Get What You Need: Organizational Determinants of Diversity Programs', American Sociological Review 2011, 386 ff.

later years of the dataset. Looking at the correlations in Table 3, most issue domains of CSR show a positive and significant correlation. This correlation is particularly strong in relation to the environment, but also evidence in relation to community and human rights. Weaker positive relationships exist in the employee or product safety domains, which perhaps suggest a greater emphasis on the "business case" rather than "insurance" logic of CSR adoption here. Overall, this data is at least suggestive of the idea that the more CSR companies do, the more we can observe scandals, frauds, bad behaviours at those same companies.

While this observation is highly stylized and requires more rigorous investigation, the evidence is corroborated by a number of other research results from my on-going work. First, using the KLD data with a number of statistical controls for the period 1991 to 2003, we find evidence for a business case for CSR in certain domains, but also that firms that simultaneously "do good" and "do bad" in the same domain also display above expected performance compared to similar firms in the same business segment.[24] Moreover, firms with highly irresponsible environment activities also outperform similar firms, even when they have no compensating "good" environmental actions. In short, a strong "business case" can also be observed for irresponsible behaviour. Indeed, Law professor *Frank Partnoy* points out that many activities viewed as irresponsible fall into the category of being alegal—meaning ambiguously tolerated by the law, despite inconsistency with prevailing social norms—and thereby create exceptional opportunities for profit.[25] Second, one very plausible explanation for this may be that reputational penalties for irresponsible behaviour remain very weak.[26] To investigate this possibility, we conducted a study using the KLD data during the period 2006 to 2012. We found the companies with high level of concerns did not suffer any reputational penalties, as measured by the rankings of Fortune's Most Admired Companies list (a survey based measure of reputation widely used in studies of corporate reputation). We also found that increases in the number of concerns did not lead to any observable reputational sanction, and therefore casts doubt on the effectiveness of enforcement.

5   Implications: Why Legal Scholars Should Care about CSR

If CSR has an inverse relation to legal regulation and does not seem to limit irresponsible behavior, why should legal scholars care at all about CSR? Here it might be helpful to distinguish the adoption of CSR (e.g. disclosure, standards, policies,

---

[24] *Jackson/Ni/G*ao, A Configurational Analysis of Corporate Social Responsibility and Corporate Social Irresponsibility among U.S. Listed Firms, unpublished working paper, date: 10. November 2013.

[25] *Partnoy*, Infectious Greed: How Deceit and Risk Corrupted the Financial Markets, Times Books, 2003.

[26] *Jackson et al.*, Grey Areas: Irresponsible Corporations and Reputational Dynamics, Socio-Economic Review 2014, forthcoming.

etc.) from the implementation and ultimately its social or environmental outcomes. A large literature on compliance with CSR shows the importance of institutional supports outside the firm, such as involvement of stakeholders with embedded legal rights in the formulation and monitoring of standards. Put differently, the effectiveness of CSR seems to depend on the complementarity between law and private governance. On the topic of private compliance, the most comprehensive study to date is that of *Richard Locke*, who describes the prospects and limitations of the private compliance model based on his unique investigation of labor standards at Nike and comparison with companies in other sectors.[27] Private compliance works well when stakeholders are organised, have legal rights on the ground, and thus can give force to private agreements. But equally, Locke shows that public regulation through law is not sufficient on its' own to address social issues like labor standards. Global value chains are too complex, and public institutions too often fail. CSR is not only here to stay, but can and must be a crucial role in future models of regulation and governance.

Yet achieving a complementary relationship between CSR and other institutionalized forms of regulation based in law or strong multi-stakeholder agreements remains a difficult aim. The diffusion of CSR is being driven by the growing awareness or manifestation of irresponsible corporate behavior, as well as the growth in unregulated corporate activity that falls into areas that are either alegal or fall into institutional voids within the international arena. Stepping into this void, CSR provides business with reputational "insurance." CSR may often improve social outcomes, but we see that CSR may also function to allow the further growth of irresponsible practices. This outcome may reflect the fact that once CSR is adopted, existing institutions often fail to support or even undermine the effectiveness of these measures. Organizational theory often calls this type of disconnect between the adoption of practices and actual outcomes as decoupling or symbolic management. NGOs or CSR critics often label this phenomenon as "greenwashing" or corporate hypocrisy. In the conceptual framework of this article, these observations suggest a potential third paradox regarding CSR: the factors driving its diffusion and adoption are largely the same factors that negatively influence the effectiveness of CSR implementation. The inverse implication of this paradox is the following: to the extent that institutional frameworks for CSR become more developed and binding in nature with real checks and balances between stakeholders, the institutional re-embedding of CSR will cannibalize the business case that currently legitimates its adoption. This conjecture is not meant to suggest a pessimistic or cynical view toward CSR, so much as urge legal scholars to join these debates. A legal perspective is badly needed to more effectively shape the interface between private self-regulation and other forms of public governance.

Acknowledgements The author would like to thank *Jana Costas*, *Anja Kirsch*, *Nora Lohmeyer*, *Karin Menden*, and *Tim Müllenborn* for supportive discussions and comments on the manuscript.

---

[27] *Locke*, The Promise and Limits of Private Power: Promoting Labor Standards in a Global Economy, 2013.

Moral in der Marktwirtschaft: Hat der „ehrbare Kaufmann" ausgedient?

Christoph Lütge

Zusammenfassung In jüngerer Zeit bemühen sich mehrere Organisationen und Literaturstimmen um eine Wiederbelebung des Leitbilds des „ehrbaren Kaufmanns". Dieses Leitbild bestimmte lange Zeit – nicht nur in Deutschland – das Wirtschaftsleben, wurde jedoch zunehmend als überholt angesehen. Im Folgenden wird die These vertreten, dass eine „Wiederbelebung" zwar grundsätzlich zu begrüßen ist, dass aber eine direkte Übertragung von Kaufmannstugenden und hergebrachten Sitten auf die moderne Wirtschaft in der Globalisierung nicht möglich ist. Vielmehr muss das Leitbild des „ehrbaren Kaufmanns" in einen größeren Rahmen von Wirtschaftsethik und Corporate Social Responsibility gestellt werden.

1 Einleitung

Das Leitbild des ehrbaren Kaufmanns ist ein altehrwürdiges. Es wurde in Europa nachweislich seit dem zwölften Jahrhundert in Kaufmannshandbüchern gelehrt, zunächst in Norditalien und im Bereich der Hanse. Vergleichbare Leitbilder gab es aber auch in außereuropäischen Gebieten, so etwa in Japan[1] und China.

In jüngster Zeit bemühen sich verschiedene Organisationen um eine Wiederbelebung dieses Leitbildes, so etwa die deutschen Industrie- und Handelskammern[2]. Wirtschaftsethik hat zudem als Studienfach in den letzten Jahren erheblich an Bedeutung gewonnen. Das wird u. a. dokumentiert durch die Einrichtung neuer Lehrstühle (etwa an der TU München sowie an den Universitäten Halle, Kiel, Hamburg u. a.), aber auch mit Umfrageergebnissen: Laut einer Studie des Instituts der Deutschen Wirtschaft (IW) Köln von 2011 fordern nicht nur 66 % der Studierenden Wirtschafts- und Unternehmensethik als Pflichtkurs für die Managerausbildung,

---

[1] Vgl. *Shibusawa*, Rongo to soroban, 1916.

[2] Vgl. etwa *IHK für München und Oberbayern* (Hrsg.), in Zusammenarbeit mit *Lütge*, Den Ehrbaren Kaufmann leben: Mit Tradition zur Innovation, 2012.

C. Lütge (✉)
Peter Löscher - Stiftungslehrstuhl für Wirtschaftsethik, TU München
München, Deutschland
E-Mail: luetge@tum.de

R. M. Hilty, F. Henning-Bodewig (Hrsg.), *Corporate Social Responsibility*,
MPI Studies on Intellectual Property and Competition Law 21,
DOI 10.1007/978-3-642-54005-9_4, © Springer-Verlag Berlin Heidelberg 2014

sondern auch 90 % der befragten Unternehmen – eine selbst für Wirtschaftsethiker überraschend hohe Zahl[3].

Die Frage nach einer Aktualisierung des „ehrbaren Kaufmanns" für die heutige Situation ist aus meiner Sicht vor allem eine Frage nach der *Wirtschaftsethik*. Hierbei stellt sich aber als erstes die Frage, welche Art von Wirtschaftsethik gelehrt oder vermittelt werden sollte.

Man kann Wirtschaftsethik grundsätzlich auf zwei verschiedene Arten betreiben: zum einen als *Individualethik* (im englischen Sprachraum als ‚moral manager model' bezeichnet[4]). Ein solcher Ansatz, der die öffentliche Diskussion weitgehend beherrscht, legt den Fokus primär auf das Individuum, er fragt nach der moralischen Motivation des Einzelnen und sucht individuell Schuldige, zum Beispiel gierige Manager oder egoistische Anleger. Tendenziell vernachlässigt wird hier die Frage, unter welchen Anreizen die jeweils Handelnden stehen, sowie die Anschlussfrage, inwieweit sie unter diesen Anreizen frei handeln konnten.

Der zweite Ansatz legt dagegen den Fokus auf die Bedingungen und Anreize der jeweiligen Situation. Im angloamerikanischen Sprachraum bezeichnet man diesen Ansatz als ‚moral market model'; hierzulande spricht man von *Ordnungsethik*[5]. Dieser Ansatz wird im Folgenden erläutert.

2   Ordnungsethik: Vormoderne und Moderne

Der Begriff Ordnungsethik ist eine bewusste Reminiszenz an den deutschen Begriff der Ordnungspolitik. Beide setzen bei strukturellen Bedingungen, Institutionen und Anreizen an. Für die Ordnungsethik ist zunächst einmal wesentlich, dass Wirtschaftsethik für die *moderne* Gesellschaft zu unterscheiden ist von der Situation in der Vormoderne.

Den allergrößten Teil seiner Kulturgeschichte hat der Mensch in traditionellen bzw. vormodernen Gesellschaften verbracht: d. h. hauptsächlich in der Kleingruppe. Bis zum Jahr 1000 gab es auf der Welt nur etwa zehn Städte, die als Großstädte (mit mehr als 100,000 Einwohnern) bezeichnet werden konnten. In diesen Gesellschaften herrschten systematische Bedingungen, die von den heutigen klar zu unterscheiden sind: vor allem handelte es sich um Nullsummengesellschaften, in denen

---

[3] http://www.iwkoeln.de/de/infodienste/iwd/archiv/beitrag/management-ausbildung-wirtschaftsethik-ist-gefragt-95203 An der TUM School of Management ist eine Pflichtvorlesung Wirtschaftsethik mittlerweile im 1. Semester des Bachelorstudiums BWL verankert.

[4] Vgl. etwa *Boatright*, Presidential Address: Does Business Ethics Rest on a Mistake? *Business Ethics Quarterly* 9 1999, 583–591.

[5] *Homann/Lütge*, Einführung in die Wirtschaftsethik, 3. Aufl. 2013, *Homann/Kirchner*„ Ordnungsethik, 14. Jahrbuch für Neue Politische Ökonomie 1995, 189–211; *Lütge*, Wirtschaftsethik ohne Illusionen: Ordnungstheoretische Reflexionen, 2012; *Lütge*, Fundamentals of Order Ethics: Law, Business Ethics and the Financial Crisis, Archiv für Rechts- und Sozialphilosophie Beihefte 130 2012, 11–21.

es kein systematisches, dauerhaftes Wachstum gab. Auf den Punkt brachte dies der erfolgreiche Florentiner Kaufmann und Vertraute der Medici *Giovanni Rucellai*, der in seinen Erinnerungen von 1450 schrieb: „Indem ich reich bin, mache ich andere, die ich vielleicht gar nicht kenne, arm."[6] In der Tat war dies damals notwendigerweise der Fall, denn da der Gesamt-,Kuchen' der Wirtschaft nicht wuchs, konnte er nur anders verteilt werden. Der Gewinn des einen war also zwangsläufig der Verlust eines anderen.

In dieser Situation musste sich eine Ethik herausbilden, die Mäßigung gebot. Die Ethik des Maßes, oder Ethik der Mäßigung[7], entstand vor dem Hintergrund der vormodernen Gesellschaft. Sie fand ihren besonders prägnanten Ausdruck im Zinsverbot der Antike, des Mittelalters oder auch des Islams, sowie in der Lehre vom gerechten Preis (beispielsweise bei *Thomas von Aquin*). Auch das Leitbild des „ehrbaren Kaufmanns" entstammt tendenziell dieser Logik.

Die gesellschaftliche Situation jedoch hat sich in der Moderne – und erst recht seit Beginn der Globalisierung – fundamental verändert. Wir haben es heute mit einer Wachstumsgesellschaft zu tun: In den Industrieländern betrüge ein reales Einkommenswachstum im langfristigen Mittel zwar nur etwa 1,5 % pro Jahr – aber das seit 200 Jahren[8]. Seit Beginn der Industrialisierung und des damit einhergehenden Wirtschaftswachstums leben wir in einer historisch völlig unvergleichbaren Situation, die sich in den letzten Jahrzehnten auf viele, wenn nicht den größten Teil aller Regionen der Welt überträgt oder zumindest zu übertragen beginnt.

In dieser Situation werden keine Nullsummenspiele mehr gespielt, sondern Positivsummenspiele. Es ist in der modernen Situation möglich, den Gewinn eines Akteurs zu erhöhen, ohne dass andere darunter zwangsläufig leiden müssen. Das ist die Konsequenz einer Wachstumsgesellschaft mit, insbesondere seit der Globalisierung, massiv intensiviertem Wettbewerb.

Die *Ethik* jedoch hat diese Entwicklung kaum nachvollzogen. Eine Ethik des Wachstums oder eine Ethik des Wettbewerbs existiert nahezu nicht. Vielmehr sind unsere ethischen Kategorien an die Situation der Vormoderne angepasst, sie hinken gewissermaßen hinterher. Dies lässt sich mit dem Begriff des „moralischen Mesokosmos" bezeichnen: wie im naturwissenschaftlichen Mesokosmos versagen unsere Alltagskategorien, wenn wir sie über unsere Alltagswelt der mittleren Dimension hinaus anwenden. Wir können ganz gut mit Millimetern bis zu Kilometern rechnen, aber im ganz Großen und im ganz Kleinen versagt unsere Alltagsphysik: um zum Mond zu fliegen, benötigt man schon die Relativitätstheorie, und auch in der Quantenphysik gibt es Phänomene wie absoluten Zufall, die sich mit der Alltagsphysik nicht mehr fassen lassen[9].

---

[6] *Rucellai*, Ricordanze, 1772.

[7] *Lütge*, in: *Gentinetta/Horn* (Hrsg.), Abschied von der Gerechtigkeit: Für eine Neujustierung von Freiheit und Gleichheit im Zeichen der Krise, 2009, 99–106.

[8] Vgl. etwa *McCloskey*, The Bourgeois Virtues: Ethics for an Age of Commerce, 2006.

[9] Zum Begriff des Mesokosmos vgl. *Vollmer*, Evolutionäre Erkenntnistheorie, 7. Aufl. 1998, 161 ff.; zu dem des „moralischen Mesokosmos" *Lütge*, Was hält eine Gesellschaft zusammen?; Ethik im Zeitalter der Globalisierung, 121 f.

Warum sollte es im Bereich der Moral anders sein? Die vormoderne Moral verlangt das Zurückstellen der eigenen Interessen – die Frage ist aber, ob das im Wettbewerb systematisch möglich ist. Und auch der „ehrbare Kaufmann" als letztlich vormodernes Ideal muss, wenn er beibehalten werden soll, für den scharfen Wettbewerb in der Globalisierung grundlegend anders konzipiert werden.

3   Ethik im Wettbewerb

Für eine Ethik der Moderne stellt sich als zentrales Problem die Frage, wie sich ethische Anliegen im Wettbewerb umsetzen lassen. Denn unter Wettbewerbsbedingungen besteht das Grundproblem der Ethik in Folgendem:

Derjenige, der aus moralischen Gründen kostenträchtige Vor- und Mehrleistungen erbringt, gerät im Wettbewerb mit seinen Konkurrenten in einen Nachteil. Das kann für ihn bis zum Ausscheiden aus dem Wettbewerb führen. Der Markt unterscheidet nicht, ob jemand aus moralischen Gründen zu teuer produziert – oder ob er einfach nur ineffizient arbeitet. Ein klassisches Beispiel dafür liefern Umweltschutzmaßnahmen im Betrieb: der Unternehmer, der ohne gesetzliche Grundlage einseitig etwa eine Filteranlage einbaut, hat einen Kostennachteil gegenüber seinen Konkurrenten. Diese wiederum profitieren von der geringfügig verbesserten Luftqualität, ohne dafür zahlen zu müssen.

Diese Logik, die auch formal mit Hilfe des Gefangenendilemmas[10] dargestellt werden kann, findet sich in sehr vielen sozioökonomischen Zusammenhängen der Moderne. Sie war auch schon prominenten Autoren im 19. Jahrhundert bewusst, so etwa *Karl Marx*. *Marx* erkannte, dass langfristig die Moralischen aus dem Markt ausscheiden müssen. Er machte nicht die einzelnen Kapitalisten, die einzelnen Unternehmer, für die Situation der Arbeiter verantwortlich, sondern er sah auch die Kapitalisten nur als Gefangene des Gesamtsystems und seiner Logik an. *Marx* zog aus dieser Situation die Konsequenz, das gesamte System Marktwirtschaft mit Wettbewerb müsse abgeschafft werden – eine Konsequenz, die zu weit ging und deren Folgen wir im 20. Jahrhundert gesehen haben.

Wir können und wir sollten den Wettbewerb nicht abschaffen, denn er bietet viele Vorteile, die nicht nur ökonomische sind, sondern auch ethische:

- Der Wettbewerb schafft Anreize zu Kreativität. Er belohnt erfolgreiche Innovationen – wohlgemerkt: Innovationen, nicht nur bloße Ideen – mit Pioniergewinnen. Der erfolgreiche Innovator (wie jüngst etwa Apple mit dem iPad) erhält den höchsten Gewinn.
- Der Wettbewerb diszipliniert aber auch die anderen Anbieter. Er zwingt sie, sich an das anzupassen, was die Kunden tatsächlich wünschen. Ohne Wettbewerb werden nur Trabants und Wartburgs produziert.

---

[10] Vgl. *Homann/Lütge* (Fn. 5).

Daraus ergibt sich im Übrigen auch: auf Märkten herrscht nicht nur Freiheit, sondern in erheblichem Maße Druck. Akteure auf Märkten, seien es Unternehmen oder auch Arbeitnehmer, erfahren vor allem diesen Druck. Den Markt sollte man daher nicht nur als Ausdruck von Freiheit bezeichnen[11].

- Der Wettbewerb kann Informationen in einer Weise dezentral verarbeiten, die keine zentrale Planungsbehörde jemals bewerkstelligen könnte. Auf diesen Punkt wies insbesondere *von Hayek*[12] hin.
- Der Markt zerstört schließlich Machtpositionen. *F. Böhm*[13] nennt ihn das „beste Entmachtungsinstrument", das die Geschichte erfunden habe.
- *D. McCloskey*[14] hat in jüngster Zeit darauf hingewiesen, dass durch den Wettbewerb auch erhebliche Selbstverwirklichungschancen für breite Bevölkerungsschichten entstehen, in weit höherem Umfang als in Gesellschaften mit geringem Wettbewerb.

Wenn man nun *Moral in den Wettbewerbsprozess* implementieren will, so kann dies nur dann erfolgen, wenn man die Grundlogik und die fundamentalen ethischen Vorteile des Wettbewerbs *unangetastet* lässt. Wir können nicht von den Akteuren im Wettbewerb verlangen, in ihren täglichen Handlungen Moral direkt – bei Gefahr des Wettbewerbsnachteils oder sogar des Ruins – umzusetzen. Vielmehr müssen wir die Moral in die Spielregeln des Wettbewerbs, in seine Institutionen einbauen. Dann unterliegen alle Konkurrenten denselben Regeln, dann haben sie keinen Vorteil mehr durch niedrigere moralische Standards. Man könnte auch sagen: die Moral wird resistent gegen Ausbeutung.

Nach dieser Festlegung der Regeln jedoch muss der Wettbewerb in voller Schärfe in den Spielzügen der Einzelnen stattfinden. Die Analogie zum Fußballspiel liegt dabei auf der Hand: wir erwarten nicht, dass sich die Spieler in ihren einzelnen Spielzügen moralisch verhalten, sondern wir setzen die Regeln so, dass niemand durch niedrigere Standards einen Vorteil hat, und so, dass die Konsumenten (die Zuschauer) ein lohnenswertes Spiel verfolgen können.

Realwirtschaftliche Beispiele wären etwa Kartellverbote, die im Kartellrecht festgehalten werden, oder Festlegungen, auf Korruption zu verzichten. Gerade Letzteres ist ohne klare Regeln kaum möglich, wie zahlreiche Erfahrungen und Unternehmensskandale der letzten Zeit zeigen.

---

[11] Wie etwa bei *Friedman*, Capitalism and Freedom, 1962.

[12] *F.A.v. Hayek*, in: Freiburger Studien: gesammelte Aufsätze, 2. Aufl. 1994, 249–265.

[13] *Böhm*, in: Institut für Ausländisches und Internationales Wirtschaftsrecht (Hrsg.), Kartelle und Monopole im modernen Recht: Beiträge zum übernationalen und nationalen europäischen und amerikanischen Recht, 2 Bde., Bd. 1, 1961, 3–24.

[14] *McCloskey* (Rn. 8).

4   Moral im Unternehmen: Corporate Social Responsibility

Klassischerweise werden die von der Ordnungsethik ins Auge gefassten Regeln auf der gesetzlichen Ebene etabliert. Das muss aber, gerade in der Globalisierung, nicht zwangsläufig so sein. Hier können auch Ordnungen unterhalb der gesetzlichen Rahmenebene eine erhebliche Rolle spielen. Auch auf der Unternehmens- und Branchenebene können Einigungen auf Regeln erzielt werden, die eine ethische Qualität haben.

Die ökonomische Grundlage für solche Handlungen ist ganz einfach: moralisches Handeln muss für Unternehmen eine Investition darstellen. Unternehmen können zwar nicht dauerhaft und systematisch auf Gewinne verzichten, sie können sie nicht auf dem ‚Altar der Moral' opfern. Unternehmen können aber sehr wohl investieren – das tun sie schließlich dauernd und in erheblichem Maße. Es spricht nichts dagegen, dass solche Investitionen auch in Moral erfolgen können, wenn Moral für Unternehmen zum *Produktionsfaktor* wird.

Die Ethik muss sich dann allerdings von der Vorstellung verabschieden, dass Moral zwangsläufig nicht im Interesse der Träger liegen dürfe, sondern immer eine Belastung, einen Nachteil zu Gunsten anderer mit sich bringen müsse. Moral *darf* sich für Unternehmen lohnen – auf die Dauer *muss* sie sich sogar lohnen, sonst kann sie am Markt nicht bestehen[15].

Moral kann verschiedene Faktoren für das Unternehmen stärken, insbesondere kann sie die langfristige Sicherung der Faktoren Reputation und Sozialkapital unterstützen[16]. Solche Faktoren und andere werden gegenwärtig oft in der Debatte um Corporate Social Responsibility (CSR) diskutiert.

5   Corporate Social Responsibility und der „ehrbare Kaufmann"

Eine der gängigsten Definitionen bezeichnet CSR als „Konzept, das den Unternehmen als Grundlage dient, auf freiwilliger Basis soziale Belange und Umweltbelange in ihre Unternehmenstätigkeit und in die Wechselbeziehungen mit den Stakeholdern zu integrieren."[17] Der Begriff ist insbesondere im angloamerikanischen Raum schon seit einigen Jahrzehnten in der Diskussion[18]; in Deutschland ist es

---

[15] *Lütge*, Moral muss sich auch am Markt durchsetzen, Interview mit Deutschlandradio Kultur, 6.02.2013, http://www.dradio.de/dkultur/sendungen/thema/2001973/ (zul. aufgerufen am 29. Oktober 2013).

[16] Vgl. *Homann/Lütge* (Fn. 5).

[17] Sie stammt aus dem Grünbuch der Kommission v. 18. Juli 2001, Europäische Rahmenbedingungen für die soziale Verantwortung der Unternehmen, KOM (2001) 366 endg., Rn. 20.

[18] Vgl. etwa *Crane* u. a., The Oxford Handbook of Corporate Social Responsibility, 2009.

als Konzept etwa seit zehn Jahren stärker präsent, insbesondere in Verbindung mit folgenden Entwicklungen:

- dem § 30 des Ordnungswidrigkeitengesetzes (OWiG), der mittlerweile eine Haftung auch von Unternehmen gewährleistet, nicht nur von einzelnen Personen
- der EU-Richtlinie und -Strategie zu CSR von 2011[19]
- dem „UN Global Compact" von 1999
- den immer wieder überarbeiteten OECD-Leitsätzen für multinationale Unternehmen
- den UN-Leitprinzipien für Wirtschaft und Menschenrechte von 2011
- dem Leitfaden der „Global Reporting Initiative" (GRI) von 2002
- der ISO 26000 als Leitfaden gesellschaftlicher Verantwortung von Unternehmen[20]

Alle diese Elemente haben dazu beigetragen, dass CSR ein in Deutschland weithin bekanntes Konzept geworden ist. Nach einer Umfrage des Lehrstuhls für Wirtschaftsethik der TU München gaben auch im deutschen Mittelstand mittlerweile 74,5 % der Befragten an, den Begriff CSR zu kennen. Und immerhin 58 % der Mittelständler sagten, dass sie dem Thema CSR eine hohe bis sehr hohe Relevanz beimessen[21].

Es liegt nahe, davon auszugehen, dass CSR-Maßnahmen eine moderne Form der Umsetzung des klassischen Ideals des „ehrbaren Kaufmanns" unter Globalisierungsbedingungen sein können. CSR ist kein auf Individuen fixiertes Konzept, sondern stellt Strukturen und Anreize im Unternehmen in den Mittelpunkt. Damit kann es auch im Wettbewerb eine tragende Rolle einnehmen und für Unternehmen zum langfristigen Wettbewerbsvorteil werden – ohne dass dies den Anliegen der Ethik zuwiderläuft.

Der „ehrbare Kaufmann" hat also nicht ausgedient. Aber er wird in der globalisierten Wirtschaft vor allem durch strukturelle Maßnahmen der CSR und weniger durch individuelle, persönliche Tugenden umgesetzt.

6   Zusammenfassung in Thesen

1. Das Leitbild des „ehrbaren Kaufmanns" entstammt einer vormodernen Vorstellung von Wirtschaft.
2. Moderne und vormoderne Konzeptionen von Wirtschaft sind grundlegend unterschiedlich, was Auswirkungen auf die Wirtschaftsethik hat.
3. Unter Marktbedingungen erodieren nicht nur Tugenden, sondern es entstehen auch neue.
4. Das Konzept der Corporate Social Responsibility löst viele Intentionen des „ehrbaren Kaufmanns" unter modernen Bedingungen ein.

---

[19] Mitteilung der Kommission v. 25. Oktober 2011, Eine neue EU-Strategie (2011–14) für die soziale Verantwortung der Unternehmen (CSR), KOM (2011) 681 endg.

[20] In Deutschland veröffentlicht 2011.

[21] Vgl. *Reiff*, CSR im deutschen Mittelstand, 2011.

Corporate Social Responsibility und die Konsumenten

Ingo Schoenheit

Zusammenfassung Konsumenten achten bei ihren Kaufentscheidungen vermehrt auf die Unternehmen, die hinter den Produkten und Marken stehen. Produkte und Unternehmen werden von ihnen auch nach ethisch-moralischen Gesichtspunkten beurteilt. Die von den Unternehmen signalisierte Corporate Social Responsibility (CSR) kann vor diesem Hintergrund zu einem mitentscheidenden Wettbewerbsvorteil im Rennen um die Gunst der Konsumenten werden. Bei vergleichbaren Preis- und Qualitätseigenschaften des Produktangebotes beeinflusst die wahrgenommene „CSR-Qualität" der die Produkte in den Verkehr bringenden Unternehmen das Kaufverhalten eines Teils der Konsumenten. Studien weisen darauf hin, dass nicht davon ausgegangen werden kann, dass eine gute CSR-Qualität auch mit einer guten Produktqualität einhergeht. Sie verweisen auf ein beträchtliches Irreführungspotential der CSR-Kommunikation, die von Konsumenten nicht überprüft werden kann.

1 Konsum ist moralisch „aufgeladen"

Es gehört zu den Grundauffassungen unseres marktwirtschaftlichen Wirtschaftssystems, dass der freie Austausch von Waren und Leistungen auf Märkten, auf denen Angebot und Nachfrage aufeinandertreffen, unter Setzung und Einhaltung gewisser Spielregeln die bestmögliche Entwicklung der Angebote und ihre im Prinzip gerechte Verteilung ermöglicht. Konsumenten[1] folgen dabei stets ihren Präferenzen lautet die tautologische Formel, nach der die Beobachtung des Verhaltens eindeutige Rückschlüsse auf die Präferenzen zulässt. Sie sind – heißt es in diesem klassi-

---

[1] Während im Marketing und im internationalen Sprachgebrauch vom Konsumenten (consumer) gesprochen wird, hat sich im deutschen Sprachgebrauch der Begriff des Verbrauchers und auch der Verbraucherinformation etabliert, der aber letztlich unbefriedigend ist, da er einseitig „den Verbrauch" anspricht und dabei übersieht, dass „der Verbraucher" als „Co-Produzent" auch Werte schafft.

I. Schoenheit (✉)
imug Institut für Markt-Umwelt-Gesellschaft e.V.
an der Leibniz Universität Hannover
Hannover, Deutschland
E-Mail: Schoenheit@imug.de

R. M. Hilty, F. Henning-Bodewig (Hrsg.), *Corporate Social Responsibility*,
MPI Studies on Intellectual Property and Competition Law 21,
DOI 10.1007/978-3-642-54005-9_5, © Springer-Verlag Berlin Heidelberg 2014

schen ökonomischen Paradigma weiter – stets und ausschließlich daran interessiert, beim Konsum ihre eigenen egoistischen Ziele und Bedürfnisse zu befriedigen, welche das auch immer sein mögen.

Dieses Bild des stets nur auf seinen eigenen Vorteil bedachten Konsumentens ist jedoch zu differenzieren, wenn wir uns die Realität des Verbraucherverhaltens in Deutschland genauer ansehen, also empirisch, d. h. mit Rückgriff auf vorfindliche Tatbestände argumentieren.

- Ökologisch verträglich hergestellte Produkte sind in einigen Branchen auf Wachstumskurs.
- Das vom Staat geförderte Bio-Label erweitert ständig seinen Marktanteil.
- Produkte, die explizit auf die Sozialverträglichkeit der Produktionsbedingungen in den Zulieferländern durch die Verwendung des TransFair-Labels hinweisen, sind aus den Supermärkten nicht mehr wegzudenken.
- 4,5 Mrd. € sind in Deutschland in grünen oder nachhaltigen Aktienfonds angelegt.[2]
- Unternehmen, die bestimmte soziale und ökologische oder andere ethisch begründete Normen verletzen, sind Gegenstand zahlreicher Boykottaktionen.
- Und auch das Marketing entdeckt die „guten Taten" und das verantwortliche Verhalten als Werbeclaim.

Der unverstellte Blick auf die bundesdeutsche Konsumwirklichkeit zeigt, in welchem Ausmaß alltägliche Erwägungen und Meinungen im und zum *Konsum* bereits mit den großen gesellschaftlichen *Umwelt- und Gerechtigkeitsfragen* verknüpft sind: Fische, die nicht überfischt sind, Bananen von Plantagen mit akzeptablen Arbeitsbedingungen, Kosmetik ohne Tierversuche, Gentechnik im Reis, Mineralwasser von nachhaltigen Unternehmen, Biertrinken für den Regenwald, T-Shirts in Deutschland genäht, Bankdienstleistungen für Muslime, Grüner Strom für das Klima, Atomstrom auch für das Klima, Äpfel aus der Region, Fast Food, das dick macht, Spielzeug aus China, Erdgasfahrzeuge, Hybridfahrzeuge, Bio-Diesel, Brennstoffzellen – oder ist Fahrradfahren nicht doch noch besser? Dies sind die beliebig weiter zu ergänzenden Stichworte, die auf eine inzwischen fast selbstverständliche auch moralisch-politische Interpretation der modernen Konsumwelt hinweisen.[3]

Qualitativer, ökologischer, ethischer Konsum und in letzter Zeit der auch von der EU und der Bundesregierung geförderte „nachhaltige Konsum" propagieren Abweichungen vom modelltheoretisch prognostizierten Standardverhalten der Konsumenten, weil erwartet wird, dass Konsumenten Produkte, die in den in diesen Konzepten ausgewiesenen Claims anderen überlegen sind, auch dann bevorzugen werden, wenn sie teurer sind oder weniger Leistungen (unmittelbare Nützlichkeit für den Konsumenten) bieten.

---

[2] *Eurosif*, European SRI Study, 2012, 14.

[3] *Schoenheit*, in *Jäckel* (Hrsg.), Ambivalenzen des Konsums und der werblichen Kommunikation, 2007, 211 (231 ff.).

Diese Perspektive ist für das unternehmerische Marketing ein nicht zu überhörender Lockruf. Die Marketingethik, die bisher immer als Bremse verstanden wurde, das im Marketing technisch Mögliche auf das moralisch Vertretbare zu reduzieren, bekommt drei große Brüder, die Ethik-Marketing, Öko-Marketing und Nachhaltigkeits-Marketing heißen. „Ethik" wird genutzt, um Produkte, Marken und Unternehmen moralisch aufzuladen. Den Produkten und Marken wird dadurch eine weitere ideelle Nutzenkategorie hinzugefügt. Das Ergebnis ist eine zunehmende Moralisierung der Märkte,[4] die beim *cause related marketing* („zweckgebundenes Marketing") besonders klar zu Tage tritt. Beim Kauf eines Produktes oder einer Dienstleistung verwendet das Unternehmen einen Teil des Erlöses für einen sozialen, ökologischen oder einen anderen „guten Zweck".[5] Damit wird dem Konsumenten durch seinen Kauf die Möglichkeit gegeben, zur Lösung eines gesellschaftlichen Problems beizutragen. Zumindest als Nebenwirkung positionieren sich die jeweiligen Macher des *cause related marketings* als moralisch intakte Unternehmen, weil sie ein deutliches Engagement für eine jeweils bestimmte „gute Sache" zeigen.[6]

2 CSR ist kaufrelevant

Trotz der beobachteten Anstrengungen von Unternehmen, ihre CSR-Leistungen deutlich herauszustellen, stellt sich die Frage, ob und in wie weit eine überzeugende CSR-Leistung von Unternehmen, bzw. die entsprechende Wahrnehmung auf Seiten der Konsumenten das tatsächliche Kaufverhalten beeinflusst.

Seit ungefähr zwanzig Jahren mehren sich die Anzeichen dafür, dass es innerhalb der Konsumenten eine relevante Zielgruppe gibt, die zumindest in Aussicht stellt, das freiwillige soziale und ökologische Engagement von Unternehmen zu „belohnen". Dies ist deshalb so wichtig, weil Unternehmen ausdrücklich unter der Perspektive möglicher Win-Win-Situationen ihre Coprorate Social Responsibility in den letzten Jahren ausgestaltet haben. Auch die Bundesregierung motiviert Unternehmen ausdrücklich mit dem Hinweis, dass an den Märkten, vor allen auf den Konsumgüter- und Finanzmärkten „Belohnungen" winken.[7]

Allerdings setzt die potenzielle Belohnungsfunktion der Konsumenten voraus, dass überhaupt belastbare Aussagen zur tatsächlichen Verantwortungsübernahme von Unternehmen vorliegen und verständlich transportiert werden. Nur wenn Kon-

---

[4] *Stehr,* Moralisierung der Märkte, 2007.

[5] *Varadarajan/Menon,* Cause-Related Marketing: A Coalignment of Marketing Strategy and Corporate Philanthropy, Journal of Marketing 1988, 58 (59 f.).

[6] In der ersten in Deutschland durchgeführten Studie zur Konsumentenresonanz auf das *cause related marketing* geht *Fuhljahn* (2006) auch auf das in Deutschland kontrovers diskutierte Beispiel der „Krombacher Spendenoffensive 2006" differenziert ein.

[7] *Bundesministerium für Arbeit und Sozial* (Hrsg.), Nationale Strategie zur gesellschaftlichen Verantwortung von Unternehmen (Corporate Social Responsibility – CSR) – Aktionsplan CSR – der Bundesregierung, 2010.

sumenten zutreffende Informationen über das mehr oder weniger verantwortliche Verhalten von Unternehmen erhalten, können sie ihre potenziell belohnende Rolle auf den Märkten ausüben. Die Aufgabe, Konsumenten in verständlicher, zutreffender und einfacher Form, ihre jeweiligen CSR-Leistungen zu signalisieren, ist für Unternehmen alles andere als trivial.

Die *empirische Verbraucherforschung* zeigt nämlich deutlich, dass Konsumenten kein umfassendes oder gar „ganzheitliches" CSR-Verständnis haben.[8] Anzutreffen ist jedoch ein auf für sie relevante Einzelaspekte bezogenes Verständnis vom Konstrukt Unternehmensverantwortung. CSR oder Unternehmensverantwortung werden von Konsumenten an subjektiv für sie wichtigen Einzelaspekten festgemacht. Wichtige Einflussfaktoren darauf, welche Themen sie der unternehmerisches Verantwortung zuschreiben sind die persönlichen Betroffenheiten (Beispiel: Arbeitsplätze) und die subjektiv höchst differierende Vermutung, wie wichtig das jeweilige Thema bzw. die jeweilige unternehmerische CSR-Aktivität für die Gesellschaft ist.[9]

Umfrageforschungen belegen seit Jahren mit schöner Regelmäßigkeit, dass 40 bis 60 % der Befragten bereit sind, soziale und ökologische Leistungen von Produkten und Unternehmen zu honorieren.[10] Sie zeigen auf, dass nahezu jeder Konsument irgendwie einer CSR-affinen Gruppe zuzuordnen ist und für das unternehmerische Marketing damit genügend Anknüpfungspunkte bietet, um einzelne CSR-Leistungen geradezu „passend" in den Vordergrund zu rücken.[11]

Allerdings ist bei allen empirischen Studien, die in Form von direkten Befragungen der Konsumenten über CSR durchgeführt werden, zu berücksichtigen, dass sie dazu tendieren, sozial akzeptable Antworten zu produzieren, die zu einem „politisch korrekten" Bias führen können.

Eine Studie des *imug Instituts* verfolgte deshalb das Ziel, die Bedeutung von CSR realitätsnäher gerade in den Fällen zu untersuchen, in denen – und das ist eine vollkommen realistische Grundannahme – auch der Preis und die vermutete Produktqualität und sogar die zur Auswahl stehende Marke einen Einfluss auf die Kaufentscheidung haben.[12] Auf eine direkte Befragung der Präferenzen wurde verzichtet und statt dessen eine Conjoint-Methode angewendet, die ein geeignetes Instrument für eine realitätsnahe Präferenzanalyse darstellt. Die Untersuchungsergebnisse zeigen drei Ergebnisse:

---

[8] *Forsa,* Nachhaltigkeit, 2012, 1; imug Institut (Hrsg.), Corporate Social Responsibility als Verbraucherinformation, Arbeitspapier 17, 2007, 9.

[9] *imug Institut* (Fn. 8), 11.

[10] *Nieslon,* Consumers who cares. And say they'll reward companies with their wallets, 2013, 7; *Umwelt Bundesamt,* Umweltbewusstsein in Deutschland 2010. Ergebnisse einer repräsentativen Bevölkerungsumfrage, 2010, 39.

[11] *GfK/Roland Berger,* Sozial verantwortliches Management und Nachhaltigkeit. Potenziale für Hersteller und Händler? Ergebnisse einer Studie von GfK Panel Services Deutschland und Roland Berger Strategy Consultants, 2009.

[12] *Schoenheit/Wirthgen,* in: *Hansen/Schoenheit* (Hrsg.), Corporate Social Responsibility. Auf dem Weg zu Akzeptanz und Glaubwürdigkeit, 2012, 219.

- Preis und Produktqualität sind insgesamt wichtiger für eine Kaufentscheidung als die wahrgenommene CSR-Leistung.
- Bei einem Teil der Konsumenten (rund 20%) ist das „CSR-Argument" von ähnlichem Gewicht wie der Preis und die vermutete Produktqualität.
- Bei gleichem Preis und vergleichbarer Qualität kann das „CSR-Argument" bei diesen Konsumenten den Ausschlag für ein Produkt eines Unternehmens geben, das nachweislich verantwortlicher agiert als andere.

Die Studie, die exemplarisch an zwei Produktgruppen durchgeführt wurde, zeigte, dass die Wichtigkeit von einzelnen CSR-Argumenten bei den beiden Produkten sehr unterschiedlich ausfallen kann. Der tatsächliche Einfluss der wahrgenommenen CSR eines Unternehmens auf die Kaufentscheidung kann nicht in einem einfachen Kausalzusammenhang, sondern nur einem komplexeren Kaufentscheidungsmodell abgebildet werden.[13] Jedes Modell, das die unternehmensseitige CSR-Kommunikation in ihrer möglichen Auswirkung auf die Kaufentscheidung abbilden und überprüfen will, sollte berücksichtigen, dass in der Realität häufig auch unternehmensunabhängige Aussagen über die Corporate Social Responsibility am Markt anzutreffen sind.

3 CSR und Produktqualität sind nicht dasselbe

Im Folgenden soll kurz näher auf einige besonders kritisch erscheinende Schnittstellen zwischen CSR und dem Irreführungsverbot eingegangen werden. In einer Studie des *imug Instituts* wurde der Zusammenhang von Produktqualität und CSR-Qualität untersucht. Die Studie hat die unterstellten Abstrahlungseffekte einer überzeugenden Darstellung von CSR-Leistungen auf die Wahrnehmung und den Kauf von Produkten durch Konsumenten überprüft und gefragt, ob „gute Unternehmen" auch „bessere Produkte" auf den Markt bringen.[14] Immerhin kann vermutet werden, dass Verbraucher eine explizit dargestellte gute CSR auch als Qualitätssignal für bessere Produkte interpretieren. Die CSR-Qualität könnte – bei fehlenden Produktinformationen – als Indikator für die Qualität von Konsumgütern dienen.

Für eine Überprüfung des tatsächlichen Zusammenhangs zwischen CSR und Produktqualität wurde auf die Testergebnisse der *Stiftung Warentest* zurückgegriffen. Seit 2004 untersucht die Stiftung – in ausgewählten Fällen – die sogenannte CSR-Qualität der Anbieter von Produkten.[15] Und selbstverständlich führt die Stiftung Warentest auch ihre „klassischen Produkttests" durch, die methodisch streng von den CSR-Tests getrennt werden. Mit den entsprechenden öffentlich zugänglichen Datensätzen ist es möglich, die objektive Relation zwischen CSR und Pro-

---

[13] Laufende Dissertation im imug Institut von *Schleer,* Corporate Social Responsibility und verantwortungsbewusste Kaufentscheidungen, in Begutachtung, voraussichtlich 2014.

[14] *Schleer/Schoenheit,* in: *Hansen/Schoenheit (*Fn. 12), 229.

[15] *Schoenheit/Hansen,* in: *Wiedmann/Fritz/Abel* (Hrsg.), Management mit Visionen und Verantwortung, 2004 233.

duktqualität bei einer Vielzahl von in Deutschland angebotenen Konsumgütern zu untersuchen.[16]

Die empirischen Befunde belegen nun, dass die CSR-Qualität kein zuverlässiger Indikator für die Qualität von Konsumgütern darstellt. Nur in etwa 62 % der Fälle können Konsumenten darauf vertrauen, dass bessere sozial-ökologische Herstellungsbedingungen mit qualitativ besseren Produkten einhergehen. In allen anderen Fällen würden sie ein qualitativ schlechteres Produkt kaufen, orientierten sie sich „alleinig" an den sozial-ökologischen Rahmenbedingungen in der Herstellung.[17]

Es muss betont werden, dass als Grundlage dieser Studie die unabhängigen und belastbaren Testergebnisse der Stiftung Warentest über die CSR-Qualitäten der Unternehmen bilden. Es darf vermutet werden, dass in den Fällen, in denen die Unternehmen selbst ihre CSR-Eigenschaften ausloben der Rückschluss auf die tatsächlichen Produktqualitäten dieses Unternehmens noch einmal deutlich beliebiger ausfallen wird.

4 CSR-Kommunikation: Das Anforderungsprofil der Konsumenten

Ergänzende und ggf. auch korrigierende Informationsangebote von dritter, unabhängiger Seite über die tatsächlichen CSR-Leistungen der Unternehmen sind wichtig, sie werden aber nicht die eigenen *Informationsaktivitäten der Unternehmen* ersetzen. Und selbstverständlich ist für die Unternehmen die selbstgesteuerte Information der Verbraucher eine Chance, die eigenen CSR-Leistungen positiv herauszustellen. Ein Blick auf aktuelle Werbekampagnen zeigt, dass einige Unternehmen diese Möglichkeit auch gerne wahrnehmen.[18]

Die Mehrheit der Unternehmen ist sich jedoch unsicher, wie eine angemessene Information über die eigenen CSR-Leistungen gestaltet werden kann. Aussagen zur CSR beziehen sich auf hochkomplexe Sachverhalte, die sich einer mit vertretbarem Aufwand realisierbaren Nachprüfung zunächst einmal vollständig entziehen. Das Dilemma des unternehmerischen Signalings besteht darin, dass die Kommunikation von Vertrauenseigenschaften genau das voraussetzt, was sie eigentlich erst erzeugen soll, nämlich Vertrauen.[19] Als Ausweg aus diesem Dilemma stehen Elemente der unternehmerischen Selbstbindung zur Verfügung (freiwillige Orientierung an Standards, Zertifizierungen usw.), die nicht unbedingt der Königsweg einer frei gestalteten Kommunikation sind. Gerade Unternehmen, die in ökologischen und sozialen Dingen substantiell etwas leisten, sehen sich deshalb der Gefahr ausge-

---

[16] *Schleer/Schoenheit,* (Fn. 14), 237f.

[17] *Schleer/Schoenheit,* (Fn. 14), 240.

[18] *Schoenheit/Schleer,* in: *Hansen/Schoenheit (*Fn. 12), 317 (319).

[19] *Kaas.* Marketing für umweltfreundliche Produkte, DBW (Die Betriebswirtschaft) 1992, 473 (482).

setzt, im Aufmerksamkeitswettbewerb von Trittbrettfahrern und Schreihälsen an den Rand gedrängt zu werden.

Auf der Grundlage von 50 qualitativen Interviews sind in einer aktuellen Studie des imug Instituts die Anforderungen an eine aus Verbrauchersicht angemessene CSR-Information der Unternehmen analysiert worden.[20] Dazu wurden die Wahrnehmung und die Bewertung von unternehmensseitig kommunizierten CSR-Informationen durch die Verbraucher untersucht und die hintergründigen Motive ihrer Bewertungen beleuchtet. Es sollten jene Faktoren, Situationen, Anlässe identifiziert werden, die CSR-Aussagen der Unternehmen aus Sicht der Verbraucher glaubwürdig und interessant erscheinen lassen.

So konnten in der Auseinandersetzung mit drei Beispielen aktueller CSR-Kommunikation eine Reihe von kritischen Erfolgsfaktoren bei der Gestaltung der CSR-Information identifiziert werden:[21]

1. Transparenz und Offenheit
   Für die Glaubwürdigkeit von CSR ist eine transparente und offene Kommunikation maßgeblich. Das heißt vor allem, keine Halbwahrheiten zu kommunizieren. Auch Nicht-Erfolge, Fehlentwicklungen und schwer lösbare Dilemmata sollten kommuniziert werden.

2. Nachprüfbare Aussagen
   Da Unternehmen, die selbst über ihre CSR-Leistungen berichten, nur in Teilen glaubwürdig sind, sollten Unternehmen konkrete Nachweise liefern, durch die die tatsächliche Verantwortungsübernahme sichtbar wird. Nicht die Ziele und Vorhaben, sondern die Fortschritte und Ergebnisse sollten im Mittelpunkt der Kommunikation stehen. Auch Belege, Dokumentationen, der Verweis auf weiterführende Informationen sind hier besonders hilfreich.

3. Glaubwürdige „Dritte" zu Wort kommen lassen
   Unternehmen, die selbst ihre CSR-Leistungen kommunizieren, verbessern ihre Akzeptanz bei Verbrauchern, wenn dabei auch Kommentare/ Statements von glaubwürdigen Dritten eingebunden werden. Glaubwürdige Dritte können Personen, Institutionen, ggf. auch Label/ Siegel sein.

4. Ausgewogene Emotionalisierung
   Glaubwürdigkeit wird unterstützt, wenn eine realistische Darstellung stattfindet und seriöse Argumente vorgetragen werden. Um breite Konsumentensegmente zu erreichen, sollte auf Emotionalisierung dennoch nicht verzichtet werden.

5. Verständlichkeit
   Die kommunizierten CSR-Inhalte der Botschaften müssen verständlich verpackt werden. Um die Informationsverarbeitung zu erleichtern, sollten sich CSR-Aussagen auf gehaltvolle, nachvollziehbare, belastbare und möglichst mit Beispielen konkretisierte Informationen beschränken. Dabei sollte in besonderem Maße auf eine klare und verständliche Text- und Bildkommunikation sowie auf eine logische Aussagengestaltung geachtet werden.

---

[20] *Schoenheit/Schleer,* in: *Hansen/Schoenheit,* (Fn. 17), 317.

[21] *Schoenheit/Schleer,* (Fn. 12), 317 (331–334).

6. Motive ehrlich aufzeigen

   In der Kommunikation sollten ehrlich die Win-Win-Perspektiven angesprochen werden und auch welche ökonomischen Vorteile mit dem CSR-Engagement verfolgt werden. „Vollständiger" Altruismus ist in der CSR-Kommunikation weniger glaubwürdig als nachvollziehbare Win-Win-Motive.

7. Unterschiedliche Informationstiefen vorsehen

   Die CSR-Kommunikation in TV-Spots, in Anzeigen etc. ist in ihrem Informationsgehalt begrenzt. Weitergehende Informationen, die differenzierter die Themen darlegen, erhöhen die Glaubwürdigkeit und befriedigen ggf. den Informationsbedarf.

8. Erfolgswahrnehmung unterstützen

   Um Konsumenten einen Nutzen (z. B. das gute Gefühl, etwas Richtiges zu tun) in Aussicht zu stellen, sollten CSR-Botschaften aufzeigen, dass Konsumenten durch ihr Handeln auch tatsächlich etwas bewegen können. Allerdings darf hier keinesfalls der Eindruck entstehen, das Unternehmen würde die Verantwortung auf die Verbraucher abwälzen: Konsumenten sollten ermuntert, aber nicht aufgefordert werden, ihren Einfluss konstruktiv einzusetzen.

Insgesamt macht die qualitative Studie deutlich, dass nur sehr wenige Befragte prinzipiell gegen eine verstärkte CSR-Kommunikation von Unternehmen sind. Rund zwei Drittel finden es – vom Grundsatz her – vollkommen richtig, wenn Unternehmen über ihre guten Taten, über ihre CSR-Leistungen berichten. Aber auch bei denen, die grundsätzlich für die Kommunikation von CSR-Leistungen sind, trifft die CSR-Kommunikation von Unternehmen auf eine skeptische Grundhaltung. Sie verweisen damit (implizit) auf bestimmte Anforderungen der Objektivität, denen eine gute CSR-Information gerecht werden muss.[22]

5 Fazit

CSR ist als Argument auf den Konsumgütermärkten angekommen. Auch wenn die tatsächlichen Kaufentscheidungen der Konsumenten von Preis- und klassischen Qualitätspräferenzen dominiert werden, werden Aussagen zur CSR zunehmend kaufrelevant. Gerade weil die dargestellte und wahrgenommene CSR-Qualität eines Unternehmens nicht eindeutige Rückschlüsse auf die Produktqualität zulässt, kann ein Irreführungspotential von unternehmensseitig behaupteten CSR-Qualitäten nicht ausgeschlossen werden.

---

[22] *Schoenheit/Schleer*, in: *Hansen/Schoenheit*, (Fn. 12), 317 (335).

Teil IV
Rahmenbedingungen der rechtlichen Beurteilung von CSR

Corporate Social Responsibility-Standards: Rechtstheoretische Aspekte und die Frage, was den „Markenkern" der Rechtswissenschaft ausmacht

Rupprecht Podszun

Zusammenfassung Corporate Social Responsibility Standards etablieren sich in der Wirtschaft als eigenständige Form der Regulierung. Rechtstheoretisch sind sie schwierig zu erfassen, da nach traditionellem Verständnis in diesen Verhaltenskodizes keine Rechtsnormen zu sehen sind. Durch diese rechtstheoretische Abschottung gerät die Rechtswissenschaft in Gefahr, den Zugriff auf diese Form von regelbasierter Ordnung zu verlieren. Das ist angesichts der engen Verknüpfung solcher Standards mit klassischem Recht nicht mehr zeitgemäß. Ein Ausweg ist, entsprechende Verhaltenskodizes als autonome Setzungen mit Rechtsnormcharakter anzusehen, sie also vertragsrechtlich zu analysieren. Das würde den Zugriff der Rechtstheorie (und auch des UWG in § 4 Nr. 11) ermöglichen. Die Rechtswissenschaft ist dann gefordert, die unternehmerischen Selbstverpflichtungen dogmatisch zu durchdringen. Ansätze dazu bietet das Konzept der Meta-Regulierung.

1 Die Herausforderung des formalen Rechtsbegriffs

Juristen beantworten Rechtsfragen. Nur selten beantworten sie aber die Fragen: Was ist Recht? Und wie ist es von anderen gesellschaftlichen Strukturen oder Institutionen abzugrenzen? Das gilt zumindest für den „Mainstream" der deutschen Rechtswissenschaft, in dem – wie der Wissenschaftsrat festgestellt hat – rechtsphilosophische oder rechtstheoretische Überlegungen kaum Berücksichtigung finden.[1]

---

[1] Wissenschaftsrat, Perspektiven der Rechtswissenschaft in Deutschland, 2012, 53 ff.

Der Autor dankt cand. iur. *Tristan Rohner* für wertvolle Unterstützung bei der Vorbereitung des Beitrags.

R. Podszun (✉)
Lehrstuhl für Zivilrecht VIII,
Universität Bayreuth,
Bayreuth, Deutschland
E-Mail: LS - Podszun@uni-bayreuth.de

R. M. Hilty, F. Henning-Bodewig (Hrsg.), *Corporate Social Responsibility*,
MPI Studies on Intellectual Property and Competition Law 21,
DOI 10.1007/978-3-642-54005-9_6, © Springer-Verlag Berlin Heidelberg 2014

Dass sich außerhalb rechtsphilosophischer Spezialdiskurse etwa wirtschaftsrecht-lich geschulte Wissenschaftler auf die Suche nach dem eigenständigen Wert der Rechtswissenschaft machen (was eine Definition dessen voraussetzt, womit sich diese Wissenschaft überhaupt befasst), hat Seltenheitswert.[2]

Durch die Standards der *Corporate Social Responsibility* (CSR) oder unterneh-merische Verhaltenskodizes werden klassische Definitionen dessen, was Recht ist, herausgefordert. Sind CSR-Standards Recht? Sind die Kodizes, denen sich Unter-nehmen unterwerfen, Rechtsnormen? Welche rechtstheoretische Qualität hat die Selbstverpflichtung, sich an bestimmte ökologische oder soziale Vorgaben zu hal-ten?

Thema dieses Beitrags ist, welche Impulse die Rechtstheorie für den Umgang mit solcherart verfasster Unternehmensverantwortung gibt. Dabei wird zunächst definiert, was CSR und die Rechtsnorm als die Ausgangspunkte des Themas kenn-zeichnet, und was der Gegenstand der Rechtswissenschaft ist (1.). CSR-Standards werden als regulierende Erscheinungsformen identifiziert, die in so engen Wechsel-beziehungen mit klassischem „Recht" stehen, dass in der praktischen Anschauung die Grenzen fließend sind (2.). Es fragt sich daher, ob die Rechtstheorie offen dafür ist, den überkommenen Rechtsnorm-Begriff zu öffnen. Ansätze dafür sind vorhan-den, Voraussetzung ist aber auch die Offenheit eines Rechtsverständnis, das idealer-weise evolutorisch angelegt sein sollte (3.). Bewahrt sich die Rechtswissenschaft eine solche Offenheit, ist sie aufgerufen, CSR als Phänomen juristisch zu durch-dringen. Das ist auch deshalb notwendig, weil andernfalls dieses Regulierungsthe-ma allein politologisch, ökonomisch oder soziologisch angegangen wird, obwohl es doch um die verbindliche Regelung des Zusammenlebens in der Gesellschaft geht. Dazu können aus rechtswissenschaftlicher Perspektive kompetente Beiträge geleis-tet werden (4.). Diese Beiträge sollen im Schlussabschnitt konkretisiert werden: CSR-Standards, so der Vorschlag, sind als autonome Setzungen von Marktteilneh-mern zu qualifizieren, die durch ihre ordnungsstiftende Wirkung rechtsnormartigen Charakter entfalten. Das genügt aus hier vertretener Sicht etwa, um CSR-Kodizes für die daran Beteiligten als Rechtsnormen im Sinne von § 4 Nr. 11 UWG einzu-ordnen. Für eine tiefergehende Durchdringung ist ein dogmatisches Konzept aus-zuarbeiten. Die Ansätze der „Meta-Regulierung" sind dafür ein Beginn. Dass bei aller Euphorie über die Möglichkeiten der CSR die Grenzen und Risiken dieser Regulierungsform nicht aus dem Blick geraten dürfen, wird zum Ende des Beitrags in Erinnerung gerufen (5.).

Dass bei diesem Programm die folgenden Ausführungen fragmentarisch bleiben müssen, versteht sich von selbst.

---

[2] Ein Beispiel liefert *Engel* (Hrsg.), Das Proprium der Rechtswissenschaft, 2007.

1.1 Was ist CSR?

Zunächst sind die beiden Untersuchungsgegenstände dieses Beitrags zu definieren – die Begriffe „Corporate Social Responsibility" und „Rechtsnorm".

Corporate Social Responsibility wird im Folgenden als Konzept definiert, das die Integration sozialer und ökologischer Belange in die Unternehmenstätigkeit auf freiwilliger Basis umfasst. Damit wird an die Definition der Europäischen Kommission angeknüpft. In ihrer Mitteilung COM (2011) 681 definiert die Kommission CSR wie folgt:

> a concept whereby companies integrate social and environmental concerns in their business operations and in their interaction with their stakeholders on a voluntary basis.[3]

Das „World Business Council for Sustainable Development" definiert ähnlich:

> Corporate social responsibility is the commitment of business to contribute to sustainable economic development, working with employees, their families, the local community and society at large to improve their quality of life.[4]

Auch in dieser Definition wird auf ein „commitment", also eine Bindung abgestellt, wobei Interessen im Vordergrund stehen, die eben nicht auf das ureigene Unternehmensziel der Gewinnmaximierung ausgerichtet sind, sondern auf andere Aspekte. Damit werden *Stakeholder* adressiert, die zwar ein Interesse am Unternehmen haben, das aber nicht in erster Linie das Interesse der Steigerung des Unternehmensgewinns ist. CSR zeichnet sich also dadurch aus, dass Interessen, möglicherweise solche der Allgemeinheit, festgeschrieben werden, die über das übliche Programm der rationalen Gewinnmaximierung und über die üblichen Anforderungen des Rechts hinausgehen. Durch ihre Verbindlichkeit für eine Vielzahl meist gewichtiger Akteure können die großen CSR-Kodizes hohe Bedeutung für die jeweilige Branche oder die Gesellschaft insgesamt entfalten. CSR hat das Potenzial, eine wesentliche wirtschaftsbezogene Weichenstellung darzustellen.

Praktische Beispiele für CSR sind etwa die *Guidelines for Multinational Enterprises*, die von der OECD 2000 in eine internationale Konvention gegossen wurden (und damit in den Grenzen der Möglichkeiten der OECD „verrechtlicht" wurden).[5]

Ein typisches Beispiel aus der unternehmerischen Praxis ist der BSCI-Verhaltenskodex von 2009.[6] In diesem Dokument der Business Social Compliance Initiative sind wesentliche Verpflichtungen der Unternehmen enthalten, die sich an den Kodex gebunden fühlen. Die Verpflichtungen betreffen insbesondere unternehmensinterne Gestaltungen, etwa das Verbot der Kinderarbeit, eine Anti-Kor-

---

[3] Europäische Kommission, A renewed EU strategy 2011–14 for Corporate Social Responsibility, COM (2011) 681 v. 25. Oktober 2011, 3.

[4] World Business Council for Sustainable Development, Corporate Social Responsibility, 2000, 10 (aufrufbar unter: http://www.wbcsd.org/web/publications/csr2000.pdf).

[5] Organisation for Economic Co-operation and Development, Guidelines for Multinational Enterprises, 2000 (aufrufbar unter: http://mneguidelines.oecd.org/text/).

[6] Business Social Compliance Initiative, BSCI-Verhaltenskodex, 2009 (abrufbar unter: http://www.bsci-intl.org/resources/code-of-conduct).

ruptions-Policy oder das Recht der Arbeitnehmer zu Kollektivverhandlungen. Der Kodex ist von Einzelhandelsunternehmen aus Westeuropa verabschiedet worden, die ihre Zulieferbetriebe in (typischerweise asiatischen) Entwicklungsländern zur Einhaltung der Rechte in ihren Betrieben verpflichten. Kommen die Zulieferbetriebe ihren Verpflichtungen nicht nach, haben die Abnehmer ein Kündigungsrecht. Die Durchsetzung der Verpflichtungen wird durch Audits und Monitoringstrukturen überwacht. Es werden Beauftragte eingesetzt und Dokumentationen verlangt. Ziel der BSCI ist es, die gesamte Lieferkette ethisch und nachhaltig zu organisieren.

Am Beispiel der BSCI zeigt sich schon auf den ersten Blick die Nähe zu Rechtsnormen: die Verpflichtungen gleichen Defizite in Gesetzgebung oder hoheitlicher Rechtsdurchsetzung in den Entwicklungsstaaten aus. Die Ausgestaltung ist sowohl in der Art der Formulierung als auch in der Art der Durchsetzung so, dass ein Geltungsimperativ für die Adressaten entsteht, der den klassischer Rechtsnormen sogar übertreffen kann, da die Sanktion (Kündigung des Liefervertrags) wirtschaftlich empfindlich wäre.

Abzugrenzen ist der Begriff der CSR von anderen Begriffen, die in dieser Diskussion häufig aufscheinen:

- „Compliance" bezeichnet interne Mechanismen und Programme von Unternehmen, mit denen die Befolgung des geltenden Rechts gesteigert werden soll.[7]
- „Corporate Governance" bezeichnet Anstrengungen, die den Kern der Unternehmensführung betreffen und insbesondere Verhaltenspflichten für Mitglieder von Leitungsgremien statuieren.[8] Durch Maßnahmen der Corporate Governance soll in erster Linie eine nachhaltige Führungsstrategie etabliert werden, die mittelfristig dem Unternehmensgewinn zugutekommen soll.
- „Soft Law" bezeichnet nicht-verbindliche Normen, die von autoritativen Regelgebern gesetzt werden.[9] Ein Beispiel sind Leitlinien, die die Europäische Kommission erlässt, oder die oben erwähnten OECD Guidelines. Der Begriff macht die große Nähe zur klassischen Rechtsnorm („law") deutlich, kennzeichnet aber auch den Unterschied, der vor allem darin liegt, dass die Verpflichtungen meist weder detailscharf ausgestaltet sind, noch mit harten Sanktionen durchgesetzt werden können. *Soft law* kann für die erlassenden Organe allerdings Selbstbindungen auslösen, die dann auch justitiabel sein können.[10]
- „Verhaltenskodex" ist ein Begriff, der in Art. 2 lit f.) UGP-Richtlinie und in § 2 Abs. 1 Nr. 5 UWG Eingang gefunden hat.[11] Definiert werden Verhaltens-

---

[7] *Eidam*, Unternehmen und Strafe, 3. Aufl. 2008, 523; *Hauschka*, Compliance, Compliance-Manager, Compliance-Programme: Eine geeignete Reaktion auf gestiegene Haftungsrisiken für Unternehmen und Management?, NJW 2004, 1 (1).

[8] *Wellhöfer*, in: *Wellhöfer/Peltzer/Müller* (Hrsg.), Die Haftung von Vorstand, Aufsichtsrat, Wirtschaftsprüfer, 2008, § 4 Rn. 124.

[9] *Thürer*, „Soft Law" – eine neue Form von Völkerrecht?, ZSR 1985, 429 ff.

[10] *von Graevenitz*, Mitteilungen, Leitlinien, Stellungnahmen – Soft Law der EU mit Lenkungswirkung, EuZW 2013, 169 ff.

[11] Ausführlich *Alexander*, Verhaltenskodizes im europäischen und deutschen Lauterkeitsrecht, GRUR Int 2012, 965 ff.; *Schmidhuber*, Verhaltenskodizes im neuen UWG, WRP 2010, 593 ff.;

kodizes in der Richtlinie als „Vereinbarungen oder Vorschriftenkatalog, die bzw. der nicht durch die Rechts- oder Verwaltungsvorschriften eines Mitgliedsstaats vorgeschrieben ist und das Verhalten der Gewerbetreibenden definiert, die sich in Bezug auf eine oder mehrere spezielle Geschäftspraktiken oder Wirtschaftszweige auf diesen Kodex verpflichten." Zahlreiche CSR-Aktivitäten, die eine gewisse Regelungsintensität erhalten, werden dem Begriff des Verhaltenskodex entsprechen, mit dem daher im Folgenden auch häufig operiert wird. Der Begriff ist allerdings ein *terminus technicus* des Lauterkeitsrechts.

Zu diesen Begriffen bestehen mit dem Begriff der CSR Überschneidungen. Das Eigentümliche der CSR ist aber, dass freiwillig Verpflichtungen eingegangen werden, die motiviert sind durch Ziele, die über das klassisch definierte Eigeninteresse der Akteure (bei Unternehmen: Gewinnmaximierung) hinausgehen. Dabei leisten die Unternehmen, die sich CSR-Standards verpflichtet haben, mehr, als sie nach geltendem Recht müssten. CSR-Verhaltenskodizes unterscheiden sich in ihren Akteuren von üblichen Rechtsakten. Sie brechen das duale Schema von Staat einerseits und Wirtschaft andererseits auf und integrieren die Zivilgesellschaft (also z. B. Nicht-Regierungsorganisationen) in das Schema der Regelung von unternehmerischem Verhalten.[12]

CSR-Verhaltenskodizes oder –Standards können zahlreiche Erscheinungsformen annehmen. Die folgenden Ausführungen gelten nur für solche Maßnahmen der CSR, die ein Sollens-Programm aufstellen, mit Sanktionscharakter versehen sind, und die für die Beteiligten verbindlich sind. Der BSCI-Verhaltenskodex möge als Beispiel für diese verfestigte Form von CSR angesehen werden.

1.2   Was sind Rechtsnormen?

Ob ein Dokument wie der BSCI-Code als Rechtsnorm zu qualifizieren sind, hängt von der Definition der Rechtsnorm ab.

In der klassischen Rechtsquellenlehre wird zwischen Recht und Nicht-Recht unterschieden, ohne dass Grenzfälle adäquat abgebildet würden. Diese 1:0-Differenzierung könnte als „herrschende Meinung" bezeichnet werden, wenn man sich diesen stets irreführenden Begriff der „herrschenden Meinung" einmal für rechtstheoretische Diskussionen zu eigen machen wollte (und sei es, um sein Irreführungspotenzial greifbar zu machen). Die Rechtsquellenlehre geht im Wesentlichen von einem monistisch-etatistischen Bild des Normgebers aus. Es gibt also einen autoritativen Regelsetzer, der für seinen Souveränitätsbereich eine Definitionshoheit hat. Dieser Normgeber ist jedenfalls staatlich legitimiert, wenn nicht unmittelbar Staatsorgane handeln. Wer Rechtsquellen von einem solchen Bild aus definiert,

---

Möllers/Fekonja, Private Rechtsetzung im Schatten des Gesetzes, ZGR 2012, 777 ff. Siehe schon *Dreyer*, Verhaltenskodizes im Referentenentwurf eines Ersten Gesetzes zur Änderung des Gesetzes gegen unlauteren Wettbewerb, WRP 2007, 1294 ff., sowie *Kocher*, Unternehmerische Selbstverpflichtungen im Wettbewerb, GRUR 2005, 647 ff.

[12] Vgl. *Röhl/Röhl*, Allgemeine Rechtslehre, 3. Aufl. 2008, 216.

das vom Nationalstaatsverständnis der Moderne im 19. Jahrhundert geprägt ist, muss bereits mit Souveränitätsübertragungen an die Europäische Union definitorische Schwierigkeiten bekommen. Die Integration kann allerdings noch erfolgen, da der staatliche Nexus erhalten bleibt.[13]

Aus dem etatistischen Monismus folgt zudem, dass ein positivistisches, geschlossenes Verständnis des Rechts erzeugt wird, in dem ein Regelanerkennungsmonopol herrscht. Das bedeutet: Recht kann eindeutig identifiziert werden. Es handelt sich um ein eigenes „System", um eine abgrenzbare Institution, der eine Eigenrationalität zugeschrieben wird. Als autoritative Quelle für Zweifelsfälle kann der Träger des Monopols der Regelanerkennung bemüht werden.

Selbst wenn sich die neuere rechtstheoretische Grundlagenliteratur von einem solchen Verständnis abwenden mag, so findet es sich doch in diesen Grundzügen noch immer in der großen Mehrzahl aller Lehrbücher, die Studentinnen und Studenten prägen, die sich überhaupt mit der Frage auseinandersetzen, was Recht ist. Eine Fortentwicklung des formalen Rechtsbegriffs ist in weiten Teilen Desiderat.

Der formale Rechtsbegriff knüpft an der Definition der Norm an. Diese wird definiert als ein „Sollen" (Tatbestand), das mit einer Sanktion (Rechtsfolge) versehen ist.[14] Was aber macht eine Norm zur Rechtsnorm?

Das Besondere des Rechts gegenüber anderen Sollens-Anforderungen ist, dass es gilt: Recht gilt.[15] Dieser positivistische Geltungsanspruch wird verschiedentlich hergeleitet. Von *Max Weber* stammt die Vorstellung einer Geltung qua staatlich organisierter Setzung und Durchsetzung samt des Vorhandenseins eines „Stabs" zur faktischen Durchsetzung.[16] Gemeint sind damit etwa Gerichte. Auch heute wird diese direkte Verknüpfung des Geltungsanspruchs mit dem etatistisch geprägten Normgeber oder jedenfalls einer von ihm abgeleiteten Institutionalisierung von Recht in einem System aufrechterhalten.[17] Positivisten haben immer wieder den Geltungsanspruch des Rechts mit einer positiven Setzung begründet – am extremsten sicher *Hans Kelsen*, der die Geltung des Rechts auf eine formal gedachte Grundnorm zurückgeführt hat.[18] Seine „Reine Rechtslehre" konnte somit eine rein innerrechtliche Begründung der Geltung finden.

Vertreter der Willenstheorie lehnten sich an eine tatsächliche Autorität und deren Willen an. Rechtsnormen waren dann nur solche Normen, die vom Willen dieser Autorität als Recht umfasst sind. Fortentwickelt wurde diese autoritätsbezogene

---

[13] Anzumerken ist, dass die Rechtsquellenlehre dem EU-Recht dennoch nicht gerecht wird, wenn sie weiterhin von der nationalstaatlichen Legitimation als Urquelle ausgeht, da dies den inzwischen supranationalen Charakter des europäischen Rechts verkennt.

[14] *Röhl/Röhl*, Allgemeine Rechtslehre, 3. Aufl. 2008, 189 f.

[15] Vgl. zum Folgenden etwa die Darstellung bei *Mahlmann*, Rechtsphilosophie und Rechtstheorie, 2. Aufl. 2012, 260 ff.

[16] *Weber*, Wirtschaft und Gesellschaft, 1921, 17; vgl. *Seelmann*, Rechtsphilosophie, 4. Aufl. 2007, 67 f.

[17] Vgl. *Raz*, The Concept of a Legal System, 1970, 212; *ders.* The Authority of Law, 1979, 99, 153; vgl. *Torrance*, Persuasive Authority Beyond the State, GLJ 2011, 1573 (1584); *Buck-Heeb/Dieckmann*, Selbstregulierung im Privatrecht, 2010, 303.

[18] *Kelsen*, Reine Rechtslehre, 2. Aufl. 1960, 169 ff.

Auffassung von Vertretern einer „Gewalttheorie", die in einem vergangenen, eine Ordnung stiftenden Gewaltakt die Basis für eine Geltung sehen.[19]

In Anerkennungstheorien wird die Anerkennung einer Norm als Rechtsnorm postuliert, jedenfalls aber speist sich die Geltung daraus, dass ein Normgeber anerkannt wird.[20] Eine Ausprägung dieser Variante in der Diskurstheorie geht davon aus, dass als Rechtsnorm eine Regelung anzusehen ist, die im herrschaftsfreien Diskurs von allen akzeptiert würde.[21] Hier ist die Nähe zu solchen Theorien greifbar, die im Vertragsschluss die Basis des Staates und seines Rechts sehen.

Weniger Zuspruch finden heute materiale Geltungstheorien, die vom Inhalt der Norm, der normativen Aussage, ausgehen und rechtliche Pflichten autonom-sittlich begründen oder dem Recht jedenfalls einen inneren Wert zumessen.[22]

Eher soziologisch geprägt sind Auffassungen, nach denen die faktische Befolgung eine Rechtsnorm auszeichnet.[23] Bei Überschreiten einer bestimmten Befolgungsschwelle könnte dann von Recht ausgegangen werden. Damit würde Recht entweder von seinem sozialethischen Gehalt abhängig gemacht (eine einsichtige Regel) oder vom Zwang der Befolgung, also von der Schärfe des Durchsetzungsapparats.[24]

Diesen Ansätzen ist gemein, dass sie im Bemühen, Rechtsnormen zu definieren, auf den Geltungsanspruch verweisen und diesen autoritativ verankern, sei es durch eine Grundnorm, eine ideale Sprechsituation oder durch einen autoritativen Akt. Typischerweise wird in vereinfachenden Darstellungen als Souverän ein Hoheitsträger, der Staat, benannt. Beispielhaft sei aus dem Lehrbuch zur Rechtsphilosophie von *Bernd Rüthers, Christian Fischer* und *Axel Birk* zitiert. Als Norm wird definiert, dass eine Verhaltensaufforderung mit einer Sanktionsdrohung verbunden wird: Sollen und Sanktion, Tatbestand und Rechtsfolge.[25] Der Unterschied zwischen rein sozialen Normen und Rechtsnormen „liegt in der staatlich organisierten Setzung und Durchsetzung der Rechtsnormen durch die Gerichte."[26] Rechtsnormen zeichnet zudem aus, dass sie „autoritativ von anderen (heteronom) vorgegeben werden".[27] Ihre Grundelemente sind die Bestimmung des Adressaten, der Tatbestand, die Sollens-Anordnung und die Rechtsfolgenanordnung.[28]

Ist ein Standard, der in einem Kodex einer Unternehmensinitiative genannt wird, nun eine Rechtsnorm? Die Verpflichtung, keine Kinderarbeit vorzusehen, ist eine Sollens-Vorschrift. Diese wird von der Initiative bzw. den westeuropäischen Ein-

---

[19] Vgl. *Derrida*, Force of Law: The Mystical Foundation of Authority, 11 Cardozo L. Rev. 920 ff. (1989/90).

[20] Vgl. *Alexy*, Begriff und Geltung des Rechts, 1992.

[21] Vgl. *Habermas*, Faktizität und Geltung, 1992.

[22] Vgl. *Zippelius*, Rechtsphilosophie, 5. Aufl. 2007, 19 f.

[23] Vgl. *Torrance* (Fn. 17), 1584, der allerdings weitere Merkmale verlangt.

[24] Vgl. *Zippelius* (Fn. 22), 20 ff.

[25] *Rüthers/Fischer/Birk*, Rechtstheorie, 7. Aufl. 2013, 62.

[26] Vgl. *Rüthers/Fischer/Birk* (Fn. 25), 64.

[27] *Rüthers/Fischer/Birk* (Fn. 25), 64.

[28] *Rüthers/Fischer/Birk* (Fn. 25), 81 f.

zelhändlern mit Hilfe verschiedener Maßnahmen und letztlich der finalen Kündigungssanktion durchgesetzt. Für die betroffenen Zulieferunternehmen wird die Norm faktisch gelten. Für sie werden die Verpflichtungen gegenüber der BSCI von mindestens ebenbürtiger Bedeutung zu den Regelungen des Staates sein, in dem sie ihren Sitz haben. Die Wirkung privat gesetzter Standards ist häufig schärfer als die staatlicher Regelungen.[29] Die Geltung der BSCI-Normen leitet sich allerdings nicht von einem autoritativen Souverän ab, einer letztlich staatlich legitimierten Instanz. Also keine Rechtsnorm? Handelt es sich um eine reine Machtausübung, die sogar negativ konnotiert werden sollte, da sie traditionelle Regelanerkennungsmonopole untergräbt?

Interessant ist in diesem Zusammenhang der Befund, dass das, was Manager als Recht ansehen, durchaus variabel ist.[30]

Die dargestellten Modelle der Begründung von Rechtsnormen werden herausgefordert, wenn staatliche Souveränität erodiert. Wo Staaten nicht mehr allumfassend regelungsmächtig sind, wenn sie nicht mehr funktionieren, fallen sie auch als legitimierende Normgeber aus. Das gilt nicht nur in der Rechtspraxis, in der Staaten an die Grenzen ihrer Regelungsfähigkeit stoßen. Vielmehr wird auch das Modell brüchig, das von einer hoheitlich vermittelten Geltung von Rechtsnormen ausgeht.

Die kritische Betrachtung muss aber noch weiter gehen: Es ist nicht nur der Souveränitätsverlust der Nationalstaaten, der das Modell der Rechtsnorm erschüttert. Insgesamt lässt sich derzeit eine Auflösung bisheriger geschlossener Sinnzusammenhänge feststellen. Klar strukturierte, lineare Ordnungsmodelle sind immer seltener feststellbar. Sie zerfallen, an ihre Stelle tritt das Partizipationsbegehren einzelner Akteure und Gruppen, Netzwerke ersetzen hierarchische Gliederungen, punktuelle (oft virtuelle) Kooperation ersetzt festgefügte Bindungen.

Diese hier nur skizzierten Veränderungen finden ihren Niederschlag darin, dass bestimmte rechtliche Mechanismen nicht mehr greifen. Einige wenige Beispiele, die die hergebrachten Definitionen von Rechtsnormen an ihre Grenzen bringen, mögen genügen:

- Im Verwaltungsrecht wird in manchen Bereichen, etwa bei größeren Bauvorhaben der öffentlichen Hand, die hoheitliche Gestaltung der Umwelt nicht mehr auf Verwaltungsakte gestützt, sondern weitgehend auf sog. Public-Private-Partnerships.
- In Verträgen zwischen Unternehmen werden Schiedsklauseln vereinbart, statt auf die staatliche Konfliktlösung vor Gericht zu vertrauen. Bei Streitigkeiten mit Verbrauchern werden Schlichtungsverfahren eingesetzt.
- In der Regulierung der Unternehmenstätigkeit wird häufiger auf Kodizes (etwa den Deutschen „Corporate Governance Kodex"), Selbstverpflichtungen (diskutiert etwa für die Einführung einer Gleichstellungsquote) oder Anreizsetzungen (etwa beim Emissionsrechtehandel) vertraut. In Zeiten nicht erodierter staatli-

---

[29] *Buck-Heeb/Dieckmann* (Fn. 17), 305.

[30] *Ostas*, Deconstructing Corporate Social Responsibility, ABLJ 2001, 261 (264 ff.).

cher Handlungsmacht wäre eher auf autoritative Normsetzung abgestellt worden.

- Im Sport hat sich ein ganz eigenes Regelwerk durchgesetzt, das nur noch teilweise an staatliche Normen rückgebunden ist.
- Die Vergabe von Domain-Namen und die Lösung von Konflikten bei Streitigkeiten über Domains sind nicht staatlich organisiert und funktioniert weltweit einwandfrei ohne Rückgriff auf klassische Rechtsnormen.
- Bestimmte Rechnungslegungsstandards haben sich für Unternehmen global durchgesetzt, ohne dass es einer Rechtsnorm dazu bedurft hätte.

In allen genannten Beispielen geht es um die Abwendung von dem, was als klassisches Rechtssystem bezeichnet werden kann. Die Akteure gehen über das hinaus, was klassischerweise als Vertragsgestaltung anerkannt wird, sie erschaffen eigene Regelungseinheiten. Dieser Paradigmenwechsel (der eine „Wende zum Privatrecht"[31] darstellt) müsste in der Rechtstheorie zumindest reflektiert werden. Falls es sich in den dargestellten Beispielen nicht um Rechtsnormen handelt, fragt sich auch, was die Rechtswissenschaft noch in diesen Bereichen beizutragen hat. Die traditionell vermittelten Theorien leisten eine Anpassung an diese Veränderungen nicht. Ihr Rechtsbegriff bleibt relativ geschlossen. Das formale Verständnis der Rechtsnorm ist identisch geblieben, obwohl sich an der materiellen Grundlage alles verändert hat. Die zitierte Darstellung von *Rüthers/Fischer/Birk*, die ganz typisch ist, steht für dieses überkommene Verständnis mit der Bezugnahme auf staatlich organisierte Setzung und Durchsetzung beispielhaft. Um die Abgrenzung des Rechts von Sitte, Brauch, Moral wird noch immer gerungen, ganz in der Tradition von *Max Weber*, der die Stufenleiter Sitte – Konvention – Recht entwickelt hatte.[32] Doch es fehlt in den führenden Darstellungen ein Hinweis, was der Unterschied zwischen freiwilligen Selbstverpflichtungen der Wirtschaft und Rechtsnormen sein könnte, wenn man nicht hinnehmen will, dass Recht nur ist, was vor staatlichen Gerichten, diesen ebenfalls unter einem Bedeutungsverlust leidenden hoheitlichen Institutionen, in Deutschland durchgesetzt werden kann. Würde man es bei diesem Kriterium belassen, wäre die Rechtswissenschaft eine Disziplin in Abwicklung, die zu vielen Konflikt- und Regelungsmomenten nichts mehr beizutragen hätte.

1.3 Wo liegen die Grenzen einer wissenschaftlichen Disziplin?

Die Frage, ob CSR-Verpflichtungen Rechtsnormen sind, wirft noch grundlegender die Überlegung auf, was überhaupt die Grenzen einer wissenschaftlichen Disziplin kennzeichnet. Wo beginnt die Rechtswissenschaft, wo endet ihre „Zuständigkeit"? Wie unterscheidet sie sich von anderen Disziplinen, die sich gleichfalls mit dem Zusammenleben von Menschen befassen?

---

[31] *Podszun*, Wirtschaftsordnung durch Zivilgerichte, 2014, Kap. 1.
[32] *Weber*, Wirtschaft und Gesellschaft, 1921, 17 ff. *Weber* selbst hatte bereits auf die fließenden Übergänge zwischen Recht, Sitte und Konvention hingewiesen.

In einem Vortrag über die Grenzen der Wirtschaftswissenschaft hat *Carsten Herrmann-Pillath* dies am Beispiel der Wirtschaftswissenschaft erörtert:[33] Ist die Wirtschaftswissenschaft eine Disziplin, die sich mit einem spezifischen Gegenstand befasst? Werden die Grenzen der Disziplin also durch den Gegenstand, z. B. „die Wirtschaft" oder „alles, was mit Geld zu tun hat" definiert? Oder ist die Wirtschaftswissenschaft gekennzeichnet durch eine bestimmte Methodik? Ist wirtschaftswissenschaftlich alles, was sich durch quantitative Analyse mit Hilfe ökonometrischer Modelle auszeichnet? Beide Modelle schließen Forschungen aus, die zwar zu Randbereichen der Wirtschaftswissenschaften zählen, die aber ohne Zweifel als Teil dieser angesehen werden.

Für die Rechtswissenschaft lässt sich dieselbe Frage stellen: Ist es der Untersuchungsgegenstand, der das Fach definiert, etwa die Rechtsnorm? Oder ist es eine bestimmte Methodik, etwa Auslegung plus normative Wertung?

Die Frage soll hier nicht vertieft werden. Sie wirft aber ein Schlaglicht darauf, dass an den Rändern der Begriff einer wissenschaftlichen Disziplin ausfranst. Interessant scheint eine dritte Lösung zwischen Untersuchungsobjekt und Methodik: die Forschungsfrage. Welche Forschungsfrage die rechtswissenschaftliche Forschung eint und daher auch die Grenzen des Faches umreißt, wird in Abschn. 4.1 beantwortet.

2   Die Integration von CSR in den klassischen Rechts-Kanon

CSR-Standards, so wurde gezeigt, stellen ein Sollen dar, das mit einer Sanktion behaftet ist. Viele CSR-Standards werden in einem geordneten Verfahren von einer organisierten Institution erlassen und durchgesetzt. Sie beanspruchen Geltung und erhalten diese auch. Allein: von einer staatlichen Legitimation sind die Akteure meist entfernt, das hoheitliche Element fehlt. Aber kann das ein belastbares Kriterium sein, um CSR-Standards aus dem Rechtsbegriff auszuscheiden, wenn Entstaatlichung, Zerfall staatlicher Souveränität und die Wende zum Privatrecht so manifest sind wie heute?

Bei einer rein ökonomisch-soziologischen Betrachtung versagt die Trennung zwischen Recht und Nicht-Recht ohnehin: Für jemanden, der nicht normativ beobachtet, lässt sich in der Praxis ein Unterschied kaum feststellen. Vermutlich überqueren mehr Menschen rote Ampeln als dass Unternehmen in einem strengen Verhaltenskodex die dort gesetzten Verpflichtungen brechen. So ist CSR beinahe das „bessere", weil wirksamere Recht. Die Überschneidungen der beiden Formen von Sollens-Ansprüchen sind stark. Bei CSR handelt es sich um eine Form der Regulierung, die neben dem Recht steht, die mit diesem aber auch auf vielfältige Weise verschränkt ist. Dabei findet eine Integration auf allen Ebenen statt: bei der

---

[33] *Herrmann-Pillath*, Vortrag im AK Plurale Ökonomik, Universität Bayreuth, 15.11.2013. Die hier wiedergegebenen Gedanken beruhen auf Aufzeichnungen des Verfassers.

Regelsetzung, bei der Aufdeckung von Verstößen, bei der Bewertung von Verhalten und bei der Sanktionierung. Ein Blick auf diese Verschränkungen belegt, dass der Ausgangspunkt der klassischen Definition von CSR, nämlich „to do more than the law requires", das Element der Freiwilligkeit, in dieser Striktheit nicht mehr als Abgrenzungskriterium taugt.[34]

In den folgenden beiden Abschnitten wird dargestellt, wie stark die Wechselbeziehungen zwischen CSR und klassischem Rechtssystem bereits sind. Eine Integration von CSR in den klassischen Rechtskanon und damit in den Zugriffsbereich der Rechtswissenschaft bietet sich geradezu an. Es wäre allerdings ein naturalistischer Fehlschluss, von der tatsächlichen Entwicklung auf die Wünschbarkeit einer solchen Integration zu schließen. Es gibt dafür Argumente, die unter 4. dargestellt werden.

2.1   Verstärkung von Rechtsnormen durch CSR

In zahlreichen Fällen verstärken CSR-Standards die Institution „Recht", indem sie Akzeptanz und Durchsetzungsgrad erhöhen oder das Rechtssystem entlasten.[35] Hier können drei Varianten unterschieden werden: die Stärkung durch Durchsetzung, durch Transposition und durch Entlastung.

Die Durchsetzung von Rechtsnormen über CSR findet in Fällen statt, in denen in (wirksame) CSR-Kodizes rechtliche Normen übernommen werden, die dadurch überhaupt Vollzugsrelevanz erhalten. So heißt es in Ziffer 1 des BSCI-Verhaltenskodex:

> Einhaltung von Gesetzen: Alle gültigen Gesetze und Verordnungen, industrielle Mindeststandards, Konventionen der ILO und der UN und alle anderen relevanten gesetzlichen Bestimmungen sind einzuhalten, wobei diejenigen Regelungen anzuwenden sind, welche die strengsten Anforderungen stellen. Im landwirtschaftlichen Kontext ist die ILO-Konvention 110 zu beachten.

Damit übernimmt die Unternehmensinitiative unmittelbar gesetzgeberische Vorgaben, ja, setzt deren Einhaltung an den Beginn des Verhaltenskodex. Praktisch werden damit völkerrechtlichen Regelungen und möglicherweise auch inländischen erst Durchsetzungsmechanismen zur Seite gestellt, deren Defizit von der Rechtsordnung als solcher offenbar nicht zu beheben wäre – dafür spricht bereits, dass der Kodex dies überhaupt zentral aufnimmt. Gesetzestreue durch CSR wird damit in Bereichen, in denen der Arm des Gesetzes nur schwache Muskeln hat, ein relevanter Rechtsfaktor.

Die zweite Funktion, die CSR zugunsten des klassischen Normkodex übernimmt, ist dessen Transposition in Bereiche, in denen die klassischen Normen nicht gelten. CSR kann hier quasi „überschießend" regulieren und so für eine Durchsetzung der

---

[34] Vgl. *Buhmann*, Corporate social responsibility: what role for law? Some aspects of law and CSR, Corporate Governance, 2006, 188.

[35] Vgl. *Buhmann* (Fn. 34), 191 ff.

im klassischen Recht verankerten Normvorstellungen sorgen, die das klassische Recht mit seinen begrenzten Regelungskapazitäten nicht mehr erreichen kann. Diese Ausdehnung kann territorial sein, aber auch sachlich. Ein Beispiel ist Nr. 3 des BSCI-Kodex, in dem ein umfassendes Diskriminierungsverbot statuiert wird, das in der Sache sogar über die Regelungen des deutschen Allgemeinen Gleichbehandlungsgesetzes (und der entsprechenden europäischen Richtlinien) hinausgeht, und das territorial ausgedehnt wird auf Staaten, in denen derartige Überlegungen noch keine gesetzliche Verfestigung erfahren haben.

Schließlich hat CSR für das Recht eine Entlastungsfunktion. Indem CSR-Maßnahmen Selbstverpflichtungen enthalten und ein gesetzgeberisches Einschreiten unnötig machen, wird das gesamte Verfahren staatlicher Rechtsdurchsetzung entlastet und auch die Bereitschaft zur Kooperation erlangt. Paradoxerweise führt das Ausweichen auf CSR-Standards nicht zwingend zu einer regulatorischen Abwärtsspirale: Harte Maßnahmen hätten nämlich häufig gar nicht oder nur gegen enormen Widerstand und mit großen Abstrichen durchgesetzt werden können. Selbst wenn also etwa eine Initiative wie der BSCI-Kodex nicht über alle Zweifel erhaben ist, so ist doch noch fraglicher, ob die politisch wünschenswerten Fortschritte bei der Bekämpfung von Kinderarbeit je durch „Gesetze" erreicht werden kann. Offenbar gelangt die entsprechende Konvention ja nicht überall zur Anwendung. Der normtheoretische Spatz in der Hand, dieser – um im Bild zu bleiben – vielleicht im Gefieder etwas gerupfte und nicht allzu schnelle Flieger, hat immerhin eine erste Vorgabe gemacht, ja, einen Standard gesetzt. Die Entlastung wirkt dabei auch dadurch, dass ein verbindlicher Kodex, gegen den sich Unternehmen scharf gewehrt hätten, Ressourcen bei staatlichen Stellen und in den Unternehmen stärker gebunden hätte. Zudem wären Kosten entstanden durch die Delegitimation ordnender Wirtschaftspolitik in Zeiten der Globalisierung, wenn es zur Nichtbefolgung des Gesetzes oder zu einer massiven Konfrontation zwischen Unternehmen und Staat gekommen wäre.

2.2   Verstärkung von CSR durch Rechtsnormen

Die wechselseitige Integration von CSR in den Rechts-Kanon wirkt auch in der Gegenrichtung, also dadurch, dass das Recht auf unternehmerische Selbstverpflichtungen Bezug nimmt und ihm hoheitliche Legitimation verleiht. Dies kann auf vielfältige Weise geschehen:

So verlangt § 161 AktG etwa von Aktiengesellschaften mit dem Jahresabschluss und Lagebericht eine Entsprechenserklärung, inwieweit das Unternehmen dem soeben erwähnten Corporate Governance Kodex folgt. Dadurch wird die Wirkung des einst als CSR-Maßnahme entstandenen Kodex gesetzlich verstärkt.

Im Richtlinien-Vorschlag der Kommission vom April 2013 wird eine Berichts-pflicht wie folgt statuiert:[36]

> Bei Gesellschaften, die im Durchschnitt des Geschäftsjahres mehr als 500 Mitarbeiter beschäftigen und am Bilanzstichtag entweder eine Bilanzsumme von mehr als 20 Mio. EUR oder einen Nettoumsatz von mehr als 40 Mio. EUR aufweisen, umfasst der Lage-bericht auch eine nichtfinanzielle Erklärung mit Angaben mindestens zu Umwelt-, Sozial- und Arbeitnehmerbelangen, zur Achtung der Menschenrechte und zur Bekämpfung von Korruption und Bestechung einschließlich
>
> i)   einer Beschreibung der von der Gesellschaft in Bezug auf diese Belange verfolgten Politik;
> ii) der Ergebnisse dieser Politiken;
> iii) der Risiken im Zusammenhang mit diesen Belangen und der Handhabung dieser Risi-ken durch das Unternehmen.
>
> Verfolgt eine Gesellschaft in Bezug auf einen oder mehrere dieser Belange keine Politik, erläutert sie weshalb.
> Bei der Bereitstellung dieser Informationen kann sich die Gesellschaft auf nationale, EU-basierte oder internationale Rahmenwerke stützen und gibt gegebenenfalls an, welche Rahmenwerke zugrunde gelegt wurden.

Diese CSR-Berichtspflicht soll in Art. 46 der Richtlinie 78/660/EWG über den Jah-resabschluss von Gesellschaften bestimmter Rechtsform eingefügt werden. Bislang enthält diese Norm lediglich eine Verpflichtung zur Abgabe eines üblichen Lagebe-richts. Es entstünde damit eine mittelbare Pflicht zur Etablierung und Durchsetzung einer CSR-Policy in großen Unternehmen.

Denkbar ist auch, dass das Engagement der Unternehmen im klassischen Ge-setzesvollzug positiv anerkannt wird. Eine starke CSR-Policy könnte mildernd bei staatlichen Zwangsmaßnahmen, etwa Bußgeldern, berücksichtigt werden. So wird im Kartellrecht diskutiert, ob die Geldbuße für einen Kartellverstoß zu reduzieren ist, wenn das Unternehmen ein Compliance-Programm etabliert, in dem Beschäf-tigte geschult werden. In Großbritannien und Frankreich werden solche Programme bußgeldmindernd berücksichtigt, in Deutschland allerdings nicht. Der EuGH hat 2013 im Fall des Aufzugskartells eine Geldbuße gegen das Unternehmen Schindler bestätigt und nicht den Einwand zugelassen, dass ein „Code of Conduct" und ent-sprechende Leitlinien eingeführt worden seien. Immerhin wurde das Problem vom EuGH aber bereits diskutiert.[37]

Mittelbare Geltung erfahren CSR-Standards auch durch andere Normen. Offen-sichtlich ist die Durchsetzung von CSR mit Hilfe des UWG: In Ziffern 1 und 3 des Anhangs, also in Normen der „Schwarzen Liste", und in § 5 Abs. 1 Nr. 6 UWG werden Irreführungen bezüglich von Verhaltenskodizes als unlautere geschäftliche

---

[36] Vorschlag für eine Richtlinie des Europäischen Parlaments und des Rates zur Änderung der Richtlinien 78/660/EWG und 83/349/EWG des Rates im Hinblick auf die Offenlegung nichtfi-nanzieller und die Diversität betreffender Informationen durch bestimmte große Gesellschaften und Konzerne, COM/2013/0207 final, abrufbar unter http://eur-lex.europa.eu/LexUriServ/LexU-riServ.do?uri=COM:2013:0207:FIN:DE:HTML.

[37] EuGH, 18.7.2013, Rs. C-501/11 P, Rz. 112 ff. – *Schindler*.

Handlungen normiert. Gelegentlich können CSR-Standards auch als „Verkehrssitte" nach § 157 BGB, § 242 BGB oder § 346 HGB eingestuft werden.[38] Die FIS-Ski-Regeln, die zumindest – wie CSR-Standards auch – außerhalb der kanonisierten Rechtsordnung gesetzt werden, um bestimmte Ordnungsziele zu erreichen (hier: ein geregeltes Miteinander auf der Skipiste), werden als Sorgfaltspflichten zur Begründung einer Haftung nach § 823 BGB herangezogen. Selbstbindungen oder Gewohnheitsrecht können durch die Befolgung von entsprechenden Kodizes oder Leitlinien entstehen; dies setzt allerdings eine längere Zeitdauer voraus.[39] Allgemeiner lässt sich in solchen Konstellationen von einer staatlich unterstützten freiwilligen Praxis sprechen.[40]

Das Recht setzt CSR-Standards unmittelbar durch, wenn diese vertraglich vereinbart sind und ein staatliches Gericht zur Durchsetzung angerufen wird.

Schließlich kann auch die gesamte Idee einer nachhaltigen, sozial engagierten Unternehmenspraxis in einer Rechtsform institutionalisiert werden. Die Aktiengesellschaft und die Stiftung sind dafür im Prinzip gute Beispiele. Die Rechtsform der AG dient zwar einerseits in ihrem Grundzweck der Kapitalbeschaffung, andererseits aber auch einer sozialen Risikoverteilung und einer Bindung des Kapitaleinsatzes an bestimmte Regeln, die von verschiedenen Anteilseignern kooperativ bestimmt werden. Erst durch die stärkere Finanzmarktorientierung der Aktiengesellschaften wurde der Nexus zur sozialen Verpflichtung stärker gelöst.[41] *Philipp Klages* argumentiert daher, dass Kämpfe im Unternehmensrecht häufig Kämpfe um die CSR, um die Verantwortung der Unternehmen in der Gesellschaft, sind.[42]

2.3 CSR als regulierende Erscheinungsform

CSR entfaltet Wirkung, ja, Geltung. CSR-Maßnahmen sind damit als regulierende Eingriffe in das Marktverhalten zu qualifizieren. Sie regulieren, da sie unternehmerische Verhaltensweisen steuern – wenn auch wiederum nicht zwingend mit hoheitlicher Macht. Wie gesehen, sind die Wechselwirkungen mit staatlichen Maßnahmen aber enorm. CSR übernimmt häufig eine Vorreiterrolle, die sodann durch hoheitliche Maßnahmen abgesichert wird.

So wie die klassische Regulierung bei einem Marktversagen ansetzt, etwa wenn natürliche Monopole bestehen, so setzt auch diese Art der Regulierung an einem Marktversagen an: Bestimmte Formen des Wirtschaftsverkehrs werden vom klassischen Wirtschaftsrecht nicht oder nicht durchsetzungsstark erfasst. Zugleich besteht eine Nachfrage nach der Sicherung bestimmter Grundvoraussetzungen einer

---

[38] Vgl. *Buck-Heeb/Dieckmann* (Fn. 17), 305.

[39] Vgl. *Buck-Heeb/Dieckmann* (Fn. 17), 101 ff., 307.

[40] So *Buhmann*, (Fn. 34), 195 (mit dem weiteren Beispiel des UN Global Compact).

[41] *Klages*, Die Wiederentdeckung schlafender Alternativen in der Rechtslehre: Der Begriff „Aktiengesellschaft", Berliner Debatte Initial 18 (2007), 75 ff.

[42] *Klages* (Fn. 41), 80.

„umweltsozialen Marktwirtschaft"[43].[44] Diese Nachfrage wird von CSR-Standards und anderen nebenrechtlichen Erscheinungsformen (Soft Law, Selbstregulierung u. a.) befriedigt.

Die Motivation der Befolgenden ist sekundär. Der zuständige Projektleiter der Allianz SE rechtfertigte die Verabschiedung eines neuen internen Verhaltenskodex 2005 primär mit Blick auf Profitmaximierungsinteressen: der US-amerikanische Sarbanes-Oxley-Act, die schärferen Sanktionen für unternehmerisches Fehlverhalten auch in Deutschland und die Investitionsmacht ethisch orientierter Anleger seien Gründe für die gestiegenen Anforderungen.[45] Das spricht nicht gegen CSR, auch wenn es das im Marketing gelegentlich erweckte Bild der altruistischen Unternehmen erschüttert. Die Erkenntnis rückt CSR-Standards nur noch näher an das Recht heran, dessen Befolgung in der Regel auch eher rationalen Erwägungen geschuldet ist als emotionalen. Der Unterschied zwischen Recht und diesen Regulierungsformen ist bestenfalls noch ein gradueller, der im Wesentlichen an der Frage hängt, wie direkt entsprechende Maßnahmen staatlich oder wenigstens hoheitlich legitimiert sind.

Die Integration der CSR in den Rechtskanon mag für positivistische Rechtsregime einfacher sein als für nicht-positivistische, wie *Michael Torrance* argumentiert, da sie offen sind, externe Normsetzung anzuerkennen.[46] Die Anerkennung, die durch Rechtsnormen festgestellt wird, etwa die Verbindlichmachung durch den Gesetzgeber oder die Durchsetzung von Vereinbarungen oder der Schutz vor Irreführung, stärkt die rechtliche Relevanz.

3 Ansätze zur Öffnung des Rechtsbegriffs

Bisher wurde herausgearbeitet, dass sich das klassische Rechtsverständnis und verfestigte CSR-Standards nur graduell unterscheiden – insbesondere in ihrer Abhängigkeit von staatlicher Legitimation. Will man CSR-Maßnahmen wie den BSCI-Kodex rechtswissenschaftlich erfassen, so könnte eine Chance in Ansätzen liegen, die aus rechtstheoretischer Perspektive für eine Öffnung des Rechtsnorm-Begriffs plädieren. Diese Ansätze haben Tücken. Ein evolutorischer Blick auf CSR-Standards führt allerdings insofern weiter, als er offenbart, wie notwendig eine Offenheit gegenüber dem Neuen ist.

---

[43] Vgl. zu diesem Begriff *Fikentscher*, Die Freiheit und ihr Paradox, 1997, 29 ff.

[44] Ob bestimmte ökologische, soziale und rechtliche Mindeststandards zu den Voraussetzungen der Marktwirtschaft gehören, bei deren Fehlen ein Marktversagen vorliegt, ist umstritten. Hier kann nur angedeutet werden, dass ein reines Effizienzdenken für das Funktionieren des Marktes nicht genügt. Das erkennt auch die Volkswirtschaftslehre grundsätzlich an, vgl. *Fikentscher/Hacker/Podszun*, FairEconomy, 2013, 75 ff.

[45] Vgl. Süddeutsche Zeitung, 11.7.2005, S. 22.

[46] *Torrance* (Fn. 17), 1597 ff.

3.1 Soziologische und politologische Ansätze

Der klassische Rechtsbegriff – das ist Recht, das ist Nicht-Recht – wird seit einiger Zeit in Frage gestellt. Am ältesten sind wohl die Überlegungen des *Legal Pluralism*. *Legal Pluralism* ist ein rechtsanthropologisch-soziologischer Begriff, der von Forschern geprägt wurde, die in weniger staatlich durchdrungenen Territorien einen Begriff für die anerkannten Normen brauchten, die galten, obwohl sie nicht ein Gesetzgebungsverfahren im westeuropäisch-zentrierten Sinn durchlaufen hatten. *Eugen Ehrlich* prägte den Befund, nachdem er sich in der Bukowina mit den vielgestaltigen Erscheinungsformen von Recht in einem *melting pot* der Vorkriegs-Zeit befasst hatte.[47] Er schloss in seinen Rechtsbegriff alle Verhaltensanforderungen mit Sanktion ein, für deren Einhaltung besonders dazu bestellte Personen verantwortlich sind.[48] Das Leitjournal für Ethnologen und Soziologen, die in diesem Bereich forschen, nennt sich bezeichnenderweise „Journal of Legal Pluralism and Unofficial Law". Es gibt also nach dieser Auffassung einen rechtlichen „Pluralismus" und ein informelles Recht, das „unofficial", nicht-amtlich ist, aber dennoch als Recht, Law, bezeichnet werden kann.

Der Gedanke ist charmant: Die äußerst differenzierten, langjährig gewachsenen, diversifizierten Rechtsordnungen in der Vorkriegs-Bukowina oder in Afrika, wo viele Rechtsanthropologen später forschten, könnten Vorbild für die Einbeziehung von CSR in den Rechtsbegriff sein! *Gunther Teubner* hat genau diesen Gedanken zum Ausgangspunkt seiner Überlegungen zum internationalen Recht gemacht: „Global Bukowina".[49] Unter dem Stichwort „Neuer Rechtspluralismus" wird die Neuauflage des *Ehrlich*-Ansatzes behandelt, nur dass es jetzt nicht mehr um personale und lokale Rechtsanknüpfungen in der k.-u.-k.-Monarchie um 1900, sondern um NGOs und Globalisierung, um *lex mercatoria* und unternehmerische Selbstverpflichtungen geht.[50]

Das Problem solcher rechtssoziologischen Ansätze ist allerdings, dass sie unter Verzicht auf einen eigenrational-rechtswissenschaftlichen Zugriff auskommen. Es handelt sich um eine empirisch gestützte Betrachtung, die bestimmte Faktoren hinnimmt. Sie ist aber nicht in der Lage, den normativen Kerngehalt, das Besondere des doppelköpfigen Rechts in seiner formalen und materiellen Gestalt, zu erklären. Immerhin zeigt sich hier erneut, wie gleitend die Übergänge zwischen Recht und Nicht-Recht sind.[51]

Teubner selbst sieht Recht als „autopoeitisches System", mit dem andere Systeme in der Gesellschaft kooperativ in Ausgleich zu bringen sind. Mit diesem Systemverständnis von Recht wird der Rechtsbegriff formal geöffnet, aber auch dieser

---

[47] *Ehrlich*, Das lebende Recht der Völker in der Bukowina, 1912. Vgl. *Rehbinder*, Die Begründung der Rechtssoziologie durch Eugen Ehrlich, 2. Aufl. 2010.

[48] *Ehrlich*, Grundlegung der Soziologie des Rechts, 4. Aufl. 1989, 32 ff.

[49] *Teubner*, Global Bukowina: Legal Pluralism in the World-Society, in: *Teubner* (Hrsg.), Global law without a state, 1996, 3 ff.

[50] Vgl. *Röhl/Röhl* (Fn. 12), 211; *Torrance* (Fn. 17), 1582 f.

[51] Vgl. *Röhl/Röhl* (Fn. 12), 205 ff.

Blick entspringt primär einer soziologischen Betrachtung. Zu kurz kommt, dass bei einem solchen Rechtsverständnis individuelle Freiheitssicherungen zugunsten kollektiver Ansprüche zurückgedrängt werden, weil der materielle Kerngehalt der Norm relativiert wird.

Einen politologischen Ausgangspunkt nimmt die Governance-Forschung ein, die sich auch unter Rückgriff auf die Rechtswissenschaft um die Klärung der Frage bemüht, wie Recht als Steuerungsinstrument wirkt und eingesetzt werden kann. Ein – wie auch immer definiertes – Recht wird primär in seinen Auswirkungen auf die Erreichung politisch gesetzter Ziele in einem Mehrebenensystem betrachtet. Dieser ebenso notwendige wie inspirierende Ansatz bleibt aber – wie die soziologischen Ansätze zuvor – hinter dem zurück, was das „Proprium" der Rechtswissenschaft ausmacht.

Recht wird bei solchen Betrachtungen zu einem Grade funktionalisiert, die seinem Bedeutungskern nicht gerecht wird. Dieser Bedeutungskern, ob er nun an der Methodik oder am Gegenstand disziplinär eingegrenzt wird, ist sein Geltungsanspruch. Dass Recht gilt, und zwar sowohl formal als auch materiell, das unterscheidet eben Recht von anderen Steuerungsmechanismen, selbst wenn diese Geltung nur eine postulierte sein mag.

3.2   Rechtstheoretische Ansätze

Mit diesem Befund wird derjenige, der über die Grenzen des Rechts nachdenkt und sich fragt, ob der BSCI-Kodex „Recht" darstellt, zurückgeworfen auf rechtstheoretische Erklärungsmodelle. Nur sie können Recht in seiner eigentlichen Dimension erfassen.

Unter den heute gängigen Modellen rechtstheoretischer Begründung lassen sich mehrere große Strömungen identifizieren, die die Frage beantworten, was den besonderen Charakter des Rechts ausmacht.

Die von *Niklas Luhmann* begründete, von *Teubner* für das Recht besonders fruchtbar gemachte Systemtheorie begreift Recht als soziales System. Es wird konstituiert durch Kommunikation zwischen verschiedenen Akteuren in einem Netzwerk. Dieses Netzwerk ist außerordentlich komplex. Hinzu kommt, das ist mit Autopoiesis gemeint, dass sich die Kommunikation in einem zirkulären Prozess weiterentwickelt. Recht wird hier primär in seiner soziologischen Funktion gegenüber anderen gesellschaftlichen Systemen begriffen und abgegrenzt, was die Frage nach der Sonderheit des Rechts gerade offen lässt oder relativiert. So wird Recht zwar deskriptiv greifbar, der hier besonders interessierende normative Ansatz aber gerät darüber in den Hintergrund. Gerade deshalb allerdings ist die Systemtheorie attraktiv als Erklärungsmuster für „informelles Recht", als Basis für einen neuen Rechtspluralismus. Denn wer den normativen Gehalt von Recht nicht definieren muss, kann umso einfacher andere regulierende Erscheinungsformen in sein komplexes System integrieren.

Die ökonomische Analyse des Rechts, die zu einem der wichtigsten Ansätze der Rechtstheorie geworden ist, gibt für die Frage, was die Eigenart des Rechts ausmacht, keine Hilfestellungen. Sie hätte in einem effizienzgeleiteten Rechtsbild aber wohl keine Einwände gegen eine Anerkennung von CSR als Recht, wenn dieses die Effizienz der Regulierung befördert.

Während materielle Rechtstheorien an Überzeugungskraft verloren haben, sind prozedurale Rechtstheorien wichtiger geworden. Hier sind insbesondere die Diskurstheorie einerseits und die Vertragstheorie andererseits zu erwähnen. Die Diskurstheorie setzt das normative Potential des Sprechakts an ihren Beginn und sieht im Sprechen die Sollens-Forderung, gehört zu werden. Dieser Geltungsanspruch führt zu einer normativen Aufladung von Kommunikation und erhebt diese in den Rang, der Ausgangspunkt gesellschaftlicher Koordination zu sein. Als Recht gilt, was in einer idealen Sprechsituation von allen Diskursteilnehmern anerkannt wird. Diese Anerkennung verleiht Geltungsmacht. Für CSR-Maßnahmen hätte die Diskurstheorie damit eine gewisse Offenheit, da sie sich nicht an eine staatliche Legitimationsquelle klammert. *Torrance* interpretiert CSR daher als „persuasive authority" im Sinne der Diskurstheorie:[52] Auf den Einzelfall komme es an, in diesem könne CSR eine rechtsgleiche Rolle einnehmen.

Auch die Vertragstheorie, für die *John Rawls* beispielhaft steht, geht von einem eher verfahrensorientierten und damit für CSR offenen Ansatz aus. Die fiktive Situation, in der nach *Rawls* über die Geltung von Normen verhandelt wird, ist der Urzustand, in dem hinter dem sog. Schleier des Nichtwissens über die Gestaltung der Gesellschaft beraten wird.[53] Angeknüpft wird damit an Vertragsvorstellungen älterer Staatsphilosophie. Die Setzung von Verpflichtungen durch Unternehmen könnte hier als Element einer vertraglichen Koordination in der Gesellschaft gewertet werden, die – bei Erfüllung bestimmter materieller Vorgaben – auch Geltung beanspruchen könnte.

Dieser kurze Blick auf neuere Ansätze in der Rechtstheorie zeigt vor allem eines: Die Grenzen des Rechts sind bereits für andere Erscheinungsformen geöffnet. Widerstand gibt es aus den wesentlichen rechtstheoretischen Richtungen nicht. Im „Mainstream" der juristischen Forschung ist dieses Ergebnis aber noch nicht rezipiert worden – und selbst in den Lehrbüchern zur Rechtstheorie schlägt sich das differenzierte Ergebnis nicht nieder.

3.3 Insbesondere: ein evolutorischer Ansatz

Ein rechtstheoretischer Ansatz, der eine weitere Perspektive auf das Recht eröffnet, ist die evolutionäre Idee von Recht. Die Kernaussage der evolutionären Rechtstheorie ist, dass Recht als ein sich entwickelndes System von Institutionen begriffen werden muss.[54] Dieses offene Verständnis von Recht als einem Prozess, ja, sogar

---

[52] *Torrance* (Fn. 17), 1624 f.
[53] *Rawls*, A Theory of Justice, 1973, 11 ff.
[54] Vgl. *Podszun* (Fn. 31), Kap. 3.

einem „Entdeckungsverfahren" im Sinne *Friedrich von Hayeks*,[55] trägt zwar nicht unmittelbar zu der Frage bei, was das Besondere des Rechts ist. Es stellt jedoch klar, dass Recht dauernd in der Entwicklung ist, und hinreichend flexibel sein muss, um die Institutionen an sich ändernde gesellschaftliche Umstände anpassen zu können. Dynamik statt Statik. Wird der Rechtsbegriff künstlich abgeschottet, muss Rechtswissenschaft in ihrer Aufgabe versagen, aktuelle gesellschaftliche Schlüsselfragen zu begleiten. CSR ist eine Entwicklung, die erst in den letzten zwei Dekaden erheblich an Bedeutung gewonnen hat. Dass noch nicht jedes Detail dogmatisch durchdrungen ist, versteht sich von selbst. Es handelt sich auch hier um eine normative Evolution des Rechtsbegriffs, die längst nicht abgeschlossen ist.

Ein offenes Verständnis von Recht hilft, die neuen Strömungen aufzugreifen und spornt an, diese überhaupt als rechtlich relevant anzusehen. Ähnliche Schwierigkeiten treffen nicht nur CSR. Auch in anderen Bereichen des Rechts haben die Auflösung der Nationalstaaten oder andere hoheitliche Machteinbußen zu Dezentralisierung und Privatisierungen geführt. Der *Deal* im Strafrecht oder die *Public-Private-Partnerships* im Öffentlichen Recht sind Beispiele für die Verwerfungen, die überall entstehen, weil der vorherrschende Rechtsbegriff solche Elemente der Freiwilligkeit nicht erfassen kann. Ist der Rechtsbegriff von vorn herein offen, weil evolutorisch (es gibt kein richtig und falsch, es gibt nur den letzten Stand des Irrtums), lässt sich eine bessere Integration erreichen. Die Wissenschaft ist hier vordringlich gefordert.

4 Rechtswissenschaft und Selbstregulierung

Das Postulat einer evolutionären Betrachtung von Recht setzt voraus, dass die Disziplin anders umrissen wird als durch einen engen definitorischen Ausgangspunkt („die Rechtsnorm") oder durch eine festgelegte Methodik. Eine Möglichkeit besteht darin, die Forschungsfrage, die alle rechtswissenschaftliche Befassung eint, zu formulieren. Wenn CSR im Zugriffsbereich dieser Forschungsfrage liegt, muss es auch Gegenstand rechtswissenschaftlicher Forschung werden können. Davon würde, wie im Folgenden gezeigt werden soll, die Diskussion erheblich profitieren, da das juristische Denken die Debatte bereichern würde.

4.1 Die Forschungsfrage der Rechtswissenschaft

Nach der hier vertretenen Auffassung liegen im Verhältnis von CSR und klassischem Rechtskanon so viele Überschneidungen vor, dass die Frage entsteht, ob diese Form von „informellem Recht" nicht auch längst Thema der Rechtswissenschaft sein müsste. Eine Möglichkeit eröffnet sich, wenn die Grenzen der Fachdisziplin

---

[55] *von Hayek*, Wettbewerb als Entdeckungsverfahren, 1968, 3.

nicht anhand der oben dargestellten Dualität von Objekt und Methodik entschieden wird, sondern in der *Fragestellung* das einigende Band der Rechtswissenschaft gesehen wird. Dann ist nicht entscheidend, ob eine Rechtsnorm vorliegt, und es ist auch nicht entscheidend, mit welcher Methodik vorgegangen wird, sondern ob das zu untersuchende Phänomen einen Beitrag zur Forschungsfrage der Rechtswissenschaften leistet.

Für die Wirtschaftswissenschaften, die oben als Beispiel bemüht wurden, lässt sich als eine einigende Forschungsfrage definieren: Wie werden knappe Ressourcen verteilt? Damit würde das wesentliche Thema der Disziplin bestimmt, und alle Beiträge, die als wirtschaftswissenschaftlich angesehen werden sollen, müssten letztlich einen Beitrag zur Beantwortung dieser Frage leisten.

Was ist die Kernfrage der Rechtswissenschaft, der Wissenschaft vom Recht? Die besondere Herausforderung ist wiederum die Doppelköpfigkeit des Rechts als einem soziologisch beobachtbaren Phänomen einerseits und einer normativ bestimmten Wertordnung andererseits. Eine rein deskriptiv angelegte Frage könnte etwa lauten: Was ist das geltende Recht und wie ist es zu interpretieren? Dies würde die normative Dimension (dass Recht gilt) verkennen. Interessanter ist es daher, alle juristische Forschung der Frage zu subsumieren: Welche Regeln mit Sanktionselement müssen gelten, um das Zusammenleben in der Gesellschaft zu koordinieren?

4.2   Plädoyer für die Relevanz der Rechtswissenschaft

Die Definition der Rechtswissenschaft als einer Disziplin, die sich mit Recht im Sinne einer engen Auslegung befasst (Recht als staatlich gesetzte Sollens-Anforderungen mit Sanktion), verdammt die Rechtswissenschaft zur Marginalisierung: Denn je stärker staatliche Legitimationskontexte zerfallen, desto weniger wichtig werden klassische Rechtsnormen als Verhaltensanforderungen zur Koordination des Zusammenlebens. Entstaatlichung bedeutet dann auch Entrechtlichung – diese Tendenz kann niemand befürworten, der dem Recht einen Eigenwert zuschreibt.

In vielen Bereichen kämpft die Rechtswissenschaft aufgrund ihrer überholten Analyseraster aber bereits mit den nebenrechtlichen Erscheinungen, die sich in den vergangenen Jahren entwickelt haben. Einige Beispiele wurden bereits genannt. Ähnliche Verwerfungen wie bei der Berücksichtigung von CSR finden sich aber gerade im Wirtschaftsrecht häufig. Zu denken ist an die Setzung technischer Standards, die Vertragsgestaltung oder die außergerichtliche Konfliktlösung.

Alle drei Phänomene spielen in der juristischen Ausbildung eine völlig untergeordnete Rolle: In schuldrechtlichen Veranstaltungen wird das BGB unterrichtet, als gelte es universal, während es in der unternehmerischen Praxis nur noch von geringer Relevanz ist. Auch das Verhältnis von ZPO und alternativen Streitschlichtungsmechanismen in Ausbildung und Examen spiegelt nicht mehr die Realitäten, zumindest in der wirtschaftsrechtlichen Ausrichtung. Für die Setzung technischer Standards findet sich im Juristischen nicht einmal ein Fach, in dem dieses Feld angedockt werden könnte. Mangels der Notwendigkeit, Studierenden eine Systematik dieser Felder (und der CSR) nahezubringen, fehlt es an Lehrbüchern und also auch an wissenschaftlicher Durchdringung. Die Praxis kann sich diesen Themen widmen, sieht aber regelmäßig davon ab, eine eigene Systematik oder Strukturprinzipien herauszuarbeiten. Eine Dogmatik (wenn man diese als Substrat der rechtswissenschaftlichen Forschung ansieht) fehlt folglich für diese Themen ebenso wie für den Bereich CSR. So definiert sich die rechtswissenschaftliche Forschung ihre Aufgaben weg und verliert für die Regulierung der Wirtschaft an Relevanz.

In die Lücke stößt vor allem die Governance-Forschung, die stärker politikwissenschaftlich orientiert ist. Dadurch gerät der Anspruchskern der Rechtswissenschaft, nämlich das normative Element, aus dem Blick. Natürlich lässt sich an diesem Punkt die Frage aufwerfen, was die Rechtswissenschaft eigentlich als „Mehrwert" gegenüber anderen Disziplinen in die Forschung an diesen Phänomenen einbringen kann, oder, negativ formuliert: was verloren geht, wenn solche Arten der regelgebundenen Koordinierung von Interessen in der Gesellschaft rechtswissenschaftlich nur stiefmütterlich behandelt werden.

4.3   Der Markenkern der Rechtswissenschaft

Das verlangt eine Antwort auf die Frage, was die Kernkompetenz, der „Markenkern" der Rechtswissenschaft ist. Der Verlust besteht darin, dass keine andere Wissenschaft in gleicher Weise normative Entscheidungskompetenz analysieren und strukturieren kann. Juristinnen und Juristen bringen drei Stärken in die Diskussion ein:

Erstens: die Methodik des Interessenausgleichs zur Koordination innerhalb der Gesellschaft. Die weiterhin vorherrschende Aufgabe bei der praktischen Befassung mit Recht ist es, unterschiedliche Interessen in Ausgleich zu bringen. Jedes Gesetz, jede Rechtsnorm, jeder Fall kreist letztlich um die Frage, wie verschiedene Interessen, die in einen Koordinationsprozess eingebracht werden, zum Ausgleich gebracht werden können. Dies verlangt Techniken zur Erfassung und Bewertung von Interessen. Hinzu tritt das Erfordernis, Interessen kreativ zum Ausgleich zu bringen. Gerichte leisten diese Arbeit ebenso in Permanenz wie Anwälte, die Verträge verhandeln, oder Beamte, die Gesetze entwerfen. Dieses methodische Training wäre für die CSR und ihre Analyse fruchtbar zu machen.

Zweitens: die Beachtung einer Verfahrensbindung gesellschaftlich relevanter Entscheidungen. Recht hat immer eine formelle Komponente. Es muss in Verfahren gewonnen werden, es wird teilweise nur formalisiert ausgeübt und wird schließlich in ordnungsgemäßen Verfahren durchgesetzt. Teil der rechtswissenschaftlichen Arbeit ist es, materielles Recht und seine formellen Entstehens- und Durchsetzungsbedingungen zusammenzudenken. Die Bedeutung von Verfahren hat im Gleichlauf mit den eher prozedural ausgerichteten Rechtstheorien in den vergangenen Jahrzehnten erheblich an Bedeutung gewonnen, seit schärfer erkannt wird, dass bestimmte Verfahren bestimmte Auswirkungen hervorrufen.

Drittens: die Fähigkeit zur Analyse und Gestaltung regelbasierter Ordnungssysteme in einem Grundrechts- und Freiheitssystem. Die Rechtswissenschaft ist bemüht, mit Hilfe von Strukturprinzipien eine Ordnung des Zusammenlebens zu schaffen, in das jeweils neue Aspekte integriert werden können. In der Analyse solcher Ordnungssysteme und auch in der konkreten Gestaltung sind Juristen versiert. Die Ordnung ist jeweils regelbasiert, da sie sich auf abstrakte Sollens-Vorschriften stützt. Hinzu kommt der normative Gehalt solcher Ordnungen. Jede rechtliche Teilordnung ist eingebettet in eine Vorstellung von einem regelbasierten Zusammenleben. Die Regeln sind materiell rückgebunden an das System der Grundrechte, der Verfassung oder zumindest – wie im Bereich des Zivilrechts – an das überwölbende Konzept der Privatautonomie der Gleichgeordneten. Diese besondere normative Verfasstheit, diese Wertbindung, lässt sich zwar nur im Einzelfall konkretisieren, sie wird auch häufig Gegenstand von Kontroversen bleiben. Dass es sie gibt, ist aber unbestritten.

Was die Kernkompetenz von Juristen ist, mag diskutiert werden. Die drei hier identifizierten Charakteristika juristischer Forschung – Interessen-Methodik, Verfahrensbindung und wertgebundene Ordnungsstiftung – bilden einen Vorschlag, nicht mehr. In die Diskussion um CSR könnten sich von diesem Standpunkt die Vertreter der Rechtswissenschaft vor allem so einbringen, dass sie die Interessen der beteiligten Unternehmen und der übrigen betroffenen *stakeholder* (ggf. einschließlich der Allgemeinheit im Sinne eines *ordre public*-Vorbehalts) zu einem Ausgleich bringen; sie würden darauf achten, dass CSR verfahrensgebunden bleibt und damit bestimmte Mindestanforderungen einhält, z. B. hinsichtlich der Rechtsgewinnung und der Durchsetzung von CSR-Standards. Schließlich wäre es Aufgabe der Rechtswissenschaft, die Strukturprinzipien der CSR zu erkennen und sie in ein regelbasiertes System zu bringen, das unternehmerische Verantwortung grundlegend ordnet. Damit würde einerseits eine Wertbindung unternehmerischen Handelns einhergehen, es käme aber auch zu einer Beschränkung staatlicher Regulierung, da die Freiheits- und Rechte-Ebene der Unternehmen zu respektieren wäre.

5 Meta-Regulierung: CSR als Vertrag

Bisher wurde etabliert, dass der traditionelle Begriff der Rechtsnorm, gekoppelt an Staatlichkeit, einer intensiveren Diskussion von CSR-Standards als Erscheinungsform des Rechts im Weg steht (1). Dass ist aus praktischer Perspektive erstaunlich, da es zu zahlreichen Wechselwirkungen und Überschneidungen von klassischem Recht und CSR-Standards kommt (2.1 und 2.2). Bei dem Phänomen CSR-Standards finden sich durchaus alle Merkmale eines normativen Regulierungsinstruments (1.1 und 2.3). Die bisherigen Ansätze zur Öffnung des Rechtsbegriffs sind jedoch überschaubar und wenig konsequent beachtet (3.1 und 3.2), auch wenn aus evolutionärer Perspektive eine Öffnung des Rechtsbegriffs ohnehin geboten ist (3.3). Definiert man die Zuständigkeit der Rechtswissenschaft anhand ihrer Forschungsfrage wird deutlich, dass CSR-Standards rechtswissenschaftlich analysiert werden müssen (4.1). Das ist auch wünschenswert, da die Rechtswissenschaft ein Alleinstellungsmerkmal aufweist: die systematische Bearbeitung der Methodik des

Interessenausgleichs, der Verfahrensbindung von Regeln und der wertgebundenen Ordnungsstiftung (4.2 und 4.3)

In einem letzten Schritt bleibt zu untersuchen, wie CSR-Standards *konkret* in die rechtswissenschaftliche Forschung integriert werden können.

5.1 CSR-Standards als autonome Setzung mit rechtsnormartigem Charakter

Solange der Rechtsnorm-Diskurs mit der staatlichen Legitimation verklammert ist, fällt es schwer und ist es unrealistisch, CSR-Standards als traditionelle Rechtsnormen zu qualifizieren. Die Diskussion sollte aus dem Norm-Diskurs gelöst werden. Das juristische „Besteck", das anzuwenden ist, um CSR-Standards juristisch zu erfassen, ist das des Vertragsrechts. CSR-Standards lassen sich als autonome, vertragliche Setzungen begreifen, die in ihren Wirkungen rechtsnormartigen Charakter entfalten.[56] Akte der Selbstregulierung sind als Vertragswerke, nicht legislativ zu verstehen. Ihre Legitimation erhalten sie aus der Autonomie der Sich-Bindenden, die durch Unterzeichnung des Kodex eine Selbstbindung im Sinne der Begründung eines Pflichtenprogramms eingehen. Dafür spricht auch das Freiwilligkeitsprinzip, das die Selbstregulierung durchzieht.

Der entscheidende Schritt allerdings ist dann, entsprechende Vertragswerke als Ordnungspfeiler des Wirtschaftsrechts anzuerkennen, ihnen also rechtsnormartigen Charakter zuzusprechen. Dies ist geboten, da die regulierenden Eingriffe durch CSR-Standards ordnungsstiftend wirken und mindestens für die Beteiligten verbindliche Geltung beanspruchen.

Die Marktwirtschaft konstituiert sich aus den zahllosen Einzelkoordinationen, die die Marktteilnehmer vornehmen. Jeder Kaufvertrag über eine Espressomaschine ist insofern essentieller Bestandteil der dezentral organisierten Marktwirtschaft. Dennoch wäre es naiv, keinen Unterschied zwischen dem Kaufvertrag über eine Espressomaschine und dem Abschluss eines CSR-Verhaltenskodex zu erkennen. Die besonderen Aspekte der CSR-Kodizes wurden bereits herausgearbeitet: Während der „normale" Kaufvertrag dadurch gekennzeichnet ist, dass sich das Pflichtenprogramm der Parteien im Gesetz konkretisiert findet, transzendiert der Verhaltenskodex dieses Pflichtenprogramm und schafft neue Verhaltenspflichten. Diese werden zudem skaliert, also von einer anderen Zahl an Unternehmen aufgegriffen als der meist bilaterale „Normalkaufvertrag". Das verleiht dem Pflichtenprogramm einen anderen *impact* (vergleichbar der Setzung eines technischen Standards durch die führenden Unternehmen der betroffenen Branche). Schließlich adressiert der Verhaltenskodex die Interessen mehrerer *stakeholder*, möglicherweise sogar der Allgemeinheit, während die Standardvorstellung des Vertragsrechts ist, dass der rational-egoistisch handelnde *homo oeconomicus* lediglich seine Bedürfnisse befriedigt. So

---

[56] Vgl. *Buck-Heeb/Dieckmann* (Fn. 17), 256 ff.; *Köndgen*, Privatisierung des Rechts, AcP 206 (2006), 477 ff.; *Bachmann*, Private Ordnung, 2006, *passim*.

sind CSR-Standards, auch wenn es – wie gesehen – auch profitorientierte Motive für ihren Abschluss geben mag, meist gekennzeichnet durch das dem Wirtschaftsrecht oft ferne Verantwortungs- oder Sozialdenken. Es handelt sich um autonome Setzungen der Wirtschaft, die aufgrund ihrer Bedeutung ordnenden Charakter erlangen. Mit Hilfe solcher Regelwerke entsteht, was *Gregor Bachmann* als „Private Ordnung" bezeichnet hat.[57]

Vor diesem Hintergrund lässt sich die Frage beantworten, wie solche Kodizes rechtlich einzuordnen sind. Illustriert werden kann die Auffassung von einer autonomen Setzung mit rechtsnormartigem Charakter anhand des praktischen Beispiels von § 4 Nr. 11 UWG. Dieser sog. Rechtsbruch-Tatbestand erkennt auf eine unlautere geschäftliche Handlung, wenn mit dieser „einer gesetzlichen Vorschrift" zuwider gehandelt wird, „die auch dazu bestimmt ist, im Interesse der Marktteilnehmer das Marktverhalten zu regeln."

Ohne Zweifel enthalten die CSR-Standards Vorschriften, das ist bereits ihrer Definition immanent. Dabei geht es um die Regelung des Marktverhaltens. Dieser Begriff wird so definiert, dass die Vorschrift im Interesse der Marktteilnehmer verankert sein muss, dass sie den Waren- oder Dienstleistungsaustausch betreffen muss und eine sekundäre wettbewerbsbezogene Schutzfunktion hat.[58]

Ein Interesse der Marktteilnehmer an der Einhaltung von CSR-Standards besteht. Die Vorschriften betreffen den Waren- oder Dienstleistungsaustausch, da meist dessen Bedingungen reguliert werden (etwa durch das Verbot, in Kinderarbeit hergestellte Waren zu vertreiben). Schließlich handelt es sich um sekundär wettbewerbsbezogene Schutzfunktion. CSR-Standards umfassen, wie dargelegt, Regelungen zur Etablierung einer nachhaltigen, umweltsozialen Marktwirtschaft. Die Regelungen sind unmittelbar auf das Entdeckungsverfahren des Marktes bezogen, sie verwirklichen nicht primär außer-wettbewerbliche Schutzfunktionen. Das Verständnis der systemrelevanten Grundlagen des Marktes muss dabei weiter gezogen werden als dies von neoliberalen *Chicago-School*-Advokaten getan werden mag.

So bleibt als wesentliche Frage, ob die Vorschriften eines CSR-Standards als „gesetzliche" eingeordnet werden können, wie es § 4 Nr. 11 UWG verlangt. Der Begriff des „Gesetzes" wirkt zunächst, als würde er eine direkte staatliche Legitimation durch ein hoheitliches Rechtsetzungsverfahren voraussetzen. Definitorisch genügt „jede innerstaatlich geltende Rechtsnorm" (vgl. Art. 2 EGBGB).[59] Rechtsprechung und Literatur sind in der Auslegung des Begriffs bereits weit über formelle Gesetze und andere eindeutige Rechtsnormen hinausgegangen. So wird Gewohnheitsrecht als „Gesetz" von Kommentatoren ebenso anerkannt wie Satzungen von Kammern sowie Tarifverträge, die für allgemeinverbindlich erklärt werden.[60] Damit genügt bereits – in den Fällen der Satzung etwa – eine sehr mittelbar hoheit-

---

[57] *Bachmann* (Fn. 56). Siehe auch *Köndgen* (Fn. 56).

[58] *von Jagow* in: *Harte-Bavendamm/Henning-Bodewig* (Hrsg.), UWG, 3. Aufl. 2013, § 4 Nr. 11 Rn. 23 ff. Kritisch zur Frage des Wettbewerbsbezugs *Glöckner*, Wettbewerbsbezogenes Verständnis der Unlauterkeit und Vorsprungserlangung durch Rechtsbruch, GRUR 2008, 960 ff.

[59] Piper/*Ohly*/Sosnitza, UWG, 5. Aufl. 2010, § 4 Nr. 11 Rn. 11.

[60] Vgl. die Nachweise der Rechtsprechung bei *Ohly* (Fn. 59).

liche Legitimation, um von einer gesetzlichen Vorschrift zu sprechen. Verhaltens-kodizes werden hingegen in der Literatur als „gesetzliche Vorschriften" abgelehnt.[61] Hier beruft man sich auf das BGH-Urteil in Sachen *FSA-Kodex*.[62] Im Fall hatte ein Unternehmen aus der Arzneimittelbranche gegen einen Verbandskodex von Arzneimittelherstellern verstoßen, in dem Regelungen aufgestellt waren, inwiefern Geschenke an Kunden verteilt werden dürfen. Bei der Würdigung, ob der Verstoß gegen den Kodex einen Rechtsbruch im Sinne von § 4 Nr. 11 UWG darstellte, hat der BGH eiligst die Rechtsnorm-Qualität verneint. Eine Anwendung von § 4 Nr. 11 scheide „offensichtlich"[63] aus, da der Kodex keine gesetzliche Vorschrift sei. Das verräterische Wort „offensichtlich" mag Indikator dafür sein, dass der BGH diese Frage nicht vertiefen wollte. Die Vorinstanz OLG München hatte die Anwendung von § 4 Nr. 11 offen gelassen und einen Verstoß jedenfalls nach der Generalklausel in § 3 bejaht. Der BGH setzte sich von diesem Ergebnis ab. Daraus zu folgern, dass ein Verhaltenskodex nie eine gesetzliche Vorschrift sein kann, wäre allerdings voreilig: Im konkreten Fall war die Beklagte nicht Mitglied des Verbands, dessen Mitglieder sich die Verhaltensregeln auferlegt hatten. Für diese Mitglieder hätte der Verhaltenskodex normative Kraft und rechtsnormartige Qualität entfaltet. Dass allerdings ein Dritter durch einen Verbandsbeschluss gebunden werden soll, der nicht aufgrund faktischer Durchsetzung oder aus anderen Gründen über die Ver-tragsparteien hinaus erstreckt wird, ist nicht ohne weiteres denkbar. Hier hat der BGH also im Ergebnis § 4 Nr. 11 zu Recht verneint. Einen Rechtsbruch kann nur begehen, wer an das Recht gebunden ist. Diese Voraussetzung lag hier aber un-streitig nicht vor. Bei einer anderen Person oder bei einem anderen Verhaltensko-dex mag die Situation weit weniger eindeutig sein. Wenn ein Kodex Geltung er-langt (auf welchem Wege auch immer, und sei es Branchenwirksamkeit), wäre eine notwendige Bedingung für § 4 Nr. 11 erfüllt. Dass man darüber hinaus noch eine staatliche Vermittlung der Autorität wie bei der Kammersatzung verlangt, scheint hingegen nicht zwingend. Immerhin ist ja auch die privatautonome Setzung, die Selbstregulierung von Branchen, ein staatlich anerkanntes Vorgehen. Warum sollte eine sich selbst verwaltende Kammer anderen Maßstäben unterliegen als eine sich selbst regulierende Branche? Das Grundmisstrauen gegen die Selbstregulierung der Marktteilnehmer ohne zwischengeschaltete Institution ist nicht mehr gerechtfertigt, wenn die Selbstregulierung von Branchen zu einem derart wichtigen Bestandteil der Wirtschaftsordnung wird.

Dagegen mögen zwei Gründe vorgebracht werden: erstens unterliegen Kam-mern, die Satzungen erlassen, der Rechtsaufsicht und haben detaillierte Anforde-rungsprofile zu erfüllen. Ob dieser öffentlich-rechtliche Regulierungsansatz aller-dings angesichts der auch in anderen Bereichen vollzogenen Wende zum Privatrecht noch zeitgemäß ist und privilegierungswürdig gegenüber der reinen Selbstregulie-rung, mag dahinstehen. Zweitens wendet *Köhler* mit einiger Plausibilität ein, dass der Unterschied darin liegen könnte, ob ein Grundrechtseingriff auf die Vorschrift

---

[61] Vgl. *Köhler/Bornkamm*, UWG, 31. Aufl. 2013, § 4 Nr. 11 Rn. 30.

[62] BGH, 9.9.2010, Az. *I ZR 157/08, GRUR 2011*, 431 – FSA-Kodex.

[63] BGH (Fn. 62), 432.

gestützt werden könnte oder nicht.[64] Dagegen halten ließe sich, dass der hoheitliche Eingriff beim Einschreiten eines Gerichts auf § 4 Nr. 11 UWG gestützt wird und der vorgelagerte Eingriff Ausfluss der Selbstbindung ist, der sich die Unternehmen unterworfen haben.

Die Rechtsprechung ist in diesem Sinne zumindest zu ermuntern, die Rechtsnormqualität von CSR-Standards im Einzelfall mit Blick auf ihre Verbindlichkeit, ihre hoheitliche Anerkennung und ihren normativen Aussagegehalt genauer zu prüfen als es bislang der Fall ist. Andernfalls droht auch für § 4 Nr. 11 UWG ein Bedeutungsverlust und für den Schutz des Marktes eine Lücke bei der Durchsetzung der Lauterkeitsvorschriften.

Schon bei abweichender Auffassung ist allerdings denkbar, über die Generalklausel in § 3 Abs. 1 UWG eine Unlauterkeit zu bejahen, wenn gegen einen Verhaltenskodex oder eine privatautonome Setzung verstoßen wird. Ob dies möglich ist, ob die Generalklausel hier also ihrer Auffangfunktion gerecht wird, ist längst in der Diskussion. Sicher kann nicht einfach alles, was nicht unter die Spezialnorm passt, unter die Generalklausel subsumiert werden. Im Einzelfall mag es aber anders aussehen. Das Argument verliert auch im Laufe der Zeit an Gewicht: Die Spezialnormen und ihre Wertungen spiegeln im UWG den Zeitgeist bei Erlass. Für neue geschäftliche Entwicklungen ist gerade die Generalklausel vorhanden. Der Gesetzgeber hat bei der Formulierung des Rechtsbruchs-Tatbestands an das Aufblühen neuer Regulierungsformen im Wirtschaftsrecht so nicht gedacht. Folgerichtig wird schon weitgehend vertreten, dass Verhaltenskodizes indizielle Bedeutung für die Unlauterkeit haben können.[65] Dieser Minimalforderung ist unbedingt beizutreten.

5.2 Das Konzept der Meta-Regulierung

Die praktischen Anwendungsfragen sollen nicht den Blick auf die eigentliche Aufgabe des Rechtswissenschaftlers verstellen, nämlich Strukturprinzipien zu ermitteln, also eine dogmatische Durchdringung der Regelungsform zu leisten. Für die wirtschaftliche Regulierung in Form von CSR-Standards bedarf es daher eines Konzepts, das den rechtswissenschaftlichen Zugriff darauf kennzeichnet. Maß zu nehmen ist an der Regulierung des Vertragsrechts, da CSR-Standards ja als autonome Setzung der Parteien begriffen werden, die allerdings rechtsnormartigen Charakter, also Regulierungscharakter entfalten. Hierfür wird in der Literatur ein Konzept der Meta-Regulierung[66] vorgeschlagen: die Regulierung der Selbstregulierung. Eine Theorie der Meta-Regulierung wird bereits in Umrissen greifbar.[67] Dabei muss

---

[64] *Köhler*, in: *Köhler/Bornkamm* (Fn. 61), Rn. 30.

[65] Statt aller *Köhler*, in: *Köhler/Bornkamm* (Fn. 61), § 3 Rn. 65a.

[66] Der Begriff wird verwendet von *Parker*, Meta-Regulation: Legal Accountability for Corporate Social Responsibility?, in: *McBarnet/Voiculescu/Campbell* (Hrsg.), The New Corporate Accountability: Corporate Social Responsibility and the Law, 2007, 207 ff.

[67] Vgl. *Parker* (Fn. 66); für die deutsche Diskussion die Ansätze von *Bachmann* (Fn. 56); *Buck-Heeb/Dieckmann* (Fn. 17); *Köndgen* (Fn. 56); *Podszun* (Fn. 31).

es darum gehen, CSR durch rechtliche Maßnahmen noch stärker abzusichern, die Trennung zwischen den Bereichen zu relativieren und die Stärken der Rechtswissenschaft einzubringen. Hier lassen sich mehrere Ansatzpunkte für die rechtswissenschaftliche Bearbeitung identifizieren.[68] Sie sind hier als Fragen formuliert, um den Forschungsbedarf zu kennzeichnen.

1. Wie kann das Recht die Verfahren der Standardsetzung so steuern, dass schon durch Verfahrenssicherungen ein materielles Ergebnis erzielt wird, das bestimmte Mindeststandards nicht unterschreitet? Diese Aufgabe wird teilweise durch Vorgaben des Kartellrechts schon jetzt eingelöst.

2. Wie können Akteure, die nicht an der Standardsetzung beteiligt sind – einschließlich der Allgemeinheit, ihre Interessen in diese Form der Selbstregulierung einbringen? Durch Partizipation wäre materiellen Fehlentwicklungen vorzubeugen. Dabei geht es darum, solche Interessen in den Diskurs einzubringen, die von den sonst involvierten Beteiligten nicht oder nicht prioritär behandelt werden, die aber bei Durchsetzung der Standards möglicherweise in Konflikt geraten könnten.

3. Welche Werte sind als Grundwerte oder Grundrechte anzuerkennen und müssen im Zentrum regulatorischer Überlegungen stehen? Klassische rechtliche Regelungen sollten das materielle Minimum der Regulierung weiterhin vorgeben (was ja in der Formulierung „do more than the law requires" auch steckt). Diese Zentralwerte sollten dann den dogmatischen Ausgangspunkt für die weitergehenden Selbstverpflichtungen bilden.

4. Wie kann die Durchsetzung von CSR-Verhaltenskodizes auf rechtliche Maßnahmen abgestimmt werden? Die Verzahnung von CSR und Recht, die in beide Richtungen wirken kann, sollte sich auf Durchsetzungsebene besonders spiegeln. Hier haben beide Bereiche ihre jeweiligen Stärken (z. B. förmliche Zwangsmittel im klassischen Recht, mediale Aufmerksamkeit oder *peer pressure* im Selbstregulierungsbereich). Solche Sanktionsmechanismen könnten aufeinander abgestimmt werden. Dabei darf es nicht zu einer Überforderung aller oder einiger Unternehmen im Gesamtschnitt der Regulierungsbelastung kommen. Zugleich sind die bereits jetzt eingesetzten Mechanismen der wechselseitigen Verstärkung (vgl. 2.) zu beachten.

5. Wie sind wünschenswerte freiwillige Verpflichtungen mit dem wesentlichen Unternehmensziel der Profitabilität in Ausgleich zu bringen? Wenn es die vornehmste Aufgabe eines Unternehmens ist, Gewinne zu erzielen, dürfen CSR-Verhaltenskodizes keine prohibitiven Kosten verursachen. Für die Abwägung ist insbesondere bei Diskursen, die stärker öffentlichkeits- und nicht bloß unternehmensdominiert sind, das Verfahren des Interessenausgleichs heranzuziehen. Dabei ist darauf zu achten, dass CSR-Standards nicht als verschleierte Möglichkeiten genutzt werden, einigen der Standardsetzungsteilnehmern Gewinne zu verschaffen, die andere nicht generieren können.

---

[68] Vgl. *Parker* (Fn. 66), 221 ff.

Die Art der hier gestellten Fragen impliziert eine stärker ökonomisch akzentuierte Wirkungsforschung von Recht, das als Steuerungsinstrument neben andere Instrumente tritt. Hier ist der Einfluss der soziologischen Theorien und der Governance-Forschung zu integrieren. Auch die Forschung zum informellen Recht kann zu Fragen der Methodik empirischen Arbeitens mit unterschiedlichen Regulierungsinstrumenten Beiträge leisten. Das Konzept der Meta-Regulierung ist noch in der Entwicklung, lässt aber diese Konturen erkennen. Funktioniert die Meta-Regulierung, kann eine immer stärkere Förderung von CSR-Standards auch aus rechtstheoretischer Sicht befürwortet werden.

Im Ergebnis wird aus der Rechtsordnung eine adaptive Rechtsordnung, die offen ist für nebenrechtliche oder informelle rechtliche Entwicklungen. Ein Recht, das so offen und flexibel reagiert, kann als „smart law" bezeichnet werden.[69] Verbunden ist damit ein Freiheitsgewinn, da staatliche Einflussnahme im Wechselspiel mit privatautonomer Setzung von Standards zurückgedrängt wird. Dies gilt sowohl auf der Rechtssetzungsebene, bei der um materielle Gehalte gestritten wird, als auch auf der Durchsetzungsebene, auf der die private Rechtsdurchsetzung bedeutsamer wird. Selbstregulierung ist damit auch ein Liberalisierungsprogramm.

5.3   Risiken und Grenzen

Ein solches Liberalisierungsprogramm ist zunächst wünschenswert, steht doch die freie Ausübung der unternehmerischen Handlungsfreiheit am Beginn jeder wirtschaftlichen Entwicklung, als Grundrecht geschützt, als Impuls geschätzt.

Bei aller Offenheit gegenüber der Selbstregulierung von Unternehmen und bei aller Notwendigkeit, diese rechtswissenschaftlich zu erfassen, sollen abschließend die Risiken und Grenzen der Meta-Regulierung benannt werden.

Zunächst ist klarzustellen, dass am Eigenwert des Rechts mit den hier gemachten Ausführungen nicht gerüttelt werden soll.[70] Seine Geltung, seine normative Bindung, das vom Recht errichtete System der Grundrechte, der Freiheit und Gleichordnung bleiben das Zentrum rechtstheoretischer und –praktischer Erwägungen. Wenn hier also eine Lanze für die Berücksichtigung neuer Erscheinungsformen von „Recht" gebrochen wird, so nicht, um diesen Bedeutungskern zu verwässern, sondern um die positiven Erkenntnisse aus der Befassung damit in naheliegende Bereiche zu übertragen.

Dass die Gemeinschaft der Rechtsunterworfenen bei zunehmender „Privatisierung" auch Gefahr läuft, Verfahrensrechte, das materielle Minimum, verfassungsrechtliche Sicherungen und die Funktionsfähigkeit der Institutionen zu relativieren, versteht sich von selbst.[71] Die Regelungsintensität wird abnehmen. Abwehrrechte

---

[69] Den Begriff verdanke ich *Carsten Herrmann-Pillath*.

[70] Vgl. in diesem Sinn auch *Calliess/Renner*, Between Law and Social Norms: The Evolution of Global Governance, Ratio Juris 2009, 260 ff.

[71] Vgl. *Parker* (Fn. 66).

gegen bestimmte Verpflichtungen werden entwertet, wenn der Gegner nicht mehr ein verfassungsgebundener Träger hoheitlicher Gewalt, sondern ein Vertragspartner ist. Die Legitimation von Verhaltensanforderungen, die in Kodizes normiert werden, ist nicht so hoch wie die Legitimation der in den hergebrachten Verfahren verabschiedeten Verhaltensanforderungen. Verhaltensanforderungen, die sich Branchen selbst geben, können zu eigenen Wettbewerbszwecken einzelner oder einer ganzen Branche missbraucht werden.[72] Bei kleinteiliger, staatlich unterstützter Regulierung, an der wesentliche Marktteilnehmer beteiligt sind, droht eine Einschränkung des Entdeckungsverfahrens, das der Markt bietet, zugunsten eines vorgegebenen Markt-Designs.

Auf diese Gefahren wird allerdings in der öffentlichen Debatte so häufig Bezug genommen, dass hier bewusst die positiven Möglichkeiten im Vordergrund standen. Die Risiken sind ernst zu nehmen, sie können aber mit bestimmten Mechanismen auch abgefedert werden. Die Alternative, das sei noch einmal erwähnt, ist nicht etwa die staatliche Regulierung, die dem Juristen so vertraut ist. Eine solche ist in vielen Bereichen eben nicht mehr möglich, es kommt zu Regulierungsdefiziten und zu einem Einflussverlust der Rechtswissenschaft. Der Preis, der dafür zu zahlen ist, ist dass ein stärkeres Vertrauen in die Marktteilnehmer gesetzt werden muss, die in erhöhtem Maße selbst dafür sorgen müssen, dass bestimmte Ziele erreicht werden. Sie brauchen dafür aber ein „smart law", bestimmte Instrumente und ein Konzept, das hier als Meta-Regulierung bezeichnet wurde. Andernfalls kann die neue Freiheit nicht ihren Zauber entfalten.

---

[72] Dazu *Ackermann* in diesem Band.

Implementing and Enforcing Corporate Social Responsibility: The Potential of Unfair Competition Rules in International Law

Thomas Cottier and Gabriela Wermelinger

Abstract The paper explores the potential of unfair competition rules contained in Article 10bis of the Paris Convention on the Protection of Industrial Property (Paris Convention) as incorporated in the Agreement on Trade-Related Aspects of Intellectual Property Rights of the WTO (TRIPS Agreement). It is submitted that these provisions offer implicit disciplines on private standards and conduct. Today, commitments made by multinational companies (MNCs) under corporate social responsibility (CSR) are at best considered to be part of soft law, short of mandatory compliance. Strategies have largely depended upon voluntary compliance, reporting, naming and shaming and public pressure. We submit that while formally soft law, CSR instruments may develop binding effects in terms of unilateral promises to consumers which render companies liable under rules of unfair competition law. In other words, States and MNCs are bound by the principle of good faith and the protection of legitimate expectations upon which unfair competition rules and the emerging law on labelling rely. These disciplines form part of WTO law and provide the basis for enforcing appropriate rules on CSR vis-à-vis Members of the Organization.

1 Introduction

In the process of globalization, fairness and equity depend on appropriate conduct by both States and government in accordance with international law, as much as on business practices in the private sector, in particular by multinational corporations (MNCs) in transnational operations. An expanding body of guidelines, codes of conduct and principles has emerged under the heading of corporate social responsibility

The authors are indebted to *Paula Custer*, MLaw and her research undertaken for her master thesis quoted in this paper, to *Franziska Humbert* for valuable references, to *Frauke Henning-Bodewig* for comments and to *Susan Kaplan* for a careful review of the text and edits.

T. Cottier (✉) · G. Wermelinger
Institut für Europa- und Wirtschaftsvölkerrecht, Universität Bern,
Bern, Schweiz
e-mail: thomas.cottier@iew.unibe.ch

G. Wermelinger
e-mail: gabriela.wermelinger@iew.unibe.ch

R. M. Hilty, F. Henning-Bodewig (Hrsg.), *Corporate Social Responsibility*,
MPI Studies on Intellectual Property and Competition Law 21,
DOI 10.1007/978-3-642-54005-9_7, © Springer-Verlag Berlin Heidelberg 2014

(CSR)[1] during the past decades with a view to closing the gap between normative aspirations for State conduct in public international law, essentially based upon human rights' protection and non-discrimination, and business practices which often exploit fragmentation in law and gaps in regulation and thus have negative effects on the environment and on people, in particular workers in distant factories.[2] The reasons for such gaps are simple. Market economies depend upon efficient allocation of resources. Production is outsourced and moves to countries offering cheap labour, often lacking appropriate protection in domestic law. Products are exported at low prices to countries with higher but increasingly eroding levels of labour protection, as jobs offered by MNCs move elsewhere. In a world of fierce competition, MNCs are dependent upon arbitrage between different levels of legal protection, naturally seeking the most advantageous conditions to succeed in international trade and competition.[3] Within this basic constellation of an open world economy, CSR offers an opportunity to narrow these gaps and thus to contribute to overall fairness and equity in international economic relations. There is no shortage of prescriptions and goodwill. The problem is one of implementing and enforcing CSR. Strategies have largely depended upon voluntary compliance, reporting, naming and shaming and public pressure. CSR, at best, is considered to amount to soft law. And the role of international law, so far, has been very limited.

Most international trade rules relate to the treatment of traded products, both goods and services. For a long time, little attention has been paid to the way these products are being produced. The principles of non-discrimination in World Trade Organization (WTO) law essentially refer to the treatment of traded products originating in, or destined for, the territory of a Member. They are much less concerned with so called production and process methods (PPMs). There is controversy in WTO law on the extent to which countries are entitled to impose differential treatment on the basis of production methods within the principle of non-discrimination.[4] It is accepted that differential treatment, under certain conditions, can be applied under the exemptions of Article XX of the General Agreement on Tariffs and Trade (GATT), in particular for the purpose of protecting the environment, but potentially also for the protection of human rights and minimal labour standards.[5]

---

[1] For a definition of CSR see among others Communication from the Commission to the European Parliament/the Council/The European Economic and Social Committee/Committee of the Regions, A renewed EU strategy 2011–14 for Corporate Social Responsibility, COM (2011) 681 final, 6.

[2] For a history on the evolution of CSR see *Keller*, Codes of Conduct and their Implementation: the Question of Legitimacy, in: *Wolfrum/Röben* (eds.), Legitimacy in International Law, 2008, 219 ff.

[3] See *Van de Ven/Jeruissen*, Competing Responsibly, (2005) 15 Business Ethics Quarterly 2, 299 (306 ff.).

[4] See generally *Conrad*, Processes and Production Methods (PPMs) in WTO Law: Interfacing Trade and Social Goals, 2011; see also *Cottier/Oesch*, International Trade Regulation: Law and Policy in the WTO, the European Union, and Switzerland, Cases, Materials and Comments, 2005.

[5] See *Cottier/Joost/Bürgi* (eds.), Human Rights and International Trade, 2005; see generally *Petersmann*, Human Rights and the Law of the World Trade Organization, (2003) 37 Journal of World Trade 241; *Cottier/Delimatsis* (eds.), The Prospects of International Trade Regulation: From Fragmentation to Coherence, 2011.

Within narrow bounds, differential treatment can also be deployed for technical standards and regulations of governments under the Agreement on Technical Barriers to Trade (TBT Agreement) and the Agreement on the Application of Sanitary and Phytosanitary Measures (SPS Agreement) relating to food standards.

The margins for differential treatment as set out above are of key importance for labelling products. PPMs are at the heart of mandatory and voluntary labelling. They inform the consumer how products are made. It allows them to exercise consumer preferences in the marketplace. It also allows them to link products with CSR standards adopted by the producing and distributing companies. Labelling and PPMs are therefore key yardsticks for implementing CSR policies. WTO law, however, is short of explicit disciplines addressing private standards for which there is no governmental involvement.[6] In other words, it is not yet well equipped to deal with a transnational normative regime of codes and principles as defined by the private sector itself when undertaking its business across the world.

This paper therefore explores the potential of unfair competition rules contained in Article 10bis of the Paris Convention on the Protection of Industrial Property (Paris Convention) as incorporated in the Agreement on Trade-Related Aspects of Intellectual Property Rights of the WTO (TRIPS Agreement).[7] It is submitted that these provisions offer implicit disciplines on private standards and conduct, and thus a basis for further work in the field. It is interesting to observe that most of the literature on CSR, while stressing the need to enhance implementation, has not sufficiently explored this avenue. The same is true for official documents addressing CSR. Criticism has been raised that voluntary commitments remain voluntary and cannot be properly enforced. Much attention is paid to reporting, monitoring and accounting. The role of courts has remained largely unexplored, both in international and in domestic law. Assessing the potential of unfair competition thus also implies exploring further the role of courts, both domestic and international, in implementing CSR policies, as unfair competition is a core business of the judicial branch, rather than the executive branch or the legislator. Much of the unfair competition law is judge-made, adjusting broad principles to new challenges and needs, such as implementing and assessing the CSR policies of companies.

2 The Legal Nature of CSR Commitments

Codes of Conduct and principles of CSR contained in official documents issued by the United Nations, the International Labour Organization (ILO) and the Organization for Economic Co-operation and Development (OECD) essentially amount to commitments by governments to create appropriate framework conditions supporting MNCs in the pursuit of good governance entailed in these instruments, for example the United Nations Global Compact, the Universal Declaration on Human

---

[6] See *Custer*, Disciplining Private Food Standards Through WTO Law? An Attempt to go Beyond the SPS and TBT Agreement Debate, NCCR Working Paper No. 2013/45, November 2013.

[7] Art. 2 (1) TRIPS Agreement.

Rights, the OECD Guidelines for Multinational Enterprises (OECD Guidelines), the International Organization for Standardization (ISO) 26000 Guidance Standard of Social Responsibility (ISO 26000), the ILO Core Conventions and the Declaration on Fundamental Principles and Rights at Work (Instruments of the ILO), the ILO Tripartite Declaration of Principles concerning Multinational Enterprises and Social Policy (ILO MNE Declaration) and the Global Reporting Initiative (GRI).[8] MNCs should be supported, and not impeded, in the pursuit of these goals by other binding rules. The main and binding frame for MNCs will be found in domestic law and binding international agreements, such as the law of the WTO or preferential trade and investment agreements. Instruments of CSR are issued not only by governments and international organizations but also by non-state actors. Moreover, the former two are also bound by such instruments in the sense that their own policies and rules should allow the principles to be taken into account within the body of binding law. Thus, unless rules on CSR form part of a binding agreement, governments essentially pledge to act on the basis of, and in accordance with, the rules and principles expounded for MNCs in these instruments. They are formally part of soft law, and thus not strictly binding per se.[9] However, the pledge to act accordingly amounts to a unilateral promise, and failure to act frustrates legitimate expectations on the part of other States as well as the MNCs concerned.[10] States, in other words, are bound by the *principle of good faith* and the *protection of legitimate expectations*.[11] To the extent that a promise to create appropriate framework conditions was made but not followed up, it may trigger legal consequences under *good faith* protection.[12] The *doctrine of estoppel* may be invoked by other States provided that they took action, made dispositions and suffered damages due to the lack of implementation by the promising party to the instrument.[13] Likewise, the

---

[8] See European Commission, An Analysis of Policy References made by large EU Companies to Internationally Recognised CSR Guidelines and Principles, March 2013, 6, available at: http://ec.europa.eu/enterprise/policies/sustainable-business/files/csr/csr-guide-princ-2013_en.pdf (last accessed on 28 November 2013).

[9] See *Cottier/Jevtic*, The Protection against Unfair Competition in WTO Law: Status, Potential and Prospects, in: *Drexl et al.* (eds.), Technology and competition – Technologie et concurrence. Contributions in honour of Hans Ullrich – Mélanges en l'honneur de Hans Ullrich, 2009, 669 (692).

[10] On unilateral promise in international law see IJC, *Nuclear Tests (Australia v. France) (Merits)* [1974] ICJ Rep 253, and *Nuclear Tests (New Zealand v. France)* [1974] ICJ Rep. 457.

[11] See *Cottier/Nadakavukaren Schefer*, Good Faith and the Protection of Legitimate Expectations in the WTO, in: *Bronckers/Quick* (eds.), New Directions in International Economic Law: Essays in Honour of John H. Jackson, 2000, 47 (also in (2005) 12 Journal of International Economic Law 3, 180).

[12] See *Müller*, Vertrauensschutz im Völkerrecht, 1971; *Zoller*, La bonne foi en droit international public, 1977; *Müller/Wildhaber*, Praxis des Völkerrechts, 3rd ed., 2001, 40; for further references on the principle see *Panizzon*, Good Faith in the Jurisprudence of the WTO: The Protection of Legitimate Expectations, Good Faith Interpretation and Fair Dispute Settlement, Studies in International Trade Law, 2006.

[13] *Cottier/Müller*, Estoppel, in: *Wolfrum* (ed.), Encyclopedia of Public International Law, available at: http://opil.ouplaw.com/view/10.1093/law:epil/9780199231690/law-9780199231690-e1401?rskey=m77Eoy&result=1&q=estoppel&prd=EPIL (last accessed on 28 November 2013).

doctrine of estoppel, expressing a general principle of law, may also be invoked by MNCs vis-à-vis the host State. If dispositions were made which are eventually frustrated because domestic legislation is not adjusted accordingly, and which do not allow policies to be adopted in line with the international CSR instrument adopted, responsibility for unlawful act may be induced under state responsibility in international law. In conclusion, while formally soft law, these instruments are not void of normative effect for governments and oblige them to adopt the necessary measures facilitating implementation by MNCs.[14]

MNCs, on the other hand, are not directly bound by these instruments, unless such effects are provided for in domestic law. Codes and principles require additional commitments which amount to unilateral declarations and promises on the part of the companies. These pledges and commitments are expressed by the policy statements and measures taken by companies on the basis of such soft law instruments. The unilateral promise of a company to act in certain ways and not in others equally creates legitimate expectations. Investors, partners and consumers rely upon such pledges in making business decisions. Trading shares of companies may be influenced in various ways. Investors will take these commitments into account. Consumers may make decisions to buy based upon the information provided and the promises made as to human rights standards, labour standards in production, and transparency. The pledge forms the reputation of a company. While these commitments again are often considered to amount to no less than soft law and thus to be non-binding in nature, and mainly a tool in promoting the company's reputation and marketing, the *principle of good faith* and the *protection of legitimate expectations* again and equally apply, this time in domestic law. To the extent that the company does not live up to the expectations created by its pledges and promises, it frustrates legitimate expectations; and the *doctrine of estoppel*, as a general principle of law, equally applies to such constellations. Frustrated shareholders, investors and consumers may invoke the doctrine to the extent that they had made dispositions in light of the pledge, and eventually incurred disadvantages and losses. Competitors complying with standards adopted may suffer losses in the market as they face difficulties in competing with lower prices that were made possible due to the lack of implementation by other competitors and yet higher shares due to disregarded pledges made by the latter. *Estoppel* requires the company to remedy the situation or pay compensation to investors and consumers who are negatively affected. Again, it is wrong to assume that CSR commitments by companies are without legal effects and implications. Companies need to carefully consider what they are pledging and to make sure that they live up to the expectations created by their commitment.

It would seem, however, that there is still little awareness about the potential implications of fairness, *good faith* and the *doctrine of protecting legitimate expectations* in the field of CSR. The discourse on realizing and enforcing CSR, it would seem, does not sufficiently take these principles into account. It can neither be found in the preambles of respective instruments, nor is it part of the operative principles, nor can it be found in respective chapters on enforcement strategies. Equally, we

---

[14] See fn. 9.

find no recourse in CSR documents to the principles of unfair competition which in return implement the principles of fairness and good faith in addressing the conduct of private operators.

3   The Impact of Unfair Competition Rules on Non-Compliance with CSR Commitments Made

The *principle of good faith* and the *protection of legitimate expectations* stand on their own. Yet, they remain vague and in real life depend upon more specific and thus predictable forms. The above-mentioned *doctrine of estoppel* amounts to a first specification which sets out preconditions in case law for successful invocation.

The law of the WTO developed the *concept of nullification and impairment of benefits*. It provides the basis not only for claims made on the basis of alleged violations of law, but also on the basis of so called non-violation complaints. These complaints essentially rely upon *protection of good faith* and *legitimate expectations*.[15] WTO law developed the *doctrine of protecting legitimate expectations* as to conditions of competition. This doctrine applies in the like product analysis in the context of MFN and National Treatment and finds its specification in particular provisions, in particular Article III GATT and Article XVII of the General Agreement on Trade in Services (GATS).[16]

The *doctrine of good faith*, on the other hand, is also specified in Article 10bis of the Paris Convention for the Protection of Intellectual Property Rights. Members of the Convention are obliged to provide protection against unfair competition in their respective markets. The provision is of particular importance in the context of CSR.[17]

Article 10bis Paris Convention
[Unfair Competition]

1. The countries of the Union are bound to assure to nationals of such countries effective protection against unfair competition.
2. Any act of competition contrary to honest practices in industrial or commercial matters constitutes an act of unfair competition.

---

[15] See *Cottier/Nadakavukaren Schefer*, Non-Violation Complaints in WTO/GATT Dispute Settlement: Past, Present, and Future, in: *Petersmann* (ed.), (2007) 11 International Trade Law and GATT/WTO Dispute Settlement System, Studies in Transnational Economic Law, 145; see also *Mitchell*, Good Faith in WTO Dispute Settlement, (2006) 7 Melbourne Journal of International Law, available at: http://www.law.unimelb.edu.au/files/dmfile/downloadb3081.pdf (last accessed on 28 November 2013); see generally *Kim*, Non-Violation Complaints in WTO Law: Theory and Practice, Studies in Global Economic Law Volume 9, 2006.

[16] See *Panizzon* (fn. 12); *Diebold*, Non-discrimination in International Trade Law in Services, 2010.

[17] See generally *Henning-Bodewig* (ed.), International Handbook on Unfair Competition, 2013; *Reger*, Der internationale Schutz gegen unlauteren Wettbewerb und das Trips-Übereinkommen, 1999, 17–24; *Pflüger*, Der internationale Schutz gegen unlauteren Wettbewerb, *Henning-Bodewig*, International Protection Against Unfair Competition – Art. 10bis Paris Convention, TRIPS and WIPO Model Provisions, (1999) 30 IIC 166.

3. The following in particular shall be prohibited:

   - all acts of such a nature as to create confusion by any means whatever with the establishment, the goods, or the industrial or commercial activities, of a competitor;
   - false allegations in the course of trade of such a nature as to discredit the establishment, the goods, or the industrial or commercial activities, of a competitor;
   - indications or allegations the use of which in the course of trade is liable to mislead the public as to the nature, the manufacturing process, the characteristics, the suitability for their purpose, or the quantity, of the goods.

The provision obliges Members of the Paris Convention to provide effective protection to third party nationals against acts of unfair competition. It does not set out particular methods, but leaves implementation to the domestic law of countries, taking into account the differences of legal systems. The provisions relate to general concepts of fairness and continue to state, in a non-exhaustive manner, a number of constellations considered to amount to unfair conduct. In the context of CSR, para 3(3) is of particular importance. Differences between pledges made and the effective conduct of a company are liable to mislead the public, including competitors, investors and consumers. The provision is not limited to the product per se and to its characteristics, but explicitly includes manufacturing processes. Given that the provisions are non-exhaustive, it can be argued that para 3(3) also applies to services and to how they are being made and provided. To the extent that it can be established that the combination of CSR pledges and effective conduct misleads the public, such conduct amounts to unfair competition. National law is thus required to address and remedy such constellations. The obligation may be dealt with in general terms under the broad principles of unfair competition on a case by case basis. It may also provide the basis for more specific legislation addressing implementation of CSR rules. To the extent that MNCs make pledges they are subject to these disciplines.

Recourse to unfair competition law in the context of CSR responsibility is still in its infancy.[18] The most prominent case to be found is *Kasky v. Nike Inc.*,[19] adjudicated in 2003. *Kasky*, a consumer activist complained that *Nike* was not living up to its CSR pledges, in terms of labour standards and conditions in factories operating in Vietnam, Indonesia and China. It was alleged that the company uses child labour, exposes children to long working hours and offers only a payment of less than the minimum wages. It was further alleged that workers in a factory in Vietnam were exposed to carcinogens at levels 177 times higher than the limits set out in local

---

[18] For an excellent survey, from which the following is drawn, see *Custer* (fn. 6).

[19] *Kasky v. Nike, Inc.*, California Supreme Court, 45 P 3d 243 (Cal. 2002) and *Kasky v. Nike, Inc.*, US Supreme Court, 539 U.S. 654 (2003); for further information see *Cottier/Jevtic* (fn. 9); see also *Cherry/Sneirson*, Beyond Profit: Rethinking Corporate Social Responsibility and Greenwashing After the BP Oil Disaster, (2011) 85 Tulane Law Review 983, 1028–1030; and *Besmer*, The Legal Character of Private Codes of Conduct: More Than Just a Pseudo-Formal Gloss on Corporate Social Responsibility, (2006) 2 Hastings Business Law Journal 1, 279.

standards. The subcontractors of *Nike* were alleged to be violating domestic law, and *Nike* was alleged not to be living up to its own CSR standards. *Nike* had stated in its reports that subcontractors did adhere *Nike's* own standards which exclude sweated labour. Moreover, Nike had commissioned an external report which had confirmed, upon inspection of production sites that the subcontractors were largely respecting *Nike's* CSR standards. *Kasky* alleged that *Nike* made false and misleading statements and had acted unfairly and deceptively in violation of the law of unfair competition of the State of California. The complaint was brought as a public action as admitted 'on behalf of the General Public of the State of California' under the Act.

The case was dismissed by the trial court and the California Court of Appeal on the grounds that *Nike* is protected by the first Amendment of the US Constitution, protecting free speech. Upon appeal, the judgment was reversed by the Supreme Court of California. The court essentially followed the claims made and found a violation of unfair competition rules based upon the discrepancy between CSR pledges and the business conduct of the company and its subcontractors. This divergence and discrepancy between pledges made, reporting and perceptions conveyed to the public at large, on the one hand, and the realities of business conduct on the other hand, amounts to an act of unfair competition. The United States Supreme Court denied *certiorari*; the fundamental issue of to what extent CSR pledges are protected by free speech, and thus also the right to lie, remain a constitutionally open issue under the strict standards of free speech protection in the United States. The case, however, is a landmark one as it shows the potential to enforce CSR pledges in court and to increase awareness that these commitments are legally relevant and go way beyond being a tool of marketing and for favourably influencing the perceptions of consumers and investors.

Similarly, the *Lidl Case*[20] dealt with the impact of unfair competition rules on statements by companies relating to their business conduct. In 2006, *Lidl* became a member of the 'Business Social Compliance Initiative' (BSCI) which is aimed at improving working conditions along entire global supply chains. The BSCI code of conduct is based on the ILO's regulatory framework on labour rights, including, among others, the limitation of working hours, regulating salaries and the elimination of discrimination.[21] Even though, according to the principles of BSCI,

---

[20] Consumer Protection Agency Hamburg v. Lidl, filed at the Heilbronn District Court on 6 April 2010 and supported by an initiative of the European Center for Constitutional and Human Rights (ECCHR) and the Clean Clothes Campaign (CCC). The case was decided only 10 days later through a declaration by Lidl that it would refrain from allegedly misleading advertising. For the indictment see http://www.vzhh.de/recht/30332/Lidl_Klage.pdf (in German) (last accessed on 28 November 2013).

[21] *Lidl* stated in a standard response to consumer enquiries that "Lidl is aware of its responsibility with respect to the manufacturing of its products. In recent years and through intensive efforts and various commitments, Lidl has taken on a leading role within the food retail industry in improving social standards in production countries. In contrast to other retail businesses, Lidl actively incorporates 'Compliance with Social Standards' within its purchasing agreement. [...] Like all BSCI members, Lidl is committed to enforcing uniform minimum social standards in supplier firms, and oversees compliance with these standards through a corresponding system of controls and checks.

its members are not per se bound by them and obliged to guarantee these social standards, *Lidl* has referred on its website to 'safeguarding social standards' and has stated that compliance with social standards by the BSCI is mandatory for its suppliers. It thus evoked the impression that its suppliers are already complying with such standards and in particular has emphasized that its decision to purchase from suppliers depends upon compliance, even though in reality, working conditions on the production site are nowhere near the level of the standards promoted. The European Center for Constitutional and Human Rights (ECCHR), the Clean Clothes Campaign (CCC) and the Hamburg Consumer Protection Agency argued that the advertising campaign by *Lidl* misleads socially conscious consumers into purchasing a product and thus violates the German law on unfair competition (UWG). Again, although companies are not required to guarantee the adherence of suppliers to social standards, explicit pledges made by *Lidl* in advertising campaigns created legitimate expectations for consumers and stakeholders. 10 days after the filing of the case, *Lidl* made a declaration that it would cease to imply to consumers that membership to the BSCI would bind Lidl to comply with its social standards and that such compliance is a given.[22]

The discrepancy and gap between information provided, public perceptions and the reality is also at the heart of comparable constellations around labelling. The so called *Blue Angel*[23] *judgment* of the German Supreme Court adjudicated in 1988, is a leading case in point. Blue Angel is a public label issued by the United Nations Environmental Programme (UNEP), initiated by the German Government. The complainant alleged that the defendant, while properly describing the products in accordance with the label requirements, used additional tools, so called "wobblers", to market the products concerned. These wobblers, which were attached to the shelves and attracted consumers in the store, failed to contain all the relevant consumer information required by the labelling programme, and allegedly misinformed consumers. The German Supreme Court followed the arguments of the plaintiff and ruled that the labels evoke erroneous perceptions of the quality of the product concerned. The Court noted that the *Blue Angel* label implies environmental soundness of the product while the reasons establishing such soundness were not communicated. Missing substantiation could mislead a substantial proportion of the consumers. It

---

In order to reach this goal, Lidl has developed its own code of practice that corresponds with BSCI guidelines. Suppliers who work with Lidl are obligated to follow this code. Compliance with these social standards is verified by independent, accredited regulators." In 2009, *Lidl* stated via the Business and Human Rights Resource Centre that "In contrast to other supermarkets *Lidl* insist that its suppliers comply with fundamental social standards." Moreover, *Lidl* wrote in its 2010 advertising brochure: "Lidl campaigns worldwide for fair working conditions [...] We at Lidl only award non-food contracts to selected producers and suppliers who have already proved they have actively incorporated social responsibility."

[22] See *Müller-Hoff/Saage-Maass*, Fair Competition! Complaint Filed by Consumers in Germany in Defense of Worker's Rights in South East Asia, European Center for Constitutional and Human Rights, 1–5, available at: http://www.ecchr.de (last accessed on 28 November 2013).

[23] *Blauer Engel,* German Supreme Court, BGH – I ZR 219/87, decision from 20 October 1988, Citation BGHZ 105, 277.

was held that the business practice amounts to a violation of Article 5 of the German Unfair Competition Act. The Court held that strict standards need to be applied to environmental advertising. In particular, the Court emphasized that environmental labels reflected in higher prices evoke an impression of environmental sustainability, i.e. addressing environmental concerns and worries of consumers. Again, the gap between perceptions evoked and the realities amounted to consumer deception and unfair competition.

Such discrepancies and gaps also shape the background of the European law on product advertisement.[24]

Misleading advertising was first addressed by Directive 84/450/EEC, which was eventually replaced by *Directive 2005/29/EC on unfair commercial practices.*[25] This directive explicitly refers to the use of self-regulatory instruments, in particular codes, and thus applies to private standards. The harmonization of rules on unfair competition in Directive 2005/29 is based upon the average consumer test, i.e. a person who is reasonably well informed and reasonably observant and circumspect, taking into account social, cultural and linguistic factors. The directive is essentially based upon a case-by-case assessment, balancing the interests of consumer protection and those of market access, marketing and unimpaired trade. In the present context, the concept of misleading actions is of particular importance. Article 6 defines this as a practice which misleads consumers through the information it contains, or through the deceptive presentation of that information, and which causes or is likely to cause the average consumer to take a different transactional decision than he or she would have taken otherwise. The directive envisages three types of misleading practices: providing misleading information, creating confusion with products of competitors, and, most importantly in this context, the failure to honour commitments made in a company's own codes of conduct. Such codes are defined in the Directive as "an agreement or set of rules not imposed by law, regulation or administrative provision of a Member State which defines the behaviour of traders who undertake to be bound by the code in relation to one or more particular commercial practices or business sectors".

The relevance of codes of conduct in Article 6(2)(b) of the Directive clearly established the legal linkages between voluntary commitments and unfair competition rules. The provision clearly includes private standards and attaches legal consequences in case of conduct disregarding their content. Private standards are also included in the blacklist of the Directive, which establishes per se rules and does not depend upon a balancing of interests on the basis of the reasonable consumer test. Paragraphs 2 and 4 of Annex I encompass recourse to private standard without due authorization, and without complying with the respective terms of the private standard.[26]

---

[24] See *Custer* (fn. 6).

[25] See generally *Weatherill/Bernitz* (eds.), The Regulation of Unfair Commercial Practices under EC Directive 2005/29: New Rules and New Techniques, 2nd ed. 2007 and *Henning-Bodewig*, Die Richtlinie 2005/29/EG über unlautere Geschäftspraktiken, GRUR Int. 2005, 629.

[26] Fore a detailed account see See *Handig*, The Unfair Commercial Practices Directive – A Milestone in the European Unfair Competition Law?, (2005) 16 European Business Law Review 1117.

Directive 2005/29/EC relates to business–consumer relations. It does not include business-to-business relations, at least not in a direct manner. Directive 2006/14 Concerning Misleading and Comparative Advertising extends the essence of Directive 2005/29 to business-to-business relations and requires legal remedies against misleading advertising by competitors. Finally, Directive 2006/114/EC, relating to organic food, prescribes that the terms "bio" and "organic" must not be used for products which do not fully comply with the criteria and standards of the Directive.[27] While these are government standards, the concept of consumer deception and the obligation to avoid misrepresentation and misinformation and deception of consumers is equally present.

While EU law so far does not offer a fully-fledged harmonization of unfair competition law, bits and pieces relating to consumer protection clearly show that discrepancies and gaps between information provided and realities in business life and conduct are legally relevant facts amounting to acts of unfair competition incompatible with EU law. Importantly, the law encompasses private standards and codes of conduct voluntarily adopted by companies. While there is no obligation to sign up to CSR commitments, the act of doing so triggers mandatory legal obligations which render the adopted CSR commitments legally binding. Recourse to soft law is clearly misleading in light of existing disciplines in the law of unfair competition in the EU and in Member States. It is submitted that the same holds true for all Members of the Paris Convention and of the TRIPS Agreement of the WTO.

4 Enforcing Unfair Competition Rules in International Law

Members of the Paris Convention on the Protection of Industrial Property are obliged to introduce appropriate protection against unfair competition on the basis of Article 10bis of the Convention in accordance with the principle of *pacta sunt servanda* codified in Article 26 of the Vienna Convention on the Law of Treaties. Failure to do so may trigger state responsibility, and may lead to international litigation before the International Court of Justice. In practical terms, no such complaints have ever been launched before the Court; the implementation of the provisions of the Paris Convention has been largely based upon voluntary compliance or political pressure. In some countries, the provision may be open to direct effect and protection by domestic courts.[28]

With the advent of the TRIPS Agreement, the process of enforcement has substantially changed. Compliance with the provisions of the TRIPS Agreement is

---

[27] For a detailed account see *Henning-Bodewig* (fn. 17).

[28] For a detailed account of the potential of direct effect of unfair competition rules see *Riffel*, The Protection Against Unfair Competition in World Trade Law, PhD submitted to the University of Bern 2013 (forthcoming); *Custer* (fn. 6); for foundations and implications in the EU context see *Cottier*, International Trade Law: The Impact of Justiciability and Separations of Powers in EC, (2009) 5 European Constitutional Law Rev 307; *Cottier*, The Judge in International Economic Relations, in: *Monti et al.* (eds.), FS für Carl Baudenbacher, 2007, 99.

subject to the two-tier dispute settlement mechanism of the WTO and to its enforcement mechanisms in cases of non-compliance. Parties are entitled to withdraw trade concessions upon clearance by the Dispute Settlement Body (often following additional arbitration) in the field of intellectual property and trade in goods and services.

As the TRIPS Agreement incorporates the substantive provisions of the Paris Convention, compliance and enforcement also extends to the substantive provisions of the Paris Convention.[29] The substantive provisions listed in Article 2 of the TRIPS Agreement name "Articles 1 through 12, and Article 19". This also includes Article 10bis Paris Convention relating to unfair competition. The text of Article 2 TRIPS, however, limits the scope of compliance and incorporation to Parts II, III and IV of the TRIPS Agreement. No reference is made to the general provisions in Part I and to the dispute settlement in Part V. The provision is not a model of clarity and has given rise to much confusion and to diverging views. These views very much depend upon whether unfair competition is perceived as being part of intellectual property protection or not.[30] It can be argued that the incorporation is limited to the forms of protection listed in Part II, and thus excludes Article 10bis on unfair competition to the extent that it is not considered to be part of intellectual property protection. The TRIPS Agreement makes recourse to Article 10bis Paris Convention in justifying new provisions on geographical indications (Article 22 TRIPS) and on undisclosed information (Article 39 TRIPS), but does not per se include unfair competition.[31] Article 2 TRIPS was an issue in *US—Sec 211 Omnibus Appropriation Act*. The panel held that disciplines on trade names do not form part of the TRIPS Agreement as this issue is not addressed in Part II. The Appellate Body reversed this finding. It held that Article 1.2 TRIPS Agreement covers all the categories of intellectual property addressed in Part II (and not only title entries), such as *sui generis* plant variety rights mentioned in Article 27 TRIPS. It held that Article 2 TRIPs explicitly includes Article 8 Paris Convention, thus including trade names and therefore was equally subject to dispute resolution.[32]

The same reasoning also applies to acts of unfair competition in Article 10bis Paris Convention. [33] Firstly, protection against unfair competition is comparable

---

[29] See generally *Cottier/Germann*, Teaching IP, Unfair Competition and Anti-Trust Law, in: *Takagi/Allmann/Sinjela* (eds.), Teaching of Intellectual Property: Principles and Methods, World Intellectual Property Organization 2008, 130 (141–164).

[30] The German doctrine usually held unfair competition law and intellectual property law as mutually exclusive. See hereto *Heinemann*, Immaterialgüterschutz in der Wettbewerbsordnung: Eine grundlagenorientierte Untersuchung zum Kartellrecht des geistigen Eigentums, Jus Privatum, Bd. 65, 2002; This view is now being reversed as a result of a ruling by the German Supreme Court dated 15 August 2013 – BGH, I ZR 188/11 (*Hard Rock Café*). The court ruled that that trade mark law and unfair competition law are not mutually exclusive but apply in parallel and are mutually supportive.

[31] See *Henning-Bodewig*, International Unfair Competition Law, in: *Hilty/Henning-Bodewig* (eds.), Law Against Unfair Competition. Towards a New paradigm in Europe?, 2007, 53 (59 ff.); see also *Reger* (fn. 17), 176, 253–255, 291–295.

[32] For the Panel Report see http://www.wto.org/english/tratop_e/dispu_e/176r_e.pdf (last accessed on 28 November 2013).

[33] For a comprehensive analysis see *Riffel* (fn. 28).

to the protection of trade names. The obligation to protect trade names without the obligation of filing and registration amounts in substance to protection from unfair recourse and use of company names by free-riding competitors, without amounting to a specific form of intellectual property rights. The more general concept of unfair competition therefore should enjoy equal protection. Secondly, unfair competition is clearly included in the list of Article 2 TRIPS. Should negotiating parties have wished to exclude recourse to Article 10bis Paris Convention, they would have said so and I cannot remember any attempt to do so. In the negotiations it was always understood that provisions on unfair competition would be included. The deeper reason for such a finding is that a clear-cut distinction between unfair competition and intellectual property cannot be made. The two are closely intertwined. This is certainly true on the level of international law where both are dealt with in the same agreements. The fact that unfair competition rules are part of the Paris Convention amounts to recognition that it is part of international intellectual property law. But it is equally true in general terms.[34] A separation of intellectual property and unfair competition is not warranted and does not reflect the historical roots of intellectual property protection based upon precepts of avoiding unfair competition and reme-dying market failures. Recent German jurisprudence in the 2013 *Hard Rock Café* case, stressing the mutually supportive role of unfair competition and intellectual property protection confirms this view, leaving the separation of intellectual proper-ty and unfair competition behind.[35]

Indeed, unfair competition disciplines were at the outset of developing intellectu-al property protection. In particular, free-riding on information produced on the ba-sis of investment, and work by others was at the heart of this process and eventually led to the development and establishment of succinct forms of protection within the family of patents, trademark and copyright protection. All these specific rights and forms of protection, allowing the right-holders to prevent others from using their information for commercial purposes without consent are inherently based upon the *doctrine of unfair competition* and thus, finally, are based upon *protecting good faith* and fairness in commercial intercourse. The different forms of intellectual pro-perty protection are thus important ingredients of a market economy based upon competition. In a broad sense, they form part of fair competition policies seeking a proper balance between appropriation and public domain, between innovation and imitation. These goals are balanced within the system of different rights and in defining the proper scope of rights and their limitations. They are further balanced by disciplines of competition policy recognized in Article 41 of the TRIPS Agree-ment. While the proper balance has been a matter of controversy and continues to be so with new technologies emerging, it is fair to say that all these components are important and inherent to a market economy based upon competition, investment and international trade. These relations may primarily exist and be explained within a particular domestic or regional legal system. Yet, they are equally real on a global scale. The process of globalization and the increase of division of labour—which is at the heart of CSR—render the interaction of unfair competition rules, IPRs and competition policy key components of international economic law and relations.

---

[34] See *Cottier/Jevtic* (fn. 9), 691.

[35] See fn. 30.

5   Enforcing Disciplines on Unfair Competition

The inclusion of Article 10bis of the Paris Convention in the TRIPS Agreement thus defines the mechanisms enforcing disciplines on CSR commitments. Firstly, WTO law obliges Members, equal to the Paris Convention, to implement principles and rules of unfair competition law in domestic legislation. A WTO Member that is not providing principles and rules suitable to enforce CSR commitments made by private companies may be challenged and called upon to defend its legislation before a panel and the Appellate body, both of which are mandated to assess compatibility of domestic legislation with obligations under WTO law.[36] The host country of subsidiaries of an MNC or of competitors may complain that an industrialized or emerging member country does not sufficiently live up to CSR pledges made and thus engages in unfair competition. Such complaints may be triggered by the failure of domestic courts to remedy a discrepancy and gap between CSR commitments made by a domiciled company and business and labour relations practiced within the country or abroad. There may be a lack of legislation, or insufficient standing to bring a complaint by consumers, competitors and workers suffering from unfair trade practices.[37]

Article 10bis of the Paris Convention as incorporated in the TRIPS Agreement offers the potential to explore, on a case-by-case basis, the scope of protection offered by unfair competition against failures of States to discipline companies which fail to honour the CSR commitments they have made. It will also allow an assessment of the extent to which recourse to free speech may allow dispensation from living up to such commitments under WTO law. For example, had the US Supreme Court found in the *Nike* case that conduct of *Nike* is protected by free speech rather than commercial speech, a WTO panel would need to assess to what extent free speech undermines the commitments made under Article 10bis of the Paris Convention, in particular para. 3(3).[38] The relationship of trade and human rights is not

---

[36] For literature on the WTO Dispute Settlement System see *Cottier*, The WTO Dispute Settlement System: New Horizons, in: *The American Society of International Law* (ed.), The Challenge of Non-State Actors. Proceedings of the 92nd Annual Meeting, April 1–4, 1998, 1998, 86–91; *Cottier*, The Impact of the TRIPs Agreement on Private Practice and Litigation, in: *Cameron/Campbell* (eds.), Dispute Resolution in the World Trade Organisation, 1998, 111–127 (also in A.I.115, 265 ff.); *Cottier*, Dispute Settlement in the World Trade Organization: Characteristics and Structural Implications for the European Union, (1998) 35 Common Market Law Review 2, 325; *Cottier/Abbott*, Dispute Prevention and Dispute Settlement in the Field of Intellectual Property Rights and Electronic Commerce: US-Section 211 Omnibus Appropriations Act 1998 ('Havana Club')', in: *Petersmann/Pollack* (eds.), Transatlantic Economic Disputes: The EU, the US, and the WTO, 2003, 429–447 (also in A.I.115, 285–308); *Cottier/Oesch* (fn. 4); *Oesch*, Standards of Review in WTO Dispute Resolution, 2003 and 2005; *Oesch*, Das Streitbeilegungsverfahren der WTO, (2004) recht 192; *Van den Bossche/Zdouc*, The Law and Policy of the World Trade Organization, 3rd ed. 2013, 156; *Van den Bossche*, From Afterthought to Centrepiece: The WTO Appellate Body and its Rise to Prominence in the World Trading System, in: *Sacerdoti/Yanovich/Bohanes* (eds.), The WTO at Ten, 2006, 289; *Van den Bossche*, The Law and Policy of the World Trade Organization: Text, Cases and Materials, 2008, 169.

[37] See *Cottier/Jevtic* (fn. 9), 671 ff., 692.

[38] On commercial and free speech see *Hertig Randall*, Commercial Speech under the European Convention on Human Rights: Subordinate or Equal?, (2006) 6 Human Rights Law Review 1,

limited to adjudicating exemptions under Article XX GATT. It also plays a role in interpreting the provisions of the Paris Convention and the TRIPS Agreement. A panel would thus be required to make findings on free speech and commercial speech in the context of unfair competition rules. The case law may eventually develop appropriate findings as to the relationship of the two competing areas and values. The point made is that Article 10bis Paris Convention offers a valuable starting point in developing the law applicable to voluntary commitments that will be made by companies under CSR in the coming years and decades, addressing the discrepancy and gap between promises made, perceptions shaped and conduct on the ground. Private operators do not have recourse to WTO dispute settlement. It is up to governments to decide whether a case should be taken up. WTO law does not offer compensation and is unable to undo injustices done in the past. The remedy is geared to improvement of the law for the future. Lack of implementation of rulings may trigger the withdrawal of tariff and non-tariff concessions and market access rights for the defendant concerned. Limiting market access rights to defendant parties and thus to companies operating from the defendant's soil, amounts to a major incentive to comply in the first place and to avoid trade restrictions in sectors of importance to the country concerned.

The avenue of the WTO law will thus encourage companies to live up to their pledges and make sure that they are not indirectly targeted before the WTO. And to the extent that WTO law and the threat of dispute settlement will improve legal protection at home, competitors and consumers alike will benefit from enhanced levels of protection. WTO law, in other words, will enhance the role of courts in enforcing CSR commitments. The matter will no longer be left to reporting, monitoring and peer review.

The matter, however, may also be taken up by domestic courts giving direct effect to Article 10bis of the Paris Convention.[39] A judge may rule in the absence of domestic law that a company does not live up to its CSR obligations and thus is engaging in unfair competition based upon Article 10bis para 3(3) of the Paris Convention and the TRIPS Agreement. While such effect is generally excluded by US Statute and the practice of the European Court of Justice,[40] domestic courts may be more open to granting direct effect to the Paris Convention and the TRIPS Agreement in matters exclusively pertaining to domestic law.[41] Article 10bis para 3(3) of the Paris Convention offers an important yardstick which a domestic court may rely upon in assessing the conduct of an MNC in a case where appropriate rules are missing in domestic law.[42]

53; see also *Cottier/Sangeeta*, The Hertel case and the Distinction between Commercial and Non-Commercial Speech, in: *Cottier/Joost/Bürgi* (eds.), Human Rights and International Trade, 2005, 273–278.

[39] See *Cottier/Jevtic* (fn. 9), 679; see also *Custer*, (fn. 6), 34 ff.

[40] See *Cottier/Oesch* (fn. 4), 209–227.

[41] See *Hermès International (a partnership limited by shares)* v. *FHT Marketing Choice BV*, CJEU 16 June 1998 (case C-53/96), allowing for direct effect by MS. Available at: http://oami.europa.eu/en/mark/aspects/pdf/JJ960053.pdf (last accessed on 28 November 2013).

[42] See *Cottier/Jevtic* (fn. 9), 671.

Enhanced recourse to judicial settlement, however, does not reduce the importance of alternative modes of dispute resolution. Creating awareness and peer pressure remain important. It is here that the periodic trade policy review within the trade policy review mechanism (TPRM)[43] may improve awareness and encourage governments to engage in appropriate legislation on the basis of reports made and discussions held. The time has come to discover and explore the linkages between WTO law, TRIPS and CSR.

6   The Need for Further Talks and More Specific Rules

Article 10bis of the Paris Convention as incorporated into the TRIPS Agreement establishes a principle, but leaves Members much leeway as to how the principle of fairness in business relations should be addressed, in particular in domestic law. Unfair competition law therefore varies greatly among countries and shows considerable differences. While it is limited to passing-off in the common law tradition, continental systems show more detailed rules including consumer protection as discussed above. While some are able to address commitments made on CSR, others may fail to do so due to the lack of standing in particular of civil society and NGOs. Without public interest litigation, the *Kasky v. Nike, Inc.* case would not have materialized in California. Addressing the realization and enforcement of CSR commitments on the basis of unfair competition rules will therefore require appropriate rules on standing. It will not be sufficient to limit standing to competitors and individual consumers. Moreover, it would be appropriate to extend the scope of protection to criticism voiced by non-competitors on the conduct of companies—as is currently provided in Swiss law—and which gave rise to litigation before the European Court on Human Rights.[44] Finally, it will be important to address responsibilities for conditions set by subcontractors not directly reporting to the buyer of inputs and components. Companies subscribing to CSR should not be allowed to hide behind contractual arrangements dispensing them from CSR responsibilities incurred by the conduct of subcontractors. The companies must take responsibility for the conduct of their subcontractors of which they are aware or reasonably should be aware in the course of business relations. We need to assess the overall value chain of production and allocate responsibilities accordingly. The recent tragedy in 2013 of a textile factory in Bangladesh collapsing while producing for Western chains and distributors is a case in point. Future rules on unfair competition addressing CSR would also need to deal appropriately with the problem of free speech and commercial speech and should seek to define appropriate standards in law, allowing for a robust debate while precluding deception of the public and of consumers. The

---

[43] See generally http://www.wto.org/english/docs_e/legal_e/29-tprm_e.htm; see also http://www.ecipe.org/media/publication_pdfs/the-wto2019s-trade-policy-review-mechanism-how-to-create-political-will-for-liberalization-1.pdf (last accessed on 28 November 2013).

[44] See ECHR, Judgement of 25 August 1998, Case of Hertel v. Switzerland, Application no. 25181/94; and *Cottier/Sangeeta* (fn. 38).

objection may be raised that all this goes beyond the basic principles contained in Article 10bis of the Paris Convention. Yet, as different and more precise forms and contours of intellectual property protection emerge on the basis of broad principles, more precise rules addressing the enforcement of CSR in a global economy may emerge to address the downside of extensive division of labour.[45] It is submitted that CSR enforcement has the potential to emerge as an effective tool preventing unfair business practices and exploitation of humans. It will mainly be relevant in addressing problems in capital-exporting countries hosting company headquarters. It will not be suitable to directly address labour relations relating to subcontractors in capital-importing countries. CSR has to be aligned with appropriate labour standards in producing countries. It cannot be addressed in isolation and should be part of future and combined negotiations in appropriate fora, in particular the WIPO, WTO and ILO. All these organizations and their members should contribute in a concerted and coordinated effort to build upon the provisions of Article 10bis of the Paris Convention, the WTO trade rules and appropriate labour standards of the ILO in order to develop an appropriate and precise framework for adjudication and enforcement of CSR in transnational commercial activities.

---

[45] See *Cottier/Jevtic* (fn. 9), 671.

Europäisches und deutsches Verfassungsrecht: Erfassung von geschäftlicher Werbung („commercial speech")

Rudolf Streinz

Zusammenfassung Wirtschaftliche Werbung („commercial speech") wird sowohl durch das nationale Verfassungsrecht (Grundgesetz) als auch das europäische Verfassungsrecht, nämlich die allgemeinen Rechtsgrundsätze der Europäischen Union und die EU-Grundrechtecharta (GRCh) unter Einbeziehung der Europäischen Menschenrechtskonvention (EMRK), geschützt. Einschlägig sind nicht nur die Berufsfreiheit (Art. 12 GG, Art. 15 GRCh) und die unternehmerische Freiheit (Art. 16 GRCh) sondern auch die Meinungs- und Informationsfreiheit (Art. 5 GG; Art. 10 EMRK, Art. 11 GRCh). Allerdings unterscheiden sowohl das Bundesverfassungsgericht als auch der Europäische Gerichtshof für Menschenrechte und der Gerichtshof der Europäischen Union zwischen wirtschaftlichen Informationen, die der Werbung für ein Produkt oder eine Dienstleistung dienen, und Meinungsäußerungen mit gesellschaftlicher, insbesondere politischer Relevanz hinsichtlich der Kontrolldichte dahingehend, dass bei „lediglich" wirtschaftlichen Informationen dem jeweiligen Gesetzgeber ein weiterer Einschätzungs- und Bewertungsspielraum eröffnet wird. Dies wirkt sich auch auf das Verbraucherleitbild aus, das Regelungen wie der Richtlinie über unlautere Geschäftspraktiken oder der Lebensmittelinformationsverordnung zugrunde liegt. Generell bestehen Differenzierungen je nach dem Schutzgut und der Schutzbedürftigkeit der Adressaten. Dabei ist gegenüber „paternalistischen" Tendenzen der Grundsatz der Verhältnismäßigkeit zu wahren. Gesetzlich zulässige oder gar geforderte Bezeichnungen dürfen nicht als „gefühlte" Irreführung" verboten werden.

R. Streinz (✉)
Lehrstuhl für Öffentliches Recht und Europarecht, Ludwig-Maximilians-Universität München, München, Deutschland
E-Mail: rudolf.streinz@gmx.de

R. M. Hilty, F. Henning-Bodewig (Hrsg.), *Corporate Social Responsibility*,
MPI Studies on Intellectual Property and Competition Law 21,
DOI 10.1007/978-3-642-54005-9_8, © Springer-Verlag Berlin Heidelberg 2014

1 Problemstellung

„Werbung" ist „jede Äußerung bei der Ausübung eines Handels, Gewerbes, Handwerks oder freien Berufs mit dem Ziel, den Absatz von Waren oder die Erbringung von Dienstleistungen ... zu fördern".[1] Das Ziel der Förderung beruflichen Erfolgs spricht dafür, wirtschaftliche Werbung („commercial speech"[2]) – anders als z. B. politische Werbung – hinsichtlich ihres grundrechtlichen Schutzes der Berufsfreiheit zuzuordnen. Um erfolgreich zu sein, muss aber auch wirtschaftliche Werbung auf die Meinungsbildung der angesprochenen Kunden einwirken. Dies spricht dafür, sie insoweit zumindest auch der Meinungs- und Informationsfreiheit zuzuordnen. Schließlich kann bei entsprechender Gestaltung auch die Kunstfreiheit einschlägig sein. Die grundrechtliche Zuordnung ist nicht allein von theoretischem Interesse, weil für die genannten Grundrechte unterschiedliche Schranken gelten. Beschränkungen sind zur Verfolgung legitimer Zwecke wie dem gegenüber Konkurrenten „fairen" Wettbewerb oder dem Schutz der Verbraucher vor „Irreführung" zulässig und geboten.

In einem Binnenmarkt als „Raum ohne Binnengrenzen", in dem der freie Verkehr von Waren, Personen, Dienstleistungen und Kapital nach den Bestimmungen des Vertrags über die Arbeitsweise der Europäischen Union (AEUV) gewährleistet ist (Art. 26 Abs. 2 AEUV), kann die Beurteilung von geschäftlicher Werbung nicht allein nach deutschem Recht einschließlich deutschem Verfassungsrecht erfolgen. Vielmehr sind die Vorgaben des grundsätzlich auch gegenüber deutschem Verfassungsrecht vorrangigen Rechts der Europäischen Union[3] zu beachten. Hinsichtlich des für die Irreführungsgefahr maßgeblichen „Verbraucherleitbildes" bestanden zwischen den Mitgliedstaaten der EU erhebliche Unterschiede.[4] Die daran jeweils anknüpfende Rechtsprechung führte zu Behinderungen des freien Warenverkehrs. Die Rechtsprechung des EuGH ging insoweit vom Leitbild eines „verständigen Verbrauchers"[5] aus, der willens und in der Lage ist, Informationen zur Kenntnis zu nehmen.[6] Dies führte zu Änderungen der bis dahin sehr restriktiven[7] deutschen

---

[1] So die Definition in Art. 2 lit. a der Richtlinie 2006/114/EG des Europäischen Parlaments und des Rates über irreführende und vergleichende Werbung, ABl. L 376/21.

[2] Vgl. zum Begriff *Garry,* Commercial Speech, in: *Hall* (Hrsg.), The Oxford Companion to the Supreme Court of the United States, 1992, 169 f.

[3] Zum Vorrang des Unionsrechts und seinen verfassungsrechtlichen Schranken vgl. *Streinz,* Europarecht, 9. Aufl. 2012, Rn. 203 ff.

[4] Vgl. dazu *Streinz,* Gibt es eine europäische Verkehrsauffassung?, ZLR 1991, 242 (256 ff.).

[5] So ausdrücklich EuGH, Rs. C-470/93, Mars, Slg. 1995, I-1923 (Rn. 24)

[6] Vgl. dazu *Leible/T. Streinz,* in: *Grabitz/Hilf/Nettesheim* (Hrsg.), Das Recht der Europäischen Union (Loseblatt, EL 42/2010), Art. 34 AEUV Rn. 108.

[7] Sehr kritisch dazu *Emmerich,* Wettbewerbsbeschränkungen durch die Rechtsprechung, in: FS für J. Gernhuber, 1993, 857 (870); *Sosnitza,* Wettbewerbsbeschränkungen durch die Rechtsprechung. Erscheinungsformen und Ursachen auf dem Gebiet des Lauterkeitsrechts, 1995. Vgl. auch das Zitat in EuGH, Rs. 16/83, Prantl, Slg. 1984, 1299 (1306). Zur damals unterschiedlichen Bewer-

Rechtsprechung.[8] Allerdings differenziert bereits die Rechtsprechung des EuGH zu den Grundfreiheiten nach dem jeweiligen Schutzgut (gesteigerte Anforderungen bei möglicher Gesundheitsgefährdung[9]) und nach dem Adressatenkreis[10]. Diese Differenzierungen nahm auch die Rechtsprechung des BGH vor.[11] Sie wird auch von Art. 5 Abs. 2 lit. b der Richtlinie über unlautere Geschäftspraktiken (UGP-Richtlinie)[12] aufgegriffen. Mit dieser und einer Reihe weiterer Richtlinien[13] versucht der Gemeinschafts-, jetzt Unionsgesetzgeber (Art. 14 Abs. 1 S. 1, Art. 16 Abs. 1 S. 1 EUV: Europäisches Parlament und Rat gemeinsam) durch Harmonisierung des Wettbewerbsrechts fortbestehende Handelshemmnisse zwischen den Mitgliedstaaten zu beseitigen und zugleich einen einheitlichen, zumindest einen Mindeststandard des Verbraucherschutzes herzustellen. Angesichts der im Lauterkeitsrecht letztlich unvermeidbaren unbestimmten Rechtsbegriffe (z. B. bereits der Begriff „unlauter", ungeachtet der Konkretisierungsversuche in Art. 5 Abs. 2 UGP-Richtlinie) stellt sich die Frage, ob und wie für diese auf europäischer wie auf – soweit diese noch maßgeblich ist – nationaler Ebene objektive und nachvollziehbare Eingrenzungskriterien gefunden und offengelegt werden können.[14] Denn die damit verbundenen Grundrechtsbeschränkungen müssen dem Bestimmtheitsgebot genügen. Verfassungsrechtliche Fragen wirft schließlich die in jüngster Zeit festzustellende Tendenz des Unionsgesetzgebers zu paternalistischen Regelungen auf, die im Gegensatz zum Leitbild eines „mündigen Verbrauchers" stehen.[15] Im Folgenden wird daher ein Überblick über die Erfassung geschäftlicher Werbung durch das deutsche und das europäische Verfassungsrecht anhand der Rechtsprechung der jeweils zuständigen Gerichte gegeben.

---

tung dieses Ansatzes vgl. *Streinz,* Verkehrsauffassung in Europa, in: FS für W. Gitter, 1995, 977 (982 ff.) m.w.N.

[8] Vgl. dazu *Sosnitza,* in: *Piper/Ohly/Sosnitza,* UWG, 5. Aufl. 2010, § 2 Rn. 96 f. Das jetzige Leitbild des „durchschnittlich informierten, situationsadäquat aufmerksamen und verständigen Verbrauchers" (vgl. BGH, GRUR 2000, 619 (621) – Orient-Teppichmuster) stimmt mit der Formulierung des EuGH im Wortlaut nahezu überein, vgl. ebd., Rn. 97 m.w.N.

[9] Vgl. EuGH, Rs. C-220/98, Estée Lauder Cosmetics/Lancaster Group, Slg. 2000, I-117 (Rn. 26 ff., 28).

[10] Vgl. EuGH, Rs. C-313/94, Graffione, Slg. 1996, I-6039 (Rn. 22). Dies kann auch regionale und damit mitgliedstaatliche Differenzierungen rechtfertigen, vgl. *Leible/T. Streinz* (Fn. 6), Art. 34 AEUV Rn. 108.

[11] Vgl. *Sosnitza,* (Fn. 8), § 2 Rn. 101 m.w.N.

[12] Richtlinie 2005/29/EG des Europäischen Parlaments und des Rates über unlautere Geschäftspraktiken von Unternehmen gegenüber Verbrauchern im Binnenmarkt usw, ABl. L 149/22, ber. ABl. 2009 L 253/18.

[13] Vgl. dazu *Ohly,* in: *Piper/Ohly/Sosnitza,* (Fn. 8), Einf C Rn. 26 ff.

[14] *Henning-Bodewig,* UWG und Geschäftsethik, WRP 2010, 1094 (1103).

[15] Vgl. dazu *S*osnitza, Der Kommissionsvorschlag für eine Lebensmittelinformations-Verordnung, ZLR 2010, 5 (8 f.).

2   Grundgesetz für die Bundesrepublik Deutschland

2.1   Prüfungsmaßstäbe

2.1.1   Berufsfreiheit (Art. 12 GG)

Das Verhalten im Wettbewerb einschließlich der Werbung berührt den Schutzbereich der Berufsfreiheit. Das Bundesverfassungsgericht (BVerfG) hat an diesem Maßstab Regelungen des UWG geprüft und für verfassungskonform erklärt.[16]

2.1.2   Meinungs- und Informationsfreiheit (Art. 5 Abs. 1 S. 1 GG)

Kritik an der früheren Rechtsprechung des BVerfG

Nach der früheren Rechtsprechung des *BVerfG* war Art. 12 Abs. 1 GG der alleinige Prüfungsmaßstab. Zum Verbot reiner Werbefahrten im Rahmen des Straßenverkehrs sah das BVerfG keinen Anlass, zur Frage der Vereinbarkeit eines generellen Werbeverbots mit Art. 5 GG (Meinungs- und Informationsfreiheit) im Hinblick auf politische Werbung oder Straßenaufrufe für religiöse, kulturelle oder ähnliche Veranstaltungen Stellung zu nehmen, „da es in dem zur Entscheidung stehenden Fall nur um Wirtschaftswerbung geht"[17]. Immerhin wurde das generelle Verbot auch insoweit für unverhältnismäßig und die entsprechende Bestimmung der Straßenverkehrsordnung wegen Verletzung des Grundrechts des Beschwerdeführers aus Art. 12 Abs. 1 GG für nichtig erklärt.[18] Das Verbot standeswidriger Werbung im Bereich der freien Berufe prüfte das BVerfG insoweit auch allein an Art. 12 Abs. 1 GG und hielt das konkrete Werbeverbot für Steuerberater für „innerhalb der Regelungsbefugnis", die diese Vorschrift dem Gesetzgeber einräumt.[19]

Der Ausschluss der Wirtschaftswerbung vom Schutzbereich des Art. 5 Abs. 1 GG wurde in der *Literatur* zu Recht kritisiert.[20] Die Motive, die der einzelne Teilnehmer

---

[16] BVerfG, GRUR 1993, 751– Großmarktwerbung I; GRUR 1999, 247– Metro: §§ 6a, b UWG a.F. (Hersteller- und Großhändlerwerbung; Kaufscheinhandel). Vgl. dazu *Piper,* in: *Köhler/Piper,* UWG, 1995, § 6a Rn. 26, § 6b Rn. 21.

[17] BVerfGE 40, 371 (382) – Werbefahrten.

[18] BVerfGE 40, 371 (383 f.): Erlaubnis mit Verbotsvorbehalt würde dem Interesse der Allgemeinheit an der Erhaltung der Leichtigkeit und Sicherheit des Verkehrs in ausreichender Weise Rechnung tragen. Die gemäß § 26 Abs. 2 (damals Abs. 4) verbotene politische und religiöse Werbung an Taxen hat das BVerwG für zulässig erklärt, BVerwG, NJW 1999, 805. Zu Recht kritisch dazu *Lindner*, Konfrontationsschutz als negative Komponente der Freiheitsrechte – Eine neue grundrechtsdogmatische Argumentationsfigur?, NVwZ 2002, 37.

[19] BVerfGE 60, 215 (232).

[20] Vgl. bereits *Lerche,* Werbung und Verfassung, 1967. Weitere Nachweise bei *Wendt,* in: *von Münch/Kunig* (Hrsg.), GG 6. Aufl. 2012, Art. 5 Rn. 11 in Fn. 68; *Grabenwarter,* in: *Maunz/Dürig* (Hrsg.), GG (Loseblatt, EL 68/2013), Art. 5 Rn. 64 in Fn. 5.

am Kommunikationsprozess konkret verfolgt, können nicht zu einer Restriktion des Schutzbereichs führen. Angesichts der Weite des Begriffs der Meinungsäußerung ist es verfehlt, „einen Gegensatz zwischen Meinungsäußerung und Wirtschaftswerbung zu konstruieren, weil es Anliegen von Werbung ist, Verbraucher zu beeinflussen".[21] Eine Schlechterstellung von Äußerungen mit wirtschaftswerbendem Charakter oder eine Unterscheidung nach der werbenden Berufsgruppe (z. B. freie Berufe) oder nach der Form der Werbung stünde auch im Widerspruch zum Verbot der „Bewertung von Meinungsäußerungen (i.w.S.) nach Motivation, Gegenstand Inhalt und Form".[22] Der Schutz der Freiheit beruflicher und betrieblicher Werbung durch Art. 12 GG (ggf. auch Art. 14 GG) „schließt es angesichts der Bedeutung des Art. 5 Abs. 1 S. 1 für die Wirtschaft sowie des spezifischen Gewährleistungsgehalts dieses Grundrechts nicht aus, Werbebeschränkungen und Werbeverbote an diesem Grundrecht zu messen". Art. 5 Abs. 1 S. 1 GG habe eine „Komplementärfunktion zu den spezifischen Wirtschaftsgrundrechten, die nur dann effektiv ausgeschöpft werden können, wenn der Schutz der wirtschaftlichen Entfaltung umfassend abgesichert ist".[23] Dies ist nur die eine Seite: Auch die Informationsfreiheit (Art. 5 Abs. 1 S. 1 2. Halbs.) des durch die Werbung angesprochenen Verbrauchers wird geschützt.[24]

BVerfG: Schutz der Wirtschaftswerbung bei „meinungsbildendem Charakter"

Das BVerfG reagierte auf diese Kritik insoweit, als es in ausdrücklichem Gegensatz zur früheren Rechtsprechung[25] anerkannte, „daß das Grundrecht der Meinungsfreiheit auch für eine Wirtschaftswerbung jedenfalls dann als Prüfungsmaßstab in Betracht kommt, wenn eine Ankündigung einen wertenden, meinungsbildenden Inhalt hat oder Angaben enthält, die der Meinungsbildung dienen".[26] Danach kann ein Werbeverbot „nur dann Bestand haben, wenn es ein allgemeines Gesetz im Sinne des Art. 5 Abs. 2 GG ist und wenn ferner die Beschränkung nicht unverhältnismäßig ist".[27] Beides wurde hinsichtlich der in den ärztlichen Berufsordnungen normierten Pflicht der Ärzte, berufswidrige Werbung zu unterlassen, bejaht. Allerdings könne die Anwendung dieses Werbeverbots einen Arzt im Einzelfall (Buchveröffentlichung mit autobiographischem Inhalt) unzumutbar belasten oder mit seinem Grundrecht auf Meinungsfreiheit unvereinbar sein.[28] Dieser Ansatz wurde, allerdings eingeschränkt formuliert („allenfalls" statt „jedenfalls"), im Urteil zu Warnhinweisen auf Packungen von Tabakerzeugnissen im Hinblick auf die negative Mei-

---

[21] *Wendt,* ebd., Art. 5 Rn. 11 m.w.N. A.A. noch BVerwG, NJW 1954, 1133 (1134).

[22] *Wendt,* ebd.

[23] Ebd. m.w.N.

[24] Vgl. *Degenhart,* in: *Dolzer, u. a.* (Hrsg.), Bonner Kommentar zum GG, Art. 5 Rn. 132.

[25] Hinweis auf die „engere" Auffassung in BVerfGE 40, 371 (382) – Werbefahrten (s. o. Fn. 17).

[26] BVerfGE 71, 162 (175) – Frischzellentherapie (standesrechtliches Werbeverbot für Ärzte).

[27] BVerfGE 71, 162 (175).

[28] BVerfGE 71, 162 (175 ff.) und Leitsätze 1 bzw. 2.

nungsäußerungsfreiheit bestätigt. Im konkreten Fall diente die Pflicht zur Angabe
des Warnhinweises, Rauchen verursache Krebs sowie Herz- und Gefäßkrankheiten,
wegen der Angabe des Äußernden, nämlich dem „EG-Gesundheitsminister", erkennbar der Verbreitung einer fremden Meinung, weshalb die „negative Meinungsäußerungsfreiheit", die verbietet, einem Grundrechtsberechtigten die Verbreitung
einer fremden Meinung als eigene zuzumuten, nicht berührt war.[29] Ohne diese Einschränkung, d. h. „neutral" (weder „jedenfalls" noch „allenfalls"), bestätigte das
BVerfG im Urteil zur *Benetton*-Schockwerbung, dass der „hier in den Schutz der
Pressefreiheit eingebettete" (es handelte sich um die Zulässigkeit einer Werbean-
zeige in einer Zeitung) Schutz des Art. 5 Abs. 1 S. 1 GG „sich auch auf kommerzielle Meinungsäußerungen sowie reine Wirtschaftswerbung, die einen wertenden,
meinungsbildenden Inhalt hat", erstreckte. Auf die Form der Äußerung kommt es
dabei nicht an: „Soweit eine Meinungsäußerung – eine Ansicht, ein Werturteil oder
eine bestimmte Anschauung – in einem Bild zum Ausdruck kommt, fällt auch dieses in den Schutzbereich von Art. 5 Abs. 1 S. 1 GG".[30] Die streitigen Werbefotos,
die „allgemeine Missstände" (Umweltverschmutzung, Kinderarbeit, Ausgrenzung
von H.I.V.-Infizierten) veranschaulichten, enthielten „damit zugleich ein (Un-)
Werturteil zu gesellschaftlich und politisch relevanten Fragen", seien „sprechende
Bilder mit meinungsbildendem Inhalt". Das BVerfG sieht diese Werbung wegen der
Anprangerung des „Elends der Welt" sogar als besonders geschützt an: „Meinungsäußerungen, die dies bezwecken und damit die Aufmerksamkeit des Bürgers auf
allgemeine Missstände lenken, genießen den Schutz des Art. 5 Abs. 1 S. 1 GG in
besonderem Maße".[31] Letzteres ist wegen der damit verbundenen gerichtlichen und
damit staatlichen Bewertung einer Meinung problematisch.[32] Den Einwand, „dass
die Firma Benetton die genannten Themen im Rahmen einer reinen Imagewerbung
aufgreift, auf jeden Kommentar verzichtet und sich nur durch das Firmenlogo zu
erkennen gibt", weist das BVerfG mit dem Argument zurück, dass dadurch zwar
der Eindruck entstehen könne, „dass es dem werbenden Unternehmen nicht um
einen Beitrag zur Meinungsbildung, sondern nur darum geht, sich ins Gespräch
zu bringen", eine „solche Deutung, durch die eine subjektive Beziehung des sich
Äußernden zum Inhalt der Aussage in Frage gestellt wird", „jedoch nicht die einzig
mögliche, ja nicht einmal besonders naheliegend" sei. In der öffentlichen Wahrnehmung würden die von den Anzeigen ausgehenden Botschaften durchaus der
Firma *Benetton* als eigene zugerechnet und nach der vom BVerfG zitierten (sehr
überraschenden) Ansicht des Fotografen *Oliviero Toscani*, der die Anzeigen gestaltet hat, benutzt Benetton sie als „Vehikel, um eine antirassistische kosmopolitische

---

[29] BVerfGE 95, 173 (182 f.).

[30] BVerfGE 102, 347 (359) – Benetton I. Bestätigt in BVerfGE 107, 275 (280) – Benetton II. Zu
folgenden Kammerbeschlüssen des BVerfG vgl. *Ohly,* in: *Piper/Ohly/Sosnitza* (Fn. 8), Einf D
Rn. 7.

[31] BVerfGE 102, 347 (359) unter Hinweis auf BVerfGE 28, 191 (202).

[32] Vgl. zur unterschiedlichen Bewertung „eigennütziger" und „uneigennütziger" Meinungsäußerungen und zur pauschalen und weitreichenden Abwertung wettbewerblich motivierter Meinungsäußerungen die zutreffende Kritik von *Wendt* (Fn. 20) Art. 5 Rn. 14 m.w.N.

und tabulose Geisteshaltung" zu verbreiten.[33] Diese – wie in anderen Fällen auch – eher realitätsferne Interpretation von Meinungsäußerungen zeigt nur, dass die „Bewertung" von Meinungen hinsichtlich der Eröffnung des Schutzbereichs des Art. 5 Abs. 1 GG verfehlt ist. Generell ist zur Vermeidung einer wie immer gearteten Schlechterstellung wirtschaftlicher Kommunikation jede werbende Aussage in den Schutzbereich des Art. 5 Abs. 1 S. 1 GG einzubeziehen.[34]

2.1.3 Anzeigen: Schutz durch die Pressefreiheit (Art. 5 Abs. 1 S. 2 GG)

Soweit die Werbung durch Anzeigen in Presseerzeugnissen erfolgt, ist auch die Pressefreiheit (Art. 5 Abs. 1 S. 2 GG) des Zeitschriftenverlegers berührt. Das Grundrecht der Freiheit der Presse beschränkt sich nicht darauf, Presseorgane vor Eingriffen der öffentlichen Gewalt in die Verbreitung ihrer eigenen Meinung zu schützen und umfasst daher auch den Anzeigenteil. Auch eine Anzeige stellt eine Nachricht dar.[35] Die Pressefreiheit eines Zeitschriftenverlegers kann verletzt werden, wenn ihm die Veröffentlichung von Werbeanzeigen untersagt wird, für die der Werbende den Schutz der Meinungsfreiheit genießt.[36] Insoweit ist der Schutz der Meinungsfreiheit in den Schutz der Pressefreiheit „eingebettet".[37] Insoweit hängt sie aber von der Meinungsäußerungsfreiheit ab, ist akzessorisch. Das BVerfG macht dies im *Benetton I* – Urteil deutlich: „Soweit Meinungsäußerungen Dritter, die den Schutz des Art. 5 Abs. 1 Satz 1 genießen, in einem Presseorgan veröffentlicht werden, schließt die Pressefreiheit diesen Schutz mit ein: Einem Presseorgan darf die Veröffentlichung einer fremden Meinungsäußerung nicht verboten werden, wenn dem Meinungsträger selbst ihre Äußerung und Verbreitung zu gestatten ist. In diesem Umfang kann sich das Presseunternehmen auf eine Verletzung der Meinungsfreiheit Dritter in einer gerichtlichen Auseinandersetzung berufen. Dies gilt auch in einem Zivilrechtsstreit über wettbewerbsrechtliche Unterlassungsansprüche".[38]

2.1.4 Schutz durch die Rundfunkfreiheit (Art. 5 Abs. 1 S. 2 GG)

Nach einer Auffassung sollen Werbesendungen von der Rundfunkfreiheit jedenfalls (mittelbar) geschützt werden, weil sie der Finanzierung von Programmfunktionen dienen.[39] Da keine besonderen Gründe ersichtlich sind, die eine Differenzierung

---

[33] BVerfGE 102, 347 (359 f.). Vgl. zur „Interpretation" der Anzeige auch ebd., S. 367 ff.

[34] Zutreffend *Grabenwarter* (Fn. 20), Art. 5 Rn. 64 m.w.N.

[35] BVerfGE 21, 271 (278 f.) – Südkurier (Verfassungswidrigkeit des Verbots der Veröffentlichung von Stellenangeboten für Beschäftigung im Ausland). Bestätigt in BVerfGE 64, 108 (114).

[36] BVerfGE 102, 347 (Leitsatz 1) – Benetton I.

[37] So BVerfGE 102, 347 (359).

[38] Ebd.

[39] *Jarass*, in: *Jarass/Pieroth*, GG, 12. Aufl. 2012, Art. 5 Rn. 38.

zwischen Rundfunk und Presse rechtfertigen könnten, unterfällt die Wirtschaftswerbung der Rundfunkfreiheit in gleichem Maße wie der Pressefreiheit.[40]

2.2 Schranken und Schranken-Schranken: Werbebeschränkungen

Wie bereits aus Art. 5 Abs. 2 GG hervorgeht, sind die in Art. 5 Abs. 1 GG garantierten Rechte der Meinungsfreiheit, der Informationsfreiheit und der Pressefreiheit nicht schrankenlos, sondern „finden ihre Schranken in den Vorschriften der
allgemeinen Gesetze, den gesetzlichen Bestimmungen zum Schutz der Jugend und
dem Recht der persönlichen Ehre." Unter diesen Voraussetzungen kann auch die
Werbung beschränkt werden. Dafür bedarf es eines legitimen Grundes, der in einer
gesetzlichen Grundlage hinreichend definiert ist. Schließlich muss wie bei jeder
Grundrechtsbeschränkung der Grundsatz der Verhältnismäßigkeit beachtet werden.

2.2.1 Legitimer Grund

Legitime Gründe für Werbebeschränkungen sind der in Art. 5 Abs. 2 GG ausdrücklich genannte Jugendschutz, dem z. B. durch Werbeverbote für jugendgefährdende Schriften Rechnung getragen werden kann[41], der Schutz der persönlichen Ehre,
die allerdings nur individuell verletzt werden kann[42], z. B. durch die unberechtig-
te (ohne deren Wissen und Wollen) und verletzende Einbeziehung einer Person in
eine Werbekampagne, sowie die in „allgemeinen Gesetzen" enthaltenen Schutzgüter. Ein allgemeines Gesetz ist nach der Rechtsprechung des BVerfG „weder gegen
eine bestimmte Meinung noch gegen den Prozess der freien Meinungsäußerung
oder gegen die freie Information als solche gerichtet, sondern zielt auf die Wahrung
eines allgemeinen … Rechtsguts, dessen Schutz unabhängig davon ist, ob es durch
Meinungsäußerungen oder auf andere Weise gefährdet oder verletzt wird".[43] Als
solches „allgemeines Gesetz" wurde und wird auch das UWG gesehen, das „dem

---

[40] *Wendt* (Fn. 20), Art. 5 Rn. 47; *Starck,* in: *von Mangoldt/Klein/Starck* (Hrsg.), GG, 6. Aufl. 2010,
Art. 5 Rn. 106. Zur Zulässigkeit spezieller Beschränkungsmaßnahmen für den öffentlich-rechtli-
chen Rundfunk vgl. *Wendt* (F. 20), Art. 5 Rn. 48 f.

[41] BVerfGE 11, 234 (238). Kritisch zur Subsumtion des Jugendschutzes gem. den Vorschriften des
JuSchG und des Jugendmedienschutz-Staatsvertrags (JMStV) unter § 4 Nr. 11 UWG durch die
h.M. *Ohly,* in: *Piper/Ohly/Sosnitza* (Fn. 8), § 4.11 Rn. 25, 81.

[42] *Starck* (Fn. 40), Art. 5 Rn. 209: Ehre von Menschen als Einzelnen oder in irgendwelchen Kollektiven, nicht die Kollektive für sich oder Institutionen, deren Schutz nur durch „allgemeine Gesetze" sichergestellt werden kann.

[43] St. Rspr. seit BVerfGE 7, 198 (209 ff.); vgl. zuletzt BVerfGE 113, 63 (79); 117, 244 (260); 120,
180 (200); 124, 300 (322). Kritisch zu dieser „jahrzehntealten crux des deutschen Staatsrechts"
Wendt (Fn. 20), Art. 5, Rn. 69 ff. m.w.N.

Schutz der Konkurrenten, der Verbraucher und sonstigen Marktbeteiligten sowie der Allgemeinheit" dient.[44] Dies sind verfassungslegitime Ziele, da die Freiheit der wirtschaftlichen Betätigung nicht dazu führen darf, „dass Einzelne sich durch unzulässige Praktiken Vorteile im Wettbewerb verschaffen".[45] Diese Schutzgüter sind jetzt in § 1 UWG (2004) ausdrücklich genannt.[46]

2.2.2 Gesetzliche Grundlage

Wegen des Vorbehalts des Gesetzes bedarf die Beschränkung der Grundrechte des Art. 5 GG einer gesetzlichen Grundlage. Diese besteht hinsichtlich der Wirtschaftswerbung im UWG. Hinsichtlich der alten Fassung des UWG, das in der *Generalklausel* des § 1 bestimmte, dass auf Unterlassung und Schadenersatz in Anspruch genommen werden kann, wer im geschäftlichen Verkehr zu Zwecken des Wettbewerbs Handlungen vornimmt, die „gegen die guten Sitten verstoßen", stellte sich die Frage, ob diese Norm hinreichend bestimmt ist. Dies wurde vom BVerfG zunächst hinsichtlich der Beschränkung der Berufsfreiheit bejaht. Die allgemeine Umschreibung sei verfassungsrechtlich unbedenklich, „weil die unübersehbare Vielfalt möglicher Verhaltensweisen im geschäftlichen Wettbewerb die Bildung eines erschöpfenden Katalogs von Einzeltatbeständen nicht zulässt." Eine gewisse Freiheit des Richters in der Beurteilung wettbewerblicher Sachverhalte müsse dabei in Kauf genommen werden. Ob ein bestimmtes Verhalten im Einzelfall als sittenwidriger Wettbewerb im Sinne des § 1 UWG anzusehen ist, hätten die zuständigen Gerichte unter steter Beachtung des Freiheitsgehalts des Art. 12 Abs. 1 GG zu entscheiden.[47] Das heißt: Im konkreten Fall ist in dieser Hinsicht der Grundsatz der Verhältnismäßigkeit zu beachten.[48]

---

[44] BVerfGE 102, 347 (360) – Benetton I zu § 1 UWG a.F.; ferner BVerfGE 62, 230 (245); 85, 248 (263). Vgl. dazu *Wendt* (Fn. 20), Art. 5 Rn. 74 (S. 491) m.w.N.

[45] BVerfGE 102, 347 (360) unter Verweis auf BVerfGE 32, 311 (316).

[46] Vgl. dazu *Sosnitza,* in: *Piper/Ohly/Sosnitza* (Fn. 8), § 1 Rn. 1 ff.

[47] BVerfGE 32, 311 (317) – Grabsteinwerbung. Ähnlich BVerfGE 94, 372 (394) zur strafbewehrten Regelung, die für Apotheker eine Werbung verbot, „die nach Form, Inhalt oder Häufigkeit übertrieben wirkt." Insoweit werde die „gebotene Verbindung zwischen Aussage, Träger und Intensität der Werbung hergestellt". Das BVerfG sah auch „keine Bedenken" aus dem strengen Bestimmtheitsgebot des Art. 102 Abs. 2 GG, da eine jede Einzelheit berücksichtigende Aufzählung der mit einem Beruf verbundenen Pflichten nicht möglich sei und der Gesetzgeber daher auf allgemein formulierte Regeln zurückgreifen müsse und auch Generalklauseln verwenden dürfe, die die Berufspflichten pauschal umschreiben, zumal das für die Auslegung (…) maßgebliche Leitbild des Berufs in der Berufsordnung deutlich umrissen sei.

[48] Während BVerfGE 32, 311 (317 ff.) den Grundsatz der Verhältnismäßigkeit nicht als verletzt ansah, haben nach BVerfGE 94, 372 (397 ff.) die zuständigen Berufsgerichte „die durch Art. 12 Abs. 1 Satz 1 GG gebotene berufs- und wettbewerbsfreundliche Auslegung der Berufsordnung verfehlt".

In der Literatur wurde die Auslegung des Begriffs „Sittenwidrigkeit" (§ 1 UWG a.f.) durch die Zivilgerichte als „berechenbar" ebenso gebilligt wie die Anwendung der Generalklausel des Irreführungsverbots des § 3 UWG a.f.[49]

Das jetzt geltende UWG[50] bemüht sich – auch gefordert durch die Umsetzung von Vorgaben des EU-Sekundärrechts – um eine Präzisierung und Konkretisierung. Die allgemeine Generalklausel des Verbots unlauterer geschäftlicher Handlungen (§ 3 Abs. 1 UWG) und die Verbrauchergeneralklausel (§ 3 Abs. 2 UWG) werden durch eine im Anhang des Gesetzes aufgeführte sog. black list gegenüber Verbrauchern stets unzulässiger Handlungen ergänzt (§ 3 Abs. 3 UWG). Die §§ 4–7 UWG regeln nicht abschließend („insbesondere") Beispiele „unlauterer" (§ 4 UWG) bzw. „irreführender" (§ 5, § 5a UWG) geschäftlicher Handlungen sowie „unlauterer" vergleichender Werbung (§ 6 UWG) und „unzumutbarer Belästigungen" (§ 7 UWG). Auch dabei kann aber auf unbestimmte Rechtsbegriffe wie „unangemessener unsachlicher Einfluss" oder „in menschenverachtender Weise" (vgl. § 4 Nr. 1 UWG) nicht verzichtet werden. Insoweit bleiben Wertungen und Wertentscheidungen durch die Gerichte nach wie vor unvermeidbar. Die Beurteilung schockierender Werbung wie im *Benetton*-Fall oder diskriminierender Werbung wird dadurch nicht leichter als nach der alten Rechtslage. Wie damals ist angesichts der Bedeutung des Grundrechts der Meinungsäußerungsfreiheit auch im Bereich der Wirtschaftswerbung ein strenger Maßstab und eine sorgfältige Prüfung im Einzelfall geboten.[51] Gegenüber geschmackloser Werbung ist die „Zensur" grundsätzlich nicht Aufgabe des Staates über das Wettbewerbsrecht[52], sondern des Verbrauchers durch sein Kaufverhalten. Allerdings kann der hohe Rang der Menschenwürde (Art. 1 Abs. 1 GG) als mit der Meinungsfreiheit kollidierendes Grundrecht in bestimmten Fällen auch ein staatliches Eingreifen rechtfertigen.[53]

2.2.3 Verhältnismäßigkeit

Wie in allen Grundrechtsfällen ist letztlich die Abwägung im Einzelfall zwischen dem geschützten Rechtsgut und dem beschränkten Grundrecht entscheidend. Dabei tendiert das BVerfG jedenfalls im Ergebnis zu Recht zu einem relativ strengen, d. h.

---

[49] Vgl. z. B. *Manssen*, in: *von Mangoldt/Klein/Starck* (Fn. 40), Art. 12 Abs. 1 Rn. 163 m.w.N.; er beanstandet jedoch die von BVerfGE 60, 215 (232) gebilligten Begriffe der „Redlichkeit" oder der „guten kaufmännischen Sitten" als „zu diffus und vage, um Grundrechtsbeschränkungen zu rechtfertigen".

[50] UWG v. 3. Juli 2004 i.d.F.d. Bek. v. 3. März 2010, BGBl. I 254, zuletzt geändert durch Gesetze v. 20. September und 1. Oktober 2013, BGBl. I 3642 bzw. 3714.

[51] Vgl. dazu *Sonsitza*, in: *Piper/Ohly/Sosnitza*, (Fn. 8), § 4.1, Rn. 42 m.w.N.

[52] Vgl. ebd. Rn. 1/44: „keine Geschmackszensur".

[53] Vgl. ebd., Rn. 1/43 zu BGHZ 130, 5 (7 f.) – Busengrapscher. Der Fall zeigt, dass bei Bewertungen am Maßstab von Begriffen wie „gute Sitten" zwangsläufig ein Unsicherheitsfaktor besteht. Der BGH sah in den Bezeichnungen der vertriebenen Spirituosen mit „Busengrapscher" und „Schlüpferstürmer", verbunden mit entsprechenden Darstellungen (zu Recht) eine „diskriminierende und die Menschenwürde" verletzende Darstellung der Frau als Sexualobjekt, während die Instanzgerichte (LG Berlin und KG Berlin) die Werbung als zwar „geschmacklos", jedoch noch nicht „schamlos anstößig das sittliche Empfinden" verletzend beurteilten.

auch gegenüber der Wirtschaftswerbung „liberalen" Maßstab, auch wenn die Begründungen nicht immer überzeugen.

3 Europäische Menschenrechtskonvention (EMRK)

3.1 Wirtschaftliche Werbung unter dem Schutzbereich des 10 Abs. 1 EMRK

Art. 10 Abs. 1 EMRK, der die Meinungs- und Informationsfreiheit und damit auch die Pressefreiheit[54] und die Rundfunkfreiheit[55] gewährleistet, erfasst nach der maßgeblichen Rechtsprechung des Straßburger Europäischen Gerichtshofs für Menschenrechte (EGMR)[56] auch die wirtschaftliche Werbung. Im Fall *Barthold* hatte der EGMR die Frage, ob „commercial advertising" als solche in den Anwendungsbereich der Garantien des Art. 10 EMRK falle, noch offen gelassen.[57] Im Fall *markt intern-Verlag* wies der EGMR den Einwand der Bundesregierung, dass das streitgegenständliche Informationsblatt nicht beabsichtige, die öffentliche Meinung zu beeinflussen oder zu mobilisieren, sondern wirtschaftliche Interessen einer Unternehmensgruppe zu fördern, und daher nicht unter den Schutz der EMRK falle, zurück. Der fragliche Artikel sei zwar an einen beschränkten Kreis von Geschäftsleuten gerichtet gewesen und habe sich nicht unmittelbar an die Öffentlichkeit insgesamt gewandt, er habe Informationen kommerzieller Art („information of a commercial nature") enthalten. Solche Informationen könnten aber nicht vom Anwendungsbereich des Art. 10 Abs. 1 EMRK ausgeschlossen werden, der sich nicht allein auf bestimmte Arten von Informationen oder Ideen oder auf bestimmte Ausdrucksformen beziehe.[58] Im *Fall Casado Coca* betonte der EGMR, dass Art. 10 EMRK die Meinungsfreiheit jedermann („everyone"; „toute personne") gewährleiste und keinen Unterschied danach mache, ob das damit verfolgte Ziel auf Gewinnerzielung angelegt ist oder nicht. Eine entsprechende unterschiedliche Behandlung würde gegen Art. 14 EMRK (Verbot der Diskriminierung hinsichtlich des Genusses der in der Konvention garantierten Rechte) verstoßen. Art. 10 EMRK bezieht sich nicht allein

---

[54] Auch ohne ausdrückliche Erwähnung, vgl. *Mensching,* in: *Karpenstein/Mayer* (Hrsg.), EMRK, 2012, Art. 10 Rn. 13 ff.; *Frowein,* in: *Frowein/Peukert,* EMRK, 3. Aufl. 2009, Art. 10 Rn. 15 ff.

[55] Indirekt folgt dies aus der Beschränkungsmöglichkeit, die Art. 10 Abs. 1 S. 3 EMRK vorsieht, vgl. *Frowein* (Fn. 54), Art. 10 Rn. 19.

[56] Vgl. zur Bedeutung der Rechtsprechung des EGMR für die deutsche Rechtsordnung und Rechtspraxis BVerfGE 111, 307– Görgülü und *Mayer,* in: *Karpenstein/Mayer* (Fn. 54), Einleitung Rn. 68 ff., *Mensching* (Fn. 54), Art. 10 Rn. 3 f.

[57] EGMR, Sigurd Barthold/Deutschland, Series A No. 90 (1985), Rn. 42; deutsche Übersetzung in EuGRZ 1985, 170. Dies konnte offen bleiben, da die Beschwerde bereits aus anderen Gründen erfolgreich war. Vgl. dazu *Frowein* (Fn. 54), Art. 10 Rn. 9.

[58] EGMR, markt intern Verlag GmbH und Klaus Beermann/Deutschland, Series A No.165 (1989), Rn. 25 f.; deutsche Übersetzung in EuGRZ 1996, 302.

auf bestimmte Formen von Informationen oder Ideen oder bestimmte Ausdrucksformen, etwa politischer Art. Er umfasst auch Ausdrucksformen der Kunst und Informationen kommerzieller Art.[59] Die Einbeziehung kommerzieller Werbung in den Schutzbereich des Art. 10 EMRK ist gefestigte Rechtsprechung des EGMR.[60]

3.2 Schranken und Schranken-Schranken (Art. 10 Abs. 2 EMRK)

3.2.1 Beschränkungsmöglichkeiten gemäß Art. 10 Abs. 2 EMRK

Beschränkungen der Meinungs- und Informationsfreiheit müssen gemäß Art. 10 Abs. 2 EMRK gesetzlich vorgesehen und in einer demokratischen Gesellschaft für eines der genannten Schutzgüter notwendig sein. Hinsichtlich Werbeaussagen kommen als legitime Ziele die Aufrechterhaltung der Ordnung und vor allem der Schutz des guten Rufes und der Rechte anderer in Betracht.

3.2.2 Gesetzesvorbehalt

Ein zulässiger Eingriff in die durch Art. 10 Abs. 1 EMRK gewährleisteten Rechte bedarf einer gesetzlichen Grundlage im innerstaatlichen Recht. Aufgrund autonomer Satzungsbefugnis erlassene Berufsordnungen genügen dieser Anforderung, wenn sie durch eine hinreichende gesetzliche Grundlage gedeckt sind.[61] Das Gesetz muss dem Bestimmtheitsgebot genügen. Die Grundlage für den Eingriff im innerstaatlichen Recht muss ausreichend zugänglich und mit hinreichender Genauigkeit formuliert sein, um dem einzelnen Rechtsunterworfenen die Möglichkeit zu geben, sein Verhalten gegebenenfalls unter Zuhilfenahme rechtlicher Beratung darauf einzustellen.[62] Dabei sind allerdings Auslegungsspielräume und verbleibende Unsicherheiten in gewissen Grenzen unvermeidlich und hinzunehmen.[63] Die Frage hinreichender Bestimmtheit stellt sich vor allem bei Generalklauseln und damit in einem Bereich, der im Wettbewerbsrecht auch nach den Präzisierungsbemühungen des geltenden UWG eine entscheidende Rolle spielt. Im Fall *Barthold* hat der EGMR zu § 1 UWG a.F. entschieden, dass mit dem Ausdruck „gute Sitten" den Gerichten zwar ein weiter Ermessensspielraum gegeben wird, es aber unmöglich sei, „in der Gesetzgebung völlige Genauigkeit zu erreichen" und betont: „Diesen

---

[59] EGMR, Casado Coca/Spanien, Series A No. 285-A (1994), Rn. 35.

[60] Vgl. dazu *Frowein* (Fn. 54), Art. 10 Rn. 9; *Grabenwarter/Pabel*, Europäische Menschenrechtskonvention, 5. Aufl. 2012, § 23 Rn. 5.

[61] EGMR, Barthold/Deutschland, EuGRZ 1985, 170 Rn. 46.

[62] EGMR, Times Newspaper Ltd. u. a./Vereinigtes Königreich, Series A No 30 (1979) Rn. 49 (Sunday Times – Fall); deutsche Übersetzung in EuGRZ 1979, 386.; Barthold/Deutschland, EuGRZ 1985, 1760 Rn. 45.

[63] *Mensching* (Fn. 54), Art. 10 Rn. 41 m.w.N.

Erwägungen kommt angesichts des Regelungsbereichs des UWG besonderes Gewicht zu, da auf dem Gebiete des Wettbewerbes sich die maßgebenden Tatsachen mit der Entwicklung der Marktgegebenheiten und Kommunikationsmittel ständig verändern".[64] Dies bestätigte der EGMR im Urteil *markt intern Verlag* und verwies hinsichtlich des konkreten Falles auf die ständige Rechtsprechung des BGH, „die klar und beständig war sowie in der Literatur ausgiebig kommentiert worden ist" und geeignet gewesen sei, „das Verhalten der wirtschaftlichen Akteure und ihrer Ratgeber in der relevanten Sphäre zu leiten".[65]

3.2.3 Verhältnismäßigkeitsgrundsatz – Kontrollmaßstäbe

Die Beschränkungen der Meinungs- und Informationsfreiheit müssen zur Verfolgung der legitimen Ziele „in einer demokratischen Gesellschaft notwendig" („necessary in a democratic society"; „nécessaires, dans une société démocratique") sein. Damit ist der Grundsatz der Verhältnismäßigkeit angesprochen. Die von den nationalen Stellen zur Rechtfertigung des Eingriffs angeführten Gründe müssen relevant und ausreichend und der Eingriff in das Grundrecht muss in Würdigung von dessen Bedeutung im Verhältnis dazu angemessen sein.[66] Die insoweit angewandte Kontrolldichte des EGMR variiert im Sinne einer strengeren oder großzügigeren Anwendung des Verhältnismäßigkeitsgrundsatzes,[67] je nachdem, welchen Beurteilungsspielraum („margin of appreciation") der EGMR den Mitgliedstaaten zubilligt.[68]

Kommerzielle Werbung fällt nach der Rechtsprechung des EGMR zwar in den Schutzbereich des Art. 10 Abs. 1 EMRK. Bei der Überprüfung von Beschränkungen der dadurch geschützten Freiheiten unterscheidet der EGMR aber deutlich zwischen kommerzieller Werbung und anderen Meinungsäußerungen einschließlich politischer Werbung und konzediert den Vertragsstaaten in Fällen der Reglementierung kommerzieller Werbung grundsätzlich einen nur eingeschränkt überprüften Beurteilungsspielraum („margin of appreciation").[69] Deutlich wird diese Unterscheidung z. B. im Urteil *Verein gegen Tierfabriken Schweiz*, in dem der EGMR zur Werbeankündigung des Vereins befand, sie falle „aus dem normalen Werbekontext im Sinne des Aufrufs, ein bestimmtes Produkt zu kaufen", heraus, spiegele vielmehr „kontroverselle Meinungen betreffend die moderne Gesellschaft im Allgemeinen wider" und daraus folgerte, „dass im vorliegenden Fall das Ausmaß des Ermessens reduziert ist, weil das, was auf dem Spiel steht, nicht bestimmte rein „kommerzielle" Interessen einer Person sind, sondern deren Teilnahme an einer

---

[64] EGMR, Barthold/Deutschland, EuGRZ 1985, 170 Rn. 47.

[65] EGMR, markt intern Verlag und Beermann/Deutschland, EuGRZ 1996, 302 Rn. 30.

[66] Vgl. dazu *Mensching* (Fn. 54), Art. 10 Rn. 52.

[67] Vgl. ebd. Rn. 54.

[68] Vgl. dazu *Grabenwarter/Pabel* (Fn. 60), § 18 Rn. 20 ff.

[69] Vgl. *Grabenwarter/Pabel* (Fn. 60), § 23 Rn. 38.

Diskussion, welche das allgemeine Interesse berührt".[70] Allerdings hängt die Prüf-
dichte auch hier vom konkreten Fall ab.

Im Urteil *markt intern-Verlag*[71] verwies der EGMR zunächst auf seine ständige Rechtsprechung, „daß die Vertragsstaaten einen bestimmten Beurteilungsspielraum bei der Bewertung des Vorliegens und des Ausmaßes der Notwendigkeit
eines Eingriffs genießen, dieser jedoch mit Blick auf die Gesetzgebung und die
Einzelfallentscheidung der europäischen Kontrolle durch ein unabhängiges Gericht
unterliegen muß". Er präzierte dies für das Wettbewerbsrecht: „Solch ein Beurteilungsspielraum ist im Wirtschaftsleben von erheblicher Bedeutung, insbesondere in einem Bereich, der so komplex und wechselhaft ist wie der des unlauteren
Wettbewerbs." Andernfalls müsse er „eine neuerliche Würdigung der Tatsachen
und aller Umstände des Einzelfalles vornehmen." Daher müsse er „seine Würdigung darauf beschränken, ob die getroffenen Maßnahmen auf der nationalen Ebene
grundsätzlich gerechtfertigt werden können und verhältnismäßig sind".[72] Gleichwohl folgte eine relativ eingehende Prüfung, ob der Eingriff verhältnismäßig war,
durch Abwägung der Anforderungen an den Schutz des guten Rufes und der Rechte anderer gegen die Veröffentlichung der im Streit stehenden Informationen. Der
EGMR betont die erforderliche Berücksichtigung des Kontexts des Falles: „Bei der
Ausübung seiner Nachprüfungsbefugnisse muß der Gerichtshof die angegriffene
gerichtliche Entscheidung im Lichte des gesamten Falles betrachten". Jedoch begnügt sich der EGMR mit der Feststellung, die deutschen Gerichte hätten die sich
widerstreitenden Interessen präzisiert und abgewogen. Die Entscheidung, „welche
Berichterstattung erlaubt und welche nicht erlaubt ist", sei „zuvorderst die Sache
der nationalen Gerichte".[73] Da diese die Grundrechtsproblematik erkannt und mit
vertretbaren Argumenten entschieden hätten, verneinte der EGMR bei Stimmen-
gleichheit mit der dann ausschlaggebenden Stimme des Präsidenten eine Verletzung
von Art. 10 EMRK.[74] Der Beurteilungsspielraum der nationalen Institutionen sei

---

[70] EGMR, Verein gegen Tierfabriken Schweiz/Schweiz, Beschwerde Nr. 24699/94, RJD 2001-VI,
Rn. 69 ff. ÖJZ 2002, 855. Der Werbespot war auch wegen seines „politischen Charakters" nicht
ausgestrahlt worden. Der EGMR stellte eine Verletzung von Art. 10 EMRK fest. Dieses Feststel-
lungsurteil wurde entgegen Art. 46 EMRK von der Schweiz nicht umgesetzt, weshalb der EGMR
(Große Kammer) im Urteil Verein gegen Tierfabriken Schweiz/Schweiz Nr. 2, NJW 2010, 3699
(3703) eine erneute Verletzung von Art. 10 EMRK feststellte. Dabei betonte er, Art. 10 Abs. 2
EMRK lasse „kaum Raum für eine Einschränkung der Freiheit der Meinungsäußerung bei politischen Diskussionen oder, wie im vorliegenden Fall, bei der Diskussion von Fragen allgemeinen
Interesses" (ebd. Rn. 92 m.w.N. aus der Rspr.).

[71] Es ging um die Beschwerde gegen ein vom BVerfG bestätigtes Urteil des BGH, das den An-
trägen einer Kosmetikversandhandelsfirma auf Unterlassung von Äußerungen eines auf die Kos-
metikbranche spezialisierten Informationsblattes anders als die Vorinstanz (OLG Hamburg) statt-
gegeben hatte.

[72] EGMR, markt intern Verlag und Beermann/Deutschland, EuGRZ 1996, 302 Rn. 33.

[73] Ebd. Rn. 34 f.

[74] Kritisch dazu *Calliess*, Zwischen staatlicher Souveränität und europäischer Effektivität: Zum
Beurteilungsspielraum der Vertragsstaaten im Rahmen des Art. 10 EMRK, EuGRZ 1996, 293
(297 f.): Im Fall markt intern sei es nicht um reine Werbung, sondern auch um die in einer Marktwirtschaft und Demokratie zur Gewährleistung des freien Wettbewerbs unabdingbare Vorausset-

nicht überschritten worden: „Es liegt auf der Hand, daß die Meinungen darüber auseinander gehen können, ob die Berichte von markt intern in dem vorliegenden Fall erlaubt und toleriert werden sollten. Jedoch sollte der Europäische Gerichtshof für Menschenrechte im konkreten Fall nicht seine eigene Bewertung an die Stelle derjenigen der nationalen Gerichte setzen, wenn diese Gerichte, basierend auf nachvollziehbaren Gründen, die mit dem Eingriff verbundenen Beschränkungen als unentbehrlich angesehen haben".[75]

Ähnlich verfuhr der EGMR im Urteil *Jacubowski*[76], der sich gegen ein von BGH und BVerfG nicht beanstandetes Urteil des OLG wandte, das ihm die Verteilung eines Rundschreibens und von Artikeln verbot, die die Zusammenhänge seiner Kündigung durch den früheren Arbeitgeber, mit dem er jetzt durch ein eigenes Unternehmen im Wettbewerb stand, darstellten. Der EGMR verwies auf den Zusammenhang zwischen Beurteilungsspielraum und europäischer Kontrolle und betonte unter Hinweis auf das Urteil *markt intern-Verlag*, dass ein solcher Beurteilungsspielraum „in Handelssachen" wesentlich sei, „vor allem in einem so schwierigen und in ständiger Entwicklung befindlichen Gebiet wie dem unlauteren Wettbewerb". Der EGMR müsse „seine Prüfung auf die Frage beschränken, ob sich die innerstaatlichen Maßnahmen im Grundsatz und nach Maßgabe der Verhältnismäßigkeit rechtfertigen lassen."[77] Der EGMR bestätigte den deutschen Gerichten, dass sie die relevanten Aspekte in ihrer Abwägung berücksichtigt hätten und zu einem im Rahmen ihres Beurteilungsspielraums vertretbaren Ergebnis gekommen seien.[78]

Im Urteil *Krone Verlag*[79], dem verboten worden war, einen Preisvergleich zwischen der Neuen Kronen Zeitung mit den Salzburger Nachrichten (als „Qualitätszeitung") zu publizieren, ohne zugleich die bestehenden Ungleichheiten in der Berichterstattung auf den Gebieten der Außenpolitik, Innenpolitik, Wirtschaft, Kultur, Wissenschaft, Gesundheit, Umwelt und Recht offen zu legen, wiederholte der EGMR diesen Ansatz des erforderlichen Ermessensspielraums im Bereich des unlauteren Wettbewerbs und der Werbung. Er führte aus, dass in manchen Zusammenhängen selbst objektive und wahrheitsgemäße Werbung eingeschränkt werden könne, um die Achtung der Rechte anderer zu gewährleisten. Dies könne auch bedingt sein durch die besonderen Umstände bestimmter Geschäftspraktiken oder bestimmter Berufe im Geschäftsleben. Alle solchen Einschränkungen müssten jedoch vom Gerichtshof genau geprüft werden und er müsse die Erfordernisse dieser Charakte-

---

zung der hinreichenden Verbraucher- bzw. Abnehmerinformation gegangen. Unter diesem Gesichtspunkt hätte der EGMR eine eigene Verhältnismäßigkeitsprüfung vornehmen müssen, wonach die Entscheidung mit guter Begründung anders ausfallen hätte können.

[75] EGMR, markt intern Verlag und Beermann/Deutschland, EuGRZ 1996, 302 Rn. 37.

[76] EGMR, Manfred Jacubowski/Deutschland, Series A No. 291-A (1996); deutsche Übersetzung in EuGRZ 1996, 306.

[77] Ebd. Rn. 26.

[78] Ebd. Rn. 28 ff. Das Urteil erging mit 6:3 Stimmen. Kritisch „erst Recht" zu diesem Urteil *Calliess* (Fn. 74), EuGRZ 1996, 293 (298).

[79] EGMR, Krone Verlag GmbH/Österreich, Beschwerde Nr. 39069/97, ÖJZ 2004, 397.

ristika gegen die in Rede stehende Werbung wägen.[80] Der EGMR kam zum Ergebnis, dass im konkreten Fall die österreichischen Gerichte ihren Ermessensspielraum überschritten hätten und dass daher die angegriffene Maßnahme unverhältnismäßig und somit nicht „in einer demokratischen Gesellschaft notwendig" sei.[81]

In mancher Hinsicht vergleichbar ist die Argumentation des EGMR im Urteil *Stambuk*.[82] Dabei ging es um eine durch ein Berufsgericht verhängte Geldbuße gegen einen Augenarzt, über dessen Erfolge bei Behandlungen mittels einer Laseroperationstechnik mit einem Foto in dessen Praxis in einer Zeitung berichtet wurde. In dem Artikel wurde der Arzt mit der Äußerung zitiert, der langfristige Erfolg einer Operation hänge von der Erfahrung des Arztes und der genauen Auswahl der Patienten ab. Dem Arzt wurde vorgeworfen, geduldet zu haben, dass Bildberichte mit werbendem Charakter über seine ärztliche Tätigkeit unter Verwendung seines Namens und seines Bildes veröffentlicht wurden. Der EGMR erinnerte daran, dass die Werbung für den Bürger eine Möglichkeit darstellte, sich über ihm angebotene Dienstleistungen und Waren zu informieren. Gleichwohl könne Werbung in bestimmten Fällen Beschränkungen unterworfen werden, um insbesondere unlauteren Wettbewerb und unwahre oder irreführende Werbung zu verhindern. Unter bestimmten Umständen könne sogar die Veröffentlichung sachlicher und wahrheitsgemäßer Werbung Beschränkungen unterworfen werden, um Recht Dritter zu schützen oder weil die Beschränkungen wegen besonderer Umstände bei bestimmten Geschäftstätigkeiten oder Berufen geboten sind.[83] Solche Beschränkungen bedürften jedoch sorgfältiger Prüfung durch den EGMR. So seien für Rechtsanwälte wegen ihrer zentralen Stellung in der Rechtspflege standesrechtliche Beschränkungen zulässig. Die zuständigen Stellen hätten dabei zwar wegen ihrer Sachnähe einen Spielraum, es lägen aber keine besonderen Umstände vor, ihnen bei standesrechtlichen Regelungen einen weiteren Beurteilungsspielraum zuzubilligen.[84] Bei Ärzten könnten Einschränkungen durch Standesregeln durch die allgemeine Berufspflicht, der Gesundheit zu dienen, gerechtfertigt sein. Standesregeln für das Verhalten gegenüber der Presse müssten aber mit dem berechtigten Interesse der Bevölkerung an Aufklärung abgewogen werden. Sie dürften nicht so ausgelegt werden, dass Ärzten die unverhältnismäßige Last einer inhaltlichen Kontrolle von Presseveröffentlichungen auferlegt wird.[85] Von besonderer Bedeutung war für den EGMR in diesem Fall die Rolle der Presse in einer demokratischen Gesellschaft, nämlich die „Aufgabe, in einer Weise, die mit ihren Verpflichtungen und ihrer Verantwortung vereinbar ist, Informationen und Ideen über alle Fragen öffentlichen Interesses mitzuteilen".[86] Auf den konkreten Fall angewendet entschied der EGMR, dass der Bericht zwar durchaus einen Werbeeffekt für den Beschwerdeführer und seine Praxis gehabt

---

[80] Ebd. Rn. 30 f.

[81] Ebd. Nr. 34.

[82] EGMR, Stambuk/Deutschland, Beschwerde Nr. 37928/97, NJW 2003, 497.

[83] Ebd. Rn. 39.

[84] Ebd. Rn. 40.

[85] Ebd. Rn. 41.

[86] Ebd. Rn. 42.

haben kann, dies aber gemessen am Hauptinhalt des informativen Artikels zweit-rangig gewesen sei. Da der Eingriff keinen gerechten Ausgleich zwischen den be-troffenen Interessen hergestellt habe, stellte der EGMR eine Verletzung von Art. 10 EMRK fest.

In anderen Urteilen zur Beschränkung von Werbung durch Standesregeln wies der EGMR die Beschwerden aber zurück. Dabei handelte es sich allerdings um wahrheitswidrige und irreführende Aussagen.[87] Generell lässt sich feststellen, dass der EGMR nur gegenüber offensichtlich überzogenen Beschränkungsmaßnahmen einen strengeren Maßstab anlegt. Bemerkenswert ist dabei aber auch das Argument des öffentlichen Interesses an Informationen.

4 Grundrechtsschutz der Europäischen Union

4.1 Grundlagen

Seit dem *Vertrag von Lissabon* beruht der Grundrechtsschutz in der Europäischen Union auf zwei Grundlagen, zu denen nach dem in Art. 6 Abs. 2 EUV vorgesehenen Beitritt der EU zur EMRK eine dritte kommen wird. Durch Art. 6 Abs. 1 UAbs. 1 EUV wurde die unter der Leistung des ehemaligen Bundespräsidenten *Roman Her-zog* im Jahr 2000 erstellte *Charta der Grundrechte* der Europäischen Union in der am 12. Dezember 2007 insbesondere an den Vertrag von Lissabon angepassten Fas-sung rechtlich mit dem gleichen Rang wie die Verträge (EUV und AEUV) verbind-lich, und ist somit Bestandteil des Primärrechts und Prüfungsmaßstab für das EU-Sekundärrecht. Dies waren zuvor bereits die durch die Rechtsprechung des EuGH aus den Rechtserkenntnisquellen EMRK und gemeinsame Verfassungsüberliefe-rungen der Mitgliedstaaten entwickelten allgemeinen Rechtsgrundsätze, die gemäß Art. 6 Abs. 3 EUV neben der EU-Grundrechtecharta „als allgemeine Grundsätze Teil des Unionsrechts" bleiben. Nach erfolgtem Beitritt der EU zur EMRK[88] sind die EU und damit ihre Organe unmittelbar an die EMRK als Rechtsquelle gebunden und unterliegen damit einschließlich des Gerichtshofs der Europäischen Union als deren Organ (vgl. Art. 13 EUV) der Kontrolle durch den EGMR. Letzteres ist bis-lang allein gegenüber den Mitgliedstaaten der EU als Vertragsparteien der EMRK auch beim Vollzug von Unionsrecht der Fall.

---

[87] EGMR, Heimann/Deutschland, Beschwerde Nr. 2357/05, GRUR-RR 2009, 175.: Unzulässi-ge Bezeichnung als „Verkehrsrechtspezialist" wegen Verwechslungsgefahr mit „Fachanwalt" und mangelndem Nachweis besonderer Kenntnisse; EGMR, Brzank/Deutschland, Beschwerde Nr. 7969/04: Irreführende Angaben über Rechtsanwaltsgebühren.

[88] Der ausgearbeitete Entwurf des Beitrittsabkommens wird derzeit vom EuGH gemäß Art. 218 Abs. 11 AEUV auf seine Vereinbarkeit mit dem EU-Primärrecht überprüft.

4.2 Meinungs- und Informationsfreiheit

4.2.1 Allgemeiner Rechtsgrundsatz (Art. 6 Abs. 3 EUV)

Der EuGH hat die Meinungsfreiheit in ständiger Rechtsprechung als Gemein-
schafts- bzw. jetzt Unionsgrundrecht anerkannt.[89] Er sieht in ihr „eine der wesentlichen Grundlagen einer demokratischen Gesellschaft".[90]

In seinen Schlussanträgen zum ersten *Tabakwerbeurteil* des EuGH[91] überprüfte
Generalanwalt *Fennelly* die Tabakwerberichtlinie[92], die jede Form der Werbung
und des Sponsoring für Tabakerzeugnisse in der EU verbot, u. a. am „Grundsatz
der freien Meinungsäußerung". Er verwies auf die EMRK als „Inspirationsquelle"
mit „besonderer Bedeutung" und hat daher auf die Rechtsprechung des EGMR abgestellt, der auch „Informationen wirtschaftlicher Natur" dem Schutzbereich des
Art. 10 Abs. 1 EMRK unterstellt.[93] Er folgerte daraus: „Informationen wirtschaftlicher Natur sollten auch im Gemeinschaftsrecht geschützt sein. Solche Informationen tragen zwar nicht in derselben Weise wie politische, journalistische, literarische
oder künstlerische Meinungen in einer liberalen demokratischen Gesellschaft zur
Erreichung gesellschaftlicher Ziele wie beispielsweise der Förderung der demokratischen Debatte und der Verantwortlichkeit oder dem Infragestellen tradierter
Überzeugungen im Hinblick auf die Förderung der Toleranz oder des Wechsels
bei. Persönliche Rechte werden jedoch als Grundrechte nicht nur wegen ihrer ins-
trumentalen, gesellschaftlichen Funktion anerkannt, sondern auch deswegen, weil
sie für die Autonomie, die Würde und die Persönlichkeitsentwicklung erforderlich
sind. Die Freiheit der Bürger, ihre wirtschaftliche Betätigung durch Äußerungen
zu fördern, fließt daher nicht nur aus ihrem Recht auf wirtschaftliche Betätigung
und im Gemeinschaftskontext aus der allgemeinen Verpflichtung auf eine auf den
freien Wettbewerb gestützte Marktwirtschaft, sondern auch aus ihrem ursprünglichen Anspruch als Menschen, Ansichten zu jeder Frage einschließlich der Qualität
von Waren oder Dienstleistungen, die sie verkaufen oder erzeugen, auszudrücken
und zu empfangen".[94]

---

[89] Vgl. dazu *Streinz*, in: Streinz (Hrsg.), EUV/AEUV, 2. Aufl. 2012, Art. 11 GR-Charta Rn.
4 m.w.N.

[90] EuGH, Rs. C-340/00, Kommission/Cwik, Slg. 2001, I-10269 Rn. 18; Rs. C-112/00, Schmidber-
ger/Republik Österreich, Slg. 2003, I-5659 Rn. 79.

[91] EuGH, Rs. C-376/98, Bundesrepublik Deutschland/Europäisches Parlament und Rat, Slg. 2000,
I-8419.

[92] Richtlinie 98/43/EG des Europäischen Parlaments und des Rates zur Angleichung der Rechts-
und Verwaltungsvorschriften der Mitgliedstaaten über Werbung und Sponsoring zugunsten von
Tabakerzeugnissen, ABl. Nr. L 213/9.

[93] Schlussanträge vom 15. Juni 2000, zu EuGH, Rs. C-370 Slg. 2000, I-8419/8423 Rn. 152 f. unter
Hinweis auf die Fälle markt intern Verlag/Deutschland (s. o. Fn. 58) und Casado Coca/Spanien
(s. o. Fn. 59).

[94] Ebd. Rn. 154 unter Hinweis auf EGMR, Handyside/Vereinigtes Königreich, Series A No. 24
(1976), Rn. 49, wo sowohl auf die gesellschaftlichen wie auf die persönlichen Funktionen der
Meinungsfreiheit Bezug genommen wird.

4.2.2 Charta der Grundrechte der Europäischen Union (Art. 6 Abs. 1 EUV iVm Art. 11 Abs. 1 GRCh)

Wie Art. 10 EMRK, dem er im Sinne von Art. 52 Abs. 3 GRCh entspricht und hinter dessen Gewährleistungen er daher nicht zurückbleiben darf[95], garantiert Art. 11 Abs. 1 GRCh die Rechte auf freie Meinungsäußerung und auf Informationsfreiheit. Darunter fällt daher auch die Wirtschaftswerbung[96], die „kommerzielle Kommunikation"[97].

4.2.3 Bindung an Art. 10 EMRK

Vor dem erfolgten Beitritt zur EMRK bindet die EMRK die Mitgliedstaaten als deren Vertragsparteien auch beim Vollzug des Unionsrechts.[98] Für die EU selbst bleibt die EMRK bis dahin allein Rechtserkenntnisquelle (vgl. Art. 6 Abs. 3 EUV), die allerdings bei der Auslegung der Charta der Grundrechte gemäß Art. 52 Abs. 3 GRCh heranzuziehen ist.[99]

4.3 Unternehmerische Freiheit (Art. 6 Abs. 1 EUV iVm Art. 16 GRCh)

Werbung und Sponsoring werden auch durch die wirtschaftliche Betätigungsfreiheit als allgemeinem Rechtsgrundsatz (Art. 6 Abs. 3 EUV)[100] sowie das in Art. 16 GRCh garantierte Recht auf unternehmerische Freiheit geschützt.[101]

4.4 Eigentumsrecht (Art. 6 Abs. 1 EUV iVm Art. 17 GRCh)

Relevant ist schließlich auch das Eigentumsrecht[102], das jetzt in Art. 17 Abs. 1 GRCh garantiert wird. Ungeachtet sprachlicher Abweichungen kommt ihm im Sinne

---

[95] *Jarass,* Charta der Grundrechte, 2. Aufl. 2013, Art. 11 Rn. 1.

[96] Ebd. Art. 11 Rn. 8.

[97] Generalanwältin *Trstenjak,* Schlussanträge vom 24. November 2010 zu EuGH, Rs. 316/09, Sharp & Dohme/Merckle, Slg. 2011, I-3249 Rn. 76 f.; zur aktiven Informationsfreiheit der Verbraucher ebd. Rn. 81, zur passiven Informationsfreiheit der Verbraucher ebd. Rn. 85 ff. (Werbeverbot für Arzneimittel). Ansatzpunkt ist ein „neues Leitbild" des „informierten Patienten" (ebd. Rn. 86 f.).

[98] EGMR, Cantoni/Frankreich, RJD 1996-V, 1614 Rn. 30; deutsche Übersetzung in EuGRZ 1999, 193.

[99] Vgl. dazu *Jarass* (Fn. 95), Art. 52 Rn. 60 ff.; *Streinz/Michl,* in: *Streinz* (Fn. 89) Art. 52 GR-Charta Rn. 7 ff.

[100] Generalanwalt *Fennelly* (Fn. 93) Rn. 151.

[101] *Jarass* (Fn. 95) Art. 16 Rn. 9. Vgl. auch Generalanwältin *Trstenjak* (Fn. 97) Rn. 83.

[102] Vgl. Generalanwalt *Fennelly* (Fn. 93) Rn. 151.

von Art. 52 Abs. 3 GRCh der gleiche Bedeutungsgehalt und die gleiche Tragweite zu wie dem durch Art. 1 des (ersten) Zusatzprotokolls zur EMRK gewährleisteten Eigentumsschutz, wobei nicht über die in der EMRK vorgesehenen Einschränkungen hinausgegangen werden darf.[103] Gestützt auf die Verfassungsüberlieferungen der Mitgliedstaaten und auf Art. 1 des Zusatzprotokolls zur EMRK hat der EuGH das Eigentumsrecht auch als Gemeinschafts- bzw. jetzt Unionsgrundrecht als allgemeinen Rechtsgrundsatz (Art. 6 Abs. 3 EUV) entwickelt.[104] Gemäß Art. 17 Abs. 2 GRCh wird ausdrücklich auch das geistige Eigentum geschützt.[105]

4.5   Schranken und Schranken-Schranken (Art. 52 Abs. 1 GRCh)

Wie – abgesehen von der Menschenwürde – alle Grundrechte sind auch die Unionsgrundrechte nicht schrankenlos. Hinsichtlich der von ihm entwickelten allgemeinen Rechtsgrundsätze hat der EuGH stets betont, dass Grundrechte keine uneingeschränkte Geltung beanspruchen, sondern verhältnismäßigen Beschränkungen zu Zwecken des Gemeinwohls der Union unterworfen werden können.[106] Das dafür entwickelte „klassische" Prüfungsschema Schutzbereich, Eingriff, Rechtfertigung (Schranken, Schranken-Schranken)[107], das sich auch in der EMRK findet,[108] wurde in Art. 52 Abs. 1 GRCh kodifiziert.[109] Danach muss jede Einschränkung der Ausübung der in der Grundrechtecharta anerkannten Rechte und Freiheiten gesetzlich vorgesehen sein und muss den Wesensgehalt dieser Rechte und Freiheiten achten. Unter Wahrung des Grundsatzes der Verhältnismäßigkeit dürfen Einschränkungen nur vorgenommen werden, wenn sie erforderlich sind und den von der Union anerkannten dem Gemeinwohl dienenden Zielsetzungen oder den Erfordernissen des Schutzes der Rechte und Freiheiten anderer tatsächlich entsprechen.[110]

Das Tabakwerbeverbot prüfte Generalanwalt *Fennelly* – damals noch auf der Basis allgemeiner Rechtsgrundsätze – anhand dieser Kriterien. Er folgte der Rechtsprechung des EuGH, dass dem Gesundheitsschutz unter den im Unionsrecht anerkannten Schutzgütern besondere Bedeutung („erster Rang") zukommt.[111] Wäh-

---

[103] Erläuterungen des Präsidiums des Grundrechtekonvents (vgl. zu deren Bedeutung Art. 6 Abs. 1 UAbs. 3 EUV und Art. 52 Abs. 7 GRCh) zu Art. 17 GRCh.

[104] Vgl. dazu *Streinz* (Fn. 89) Art. 17 GR-Charta Rn. 4 ff. m.w.N.

[105] Vgl. dazu ebd. Rn. 24 ff. m.w.N.

[106] Vgl. z. B. EuGH, Rs. 4/73, Nold/Kommission, Slg. 1974, I-491 Rn. 14; Rs. 44/79, Hauer/Land Rheinland-Pfalz, Slg. 1979, I-3727 Rn. 17 ff.

[107] Vgl. dazu *Oppermann/Classen/Nettesheim*, Europarecht, 5. Aufl. 2011, § 17 Rn. 33 ff.

[108] Vgl. Art. 8 Abs. 2, Art. 9 Abs. 2, Art. 10 Abs. 2, Art. 11 Abs. 2 EMRK. Vgl. dazu *Grabenwarter/Pabel* (Fn. 60) § 18 Rn. 1 ff.

[109] Vgl. *Jarass* (Fn. 95) Art. 52 Rn. 1.

[110] Zur Grundrechtsprüfung nach dem Inkrafttreten der EU-Grundrechtecharta vgl. *Streinz,* Europarecht, 9. Aufl. 2012, Rn. 762.

[111] Schlussanträge (Fn. 93) Rn. 155 unter Hinweis auf EuGH, Rs. C-320/93, Lucien Ortscheid/ Eurim Pharm Arzneimittel, Slg. 1994, I-5243 Rn. 16. Es ging dabei um die Vereinbarkeit eines

rend er dem Unionsgesetzgeber bei der Bewertung wirtschaftlicher Sachverhalte wegen deren Komplexität wie der EuGH einen weiten Einschätzungsspielraum zubilligt, ist dies seines Erachtens „nicht der richtige Maßstab für die gerichtliche Überprüfung der Beschränkung der Ausübung eines Grundrechts wie der Meinungsfreiheit".[112] Allerdings hielt er im Anschluss an die Rechtsprechung des EGMR hinsichtlich der Maßstäbe bei der Beschränkung eine unterschiedliche Behandlung von „Informationen wirtschaftlicher Natur" gegenüber politischen Meinungsäußerungen für „gerechtfertigt, weil Informationen wirtschaftlicher Natur und etwa politische Meinungsäußerungen mit dem Allgemeininteresse in unterschiedlicher Weise zusammenwirken." Während die politische Meinungsäußerung „selbst außerordentlich wichtigen gesellschaftlichen Interessen" diene, hätten Informationen wirtschaftlicher Natur „normalerweise keine weitere gesellschaftliche Funktion von einiger Bedeutung als ihre Rolle, die Wirtschaftstätigkeit zu fördern, hinsichtlich derer der Gesetzgeber zu Recht über ein weites Ermessen verfügt, um Beschränkungen im Allgemeininteresse zu verhängen".[113] Im Ergebnis hielt er das Werbeverbot wegen der Gesundheitsgefahren des Rauchens hinsichtlich der Werbung für Tabakerzeugnisse für gerechtfertigt, hinsichtlich der Werbung für andere Produkte für unverhältnismäßig.[114]

Der „erste Rang" des Gesundheitsschutzes wird in der Rechtsprechung des EuGH zu Werbeverboten für alkoholische Getränke deutlich. Dies galt bereits für Beschränkungen der Grundfreiheiten durch die Mitgliedstaaten,[115] für die der EuGH tendenziell einen strengeren Maßstab als gegenüber Beschränkungsmaßnahmen des Unionsgesetzgebers anlegt,[116] und gilt umso mehr für die Beschränkung

---

nationalen (deutschen) Werbeverbots für Arzneimittel mit Art. 30 EGV (jetzt Art. 34 AEUV). Der EuGH hielt dies mangels (damals) fehlender unionsrechtlicher Regelung durch Sekundärrecht gemäß Art. 36 EGV (jetzt Art. 36 AEUV) für gerechtfertigt. Generell konzediert der EuGH im Bereich des Gesundheitsschutzes nicht nur dem Unionsgesetzgeber sondern auch den Mitgliedstaaten relativ weite Einschätzungsspielräume zu, vgl. z. B. EuGH, verb. Rs. C-171/07 und C-172/07, Apothekerkammer des Saarlandes u. a./Saarland, Slg. 2009, I-141 Rn. 27 ff. – DocMorris II.

[112] Schlussanträge (Fn. 93) Rn. 157.

[113] Ebd. Rn. 158. Die Einschränkung „normalerweise" ist durchaus relevant, wie das Urteil des EGMR im Fall Stambuk (s. o. Fn. 82 ff.) zeigt. Vgl. auch die Erwägungen von Generalanwältin *Trstenjak* (Fn. 97) Rn. 97 ff. zum Verhältnis Werbewirkung und Patienteninformation.

[114] Schlussanträge (Fn. 93) Rn. 175 f. Für den EuGH kam es darauf nicht mehr an, weil er die Richtlinie bereits wegen fehlender hinreichender Rechtsgrundlage für nichtig erklärte, Rs. C-376/98, Slg. 2000, I-8419 Rn. 105. Daraufhin erließen das Europäische Parlament und der Rat eine neue Tabakwerberichtlinie 2003/33/EG (ABl. Nr. L 152/16), die der EuGH, Rs. C-380/03, Deutschland/Europäisches Parlament und Rat, Slg. 2006, I-11573 Rn. 97 für unionsrechtskonform hielt, da sie zum Funktionieren des Binnenmarktes beitrage. Bei der Abwägung zwischen der Freiheit der Meinungsäußerung und den in Art. 10 Abs. 2 EMRK genannten Zielen des Allgemeininteresses bestätigte der EuGH (ebd. Rn. 155) den Entscheidungsspielraum des Unionsgesetzgebers „namentlich für den Gebrauch der freien Meinungsäußerung im Geschäftsverkehr, in einem Bereich, der so komplex und wandelbar ist wie die Werbung"). Zu Beschränkungen der Tabakwerbung vgl. auch EGMR, Société de Conception de Presse et d'Editionet Ponson/Frankreich, Beschwerde Nr. 26935/05 Rn. 56.

[115] S. dazu u. 5.2.1.

[116] Vgl. dazu *Streinz* (Fn. 110) Rn. 760.

von Unionsgrundrechten durch den Unionsgesetzgeber. Dies hat sich zuletzt im Urteil „*Deutsches Weintor*"[117] hinsichtlich der sog. Health Claims Verordnung[118] gezeigt. Während das absolute Werbeverbot mit (wirklichen) gesundheitsbezogenen Angaben für alkoholische Getränke mit mehr als 1,2 Volumenprozent einleuchtet, ist fraglich ob die in der Relation zu anderen Weinen näher spezifizierte Angabe „bekömmlich", selbst wenn sie insoweit sachlich zutrifft, wegen des fehlenden Hinweises auf die allgemein mit dem Konsum alkoholischer Getränke einhergehenden Gefahren als „gesundheitsbezogene" und damit unzulässige Angabe einzustufen ist.[119] Der Urteil wirft weitere Abgrenzungsfragen hinsichtlich der Bewertung von Angaben als „gesundheitsbezogen" auf.[120]

5   Grundfreiheiten, insbesondere Warenverkehrsfreiheit (Art. 34/36 AEUV)

5.1   Tatbestand

Werbebeschränkungen sind nach gefestigter Rechtsprechung des EuGH Maßnahmen gleicher Wirkung wie mengenmäßige Einfuhrbeschränkungen, die den freien Warenverkehr beschränken. Da sie ein Marktzutrittshindernis darstellen, greifen die Ausnahmen der sog. Keck-Formel[121] nicht durch.[122] Werbebeschränkungen können auch einen Eingriff in die Dienstleistungsfreiheit (Art. 56 AEUV) darstellen.[123]

An die Grundfreiheiten sind nicht nur die Mitgliedstaaten gebunden, sondern auch die Organe der Union und damit Europäisches Parlament und Rat als Unions-

---

[117] EuGH, Rs. C-544/10, Deutsches Weintor eG/Land Rheinland-Pfalz, EuZW 2012, 828.

[118] Verordnung (EG) Nr. 1924/2006 des Europäischen Parlaments und des Rates über nährwert- und gesundheitsbezogene Angaben über Lebensmittel (ABl. Nr L 404/9).

[119] So EuGH, Rs. C-544/10, EuZW 2012, 828 Rn. 50 ff.: Die Einstufung dieser Angabe durch den Unionsgesetzgeber als „mehrdeutig oder sogar irreführend" wurde vom EuGH als berechtigt und dann, angesichts des hohen Ranges des Gesundheitsschutzes konsequent, das Verbot als gegenüber der Berufsfreiheit (Art. 15 Abs. 1 GRCh) und der unternehmerischen Freiheit (Art. 16 GRCh) verhältnismäßig gesehen. Auf die Meinungsäußerungsfreiheit (Art. 11 Abs. 1 GRCh) ging der EuGH nicht ein. Sie war allerdings auch in der Vorlagefrage nicht angesprochen worden, was den EuGH allerdings nicht gehindert hätte, darauf einzugehen. Kritisch dazu *Streinz*, Europarecht: Verbot gesundheitsbezogener Angaben auf alkoholischen Getränken, JuS 2013, 369 (370 f.).

[120] Kritisch dazu *Gorny*, Anmerkung, ZLR 2012, 615 (616 ff.).

[121] Vgl. dazu *Leible/T. Streinz* (Fn. 6), Art. 34 AEUV Rn. 72 ff., aufbauend auf EuGH, verb. Rs. C-267 und 268/91, Keck und Mithouard, Slg. 1994, I-6097 Rn. 13 f.

[122] Vgl. *Leible/Streinz* (Fn 6), Art. 34 AEUV Rn. 92 hinsichtlich unterschiedslos für Inlands- wie Importprodukte geltende Maßnahmen. Diskriminierende Werbebeschränkungen verstoßen in jedem Fall gegen Art. 34 AEUV, vgl. ebd. Rn. 93.

[123] Vgl. die Nachweise bei *Randelshofer/Forsthoff*, in: *Grabitz/Hilf/Nettesheim* (Fn. 6), Art, 56/57 AEUV Rn. 48 Fn. 29.

gesetzgeber.[124] Anders als bei einem Eingriff in Unionsgrundrechte muss sich die Beschränkung hier zwischen den Mitgliedstaaten auswirken. Dies kann aber auch bei einheitlich für die Union geltenden sekundärrechtlichen Maßnahmen der Fall sein, wie gerade Werbeverbote zeigen. Denn diese können für den bereits in einem Mitgliedstaat tätigen „Platzhirsch", der für sein bekanntes Produkt keine Werbung mehr braucht, gegenüber neu auf den Markt drängenden Mitbewerbern aus anderen Mitgliedstaaten durchaus vorteilhaft sein.[125]

5.2 Schranken und Schranken-Schranken

5.2.1 Rechtfertigungsgründe

Rechtfertigungsgründe für Beschränkungen sind die in Art. 36 AEUV genannten, insbesondere der Gesundheitsschutz[126], sowie die von der Rechtsprechung des EuGH in der sog. Cassis-Rechtsprechung[127] darüber hinaus entwickelten Rechtfertigungsgründe. Dazu gehören insbesondere der Verbraucherschutz und die Lauterkeit des Handelsverkehrs, aber auch weitere Gemeinwohlbelange.[128] Diese Rechtfertigungsgründe dürfen nur für unterschiedslose, d. h. Inlands- und Importprodukte aus anderen Mitgliedstaaten gleichermaßen betreffende Maßnahmen eingesetzt werden.[129]

5.2.2 Verhältnismäßigkeit

Die Beschränkungsmaßnahmen müssen dem Grundsatz der Verhältnismäßigkeit genügen. Im Fall Karner – in dem allerdings nach der eigenen Feststellung des EuGH wegen Einschlägigkeit der Keck-Ausnahme der Anwendungsbereich des Unionsrechts gar nicht eröffnet war[130] – hat der EuGH die Unterscheidung zwischen kommerziellen und Meinungsäußerungen „von allgemeinem Interesse" bestätigt:

---

[124] EuGH, Rs. 76/86, Kommission/Deutschland, Slg. 1989, I-1021 Rn. 22 f. – Milchersatzerzeugnisse; Rs. C-114/96, Kieffer und Thill, Slg. 1997, I-3629 Rn. 27.

[125] Vgl. EuGH, Rs. C-405/98, Konsumentenombudsmanen/Gourmet International Product, Slg. 2001, I-1795 Rn. 21.

[126] Vgl. hinsichtlich der Werbung für Alkohol EuGH, Rs. C-544/10, EuZW 2012, 828 Rn. 49 m.w.N.

[127] Aufbauend auf EuGH, Rs. 120/78, Rewe/Bundesmonopolverwaltung für Branntwein, Slg. 1979, I-649 Rn. 8– Cassis de Dijon.

[128] So hat der EuGH, Rs. C-245/01, RTL Television/Niedersächsische Landesmedienanstalt für privaten Rundfunk, Slg. 2003, I-12489 Rn. 71, den „Schutz der Verbraucher gegen ein Übermaß an kommerzieller Werbung und die Erhaltung einer bestimmten Programmqualität im Rahmen der Kulturpolitik" als Ziele anerkannt, die Beschränkungen des freien Dienstleistungsverkehrs im Bereich der Fernsehwerbung durch die Mitgliedstaaten rechtfertigen können.

[129] Vgl. dazu Leible/T. Streinz (Fn. 6) Art. 34 AEUV Rn. 99 ff.

[130] EuGH, Rs. C-71/02, Karner/Trosstwijk, Slg. 2004, I-3025 Rn. 39 ff. (zu § 30 Abs. 1 österreichisches UWG).

„Trägt die Ausübung der Meinungsfreiheit nichts zu einer Debatte von allgemeinem Interesse bei und erfolgt sie darüber hinaus in einem Kontext, in dem die Staaten einen gewissen Entscheidungsspielraum haben, beschränkt sich die Kontrolle auf die Prüfung, ob der Eingriff in einem angemessenen Verhältnis zu den verfolgten Zielen steht. Dies gilt namentlich für den Gebrauch der Meinungsfreiheit im Geschäftsverkehr, insbesondere in einem Bereich, der so komplex und wandelbar ist wie der der Werbung".[131]

6   Tendenzen im Unionsrecht: Wandel des Verbraucherleitbilds?

Die Gesetzgebung der Europäischen Union enthält seit langem Werbeverbote.[132] In letzter Zeit werden insoweit paternalistische, d. h. den Verbraucher nicht mehr schützende, sondern bevormundende Tendenzen konstatiert und kritisiert.[133] Diese sind nicht nur verfassungsrechtlich, sondern auch im Hinblick auf die EU-Grundrechte bedenklich, jedenfalls dann, wenn damit eine „Verbrauchererziehung" von erwachsenen Menschen verbunden sein soll[134], die über eine bloße Information hinausgeht.[135] Insoweit bedürfen z. B. die Anforderungen der EU-Lebensmittelinformationsverordnung[136] einer sachgerechten Interpretation der „offenen Begriffe" wie z. B. der Forderung des Art. 7 Abs. 2, wonach Informationen über Lebensmittel „zutreffend, klar und für die Verbraucher leicht verständlich" sein müssen.[137] Gesetzlich zugelassene oder sogar vorgeschriebene Bezeichnungen[138] dürfen nicht als „irreführend" angesehen werden. Soweit eine „gefühlte Irreführung" konstatiert wird, muss gegebenenfalls der Gesetzgeber reagieren, im Übrigen kann dies keine

---

[131] Ebd. Rn. 51 mit Hinweis auf die Urteile markt intern-Verlag (Fn. 58) und VGT Verein gegen Tierfabriken (Fn. 70) des EGMR.

[132] Vgl. dazu *Glöckner*, Europäisches Lauterkeitsrecht, in: *Schulze/Zuleeg/Kadelbach*, Europarecht: Handbuch für die deutsche Rechtspraxis, 2. Aufl. 2010, § 17 Rn. 96 ff. m.w.N.

[133] Vgl. *Sosnitza*, Der Kommissionsvorschlag für eine Lebensmittelinformations-Verordnung, ZLR 2010, 5 (8 f.): „Vom Binnenmarkt zum Paternalismus"; *Meisterernst/Muffler*, Verbraucherleitbilder im Lebensmittelrecht – die Renaissance des flüchtigen Verbrauchers, ZLR 2013, 25 (33 f.).

[134] Vgl. dazu *Streinz*, Wesentliche Trends für die Zukunft des Lebensmittelrechts, ZLR 2012, 141 (155) m.w.N.

[135] Vgl. zur Lenkungsfunktion *Meisterernst/Muffler*, Verbraucherleitbilder im Lebensmittelrecht – die Renaissance des flüchtigen Verbrauchers, ZLR 2013, 25 (32 f.).

[136] Verordnung (EU) Nr. 1169/2011 des Europäischen Parlaments und des Rates betreffend die Information der Verbraucher über Lebensmittel (ABl. Nr. L 304/18).

[137] Vgl. dazu *Meisterernst/Muffler*, Verbraucherleitbilder im Lebensmittelrecht – die Renaissance des flüchtigen Verbrauchers, ZLR 2013, 25 (38 ff.).

[138] Vgl. zur Bezeichnung „Nektar" *Zipfel/Rathke*, Lebensmittelrecht, Bd. IV, C 331, Fruchtsaft-Verordnung, Loseblatt (EL 127/2006), § 3 Rn. 54.

rechtlich relevante Kategorie sein.[139] Eine andere Frage ist, ob es ökonomisch sinnvoll ist, grenzwertige und von den Gerichten unterschiedlich bewertete Darstellungen zu verwenden.

Differenziert ist auch die Frage nach einem Wandel des Verbraucherleitbilds[140] zu sehen. Denn das Leitbild des EuGH vom „durchschnittlich informierten, aufmerksamen und verständigen Durchschnittsverbraucher"[141], dessen Zugrundelegung für die Beurteilung mitgliedstaatlicher Beschränkungsmaßnahmen zur grundlegenden Änderung der deutschen Wettbewerbsrechtsprechung führte[142], sah auch insoweit bereits Unterscheidungen nach dem betroffenen Schutzgut[143] sowie der Schutzwürdigkeit der jeweiligen Adressaten[144] vor. Generell konzediert der EuGH dem Unionsgesetzgeber insoweit einen größeren Beurteilungsspielraum als den Mitgliedstaaten, was zu Wertungswidersprüchen führte, soweit damit in Wirklichkeit andere als die angegebenen Ziele verfolgt wurden.[145] Wenn der Unionsgesetzgeber aber zum Schutz des Verbrauchers und des lauteren Wettbewerbs konkrete Wertungen wie in der Richtlinie über unlautere Geschäftspraktiken von Unternehmen gegenüber Verbrauchern im Binnenmarkt vornimmt und insoweit auch das Verbraucherleitbild normiert, könnte der EuGH dies nur beanstanden, wenn er darin eine unverhältnismäßige Grundrechtsbeschränkung sähe.[146] Dies ist aber angesichts des speziell gegenüber Meinungsäußerungen im wirtschaftlichen Bereich („commercial speech") angenommenen Beurteilungsspielraum nur bei evidenten Fällen zu erwarten.[147]

---

[139] Vgl. *Sosnitza*, Informationen im Lebensmittelrecht – Vom flüchtigen über den aufgeklärten Verbraucher zur Entrechtlichung der Information?, ZLR 2012, 258 (251 ff.); *Meisterernst,* Die berechtigte Verbrauchererwartung in der Rechtsprechung – Tendenz zur „gefühlten" Irreführung?, ZLR 2013, 386 (391 ff.).

[140] Vgl. dazu *Sosnitza*, Informationen im Lebensmittelrecht – Vom flüchtigen über den aufgeklärten Verbraucher zur Entrechtlichung der Information?, ZLR 2012, 258 (259 ff.); *Meisterernst/ Muffler,* Verbraucherleitbilder im Lebensmittelrecht – die Renaissance des flüchtigen Verbrauchers, ZLR 2013, 25 (25 ff.).

[141] Vgl. *Sosnitza,* Informationen im Lebensmittelrecht – Vom flüchtigen über den aufgeklärten Verbraucher zur Entrechtlichung der Information?, ZLR 2012, 258 (260) m.w.N.

[142] S. o. Fn. 6

[143] Vgl. EuGH, Rs. C-220/98, Estée Lauder Cosmetics/Lancaster Group, Slg. 2000, I-117 Rn. 26 ff., 28 – Lifting Creme.

[144] Vgl. EuGH, Rs. 382/87, Buet/Ministère public, Slg. 1989, I-1235 Rn. 12 ff.: Haustürwiderrufsgeschäft.

[145] Vgl. *Streinz,* Wesentliche Trends für die Zukunft des Lebensmittelrechts, ZLR 2012, 141 (154f.) m.w.N. *Streinz* (Fn. 110) Rn. 760 m.w.N.

[146] Vgl. EuGH, Rs. C-428/11, Purely Creative u. a./Office of Fair Trading, GRUR 2012, 1269 Rn. 37 zu Anhang I der UGP-Richtlinie. Die konkrete Entscheidung bleibt aber auch danach den nationalen Gerichten überlassen, vgl. ebd. Rn. 56.

[147] Dass solche durchaus denkbar sind zeigen die entsprechenden Urteile des EGMR in den Fällen Stambuk (s. o. Fn. 82) – hier sprach für den Beschwerdeführer allerdings auch ein spezielles Informationsinteresse der Adressaten – und Krone Verlag (s. o. Fn. 79) – offensichtliche Unverhältnismäßigkeit der Auflage.

7 Ergebnis in Thesen

1. Wirtschaftliche Werbung („commercial speech") unterfällt in erster Linie dem Schutzbereich der Berufsfreiheit (Art. 12 GG) bzw. der durch das Unionsrecht geschützten unternehmerischen Freiheit (Art. 16 GRCh).
2. Wirtschaftliche Werbung unterfällt nach der neueren Rechtsprechung des BVerfG und nach der Rechtsprechung des EGMR auch dem Schutz der Meinungs- und Informationsfreiheit (Art. 5 Abs. 1 S. 1 GG; Art. 10 Abs. 1 EMRK). Sie wird auch von den entsprechenden Garantien des Grundrechtsschutzes der Europäischen Union (Art. 11 Abs. 1 GRCh) erfasst. Für kommerzielle Anzeigen kommt zudem die Pressefreiheit (Art. 5 Abs. 1 S. 2 GG) zum Tragen. Gegebenenfalls kann auch die Kunstfreiheit (Art. 5 Abs. 3 GG) einschlägig sein.
3. Werbebeschränkungen bedürfen einer (hinreichend bestimmten) gesetzlichen Grundlage und müssen verhältnismäßig sein (vgl. Art. 10 Abs. 2 EMRK; Art. 52 Abs. 1 GRCh). Sie müssen einem legitimen Ziel dienen und zu dessen Erreichung geeignet, erforderlich und angemessen sein. Die Werbebeschränkungen des UWG sind verfassungsgemäß. Fraglich ist aber, ob vom BVerfG akzeptierte Begriffe wie „Redlichkeit" oder „gute kaufmännische Sitten" Grundrechtsbeschränkungen (Art. 12 GG) rechtfertigen können. Der Begriff der „Sittenwidrigkeit" (§ 1 UWG a.F.) wurde allerdings als durch die Zivilgerichte berechenbar auslegbar angesehen. Die jetzige Regelung des UWG („unlauter", § 3 UWG) enthält in ihren Beispielen (§ 4 UWG) auch sog. unbestimmte Rechtsbegriffe („menschenverachtend", „unangemessener unsachlicher Einfluss", „unredlich") mit dem Erfordernis entsprechender Wertungen.
4. Sowohl nach deutschem Verfassungsrecht als auch nach den europarechtlichen Vorgaben der EMRK und des unionalen Grundrechtsschutzes besteht für die Beschränkung kommerzieller Werbung ein relativ, d. h. im Verhältnis zu Äußerungen im „politischen Meinungskampf", weiter Beurteilungsspielraum des jeweiligen Gesetzgebers.
5. Legitime Beschränkungsgründe sind insbesondere der Gesundheitsschutz, der Verbraucherschutz (Irreführungsverbot), die Lauterkeit im Wettbewerb, der Jugendschutz.
6. Nationale Werberegelungen müssen sich in der Europäischen Union auch an den Vorgaben des freien Warenverkehrs (Art. 34/36 AEUV) messen lassen. Für unionale Maßnahmen gilt dies, soweit diese zu Beschränkungen des Handels zwischen den Mitgliedstaaten führen, was gerade bei Werberegelungen (wegen des Vorteils für heimische „Platzhirsche") der Fall sein kann.
7. Die Gesetzgebung der Europäischen Union (Vorschlag der EU-Kommission, Erlass durch Europäisches Parlament und Rat gemeinsam) enthält seit jeher Werbeverbote. In jüngerer Zeit zeigen sich insoweit deutlich paternalistische Tendenzen. Diese sind im Hinblick auf die EU-Grundrechte bedenklich.
8. Insoweit bedürfen z. B. die Anforderungen der EU-Lebensmittelinformationsverordnung (VO 1169/2011) und der Initiative „Wahrheit und Klarheit" kritischer, aber auch differenzierter Bewertung.

9. „Wahrheit und Klarheit" liegen nicht nur im Interesse des Verbrauchers, sondern auch des fairen Wettbewerbs. Dazu muss nicht nur der Gesetzgeber, sondern auch die Wirtschaft (durch Beachtung der „Corporate Social Responsibility" und dies über die gesetzliche Vorgabe in § 5 Nr. 6 UWG hinaus) ihren Beitrag leisten. Gesetzlich zugelassene oder gar vorgeschriebene Bezeichnungen (z. B. die gesetzlich vorgeschriebene irreführende Bezeichnung „Nektar") dürfen nicht als „irreführend" angesehen werden. Andererseits ist fraglich, ob grenzwertige (und von den Gerichten unterschiedlich bewertete) Darstellungen wirklich genutzt werden müssen.

10. Letztlich geht es um die Grenze zwischen werbetypischen Übertreibungen („verleiht Flügel"), deren Erkennen einem „verständigen Verbraucher" zugetraut und auch zugemutet werden muss, und wirklicher Irreführung, die nicht nur im Interesse des Verbrauchers, sondern auch des redlichen Geschäftsverkehrs unterbunden werden muss.

Corporate Social Responsibility und die Vorgaben des Unionsrechts

Jochen Glöckner

Zusammenfassung Der folgende Beitrag baut auf den Ausführungen zu den sozialwissenschaftlichen und ökonomischen Grundlagen, zur Rechtstheorie sowie den institutionenrechtlichen Grundlagen des Europarechts auf. Es soll im Wesentlichen entwickelt werden, weshalb das Europarecht keine eindeutigen Vorgaben hinsichtlich der Behandlung von Maßnahmen der Corporate Social Responsibility (CSR) macht. Das Europarecht wirkt vielmehr ambivalent, sowohl als Bremse für CSR-Maßnahmen wie auch als ihr Motor.

1 Ausgangslage

Um zu beurteilen, welchen europarechtlichen Vorgaben eine mitgliedstaatliche Politik unterworfen ist, die auf der Ermutigung der Unternehmen beruht, ihre gewerbliche Tätigkeit am Maßstab einer *Corporate Social Responsibility* (dazu 1.1.) auszurichten, muss zunächst geklärt werden, was eine solche Regulierungstechnik gegenüber den Regulierungsalternativen (dazu 1.2.) an Vor- und Nachteilen mit sich bringt (dazu 1.3.).

1.1 Arbeitsdefinition Corporate Social Responsibility

Im Folgenden soll als Arbeitsdefinition dieselbe Definition zugrunde gelegt werden, die bereits mehrfach zitiert wurde und dem einschlägigen Grünbuch der Ko-

J. Glöckner (✉)
Lehrstuhl für deutsches und Europäisches Privat- und Wirtschaftsrecht,
Universität Konstanz,
Konstanz, Deutschland
E-Mail: Jochen.Gloeckner@uni-konstanz.de

R. M. Hilty, F. Henning-Bodewig (Hrsg.), *Corporate Social Responsibility*,
MPI Studies on Intellectual Property and Competition Law 21,
DOI 10.1007/978-3-642-54005-9_9, © Springer-Verlag Berlin Heidelberg 2014

mission entnommen ist. Danach handelt es sich bei *Corporate Social Responsibility* (im folgenden: CSR) um ein

> Konzept, das den Unternehmen als Grundlage dient, auf freiwilliger Basis soziale Belange und Umweltbelange in ihre Unternehmenstätigkeit und in die Wechselbeziehungen mit den Stakeholdern zu integrieren[1]

Innerhalb dieses „Konzepts" kann nach der Art seiner Umsetzung weiter differenziert werden: Unternehmen können aus eigenem Antrieb ohne übergreifende Strategie *ad hoc* oder aus Tradition konkrete Maßnahmen (z. B. Spenden, Sponsoring, *Corporate Volunteering*) ergreifen, von der Förderung lokaler Sportvereine bis hin zur Ausbildung medizinisch geschulten Fachpersonals in Afrika. Solche Maßnahmen mögen altruistisch motiviert sein – und dann verbandsrechtliche Probleme bereiten[2] –, wenn etwa ohne sichtbare Werbewirkung neue Trikots für nicht auffällig begabte Jungfußballer bezahlt werden, oder aber als reine Werbekampagne platziert werden, die womöglich von anderen Schwachpunkten ablenken sollen („schützt den Regenwald, aber lässt die Mitarbeiter im Regen stehen"). Die Beurteilung diesbezüglicher Maßnahmen der Unternehmenskommunikation erfolgt auf schmaler rechtlicher Grundlage – nämlich im Wesentlichen beschränkt auf die lauterkeitsrechtlichen Irreführungstatbestände – und fällt vergleichsweise leicht.

Komplexer zu beurteilen sind pauschale Behauptungen, das gesamte Unternehmensverhalten an der gesamtgesellschaftlichen Verantwortung ausrichten zu wollen. Insoweit wächst der geltend gemachte Anspruch in der Breite (Umwelt, Arbeitnehmerschutz, Einbindung in die Gesellschaft als Ganzes); zugleich wird er aber wegen der naheliegenden Interessenkonflikte relativiert und abstrahiert. Am stärksten wird die Beurteilung des Unternehmensverhaltens juristisch durchdrungen, wenn der Unternehmenspolitik bestimmte Regelungswerke, welche diese Orientierung praktisch handhabbar und zugleich überprüfbar machen sollen, zugrunde gelegt werden.

---

[1] Grünbuch der Kommission v. 18. Juli 2001, Europäische Rahmenbedingungen für die soziale Verantwortung der Unternehmen, KOM (2001) 366 endg., Rn. 20.

[2] Innerhalb von am Markt aktiven Unternehmen entscheidungsbefugte Personen sind zunächst dem oder den Berechtigten am Unternehmensträger gegenüber verpflichtet, dessen oder deren Vermögen zu mehren. Der Minderung des Vermögens durch solche Spenden etc. steht zwar regelmäßig dessen Mehrung durch Reputationsgewinne und dementsprechend längerfristig eintretende Vorteile gegenüber. Bei nicht vermarkteter Wohltätigkeit ohne Gegenleistungen (vgl. „Wenn du nun Wohltätigkeit übst, sollst du nicht vor dir herposaunen lassen, wie die Heuchler in den Synagogen und auf den Gassen tun, damit sie von den Menschen geehrt werden. Wahrlich, ich sage euch, sie haben ihren Lohn schon empfangen", *Matthäus* 6, 2) versagt diese Rechtfertigung aber, vgl. zur Rechtfertigung von CSR über die sog. *business judgment rule* im übrigen *Reinhardt/Stavins, Corporate social responsibility, business strategy, and the environment*, 26 [2] Oxford Rev. Econ. Policy 2010, 164 (165 ff.); zum dt. Aktienrecht vgl. *Spindler*, in: MüKo-AktG, 3. Aufl. 2008, § 76 Rn. 82 ff.

Das kennzeichnende Merkmal sämtlicher Maßnahmen der CSR und sie zugleich von Maßnahmen der *Compliance* abgrenzende Merkmal ist indes die Freiwilligkeit.[3] Alle anderen Elemente der Definition wie insbesondere die Berücksichtigung des Gemeinwohlinteresses oder der Gesellschaftsbezug sind bei Maßnahmen staatlicher Rechtsetzung selbstverständlich.

1.2 Regulierungsalternativen

1.2.1 Strenge, detaillierte Regelungen

Als erste Alternative zur Bewirkung der gewünschten sozialpolitischen Ergebnisse ist daher die staatliche Gesetzgebung im Wege detaillierter Regelungen in Betracht zu ziehen. Solche Regulierung ist indes häufig impraktikabel: Bereits im Binnenverhältnis einer Jurisdiktion gefährdet die mangelnde Flexibilität zum einen nicht selten die zweckorientierte Kohärenz der Regelungen – wenn für Friseure ein Mindestlohn eingeführt wird[4], weshalb dann nicht auch für Angestellte von Nagelstudios? Zum anderen wird es häufig an der politischen Durchsetzbarkeit mangeln. So mag eine Zusatzsteuer auf den Energieverbrauch für eine Unternehmensberatungsgesellschaft den gewünschten Anreiz setzen, endlich das Bürogebäude mit neuen Fenstern und besserer Wärmeisolierung zu versehen, für ein aluminiumverarbeitendes Unternehmen aber das Aus im internationalen Wettbewerb bedeuten. Der Einfluss der Lobbies wird möglicherweise eine flächendeckende Regelung verhindern.

Daneben steht im internationalen Kontext das mögliche Regulierungsgefälle, das ökonomische und wettbewerbliche, politische sowie unter dem Gesichtspunkt des Welthandelsrechts handfeste rechtliche Bedeutung hat. Die Ausnutzung komparativer Wettbewerbsvorteile darf nicht *per se* geächtet werden, sondern ist im Gegenteil erforderlich, um sich entwickelnden Volkswirtschaften eine reale Entwicklungschance zu geben. Die von der *Social Responsibility* umfassten Regelun-

---

[3] Gestützt wird dieses Verständnis auch durch die *Mitteilung der Kommission* v. 25. Oktober 2011, Eine neue EU-Strategie (2011–14) für die soziale Verantwortung der Unternehmen (CSR), KOM (2011) 681 endg., Nr. 1, S. 4: „Die soziale Verantwortung der Unternehmen betrifft Maßnahmen, die die Unternehmen über ihre rechtlichen Verpflichtungen gegenüber Gesellschaft und Umwelt hinaus ergreifen." Etwas undeutlicher im weiteren Verlauf der Ausführungen, Nr. 3.1, S. 7: „Die Kommission legt eine neue Definition vor, wonach CSR „die Verantwortung von Unternehmen für ihre Auswirkungen auf die Gesellschaft" ist. Nur wenn die geltenden Rechtsvorschriften und die zwischen Sozialpartnern bestehenden Tarifverträge eingehalten werden, kann diese Verantwortung wahrgenommen werden." Darin sollte jedoch keine Überwindung des Freiwilligkeitserfordernisses erkannt werden, sondern allein die Feststellung, dass keine besondere Verantwortung unterhalb des ohnehin qua gesetzlicher Verpflichtung geschuldeten Maßes übernommen werden kann.

[4] Auf der Grundlage eines für allgemein verbindlich erklärten Tarifvertrages seit dem 1. August 2013, http://friseurebayern.wordpress.com/tag/tarifvertrag/ (site zul. besucht am 24. September 2013).

gen unterliegen einer zeitlichen und räumlichen Kontingenz, die der deutsche Bundesgerichtshof bereits 1980 in der *Asbestimporte*-Entscheidung[5] hervorgehoben hat. Eine Abbildung in detaillierten Regelungen fällt insoweit schwer.

1.2.2 Generalklauseln

Die Regulierung durch verbindliches Recht in Gestalt von Generalklauseln umgeht mit der gewonnenen Flexibilität zwar die oben genannten Schwierigkeiten. Sie schafft aber für die Unternehmen zusätzlich das Problem der Rechtsunsicherheit und sieht sich in gleicher Weise vor die maßgebliche, im eigentlichen Sinne ethische Aufgabe gestellt, über die Reichweite des Exports eigener Standards in Jurisdiktionen zu entscheiden, die diese (noch) nicht kennen (vgl. dazu im einzelnen in diesem Buch *Ohly/Liebenau*). Im deutschen Recht hat die Anwendung der lauterkeitsrechtlichen Generalklausel in diesem Zusammenhang durchaus eine gewisse Tradition. Auf die allzu fordernd auftretende Entscheidung *Weltweit-Club* des Bundesgerichtshofs aus dem Jahr 1977[6] folgte indes bald die weitaus zurückhaltendere Entscheidung *Asbestimporte*, in welcher der Bundesgerichtshof bei der Beantwortung der *in casu* zu stellenden Frage, ob „durch die Arbeitsbedingungen bei der Herstellung von Asbesterzeugnissen in Südkorea sittliche Grundanforderungen, die an jede menschliche und staatliche Ordnung zu richten sind, in so starkem Maße verletzt werden, dass auch der Handel mit derartigen Produkten guten kaufmännischen Sitten widerspricht" hervorhob, dass

> ...die Arbeitsbedingungen, unter denen sich die Fertigung industrieller Erzeugnisse in den einzelnen Ländern der Erde vollzieht, zum Teil erheblich voneinander abweichen, und dass es deshalb nicht ohne weiteres möglich ist, im Inland nur solche Waren zum Handel zuzulassen, deren Produktionsverhältnisse denen der Bundesrepublik oder vergleichbarer Länder entsprechen. Wenn das Berufungsgericht in diesem Zusammenhang ausführt, dass die Ordnung der Arbeitsverhältnisse und Produktionsverhältnisse in den zu respektierenden und autonomen Bereich einer jeden einzelstaatlichen Rechtssetzungsbefugnis falle, so hat es damit grundsätzlich zutreffend die Folgerung aus der Tatsache gezogen, dass sich die an den Schutz der Arbeitnehmer zu stellenden Anforderungen an der jeweiligen historischen, kulturellen, sozialen, wirtschaftlichen und rechtlichen Entwicklung eines Gemeinwesens orientieren und deshalb in den einzelnen staatlichen Ordnungen eine vom inländischen Rechtszustand abweichende Regelung erfahren dürfen.[7]

1.2.3 Ermutigung zur Implementierung von CSR-Systemen als „Soft Law" mit harten Folgen

Als „dritter Weg" erscheint die Ermutigung der Marktteilnehmer zur Implementierung von CSR-Systemen als *Soft Law*, doch mit den vergleichsweise harten Rechts-

---

[5] BGH, GRUR 1980, 858– Asbestimporte.

[6] BGH, GRUR 1977, 672– Weltweit-Club.

[7] BGH, GRUR 1980, 858– Asbestimporte.

folgen des Lauterkeitsrechts. Die im Rahmen des Irreführungstatbestandes, der Irreführung durch Unterlassen oder der unangemessenen Einflussnahme zu stellenden Anforderungen bedürfen – nicht zuletzt im Hinblick auf die Vermittlung eines notwendigen Maßes an Rechtssicherheit – der Konkretisierung.

1.3 CSR – „Genuss ohne Reue"?

1.3.1 Schmerzfreie Zügelung des sozialen Schädigungspotentials von Unternehmen?

Regulierungstheoretisch erscheint dieser „dritte Weg" der Ermutigung zur Implementierung von CSR-Systemen auf den ersten Blick als Genuss ohne Reue, als *win-win*-Situation, von der alle etwas haben: Für die zuständigen Gesetzgeber erscheint es als Vorteil, dass das soziale Schädigungspotential wirtschaftlich bedeutender Marktteilnehmer gezügelt werden kann und gleichzeitig möglicherweise überrigide und wachstumsfeindliche Regelungen sowie der politische Kampf mit übermächtigen Lobbies vermieden werden. Die Unternehmen gewinnen flexible Regelungen und zugleich auch noch Reputation. „Tu Gutes und rede darüber!", ist seit jeher[8] eine bewährte Maxime gewerblichen Handelns.

Verhaltensökonomisch handelt es sich um eine Ausprägung des *nudging*[9]; man begnügt sich damit, einen gewissen Anreiz zu setzen, um damit die Marktteilnehmer anzustoßen, sich in die richtige – oder zumindest die gewünschte – Richtung zu bewegen. Der für die Marktakteure gesetzte Anreiz ist eben die Möglichkeit, ihr überobligationsmäßiges Engagement in der Unternehmenskommunikation einzusetzen. Das etablierte Verständnis von CSR verknüpft auf diese Weise die unternehmensethische Begründung aus Sicht des Gemeinwesens mit der ökonomischen Rechtfertigung aus Sicht der Unternehmen. Die angesprochenen „harten Rechtsfolgen" knüpfen im wesentlichen an die Einschränkung der Möglichkeiten an, das Engagement werbewirksam einzusetzen.

1.3.2 Nebenwirkungen

„Ohne Reue" ist jedoch auch der Genuss von CSR nicht. Als Nebenwirkungen treten massive regulatorische Probleme auf:

---

[8] Es ist davon auszugehen, dass auch *Graf Zedtwitz-Arnim* bei der Wahl des Titels seines gleichnamigen Werks aus dem Jahr 1961 bereits auf eine vorbestehende Redensart zurückgriff.

[9] *Thaler/Sunstein,* Nudge. Improving Decisions About Health, Wealth, and Happiness, 2008.

1.3.2.1 Effektivitätsverlust

Am naheliegendsten ist der Verlust von Effektivität im Vergleich mit zwingenden Regelungen. Dieser Verlust kann aber nur geltend gemacht werden, wenn eine tatsächliche Regulierungsmöglichkeit besteht. Wo, wie in der Europäischen Union wegen des Prinzips der begrenzten Einzelzuständigkeit gem. Art. 5 Abs. 1 EUV oder des Erfordernisses eines politischen Zusammenwirkens, keine Regulierungsmöglichkeit besteht (als Beispiel kann das kaum entwickelte Europäische Arbeitsrecht genannt werden), mag unter Beachtung der bestehenden Kompetenzschranken (dazu u. 1.3.2.3) auf eine CSR-basierte Regulierung zurückgegriffen werden.

1.3.2.2 Effizienzverluste

Es können aber auch gesamtgesellschaftliche Effizienzverluste durch ein *over enforcement* auftreten, wenn Unternehmen durch die Übernahme einer Selbstverpflichtung auf dem Wege der CSR mehr tun, als unter gesellschaftspolitischen Gesichtspunkten sinnvoll wäre. Man mag diese Effizienzverluste mit der Begründung vom Tisch wischen, dass die zugrundeliegenden *policies* freiwillig von den Unternehmen ihrem Verhalten zugrunde gelegt würden und die Unternehmen wüssten, was sie tun. Wir sehen allerdings in der kartellrechtlichen Praxis zu Verpflichtungszusagen, dass auch gewinnmaximierende Unternehmen häufig freiwillig bereit sind, mehr aufzugeben, als sie eigentlich auf der Grundlage idealer Regelungen aufgeben müssten[10]. Bisweilen sind die individuell befürchteten Nachteile so groß, dass sie auch rational entscheidende Unternehmen zu gesamtgesellschaftlich suboptimalem Verhalten veranlassen.

1.3.2.3 Verlust von Kompetenzschranken

Wenn Kompetenzschranken überwunden werden, geht die Schutzwirkung des Gesetzesvorbehalts verloren. Auch insoweit ließe sich zwar einwenden, dass die Unterwerfung unter bestimmte CSR Regelungen durch die Unternehmen freiwillig erfolgt. Dadurch würde aber vernachlässigt, dass die Maßnahmen doch nicht ganz so freiwillig getroffen werden. Die bereits angesprochene Mitteilung der Kommission lässt nämlich erkennen, dass deutlich mehr als ein zarter Stupser gegeben werden soll:

---

[10] *Georgii,* Formen der Kooperation in der öffentlichen Kartellrechtsdurchsetzung im europäischen, deutschen und englischen Recht, 1. Aufl. 2013, 76; *Kahlenberg/Neuhaus,* Erste praktische Erfahrungen mit Zusageentscheidungen nach Art. 9 VO 1/2003, EuZW 2005, 620 (623); *Cook,* Commitment Decisions: The Law and Practice under Article 9, 2 World Comp. 2006, 209 (212 f.); *Schweizer,* Commitment Decisions under Art. 9 of Regulation 1/2003: The Developing EC Practice and Case Law, EUI Working Papers Law 2008/22, 9.

Die Kommission beabsichtigt,

1. 2013 Multistakeholder-CSR-Plattformen in einer Reihe relevanter Wirtschaftszweige für die Unternehmen, ihre Beschäftigten und andere Stakeholder einzurichten, damit für jede Branche relevante CSR-Verpflichtungen bekannt gemacht und bisher erzielte Fortschritte gemeinsam überwacht werden;[11]

Die Formulierungen („für jede Branche relevante CSR-Verpflichtungen"; „Fortschritte … überwacht werden") zeigt sehr deutlich, dass die Kommission anstrebt, mit ihrer CSR-basierten Regulierung harte Regelungen zu ersetzen. Regulierungstheoretisch lässt sich das zwar mit einem normativen Verständnis der CSR erklären, nach welchem Unternehmen im Gegenzug für die als Grundlage ihrer wirtschaftlichen Tätigkeit in Anspruch genommenen Leistungen des Gemeinwesens, wie z. B. Infrastruktur, Sicherheit, Bildungs- und Sozialsysteme, die Übernahme einer im Verhältnis zu „jedermann" gesteigerten gesellschaftlichen Verantwortung abverlangt wird.[12] Wenn aber CSR insoweit gezielt als Regulierungsalternative eingesetzt werden, müssen auch die rechtlichen Schranken, insbesondere Kompetenzschranken und Gesetzesvorbehalt, eingehalten werden. Anders gewendet darf die Union außerhalb ihrer Zuständigkeit nur in einer Weise Anreize zur Zugrundelegung von CSR *policies* setzen, die ohne für die Unternehmen negative zusätzliche Sanktionen auskommen.

1.3.2.4 Nachteile für Verbraucher

Die Verbraucher verlieren unter Umständen zum einen die preisbremsende Wirkung eines Außenseiterwettbewerbs, was sich extrem wettbewerbsdämpfend auswirken kann, wenn im Inland aktive Unternehmen durch Selbstverpflichtungen Produkte vom Markt nehmen, welche im Ausland durch die Ausnutzung eines Regulierungsgefälles unter anderen Sozial-oder Umweltstandards erheblich kostengünstiger hergestellt wurden. Durch das bekannte *green washing* entsteht zum anderen die Gefahr zusätzlicher Wettbewerbsverfälschungen.

---

[11] *Mitteilung der Kommission* v. 25.10.2011, Eine neue EU-Strategie (2011–14) für die soziale Verantwortung der Unternehmen (CSR), KOM (2011) 681 endg.

[12] *Wühle,* Mit CSR zum Unternehmenserfolg. Gesellschaftliche Verantwortung als Wertschöpfungsfaktor, 2007, 6 ff. Diese kaum diskutierte Grundannahme ist indes keineswegs trivial. Jeder Bürger nimmt ebenfalls staatliche nicht-monetäre Leistungen wie Infrastruktur, innere und äußere Sicherheit, Bildungs- und Sozialsysteme für seine Lebensgestaltung in Anspruch, ohne dass ihm deshalb die Übernahme einer „*Private Social Responsibility*" angesonnen würde. Die Intensität der Inanspruchnahme der Vorteile eines Gemeinwesens wird nach hiesigen Vorstellungen bereits durch die nach der Leistungsfähigkeit progressiv wachsende Einkünftebesteuerung hinreichend abgebildet. Für Unternehmen tritt ergänzend die Gewerbesteuerpflicht hinzu, mit der die Inanspruchnahme lokaler Ressourcen berücksichtigt und zugleich den Gemeinden die Möglichkeit gegeben wird, die Mittel bedürfnisgerecht – und wiederum lokal – einzusetzen.

1.3.2.5   Integrationspolitische Nachteile

Wenn die Mitgliedstaaten in unterschiedlicher Weise eine auf CSR-Maßnahmen basierte Regulierung betreiben, entsteht für den Binnenmarkt ein integrationspolitisches Problem. Insoweit ist durch Maßnahmen der Positivharmonisierung oder durch die Grundfreiheiten als Auffangnetz zu reagieren.

2   Europarecht als „CSR-Bremse"

Die aufgeführten Nachteile machen deutlich, wann das Europarecht als CSR-Bremse wirken muss: Die Gefahren der Wettbewerbsbeschränkung, der Wettbewerbsverfälschung und der Beeinträchtigung des Binnenmarktes berühren elementare Unionsaufgaben.

2.1   CSR als Wettbewerbsbeschränkung

Zunächst kann CSR als Wettbewerbsbeschränkung auftreten. Die koordinierte Befolgung bestimmter CSR *policies* kann durchaus als wettbewerbsbeschränkende Verhaltensweise im Sinne des Art. 101 AEUV interpretiert werden. In der Durchsetzung der Einhaltung von CSR-Grundsätzen von marktmächtigen Abnehmern oder Lieferanten könnte ein Missbrauch einer marktbeherrschenden Stellung gem. Art. 102 AEUV zu erkennen sein.

2.2   Die Bezugnahme auf CSR als Wettbewerbsverfälschung

In einem Bericht aus dem Jahr 2013 wird zutreffend erkannt, dass CSR-bezogene *policy statements* kein Selbstzweck sind, sondern die Unternehmen sich an ihren Taten messen lassen müssen.[13] Wenn die Taten nicht den Worten entsprechen, können vollmundige Werbeversprechen eine Wettbewerbsverfälschung bewirken. Solche Wettbewerbsverfälschungen gilt es zu vermeiden. Als Instrumente dazu können die Richtlinie über unlautere Geschäftspraktiken[14] sowie die Richtlinie über irreführende und vergleichende Werbung herangezogen werden[15].

---

[13] An Analysis of Policy References made by large EU Companies to Internationally Recognised CSR Guidelines and Principles, March 2013, http://ec.europa.eu/enterprise/policies/sustainable-business/files/csr/csr-guide-princ-2013_en.pdf (site zul. besucht am 24. September 2013), 2.

[14] Richtlinie 2005/29/EG vom 11. Mai 2005 über unlautere Geschäftspraktiken von Unternehmen gegenüber Verbrauchern im Binnenmarkt, ABl. 2005 L 149/22.

[15] Richtlinie 2006/114/EWG vom 12. Dezember 2006 zur Angleichung der Rechts- und Verwaltungsvorschriften der Mitgliedstaaten über irreführende und vergleichende Werbung, ABl. 2006 L 376/21.

2.3 Die mitgliedstaatliche Regulierung mittels CSR policies als Störung des Binnenmarktes

Behinderungen des Handels zwischen den Mitgliedstaaten werden in erster Linie durch sekundärrechtliche Harmonisierungsmaßnahmen verhindert. Daneben treten die Grundfreiheiten in Erscheinung.

2.4 CSR-basierte Regulierung als Überwindung von Kompetenzschranken

Wenig verwunderlich erscheint, dass das oben angesprochene Problem der Überschreitung von Kompetenzschranken durch die EU nicht thematisiert wird. An dieser Stelle wäre es wohl an den Mitgliedstaaten, die Unternehmen vor unbotmäßigem Druck zur Übernahme von CSR *policies* durch die Union zu schützen. Soweit die Unternehmen aber allein aus Eigeninteresse im Hinblick auf die Möglichkeit des Einsatzes von CSR-Maßnahmen als Marketinginstrument Gebrauch machen, und die einzigen echten Druckmittel in den allgemeinen lauterkeitsrechtlichen Schranken dieser Möglichkeit zu erkennen sind, fehlt es daran.

Anders wäre der Fall zu beurteilen, wenn etwa Art. 5 Abs. 2 UGP-RL zur Begründung einer Rechtspflicht zur Zugrundelegung einer CSR *policy* herangezogen würde oder auf andere Weise entweder eine solche Rechtspflicht begründet[16] oder ein hinreichend massiver faktischer Druck ausgeübt würde. Insoweit fehlte der Union eine hinreichende Gesetzgebungskompetenz.

3 Europarecht als „CSR-Motor"

3.1 Grünbuch 2001: Europäische Rahmenbedingungen für die soziale Verantwortung der Unternehmen

Das Europarecht betätigt sich aber zugleich als CSR-Motor, indem es zur Einführung von CSR-Maßnahmen ausdrücklich ermutigt: Bereits im Jahr 2001 wurde ein Grünbuch[17] veröffentlicht, wonach CSR zur Verwirklichung des in Lissabon vor-

---

[16] Eine Gesetzesvorlage für den indischen Company Act sieht etwa vor, dass mindestens 2 % des Gewinns für CSR-Maßnahmen zu verwenden sind, vgl. The Indian Express, Companies Bill passed with mandate on CSR spending, Feb. 22, 2013, http://www.indianexpress.com/news/companies-bill-passed-with-mandate-on-csr-spending/1047290/ (site zul. besucht am 24. September 2013).

[17] Grünbuch der Europäischen Kommission v. 18.7.2001, Europäische Rahmenbedingungen für die soziale Verantwortung der Unternehmen, KOM (2001) 366 endg. Vgl. auch die Mitteilung der Kommission an das Europäische Parlament, den Rat und den Europäischen Wirtschafts- und

gegebenen strategischen Ziels beitragen könnte, die Union zum „wettbewerbsfähigsten und dynamischsten wissensbasierten Wirtschaftsraum der Welt zu machen". Als Ziel wurde die Schaffung gesamteuropäischer Rahmenbedingungen genannt, die darauf abzielen, die Qualität und die einheitliche Umsetzung des Konzepts der sozialen Verantwortung zu fördern durch Erarbeitung von Grundzügen und Instrumentarien und durch Förderung von Best Practice und innovativen Ideen. Dazu sollten *best practices* in der kosteneffizienten Bewertung und unabhängigen Validierung von CSR-Verfahren gefördert werden mit dem Ziel, deren Wirksamkeit und Glaubwürdigkeit zu garantieren.

3.2 Mitteilung 2011: Eine neue EU-Strategie für die soziale Verantwortung der Unternehmen

Im Jahr 2011 folgte eine Mitteilung[18], die wohl nicht ganz ohne Grund den Begriff der neuen Strategie verwendet. Dieser Begriff knüpft sprachlich an die wegweisende Mitteilung aus dem Jahr 1985[19] an, mit der ein vollständig neues Regulierungskonzept verbunden war. Die Kommission gibt durch dieses Zitat zu verstehen, dass sie CSR-basierter Regulierung sehr große Bedeutung zuweist. In dieser Mitteilung kündigt die Kommission immerhin nicht nur an, dass sie „Vertrauen verbessern und dokumentieren" wolle, sondern auch beabsichtige,

> 3. das Problem des irreführenden Marketings im Zusammenhang mit den Auswirkungen von Produkten auf die Umwelt („green-washing") zu behandeln, wenn der für 2012 angekündigte Bericht über die Umsetzung der Richtlinie über unlautere Geschäftspraktiken vorgelegt wird, und sich mit der Frage zu befassen, ob konkrete Gegenmaßnahmen ergriffen werden müssen;
> 4. eine offene Debatte mit Bürgern, Unternehmen und anderen Stakeholdern über die Rolle und das Potenzial von Unternehmen im 21. Jahrhundert einzuleiten, damit gegenseitiges Verständnis und gemeinsame Erwartungen entstehen, und regelmäßige Erhebungen über das Vertrauen der Bürger in Unternehmen und ihre Einstellung zu CSR durchzuführen.

In dem bezuggenommenen Bericht über die Umsetzung der UGP-Richtlinie[20] wird vergleichsweise detailliert auf die Probleme aus umweltschutzbezogenen Angaben

---

Sozialausschuss v. 22. März 2006, Umsetzung der Partnerschaft für Wachstum und Beschäftigung; Europa soll auf dem Gebiet der sozialen Verantwortung der Unternehmen führend werden, KOM (2006) 136 endg.

[18] Mitteilung der Kommission v. 25. Oktober 2011, Eine neue EU-Strategie (2011–14) für die soziale Verantwortung der Unternehmen (CSR), KOM (2011) 681 endg.

[19] Vgl. das Weißbuch der Kommission an den Europäischen Rat „Vollendung des Binnenmarkts", KOM (85) 310 endg., 6 Rn. 13; und die Entschließung des Rates v. 7. Mai 1985 über eine neue Konzeption auf dem Gebiet der technischen Harmonisierung und der Normung, ABl. 1985 C 136/1.

[20] Erster Bericht der Kommission vom 13. März 2013 über die Anwendung der Richtlinie 2005/29/EG des Europäischen Parlaments und des Rates vom 11. Mai 2005 über unlautere Geschäftspraktiken im binnenmarktinternen Geschäftsverkehr zwischen Unternehmen und Verbrauchern und zur Änderung der Richtlinie 84/450/EWG des Rates, der Richtlinien 97/7/EG, 98/27/EG und 2002/65/

eingegangen. Im Hinblick auf vage Formulierungen sollen weiterhin die Art. 6, 7 UGP-RL ausreichende Regelungen bereithalten. Die Kommission will ihre Leitlinien für die Anwendung dieser Vorschriften diesbezüglich weiter entwickeln.

3.3   Untersuchung 2013: Policy References to Internationally Recognised CSR Guidelines

Im März 2013 wurde eine europaweite Feldstudie über die die Bezugnahme großer Unternehmen mit mehr als 1.000 Mitarbeitern auf CSR *policies* und –instrumente veröffentlicht. Darin wird nach der allgemeinen Zugrundelegung von CSR *policies* und der Bezugnahme auf besondere CSR-Regelwerke (*instruments*) differenziert. Die europaweite Studie weist zwar gesamteuropäisch eine erhebliche Bedeutung von CSR *policies* und besonderen Regelwerken aus. Im Ländervergleich rangiert Deutschland aber weit abgeschlagen, erheblich hinter dem Durchschnitt der anderen europäischen Mitgliedstaaten allein vor Tschechien und dem Vereinigten Königreich.[21] Auch erfolgen nur selten Bezugnahmen auf bestimmte CSR-Regelwerke wie etwa den UN Global Compact[22], die Universal Declaration of Human Rights[23] oder die ILO instruments[24]. Auf die OECD Guidelines[25], die ISO 26000[26], die UN Guiding Principles on Business and Human Rights[27] sowie die Declaration on Multi-National Enterprises (MNE) der International Labor Organisation (ILO)[28] wurde in der Feldstudie gar nie bezuggenommen.

EG des Europäischen Parlaments und des Rates sowie der Verordnung (EG) Nr. 2006/2004 des Europäischen Parlaments und des Rates („Richtlinie über unlautere Geschäftspraktiken", KOM (2013) 139 endg., 22 f.

[21] An Analysis of Policy References made by large EU Companies to Internationally Recognised CSR Guidelines and Principles, March 2013, http://ec.europa.eu/enterprise/policies/sustainable-business/files/csr/csr-guide-princ-2013_en.pdf (site zul. besucht am 24. September 2013), 7.

[22] United Nations Global Compact, http://www.unglobalcompact.org/AboutTheGC/TheTenPrinciples/index.html (site zul. besucht am 24. September 2013).

[23] Universal Declaration on Human Rights, 1948, http://www.un.org/en/documents/udhr/index.shtml, (site zul. besucht am 24. September 2013).

[24] ILO Core Conventions and the Declaration on Fundamental Principles and Rights at Work, 1998, http://www.ilo.org/declaration/thedeclaration/textdeclaration/lang–en/index.htm (site zul. besucht am 24. September 2013).

[25] OECD Guidelines for Multinational Enterprises, 2011 ed. (OECD Guidelines) http://www.oecd.org/daf/inv/mne/48004323.pdf (site zul. besucht am 24. September 2013).

[26] ISO 26000 Guidance Standard of Social Responsibility; schematische Übersicht hier: http://www.iso.org/iso/sr_schematic-overview.pdf (site zul. besucht am 24. September2013).

[27] United Nations Guiding Principles on Business and Human Rights, 2011, A/HRC/17/31, http://www2.ohchr.org/english/bodies/hrcouncil/docs/17session/A.HRC.17.31_en.pdf (site zul. besucht am 24. September 2013), 6 ff.

[28] ILO Tripartite Declaration of Principles concerning Multinational Enterprises and Social Policy, 3. Aufl. 2011 (ILO MNE Declaration), http://www.ilo.org/wcmsp5/groups/public/@ed_emp/@emp_ent/documents/publication/wcms_101234.pdf (site zul. besucht am 24. September 2013).

4 Europarechtliche Strukturen – die Tiefenschärfe der Einwirkung

4.1 Sekundärrecht

4.1.1 Richtlinie über unlautere Geschäftspraktiken

Die Richtlinie über unlautere Geschäftspraktiken im Binnenmarkt[29] (nachfolgend kurz: UGP-Richtlinie; UGP-RL), wurde im Jahr 2005 erlassen. Sie ist auf Totalharmonisierung gerichtet und findet Anwendung bei Geschäftspraktiken von Unternehmen gegenüber Verbrauchern. Sie ist das zentrale Regelungsinstrument der Union zur Bewältigung des verbraucherpolitischen Problems des *green washing* von Werbeaussagen[30].

4.1.1.1 Gegenständlicher Anwendungsbereich bei Image-Werbung

An dieser Stelle muss allerdings ein „*twist*" in der Argumentation erfolgen: Nach der Definition des Anwendungsbereich in Art. 3 Abs. 1, 2 lit. d UGP-RL wird nur „jede Handlung, Unterlassung, Verhaltensweise oder Erklärung, kommerzielle Mitteilung einschließlich Werbung und Marketing eines Gewerbetreibenden, die unmittelbar mit der Absatzförderung, … zusammenhängt", erfasst (vgl. dazu auch die Beiträge von *Köhler, v. Walter* und *Birk* in diesem Bd.). Der einschränkende Relativsatz bezieht sich sprachlich eindeutig auch auf die kommerziellen Mitteilungen. Das in ihm enthaltene Unmittelbarkeitserfordernis entpuppt sich als Problem, weil nur fünf Jahre vor der UGP-Richtlinie die Richtlinie über den elektronischen Geschäftsverkehr[31] erlassen wurde, deren Art. 2 lit. f als kommerzielle Kommunikation[32] „alle

---

[29] Richtlinie 2005/29/EG vom 11. Mai 2005 über unlautere Geschäftspraktiken von Unternehmen gegenüber Verbrauchern im Binnenmarkt, ABl. 2005 L 149/22.

[30] *Mitteilung der Kommission* v. 25. Oktober 2011, Eine neue EU-Strategie (2011–14) für die soziale Verantwortung der Unternehmen (CSR), KOM (2011) 681 endg., Nr. 4.2; Erster Bericht der Kommission vom 13. März 2013 über die Anwendung der Richtlinie 2005/29/EG des Europäischen Parlaments und des Rates vom 11. Mai 2005 über unlautere Geschäftspraktiken im binnenmarktinternen Geschäftsverkehr zwischen Unternehmen und Verbrauchern und zur Änderung der Richtlinie 84/450/EWG des Rates, der Richtlinien 97/7/EG, 98/27/EG und 2002/65/EG des Europäischen Parlaments und des Rates sowie der Verordnung (EG) Nr. 2006/2004 des Europäischen Parlaments und des Rates („Richtlinie über unlautere Geschäftspraktiken", KOM (2013) 139 endg., 22 f.

[31] Richtlinie 2000/31/EG vom 08. Juni 2000 über bestimmte rechtliche Aspekte der Dienste der Informationsgesellschaft, insbesondere des elektronischen Geschäftsverkehrs, im Binnenmarkt, ABl. 2000 L 178/1.

[32] Mit der Abweichung „kommerzieller Kommunikation" von „kommerzieller Mitteilung" dürften keine inhaltlichen Unterschiede verbunden sein. Die englischen Sprachfassungen beider Richtlinien sprechen jeweils von „*commercial communications*", die französischen von „*communications commerciales*".

Formen der Kommunikation, die der unmittelbaren oder mittelbaren Förderung des Absatzes" dienen, definiert. Zusammengelesen erscheint die Einschränkung „die unmittelbar mit der Absatzförderung zusammenhängen" in Art. 2 lit. d UGP-RL als Ausschluss derjenigen Formen kommerzieller Kommunikation, die allein mittelbar der Absatzförderung dienen. Damit wäre der gesamte Bereich der Imagewerbung vom Anwendungsbereich der UGP-Richtlinie nicht erfasst.

Weder in Deutschland noch andernorts in der EU hat man aber diesen Gegenschluss gezogen. Man hat sich stattdessen auf die Regelung in Art. 6 Abs. 1 lit. c UGP-Richtlinie gestützt, die ausdrücklich auf „Symbole jeder Art, die im Zusammenhang mit direktem oder indirektem Sponsoring stehen", Bezug nimmt. Wenn Angaben im Zusammenhang mit indirektem Sponsoring eine Irreführung begründen können sollen, erschiene es als widersprüchlich, mittelbare Maßnahmen der Absatzförderung vom Anwendungsbereich der UGP-Richtlinie auszuschließen. Deshalb entspricht es heute ganz herrschender Meinung, dass die UGP-Richtlinie nicht allein produktbezogene, sondern auch produktunabhängige Absatzförderung umfasst, wie insbesondere die Imagewerbung. *Websites* werden danach immer dann als Geschäftspraktiken von Unternehmen gegenüber Verbrauchern erfasst, wenn sie mit der Förderung des Absatzes von typischen Verbraucherprodukten zusammenhängen.

4.1.1.2 Irreführungen, Art. 6 UGP-Richtlinie

Das Irreführungsverbot des Art. 6 Abs. 1 UGP-Richtlinie kommt damit zur Anwendung. Es wird im Hinblick auf die Angehörigkeit zu Kodizes in Art. 6 Abs. 2 UGP-Richtlinie sowie in den Nrn. 1–4 Anh. I UGP-Richtlinie[33] konkretisiert. Die Erfahrungen im Zusammenhang mit dem Phänomen des *green washing* haben die Probleme deutlich gemacht, die bei der Anwendung des allgemeinen Irreführungsverbots auf umweltbezogene Aussagen entstehen. Für bestimmte Prädikate („bio", „öko") bestehen bereits selbständige Regelungswerke[34], die auf der Grundlage von Art. 3 Abs. 4 UGP-RL vorrangig zu beachten sind. Bei anderen Beschreibungen wie etwa „umweltfreundlich", „biologisch abbaubar", „kohlenstoffneutral", „grün", „nachhaltig", „natürlich", „energieeffizient", „CO^2-arm", „schadstofffrei",

---

[33] Erster Bericht der Kommission vom 13. März 2013 über die Anwendung der Richtlinie 2005/29/EG des Europäischen Parlaments und des Rates vom 11. Mai 2005 über unlautere Geschäftspraktiken im binnenmarktinternen Geschäftsverkehr zwischen Unternehmen und Verbrauchern und zur Änderung der Richtlinie 84/450/EWG des Rates, der Richtlinien 97/7/EG, 98/27/EG und 2002/65/EG des Europäischen Parlaments und des Rates sowie der Verordnung (EG) Nr. 2006/2004 des Europäischen Parlaments und des Rates („Richtlinie über unlautere Geschäftspraktiken", KOM (2013) 139 endg., 23.

[34] Verordnung (EG) Nr. 834/2007 des Rates vom 28. Juni 2007 über die ökologische/biologische Produktion und die Kennzeichnung von ökologischen/biologischen Erzeugnissen und zur Aufhebung der Verordnung (EWG) Nr. 2092/91, ABl. 2007 L 189/1.

„sauber", „emissionsfrei", „ethisch" und „fair" etc.[35] fällt es indes entweder bereits schwer zu erkennen, was sich hinter ihnen verbirgt („biologisch abbaubar"), oder es handelt sich offensichtlich um wertungsabhängige Begriffe („umweltfreundlich", „grün", „CO^2-arm", „ethisch", „fair"), die einer Überprüfung im Hinblick auf irreführende Angaben nur schwer zugänglich sind. Bezugnahmen auf andere CSR-Kriterien verursachen vergleichbare Schwierigkeiten.

Die Probleme werden auch von der Kommission erkannt, allerdings auf der Grundlage von Art. 6 UGP-Richtlinie für lösbar gehalten. Die Kommission hat bereits eine diesbezügliche Ergänzung ihrer Leitlinien versprochen. Sehr engagiert erscheint allerdings die Äußerung, wonach Umweltaussagen von Gewerbetreibenden vor allem konkret, genau und unmissverständlich sein müssen, die Gewerbetreibenden über wissenschaftliche Belege zur Stützung ihrer Aussagen verfügen und bereit sein müssen, diese in leicht verständlicher Weise vorzulegen, falls eine Aussage angezweifelt wird[36].

Für den deutschen Betrachter erscheint die Entwicklung beinahe ironisch, dass nunmehr, fast 15 Jahre nach der formellen Übernahme des Europäischen Verbraucherleitbildes[37] durch den Bundesgerichtshof, europaweit ein Verständnis des Irreführungsverbots zugrunde gelegt werden soll, das hierzulande schon einmal zu einem faktischen Verbot der Werbung mit Umweltaussagen geführt hat.[38] Tatsächlich würden die Erfordernisse der Konkretheit und der Unmissverständlichkeit erneut Angaben wie die meisten der oben gemachten *a priori* ausschließen. Eine – ernstgenommene (!) – Forderung nach Konkretheit und Unmissverständlichkeit erscheint deshalb überschießend.

Dennoch weist die Kommission im Folgenden den richtigen Weg. Wenngleich ein generelles Verbot pauschaler Angaben unangemessen erscheinen mag, liegt doch die Annahme nahe, dass der Verkehr eine werbemäßig hervorgehobene Beschreibung eines Produkts als „umweltfreundlich", „grün" oder „CO^2-arm" ungeachtet seiner konkreten Eigenschaften und Beschaffenheit zumindest in der Weise interpretiert, dass das so beworbene Produkt im Hinblick auf seine Umwelteigen-

---

[35] Beispiele aus dem Ersten Bericht der Kommission vom 13. März 2013 über die Anwendung der Richtlinie 2005/29/EG des Europäischen Parlaments und des Rates vom 11. Mai 2005 über unlautere Geschäftspraktiken im binnenmarktinternen Geschäftsverkehr zwischen Unternehmen und Verbrauchern und zur Änderung der Richtlinie 84/450/EWG des Rates, der Richtlinien 97/7/EG, 98/27/EG und 2002/65/EG des Europäischen Parlaments und des Rates sowie der Verordnung (EG) Nr. 2006/2004 des Europäischen Parlaments und des Rates („Richtlinie über unlautere Geschäftspraktiken", KOM (2013) 139 endg., 23 Fn. 92.

[36] Erster Bericht der Kommission vom 13. März 2013 über die Anwendung der Richtlinie 2005/29/EG des Europäischen Parlaments und des Rates vom 11. Mai 2005 über unlautere Geschäftspraktiken im binnenmarktinternen Geschäftsverkehr zwischen Unternehmen und Verbrauchern und zur Änderung der Richtlinie 84/450/EWG des Rates, der Richtlinien 97/7/EG, 98/27/EG und 2002/65/EG des Europäischen Parlaments und des Rates sowie der Verordnung (EG) Nr. 2006/2004 des Europäischen Parlaments und des Rates („Richtlinie über unlautere Geschäftspraktiken", KOM (2013) 139 endg., 23.

[37] BGH, WRP 2000, 517 (518) – Orientteppichmuster.

[38] Vgl. dazu die Nachweise bei *Paulus,* Umweltwerbung – Nationale Maßstäbe und europäische Regelungen, WRP 1990, 739 (741).

schaften den Durchschnitt der Konkurrenzprodukte im positiven Sinne deutlich übertrifft. An diesem Verkehrsverständnis muss der Werbende sich messen lassen Die bloße Einhaltung der gesetzlichen Vorschriften kann zur Erfüllung der geweckten Verbrauchererwartung jedenfalls nicht ausreichen. Vielmehr muss der so Werbende die mit der Werbeaussage in Anspruch genommene ökologische oder soziale „Qualität" auf der Grundlage von Art. 12 lit. a UGP-RL darlegen und ggf. beweisen. Für derartig vage Aussagen kann nichts anderes gelten als für Wirksamkeits- oder Alleinstellungsbehauptungen. Damit würde zugleich das aus der regelmäßig schwierigen Nachprüfbarkeit von umweltbezogenen Werbeversprechungen[39] resultierende Folgeproblem gelöst.

4.1.1.3 Irreführung durch Unterlassen, Art. 7 UGP-Richtlinie

Relativ klar ist, dass Lücken, die CSR-bezogene Aussagen im Rahmen des Art. 6 UGP-Richtlinie lassen, durch Art. 7 Abs. 1 UGP-Richtlinie geschlossen werden können. Ob die „halbe Wahrheit" noch eine Irreführung oder als Unterlassen der ausgebliebenen Aufklärung unlauter ist, bedarf keiner weiteren Untersuchung.

Schwieriger erscheint die Begründung einer Irreführung durch Unterlassen, wenn ein Unternehmen seiner Politik keine bestimmten CSR *policies* oder Regelungsinstrumente zugrunde legt[40]. Wenn Unternehmen in ihrer Kommunikation in keinerlei Weise Gebrauch davon machen, gesellschaftliches oder umweltbezogenes Engagement als Marketinginstrument einzusetzen, kann jedenfalls nicht angenommen werden, dass es sich bei der Nichteinhaltung eines Standards, etwa der ISO 26000, um eine wesentliche Information handelt, die erteilt werden müsste. Die Regelung beansprucht selbst ausdrücklich nur Geltung, wenn die Unternehmen sich ihr unterwerfen. Bei der von der Kommission durchgeführten Studie über die Bezugnahmen auf bestimmte CSR *policies* durch 200 zufällig ausgewählte Unternehmen mit mehr als 1000 Mitarbeitern fand sich in Deutschland keine einzige Bezugnahme auf ISO 26000 und weniger als 15 % aller Unternehmen bezogen sich auf den UN Global Compact oder die OECD Guidelines[41]. Vor diesem Hintergrund wird man nicht annehmen können, dass die Verbraucher eine entsprechende Information erwarten.

Dasselbe hat zu gelten, wenn Unternehmen zwar konkrete CSR-Maßnahmen (etwa zur Förderung des Sports, zur gesunden Ernährung von Schulkindern oder zum Schutz des Regenwaldes) werbemäßig hervorheben, aber keinen Hinweis darauf geben, ihrer Unternehmenspolitik insgesamt eine Wegleitung durch CSR-

---

[39] Der Film „Schmutzige Schokolade" von *Miki Mistrati* aus dem Jahr 2010, www.youtube.com/ watch?v=SgZhiooAkg8 (site zul. besucht am 24. September 2013), dokumentiert eindrucksvoll, wie entgegen ausdrücklicher Versprechungen namhafter Unternehmen gegen die selbst auferlegten Pflichten verstoßen wird.

[40] Vgl. dazu *Fezer*, in: *Fezer* (Hrsg.), Lauterkeitsrecht, 2. Aufl. 2010, Einl E Rn. 240.

[41] An Analysis of Policy References made by large EU Companies to Internationally Recognised CSR Guidelines and Principles, March 2013 http://ec.europa.eu/enterprise/policies/sustainable-business/files/csr/csr-guide-princ-2013_en.pdf (site zul. besucht am 24. September 2013), 7, 12.

Aspekte oder gar eines der CSR-Regelwerke zugrunde zu legen. Der Hervorhebung einzelner Maßnahmen entnimmt der Verbraucher eher im Gegenschluss, dass es an einer kohärenten Unternehmenspolitik fehlt.

Grenzwertig sind unkonkrete Hinweise auf eine Unternehmenspolitik, die von der sozialen Verantwortung und deren Wahrnehmung geprägt ist. Erst, wenn sich die Selbstverpflichtung auf einen der auf dem Markt vertretenen CSR Regelwerke als Normalfall durchgesetzt haben wird, wird der maßgebliche Durchschnittsverbraucher die Zugrundelegung eines solchen Standards erwarten, so dass die Nichtunterwerfung als wesentliches Merkmal mitgeteilt werden müsste.

4.1.1.4   Aggressive Geschäftspraktiken, Art. 8 UGP-Richtlinie

Aus der Regelungsstruktur der UGP-Richtlinie ergibt sich relativ zwingend, dass die alte deutsche Praxis, die von den Gewerbetreibenden verlangte, allein mit Preis und Qualität ihrer gewerblichen Leistungen zu werben[42], heute bereits aus europarechtlicher Sicht nicht mehr haltbar wäre. Insoweit fehlt im Regelfall die erforderliche Aggressivität. Völlig „blind" ist die UGP-Richtlinie aber im Hinblick auf die Einwirkungskraft von sozialpolitischen Argumenten in der Werbung nicht, wie Nr. 30 Anh. 1 UGP-Richtlinie deutlich macht: Danach ist ein ausdrücklicher Hinweis gegenüber dem Verbraucher, dass der Arbeitsplatz oder der Lebensunterhalt des Gewerbetreibenden gefährdet sind, falls der Verbraucher das Produkt oder die Dienstleistung nicht erwirbt, unzulässig. Zulässig bleibt demgegenüber die Werbung mit dem Hinweis, dass mit dem Erwerb des beworbenen Produkts Arbeitsplätze in Deutschland oder anderswo gesichert werden.

4.1.2   Irreführungsrichtlinie

Unternehmen machen durchaus auch für Produkte, die nicht von Verbrauchern genutzt werden, etwa in den Bereichen Maschinenbau, Anlagenbau usw., Werbung unter Bezugnahme auf CSR-Maßnahmen. Außerhalb des Anwendungsbereichs der UGP-Richtlinie kommt die allgemeine Irreführungsrichtlinie[43] zum Einsatz. Der in Art. 2 lit. a Irreführungsrichtlinie definierte Begriff der Werbung[44] umfasst mühelos alle Formen der Bezugnahme auf CSR-Maßnahmen. Auch Imagewerbung gehört dazu. Wegen des eingeschränkteren Verbots irreführenden Unterlassens wird sich

---

[42] Vgl. dazu bereits umfassend *Ernst,* Corporate Social Responsibility (CSR) und das Wettbewerbsrecht, WRP 2010, 1304.

[43] Richtlinie 2006/114/EWG vom 12. Dezember 2006 zur Angleichung der Rechts- und Verwaltungsvorschriften der Mitgliedstaaten über irreführende und vergleichende Werbung, ABl. 2006 L 376/21.

[44] Artikel 2 lit. a „Werbung": „jede Äußerung bei der Ausübung eines Handels, Gewerbes, Handwerks oder freien Berufs mit dem Ziel, den Absatz von Waren oder die Erbringung von Dienstleistungen, einschließlich unbeweglicher Sachen, Rechte und Verpflichtungen, zu fördern".

die Frage nach einer Pflicht zur Mitteilung des Umstandes, dass keine CSR *policies* verfolgt werden, nicht in derselben Schärfe stellen.

4.1.3 Vergaberechtsrichtlinien

Die Einhaltung von CSR-Grundsätzen bei der öffentlichen Auftragsvergabe (*„buying social"*, *„buying green"*, „sustainable public *procurement"*) wird ebenfalls europarechtlich eingeschränkt. Die Vergaberichtlinien[45] gestatten zwar, dass bei der öffentlichen Auftragsvergabe im Rahmen der Bewertung der Angebote Umweltkriterien oder andere Kriterien mit Gesellschaftsbezug berücksichtigt werden. Im Jahr 2011 führte die Kommission in ihrem Leitfaden über die sozial verantwortliche Auftragsvergabe aus, wie soziale Überlegungen in die Vergabe öffentlicher Aufträge einfließen können.[46] Die Vergaberechtsrichtlinien verlangen aber zugleich, dass diese Kriterien in unmittelbarem Zusammenhang mit dem Auftragsgegenstand stehen müssen. Die Möglichkeiten für den Staat, als Auftraggeber steuernd einzugreifen, sind damit beschränkt.

4.2 Primärrecht

4.2.1 Grundfreiheiten

Im Primärrecht sind wie bereits angedeutet zunächst die Grundfreiheiten zu beachten. Ohne das Vorliegen einer Diskriminierung kommen sie als Beschränkungsverbote aber eben nur in Ermangelung harmonisierender Unionsregelungen zum Tragen. Die totalharmonisierenden Richtlinien, insbesondere die UGP-Richtlinie, schließen daher die Möglichkeit, die Grundfreiheiten als Beschränkungsverbote zum Tragen zu bringen, aus. Die Warenverkehrs- und Dienstleistungsfreiheit gem. Art. 34, 56 AEUV fallen deshalb allein im Anwendungsbereich der nur mindestharmonisierenden Irreführungsrichtlinie ins Gewicht.

Sie können mitgliedstaatliche CSR-basierte Regulierung als Maßnahme gleicher Wirkung erfassen, wenn Einfuhren durch sie rechtlich oder tatsächlich stärker betroffen werden als die einheimischen Güter. Die Möglichkeit der Rechtfertigung nicht marktneutraler CSR *policies* auf der Grundlage der Cassis-Doktrin erscheint fragwürdig, da die Mitgliedstaaten durch die Ausgestaltung der Regulierung im

---

[45] Vgl. nur Art. 53 Abs. 1 Richtlinie 2004/18/EG v. 31. März 2004 über die Koordinierung der Verfahren zur Vergabe öffentlicher Bauaufträge, Lieferaufträge und Dienstleistungsaufträge, ABl. 2004 L 134/114; Art. 55 Abs. 1 Richtlinie 2004/17/EG vom 31. März 2004 zur Koordinierung der Zuschlagserteilung im Bereich der Wasser-, Energie und Verkehrsversorgung sowie der Postdienste, ABl. 2004 L 134/1.

[46] Buying Social: a guide to taking account of social considerations in public procurement, Europäische Kommission, 2011.

Wege der Förderung von CSR zu verstehen geben, dass sie die Einhaltung der enthaltenen Regelungen nicht für zwingend erforderlich halten.

4.2.2 Kartellrecht

Schließlich kann eine koordinierte Befolgung von CSR-Grundsätzen zu einer Wettbewerbsbeschränkung führen[47]. Als frühes Beispiel kann zunächst die Selbstbeschränkung von Zündapp, Hercules und Kreidler aus dem Jahr 1969 hinsichtlich der Höchstleistung der Kleinkrafträder auf 6,25 PS genannt werden. Wegen der straßenverkehrsrechtlichen Besonderheiten – in Deutschland hatten bereits 16-jährige Verkehrsteilnehmer die Möglichkeit, ohne Begrenzung der Höchstgeschwindigkeit auf Krafträdern am Straßenverkehr teilzunehmen, wenn der Hubraum 50 ccm nicht überschritt – genossen die genannten Hersteller eine Oligopolstellung. Der Wettbewerb führte zu stetig steigenden Motorleistungen, aber auch Unfallzahlen. Um eine drohende staatliche Regulierung zu verhindern, einigten die Hersteller sich auf die Beendigung des „Wettrüstens". Ähnlich kam es im Jahr 1987 zu der Selbstbeschränkung von Audi, BMW, Daimler und Volkswagen auf eine Höchstgeschwindigkeit der von ihnen hergestellten Personenkraftfahrzeuge von 250 km/h. In beiden Fällen handelt es sich fraglos um Vereinbarungen zwischen Mitbewerbern, also im Horizontalverhältnis, die zu einer Beschränkung des Wettbewerbs im Hinblick auf mindestens einen wettbewerbsrelevanten Qualitätsparameter – im ersten Fall die Motorleistung, im zweiten Fall die Höchstgeschwindigkeit – geführt haben. Im ersten Fall lassen sich die Folgen für den Markt historisch nachvollziehen: Das „Wettrüsten" bei der Motorleistung wurde abgelöst durch einen Qualitätswettbewerb bei der Ausstattung der Fahrzeuge. Im zweiten Fall hat die Beschränkung der Höchstgeschwindigkeit zum einen nicht die Tragweite, da die Hersteller selbst Möglichkeiten bereithalten, die Beschränkung zu umgehen, zum anderen wurde sie vom Verkehr angesichts der seltenen Gelegenheit, eine Höchstgeschwindigkeit jenseits von 250 km/h praktisch zu nutzen, kaum berücksichtigt. Die relevanteren Motorleistungen sind ungeachtet der Beschränkung der Höchstgeschwindigkeit weiter explodiert.

Bei dogmatischer Betrachtung fällt die Verortung nicht-ökonomischer Vorteile in den modernen kartellrechtlichen Tatbeständen schwer: Die früheren Horizontalleitlinien der Kommission tolerierten immerhin Umweltschutzvereinbarungen in gewissem Umfang[48], die geltenden[49] gehen auf sie nicht mehr ein. Das deutsche Kartellrecht, geprägt von dem Freistellungstatbestand in § 7 GWB a.F., geht eben-

---

[47] Vgl. bereits *Baumann*, Rechtsprobleme freiwilliger Selbstbeschränkung, 1978, 20 ff.

[48] Bekanntmachung der Kommission — Leitlinien zur Anwendbarkeit von Artikel 81 EG-Vertrag auf Vereinbarungen über horizontale Zusammenarbeit, ABl. 2001 C 3/2, Rn. 179 ff., 192.

[49] Mitteilung der Kommission — Leitlinien zur Anwendbarkeit von Artikel 101 des Vertrags über die Arbeitsweise der Europäischen Union auf Vereinbarungen über horizontale Zusammenarbeit, ABl. 2011 C 11/1, Rn. 329 liefert immerhin ein Beispiel, in dem der Begriff der wirtschaftlichen Vorteile sehr weit ausgelegt wird.

falls von einer Berücksichtigungsfähigkeit der Gemeinvorteile in § 2 Abs. 1 GWB aus, wenngleich die Problematik erkannt wird[50]. Die kartellrechtlichen Vorschriften blenden im Rahmen der allgemeinen Kartelltatbestände aber außerwettbewerbliche Aspekte aus.

Soweit ersichtlich blickt das Auge der Kartellwächter trotz des eindeutig auf die Beschränkung des Produktwettbewerbs gerichteten Zwecks und feststellbarer beschränkender Wirkungen gleichwohl nicht mit großer Schärfe auf derartiges Wettbewerbsverhalten. In den oben genannten Beispielsfällen lässt sich etwa trotz ihrer Publizität keine Aktivität der Kartellbehörden erkennen. In der Entscheidung *Wouters* aus dem Jahr 2002 hat der EuGH zudem sehr deutlich gemacht, dass die Zielsetzung und der soziale Zweck einer Regelung – damals ging es um niederländische Regelungen des anwaltlichen Standesrechts – bereits bei der Frage nach der Wettbewerbsbeschränkung zu berücksichtigen sind.

> Bei der Anwendung dieser Vorschrift im Einzelfall sind nämlich der Gesamtzusammenhang, in dem der fragliche Beschluss zustande gekommen ist oder seine Wirkungen entfaltet, und insbesondere dessen Zielsetzung zu würdigen, die hier mit der Notwendigkeit der Schaffung von Vorschriften über Organisation, Befähigung, Standespflichten, Kontrolle und Verantwortlichkeit zusammenhängt, die den Empfängern juristischer Dienstleistungen und der Rechtspflege die erforderliche Gewähr für Integrität und Erfahrung bieten …. Es ist weiter zu prüfen, ob die mit dem Beschluss verbundenen wettbewerbsbeschränkenden Wirkungen notwendig mit der Verfolgung der genannten Ziele zusammenhängen.[51]

5 Zusammenfassung

1. Aus der Sicht des Europarechts erscheint die auf den Einsatz von CSR gründende Regulierung als Alternative zur aus rechtlichen Gründen ausgeschlossenen (Prinzip der begrenzten Einzelzuständigkeit) oder aus politischen Gründen inopportunen Rechtsetzung. Die an die CSR-basierte Regulierung gestellten Erwartungen sind hoch. Es verwundert daher nicht, dass die EU CSR-basierter Regulierung positiv gegenübersteht, diese aktiv fördert und auf sie hinwirkt. Die Politik der EU wirkt so als CSR-Motor.

2. Auch mit einem CSR-basierten Regelungsmodell sind Nachteile verbunden. Als wesentliches Problem erkennt die Kommission Wettbewerbsverfälschungen durch sog. *green washing*, d. h. den Einsatz von Werbeangaben im Zusammenhang mit im weitesten Sinne CSR-orientierten Qualitäten von Produkt und Unternehmen, die zu einem Auseinanderfallen von schutzwürdiger Verbrauchervorstellung und Wirklichkeit führen. Eine Lösung dieses Problems sollte nach Ansicht der Kommission im Rahmen der Art. 6, 7 UGP-RL gefunden werden.

---

[50] *Nordemann,* in: *Loewenheim/Meessen/Riesenkampff* (Hrsg.), GWB, 2. Aufl. 2009, § 2 Rn. 138 ff., 143.

[51] EuGH, Rs. C-309/99, Wouters, Slg 2002, I-1577.

3. Der Umgang der Kartellbehörden mit in weiterem Sinne CSR-verursachten Wettbewerbsbeschränkungen ist demgegenüber weit weniger reflektiert. Gelegentliche Äußerungen lassen sich im Sinne einer Privilegierung von Abreden und Verhaltensweisen interpretieren, mit denen über Wettbewerbsförderungszwecke hinausgehende Gemeinwohlinteressen verfolgt werden.

4. Die Beeinträchtigung des Handels zwischen den Mitgliedstaaten wird ebenfalls als Gefahr wahrgenommen, die aber im Wesentlichen durch die in der UGP-Richtlinie angelegte Totalharmonisierung bewältigt wird. Wo die Mitgliedstaaten im Beschaffungswesen CSR-Grundsätze anlegen, schließt das Erfordernis des Zusammenhangs mit dem Beschaffungsgegenstand in den Vergaberichtlinien eine Behinderung von Einfuhren aus.

5. Wichtig erscheint schließlich, dass in genau jenen Fällen, in denen die Union besonders gern Gebrauch von einer Regulierung auf der Grundlage von CSR *policies* machen möchte, die unionsrechtlichen Kompetenzschranken eingehalten werden. Der daneben stehende unionsrechtliche Gesetzesvorbehalt schließt überdies Maßnahmen aus, die über den bloßen Verlust eines Marketinginstruments auf einer universell geltenden Grundlage hinausgehen.

Corporate Social Responsibility und Kartellrecht

Thomas Ackermann

Zusammenfassung Während sich das Lauterkeitsrecht tendenziell dazu eignet, Maßnahmen der Corporate Social Responsibility (CSR) wohlwollend zu begleiten, indem es den damit verfolgten Zwecken zur rechtlichen Anerkennung verhilft, gilt das Kartellrecht als potentieller Störenfried. In den – nicht allzu zahlreichen – juristischen Beiträgen zur CSR scheint das Kartellrecht eher die Rolle eines Bremsers, wenn nicht sogar eines Hindernisses einzunehmen. In der Tat weckt die Verpflichtung des Kartellrechts auf die Aufrechterhaltung des Wettbewerbs als Ziel den Verdacht, dass dieses Rechtsgebiet sich der Verfolgung nichtwettbewerblicher Zwecke, wie sie für CSR kennzeichnend sind, widersetzt. Diesen Verdacht wird der folgende Beitrag nicht komplett ausräumen, aber zumindest durch eine spezifischere Beschreibung der kartellrechtlichen Implikationen für CSR-Maßnahmen relativieren.

1 Kartellrechtliche Rahmenbedingungen der CSR

Bevor auf die Frage, ob und inwieweit das Kartellrecht eine „Bremse" für Corporate Social Responsibility (CSR) darstellt,[1] näher eingegangen wird, sollen zunächst die kartellrechtlichen Rahmenbedingungen, die für CSR gelten, erörtert werden.

---

[1] Dazu. *Dubbink/van der Putten*, Is Competition Law an Impediment to CSR?, 93 Journal of Business Ethics 2008, 381 ff.; *Lübbig*, Nachhaltigkeit als Kartellthematik, WuW 2012, 1142 ff.; *Quo*, Competition law, CSR and small business, Comp. Law 2010, 402 ff.; *Rackoff*, Room Enough for the Do-Gooders: Corporate Social Accountability and the Sherman Act, 80 S.Cal.L.Rev. 2007, 1037 ff.

T. Ackermann (✉)
Lehrstuhl für Bürgerliches Recht, Europäisches und Internationales Recht,
Ludwig-Maximilians-Universität München, Deutschland
E-Mail: ls.ackermann@jura.uni-muenchen.de

R. M. Hilty, F. Henning-Bodewig (Hrsg.), *Corporate Social Responsibility*,
MPI Studies on Intellectual Property and Competition Law 21,
DOI 10.1007/978-3-642-54005-9_10, © Springer-Verlag Berlin Heidelberg 2014

1.1   Freiwilligkeit und außerwettbewerbliche Zwecke als Schlüsselmerkmale

Der auf den ersten Blick etwas wolkige Begriff *Corporate Social Responsibility* erhält jedenfalls für die Zwecke dieses Beitrags ausreichende Konturen durch die Mitteilung der EU-Kommission zur *CSR-Strategie der EU*, in der CSR definiert wird „als ein Konzept, das den Unternehmen als Grundlage dient, auf freiwilliger Basis soziale Belange und Umweltbelange in ihre Unternehmenstätigkeit und in ihre Wechselbeziehungen mit den Stakeholdern zu integrieren".[2] Zwei Aspekte dieser Definition wecken die Aufmerksamkeit des Kartellrechtlers: Zum einen zeichnet sich CSR durch *Freiwilligkeit* aus, erschöpft sich also nicht in einem unternehmerischen Bekenntnis zur Einhaltung von Regeln, deren Befolgung rechtlich erzwungen werden kann. Zum anderen ist CSR materiellen *Zwecken* verpflichtet, die *nicht unmittelbar rentabilitäts- und profitorientiert* sind. Die Kommission führt insoweit soziale Belange und Umweltbelange an, die derzeit gewiss im Zentrum öffentlicher Aufmerksamkeit stehen. Es dürfte jedoch statthaft sein (und macht für die kartellrechtliche Bewertung zumindest grundsätzlich keinen Unterschied), darüber hinaus auch dann von CSR zu sprechen, wenn andere Gemeinwohlzwecke verfolgt werden.

1.2   Anwendbare kartellrechtliche Verbote

Die kartellrechtlichen Maßstäbe, an denen CSR-Konzepte in dem von der Kommission beschriebenen Sinn zu messen sind, sind für die EU dem *Vertrag über die Arbeitsweise der Europäischen Union* (AEUV) und für Deutschland dem *Gesetz gegen Wettbewerbsbeschränkungen* (GWB) zu entnehmen. Zum einen hat sich CSR in den Grenzen des in § 1 GWB und Art. 101 Abs. 1 AEUV normierten Kartellverbots zu bewegen, das Vereinbarungen, abgestimmte Verhaltensweisen und Beschlüsse von Unternehmensvereinigungen verbietet, die eine Wettbewerbsbeschränkung bezwecken oder bewirken.[3] Ausgenommen hiervon sind freilich gemäß Art. 101 Abs. 3 AEUV bzw. § 2 Abs. 1 GWB Vereinbarungen, abgestimmte Verhaltensweisen und Beschlüsse, die Effizienzvorteile generieren, an denen die Verbraucher beteiligt werden, ohne den beteiligten Unternehmen Beschränkungen aufzuerlegen, die nicht unerlässlich sind, oder Möglichkeiten zu eröffnen, für einen wesentlichen Teil des betreffenden Marktes den Wettbewerb auszuschalten. Zum anderen hat CSR das Art. 102 AEUV und § 19 GWB zu entnehmende Verbot

---

[2] Mitteilung der Kommission an das Europäische Parlament, den Rat, den Europäischen Wirtschafts- und Sozialausschuss und den Ausschuss der Regionen: Eine neue EU-Strategie (2011–2014) für die soziale Verantwortung der Unternehmen (CSR), KOM (2011) 681, 4, unter Bezugnahme auf die erste CSR-Mitteilung v. 2. März 2001, KOM (2001) 366.

[3] Bei Art. 101 Abs. 1 AEUV ist darüber hinaus eine Eignung zur Beeinträchtigung des Handels zwischen Mitgliedstaaten Voraussetzung. Dieses Erfordernis nimmt Konstellationen, die nicht binnenmarktrelevant sind, sondern nur einen einzelnen Mitgliedstaat betreffen, vom Anwendungsbereich des EU-Kartellrechts aus.

missbräuchlichen Verhaltens zu wahren, dessen Adressaten (allein oder kollektiv) marktbeherrschende Unternehmen sind.

Diese deutschen und europäischen Regelungen sind für CSR beachtlich, allerdings durchaus nicht so, dass damit eine Benachteiligung deutscher und europäischer Unternehmen verbunden wäre. Denn unabhängig vom Unternehmenssitz finden das deutsche und das EU-Kartellrecht Anwendung auf alle unternehmerischen Verhaltensweisen, die sich auf Märkten in der EU (im Falle des EU-Kartellrechts) bzw. in Deutschland (im Falle des GWB) auswirken, gelten also auch für Unternehmen aus Drittstaaten, die sich in der EU bzw. in Deutschland betätigen.[4] Kartellrecht ist daher kein für den regulatorischen Wettbewerb relevanter Standortfaktor: Man entgeht den hierzulande geltenden Regeln nicht, indem man den Unternehmenssitz in einen Staat mit einem weniger strengen Wettbewerbsschutz verlegt. Vielmehr besteht ein *level playing field*. Im Übrigen ist zu sagen, dass die EU und Deutschland mit ihren Kartellrechten nicht allein stehen; es gib vergleichbare, wenn auch nicht unbedingt mit gleicher Konsequenz implementierte Regeln für alle wichtigen Märkte weltweit.

1.3 Das Grundproblem: Verschleierung von Kartellen durch CSR-Maßnahmen

Um Missverständnissen vorzubeugen, bedarf es zunächst einer einfachen Feststellung: Die Regeln des deutschen und des europäischen Kartellrechts beinhalten keineswegs die Aussage, dass Unternehmen verpflichtet sind, ihre Profitabilität zu maximieren. Es gibt keine kartellrechtliche Pflicht zum „Cut-throat"-Wettbewerb. Unternehmen, die ihr Gewinnstreben zugunsten des Guten, Wahren und Schönen zügeln, mögen – je nach der gewählten Organisationsform – gesellschaftsrechtliche Probleme bekommen, soweit ihr Management dafür die Interessen der Unternehmenseigentümer hintanstellt. Kartellrechtlich spricht jedoch nichts dagegen, dass ein Unternehmen sich dafür entscheidet, Gewinne zu opfern, um Gemeinwohlinteressen (oder das, was es darunter versteht) zu verfolgen.

Gefahren lauern allerdings deshalb, weil solche Entscheidungen im Alleingang oft nicht durchzuhalten sind. Der isolierte Verzicht auf Profitabilität zugunsten von CSR lässt Unternehmen leicht gegenüber der Konkurrenz ins Hintertreffen geraten. Hiergegen hilft nur ein koordiniertes Vorgehen möglichst aller Marktteilnehmer. Vor diesem Hintergrund sehen Kartellrechtler die Gefahr, dass *CSR als Vorwand zur Kartellierung* dient.

Ein Beispiel hierfür bietet das von der EU-Kommission 2011 mit einem Bußgeld belegte Waschpulverkartell.[5] Den Anstoß für das Kartell gab – man mag dies

---

[4] Vgl. für das deutsche Recht § 130 Abs. 2 GWB; für das EU-Recht EuGH, Rs. 89/85 u. a., Ahlström/Kommission, Slg. 1988, 5193 (Rn. 16 f.); EuG, Rs. T-102/96, Gencor/Kommission, Slg. 1999, II-753 (Rn. 90).

[5] Entscheidung im Fall COMP/39579/Consumer detergents v. 13. April 2011, zugänglich unter http://ec.europa.eu/competition/antitrust/cases/dec_docs/39579/39579_2633_5.pdf (aufgerufen am 5. November 2013). Zu dieser Entscheidung auch *Lübbig* (Fn. 1), 1144.

als ironische Pointe sehen – die Kommission selbst, die 1998 eine Empfehlung zur umweltgerechten Handhabung von Haushaltswaschmitteln veröffentlichte. Empfehlungen sind nicht rechtlich verbindlich, bereiten jedoch häufig Gesetzgebungsinitiativen vor, mit denen den Betroffenen verbindliche Vorgaben gemacht werden. Im vorliegenden Fall wollten sich die führenden Waschmittelhersteller den Eingriff des EU-Gesetzgebers oder auch der nationalen Gesetzgeber ersparen. Sie trafen sich und schlossen eine freiwillige Vereinbarung mit dem wohlklingenden Namen „Code of good environmental practice for household laundry detergents". Da die Branchenvertreter aus diesem Anlass zusammengefunden hatten, wollte man indes nicht nur über die Weglassung von Phosphaten und dergleichen reden, sondern auch über (aus Unternehmenssicht) wichtigere Fragen, darunter Preise. So geschah es und dieselbe Kommission, die durch ihre Empfehlung den Anlass für die Koordinierung gegeben hatte, verhängte einige Jahre darauf Geldbußen in einer Gesamthöhe von 315 Mio. € gegen die beteiligten Waschmittelhersteller. Kurzum: Was als nobles CSR-Projekt begann, endete als schnödes Kartell. Die Selbstdisziplin der Beteiligten war nicht groß genug, um sie der Versuchung widerstehen zu lassen, den einmal hergestellten Kontakt zur Kartellierung auszunutzen. Das ist es, was Kartellrechtler im Kern befürchten, wenn Unternehmen gemeinsam CSR-Konzepte formulieren.

2 Zur kartellrechtlichen Bewertung von CSR-Maßnahmen

Die Gefahr der Kartellbildung schließt jedoch nicht aus, dass CSR-Maßnahmen als solche die Nagelprobe des Kartellrechts bestehen. In den folgenden Ausführungen werden zunächst kartellrechtlich unbedenkliche oder jedenfalls zulässige Konstellationen Schritt für Schritt abgearbeitet; sodann werden schwieriger zu bewertende Fälle anhand von Beispielen aus den sogenannten Horizontalleitlinien der Kommission erörtert.

2.1 Kartellrechtlich zulässige Maßnahmen

2.1.1 Kein Verbot der bloßen Bekräftigung von Rechtsgehorsam

In einem ersten Schritt ist festzuhalten: Kartellrecht betrifft unternehmerisches Verhalten nur insoweit, als es rechtlich nicht determiniert ist. Befolgen Unternehmen staatlichen Zwang, sei es aufgrund allgemeiner Gesetze, sei es aufgrund einzelfallbezogener Weisungen, fehlt ihnen die Wettbewerbsfreiheit, an deren Ausübung die unternehmensadressierten Wettbewerbsregeln anknüpfen. Die bloße *Bekräftigung von Rechtsgehorsam* ist daher auch dann nicht kartellverbotswidrig, wenn sie von den Unternehmen einer Branche kollektiv in einem *Code of Conduct* ausgesprochen wird, der nicht mehr enthält als das Versprechen, verbindliche rechtliche Standards (etwa im Bereich des Arbeitnehmer- oder des Umweltschutzes) zu respektieren. Erst freiwillige zusätzliche Verpflichtungen (wie sie für „echte" CSR im Sinne der Kommissionsbekanntmachung kennzeichnend sind) rufen das Kartellrecht auf den Plan. Dabei ist allerdings nicht nur an die Vereinbarung überobligationsmäßiger Schutzstandards zu denken, sondern auch an die freiwillige Unterwerfung konkurrierender Unternehmen unter selbst geschaffene Überwachungs- und Durchsetzungsmechanismen (wie etwa Branchenschiedsgerichte), die ihrerseits Einbruchstellen für die kartellrechtswidrige Beschränkung an sich zulässigen Wettbewerbs bieten mögen.[6]

2.1.2 Kein Verbot von CSR-Aktivitäten nichtwirtschaftlicher Akteure

Zweitens sorgt die Begrenzung des Adressatenkreises des Kartellrechts auf Unternehmen für eine gewisse Entspannung im Bereich der CSR. Jenseits aller Streitigkeiten um den Unternehmensbegriff ist man sich grundsätzlich darüber einig, dass Unternehmen durch die Ausübung einer wirtschaftlichen Tätigkeit gekennzeichnet sind.[7] Verbraucher gehören nach einhelliger Ansicht nicht in diese Kategorie, ebensowenig Verbraucherverbände oder NGOs, zu denen sie sich zusammenschließen. Selbst wenn Umwelt- oder Verbraucherschutzverbände ihren Forderungen durch Boykottaufrufe Nachdruck verleihen und dadurch erheblichen Druck auf die betroffenen Unternehmen ausüben, ist ihr Verhalten nicht am Kartellrecht zu messen, solange es nicht zum Extremfall einer „Fernsteuerung" wirtschaftlichen Verhaltens kommt, durch die der Steuernde selbst in die Unternehmensrolle schlüpft. Zudem fehlt es mangels Unternehmenseigenschaft solcher Verbände an einer Vereinbarung *zwischen* Unternehmen, wenn eine Koordinierung nur zwischen Verbänden und einzelnen Unternehmen stattfindet (also etwa ein einzelner Mineralölproduzent einem Umweltschutzverband die Einhaltung bestimmter Sicherheitsstandards zusichert). Ebenfalls kein Unternehmen und damit kein Adressat des Kartellrechts ist nach der – allerdings umstrittenen – Rechtsprechung des EuGH[8] auch die Öffentliche Hand, soweit sie am Markt als Nachfrager von Gütern agiert, die sie nicht *downstream* wirtschaftlich einsetzt, sondern für hoheitliche Zwecke verwendet (z. B. bei der Beschaffung von Ausrüstungsgegenständen für das Militär und die Polizei). Daraus folgt, dass es keinen kartellrechtlichen (möglicherweise aber hier nicht zu thematisierenden vergaberechtlichen) Bedenken unterliegt, wenn ein Staat sein Beschaffungswesen an CSR-Grundsätzen orientiert.

2.1.3 Kein Verbot einseitiger oder paralleler CSR-Maßnahmen

Drittens ist zu konstatieren: Soweit nicht der eher seltene Fall der Marktbeherrschung durch ein oder mehrere Unternehmen (im Sinne von Art. 102 AEUV oder

---

[6] Vgl. hierzu Kommission, Entscheidung v. 15. Juli 1975, IFTRA, ABl. 1975 L 228/3.

[7] Näher (auch zum Folgenden) mit Blick auf das EU-Recht *Roth/Ackermann*, in: Frankfurter Kommentar zum Kartellrecht, Art. 81 Abs. 1 EG Grundfragen Rn. 26 ff. (Stand der Bearbeitung: 2009); mit Blick auf das GWB *Roth/Ackermann*, in: Frankfurter Kommentar zum Kartellrecht, § 1 GWB Rn. 50 ff. (Stand der Bearbeitung: 2011).

[8] EuGH, Rs. C-205/03 P, FENIN, Slg. 2006, I-6295 (Rn. 25–27). Dazu kritisch *Roth*, Comment, 44 CMLRev. 2007, 1131 ff.

§ 18 GWB) vorliegt, wird CSR nur kartellrechtlich relevant, wenn Unternehmen darüber gemäß Art. 101 Abs. 1 AEUV und § 1 GWB Vereinbarungen schließen, wenn sie sich darüber abstimmen oder wenn Unternehmensvereinigungen diesbezügliche Beschlüsse treffen. Damit das Kartellrecht jenseits der Marktbeherrschung überhaupt zur Anwendung kommen kann, muss es zu einer Koordinierung zwischen Unternehmen (mindestens zu einer „Fühlungnahme") gekommen sein und reicht bewusstes Parallelverhalten nicht.[9] Verkündet ein Unternehmen einseitig, es fühle sich bestimmten CSR-Standards verpflichtet, und handelt es sich dabei nicht um einen Marktbeherrscher, ist dies kartellrechtlich unbedenklich. Das gilt auch dann, wenn mehrere Unternehmen parallel zueinander CSR-Konzepten folgen, ohne miteinander zu kommunizieren. Kartellrecht verbietet insbesondere nicht die Beobachtung erfolgreichen Verhaltens der Konkurrenz und dessen Imitation. Erweist es sich etwa als gewinnbringend für Textilhersteller A, mit besonders hohen Sozialstandards in seinen fernöstlichen Produktionsstätten zu werben, ist es dem Konkurrenten B nicht untersagt, A nachzuahmen und die gleiche Strategie zu verfolgen.

2.1.4 Grenzfälle: Die materiellen Kriterien der Wettbewerbsbeschränkung und des Freistellungstatbestands als Zentralproblem

Lässt sich der Zugriff des Kartellrechts auf CSR-Maßnahmen aufgrund dieser einfachen Betrachtungen etwas begrenzen, so bleibt doch das Zentralproblem, wann eine zwischen Unternehmen koordinierte CSR-Maßnahme den Wettbewerb beschränkt und darüber hinaus auch nicht die Freistellungsvoraussetzungen in Art. 101 Abs. 3 AEUV und § 2 Abs. 1 GWB erfüllt.

Zunächst zur *Wettbewerbsbeschränkung*, die das zentrale Merkmal des Kartellverbots in Art. 101 Abs. 1 AEUV und § 1 GWB bildet: Grundsätzlich ist anzuerkennen, dass CSR-Maßnahmen nicht nur unternehmerische Handlungsspielräume reduzieren, sondern auch Wettbewerb stimulieren können. Wettbewerb wird nicht nur über den Parameter Preis, sondern ebenso über den Parameter Qualität ausgetragen. Zur Qualität eines Produkts, wie sie von Konsumenten nachgefragt wird, mögen neben physischen Eigenschaften des Guts auch CSR-Attribute wie seine Herkunft aus einer umweltfreundlichen, mit Mensch und Tier respektvoll umgehenden Produktion gehören. Selbst wenn nur eine Minderheit von Konsumenten solche „CSR-Präferenzen" hegen und honorieren sollte, ist die Befriedigung einer solchen Nachfrage durch das Angebot einer entsprechenden Produktqualität aus kartellrechtlicher Sicht grundsätzlich eine willkommene Bereicherung des Wettbewerbs.[10] Stimmen sich mehrere Anbieter über bestimmte CSR-Profile unter einer

---

[9] Näher zu den einzelnen Koordinierungstatbeständen *Roth/Ackermann* (Fn. 7), Art. 81 Abs. 1 EG Grundfragen Rn. 140–212.

[10] Zur grundsätzlichen Anerkennung von Verbraucherpräferenzen durch das Kartellrecht *Ackermann*, Kartellrecht und Verbraucherschutzrecht: Zur Notwendigkeit eines gemeinsamen Verbraucherleitbildes, in: *FIW* (Hrsg.), Herausforderungen für die Wettbewerbsordnung: Kartellrecht zwischen Industriepolitik und Verbraucherschutz, 2013, 73 (83).

einheitlichen Kennzeichnung ab, mag dies zudem zu einer Senkung der Suchkosten der an diesen Merkmalen interessierten Kunden führen. Die Kehrseite der Medaille können jedoch eine Beeinträchtigung des Preiswettbewerbs aufgrund preistreibender Effekte von CSR-Konzepten sowie vor allem bei marktweiten Standards eine marktverschließende Wirkung gegenüber außenstehenden Unternehmen sein, die womöglich nicht in der Lage sind, für sie prohibitiv aufwendige Anforderungen zu erfüllen.

Die wirtschaftliche Ambivalenz der CSR setzt sich auf der Ebene des Freistellungstatbestands in Art. 101 Abs. 3 AEUV und § 2 Abs. 1 GWB fort: Selbst wenn CSR-Maßnahmen wettbewerbsbeschränkende Effekte haben, ist es denkbar, dass sie zu Effizienzvorteilen führen, die auch den Verbrauchern zugute kommen. Das gilt insbesondere dann, wenn sich nachhaltiges Wirtschaften letztlich in Ersparnissen für die Verbraucher niederschlägt. Sind auch die weiteren Voraussetzungen des Freistellungstatbestands (Unerlässlichkeit; kein Ausschluss wesentlichen Wettbewerbs) erfüllt, entgeht auch eine wettbewerbsbeschränkende CSR-Maßnahme letztlich kartellrechtlichen Sanktionen.

Allerdings sind mit diesen Erwägungen mögliche Konfliktlagen zwischen dem kartellrechtlichen Wettbewerbsschutz und CSR-Anliegen nicht völlig zu entschärfen. Es bleiben Fälle, in denen CSR-Konzepte (etwa im Bereich der Sozialstandards) wettbewerbsbeschränkend wirken, ohne zugleich Effizienzvorteile hervorzubringen, die sich für die Marktgegenseite wirtschaftlich auszahlen. Wer etwa „fair gehandelten" Kaffee kauft, hat davon keinen wirtschaftlichen Gewinn, sondern nur die Befriedigung, zu einem auskömmlichen Erlös von Kaffeebauern beigetragen zu haben. Die kollektive Festlegung als fair erachteter (Mindest-)Abnahmepreise durch die Kaffeeröster könnte daher schwerlich als ein (auch) Verbrauchern zugute kommender Effizienzvorteil ausgegeben werden. Hier steht man vor der durch schlichte Subsumtion unter Art. 101 AEUV und §§ 1, 2 GWB nicht zu beantwortenden Frage, ob das Kartellrecht auch nichtwirtschaftlichen Belangen Raum geben muss, selbst wenn deren Verfolgung durch Unternehmen den Wettbewerb beschränkt. In der Tat lässt sich einzelnen EuGH-Urteilen, vor allem der viel zitierten *Wouters*-Entscheidung, entnehmen, dass sich der Gerichtshof einer Rechtfertigung wettbewerbsbeschränkender Vereinbarungen durch nichtwettbewerbliche Belange nicht gänzlich verschließt.[11] Auf der Ebene des EU-Primärrechts erhält der Gedanke, dass das Wettbewerbsprinzip nicht ohne weiteres Priorität gegenüber außerwettbewerblichen Zielen beanspruchen kann, Unterstützung durch eine Reihe sogenannter Querschnittsklauseln, welche die Union dazu verpflichten, bei allen ihren Politiken und Maßnahmen bestimmten außerwettbewerblichen Erfordernissen wie dem Sozialschutz (Art. 9 AEUV) und dem Umweltschutz (Art. 11 AEUV) Rechnung zu tragen.[12] Gleichwohl bleibt zweifelhaft, inwieweit die hier zu treffenden Abwägungen unternehmerischer Koordinierung anvertraut werden dürfen

---

[11] EuGH, Rs. C-309/99, Wouters, Slg. 2002, I-1577 (Rn. 97 ff.); Rs. C-519/04 P, Meca Medina, Slg. 2006, I-6991 (Rn. 42).

[12] Umfassend zur Bedeutung der Querschnittsklauseln für das Kartellrecht *Breuer*, Das EU-Kartellrecht im Kraftfeld der Unionsziele, 2013.

oder staatlicher Entscheidung vorzubehalten sind.[13] Bedauerlich ist insoweit, dass die Kommission in der aktuellen Version ihrer Horizontalleitlinien, in denen sie für zahlreiche Fallgruppen von Vereinbarungen zwischen auf derselben Marktstufe tätigen Unternehmen wertvolle, wenn auch nicht verbindliche kartellrechtliche Orientierung gibt, die Möglichkeit einer außerwettbewerblichen Rechtfertigung an sich wettbewerbsbeschränkender Vereinbarungen verschweigt.[14] Man wird dies als Indiz dafür sehen können, dass es die Kommission – nicht zuletzt in Anbetracht der dezentralisierten Kartellrechtsanwendung durch Behörden und Gerichte der Mitgliedstaaten – wohl am liebsten sähe, wenn von der schwer zu disziplinierenden Abwägung zwischen wettbewerblichen und nichtwettbewerblichen Belangen möglichst kein Gebrauch gemacht würde.

2.2 Fallbeispiele aus den Horizontalleitlinien der Kommission

Die soeben abstrakt aufgezeigten Grenzen und Grauzonen kartellrechtlicher Kontrolle von CSR-Maßnahmen lassen sich anhand einiger Beispiele aus den Horizontalleitlinien der Kommission illustrieren und vertiefen.[15]

2.2.1 Umweltstandards für Waschmaschinen

Das erste Beispiel[16] betrifft Umweltnormen für Waschmaschinen (z. B. für Energieeffizienz), die von Herstellern mit einem gemeinsamen Marktanteil von 90 % vereinbart werden. Diese Vereinbarung hat zur Folge, dass ein großer Teil der bisher verkauften Maschinen durch umweltfreundlichere, freilich auch teurere ersetzt wird, die nun auch von denjenigen Konsumenten bezahlt werden müssen, die eigentlich weniger umweltfreundliche, aber im Anschaffungspreis billigere Produkte bevorzugt hätten. Zudem hat die Herstellermaßnahme auch Output-Einbußen Dritter zur Folge, unter denen die Kommission Lieferanten für die auslaufende Produktion nennt, ferner auch Stromerzeuger, deren Absatz durch den Einsatz stromsparender Maschinen zurückgehe.

Die Kommission hält in diesem Fall wettbewerbsbeschränkende Auswirkungen für wahrscheinlich und demnach den Tatbestand des Kartellverbots für gegeben. Zugleich sieht sie jedoch die *Freistellungsvoraussetzungen* mit folgenden Erwägungen als erfüllt an:

> Neuere und umweltfreundlichere Produkte sind allerdings technisch anspruchsvoller; so bieten sie qualitative Verbesserungen, zum Beispiel in Form von mehr Waschprogrammen. Darüber hinaus ergeben sich für den Käufer dieser Waschmaschinen Kosteneinsparungen

---

[13] Näher *Roth/Ackermann* (Fn. 7), Art. 81 Abs. 1 EG, Grundfragen, Rn. 329 f., 359 f.

[14] Kommission, Leitlinien zur Anwendbarkeit von Artikel 101 des Vertrags über die Arbeitsweise der Europäischen Union auf Vereinbarungen über horizontale Zusammenarbeit, ABl. 2011 C 11/1.

[15] Vgl. dazu auch schon *Lübbig* (Fn. 1), 1151 ff.

[16] Horizontalleitlinien (Fn. 14), Rn. 329.

aufgrund niedrigerer Betriebskosten (geringerer Verbrauch an Wasser, Strom und Waschmittel). Diese Kosteneinsparungen werden auf Märkten erzielt, die nicht zum relevanten Markt der Vereinbarung gehören. Dennoch können diese Einsparungen berücksichtigt werden, da die Märkte, auf denen die wettbewerbsbeschränkenden Auswirkungen und die Effizienzgewinne entstehen, miteinander verbunden sind und die Gruppe der Verbraucher, die von den Wettbewerbsbeschränkungen betroffen wären und von den Effizienzgewinnen profitieren würden, im Wesentlichen dieselben sind. Die Effizienzgewinne überwiegen die wettbewerbsbeschränkenden Auswirkungen (höherer Preis). Alternativen zu der Vereinbarung erweisen sich als ungewisser und weniger kosteneffizient, wenn es um die Erbringung der gleichen Nettovorteile geht. Für die Parteien kommen in wirtschaftlicher Hinsicht für die Herstellung von Waschmaschinen, die den vereinbarten Umweltschutzmerkmalen entsprechen, verschiedene technische Mittel in Frage, wobei es weiterhin auch Wettbewerb bei den anderen Produktmerkmalen gibt. Daher dürften die Voraussetzungen von Artikel 101 Absatz 3 erfüllt sein.[17]

Bemerkenswert ist, dass die Kommission an dieser Stelle die Vorteilhaftigkeit der Umweltnorm nicht aus dem Vorteil für den Umweltschutz selbst, sondern aus qualitativen Verbesserungen des Produkts und Kosteneinsparungen für die Käufer herleitet. Darin zeigt sich, dass die Kommission bestrebt ist, im wirtschaftlichen Paradigma zu bleiben: Was sich nicht als – den Verbrauchern zumindest auch zugute kommender – Effizienzvorteil ausweisen lässt, bleibt für ihre kartellrechtliche Bewertung außer Betracht.[18] Das ist mit Blick auf die bereits erwähnte Querschnittsklausel zum Umweltschutz (Art. 11 AEUV) nicht zwingend.

2.2.2 Fettgehalt in Nahrungsmitteln

Ein zweites, zwar nicht ganz der CSR-Definition der Kommission entsprechendes, aber doch instruktives Beispiel erörtert die Kommission im Anschluss an den Waschmaschinenfall:[19] Anknüpfend an Erkenntnisse einer staatliche finanzierten Forschergruppe vereinbaren Nahrungsmittelhersteller mit einem Marktanteil von insgesamt 70 % Höchstgrenzen für den Fettgehalt bestimmter Nahrungsmittel. Auch hier könnte man die Frage aufwerfen, ob ein außerwettbewerbliches Ziel (hier der Gesundheitsschutz) die durch diese Vereinbarung herbeigeführte Einschränkung des Qualitätswettbewerbs rechtfertigt. Die Kommission entgeht dieser Problematik jedoch, da sie bereits das Vorliegen wettbewerbsbeschränkender Auswirkungen im Sinne von Art. 101 Abs. 1 AEUV für unwahrscheinlich hält. Insoweit verweist sie auf die Möglichkeit, hinsichtlich einer Reihe anderer Produktmerkmale sowie schließlich auch um den niedrigsten Fettgehalt zu konkurrieren. Das Beispiel lehrt: Nicht jede Freiheitsbeschränkung, die ein CSR-Konzept für die Unternehmen mit sich bringt, die sich ihm unterwerfen, wiegt so schwer, dass sie bereits als Wettbewerbsbeschränkung gelten kann. Offen bleibt nur, worauf genau sich die Gewichtung der Kommission gründet.

---

[17] Horizontalleitlinien (Fn.14), Rn. 329.

[18] Zur älteren, damit nicht ganz übereinstimmenden Praxis der Kommission *Lübbig* (Fn. 1), 1153.

[19] Horizontalleitlinien (Fn. 14), Rn. 330.

2.2.3 Umweltfreundlicher Verpackungsstandard

Das dritte, ebenfalls im Kapitel über Normen zu findende Beispiel aus den Horizontalleitlinien der Kommission betrifft Verpackungsstandards.[20] Danach einigen sich Hersteller und Importeure eines sich schnell wandelnden Konsumguts, die in einem Mitgliedstaat über einen Marktanteil von insgesamt 85 % verfügen, mit den wichtigsten Verpackungslieferanten auf eine freiwillige Initiative zur Normierung der Größe und Form der in diesem Mitgliedstaat verkauften Produktverpackungen, um staatlichem Druck zur Erfüllung von Umweltschutzzielen nachzukommen.

Die Kommission hält es in diesem Fall in Anbetracht des hohen Marktanteils der Beteiligten für wahrscheinlich, dass die Initiative *de facto* in eine branchenübliche Praxis münden wird. Die kartellrechtliche Zulässigkeit einer solchen Praxis ist aus ihrer Sicht an die Bedingungen geknüpft, dass

a) die Einhaltung der Vereinbarung freiwillig ist, b) die Norm gemeinsam mit wichtigen Importeuren offen und transparent vereinbart wurde, c) die Umstellungskosten niedrig sind und d) neue Marktteilnehmer, Importeure und alle Verpackungslieferanten zu den technischen Einzelheiten der Norm Zugang haben.[21]

Diese Bedingungen sollen sicherstellen, dass durch die Vereinbarung keine Marktzutrittsschranken errichtet werden und es zu keiner Marktverschließung in dem betreffenden Mitgliedstaat kommt. Anders als in dem Fall der Vereinbarung eines maximalen Fettgehalts wird hier also durchaus das Potential für eine Wettbewerbsbeschränkung gesehen, der durch die Freiwilligkeit, Offenheit und Transparenz der Initiative sowie die geringe Höhe der Umstellungskosten vorgebeugt werden soll. Die weitere, von der Kommission unbeantwortete Frage ist natürlich, ob der Freistellungstatbestand oder die durch die *Wouters*-Doktrin eröffnete nichtwettbewerbliche Rechtfertigung Auswege bieten, wenn es an einer oder mehrerer dieser Bedingungen fehlt.

3   Schlussfolgerungen

Unsere Überlegungen zu kartellrechtlichen Ansatzpunkten für die Bewertung von CSR-Maßnahmen erlauben zwei allgemeine Schlussfolgerungen:

1. Zum einen ist zu konstatieren, dass das Kartellrecht primär auf eine prozedurale Kontrolle von CSR-Konzepten gerichtet ist. Die Verwirklichung von CSR, insbesondere durch koordinierte unternehmerische Maßnahmen, darf nicht der Verdeckung von Kartellen dienen und soll so gestaltet sein, dass schädliche Nebeneffekte, insbesondere die Errichtung von Marktzutrittsschranken, vermieden werden.

---

[20] Horizontalleitlinien (Fn. 14), Rn. 331.
[21] Horizontalleitlinien (Fn. 14), Rn. 331.

2. Zum anderen ist nicht auszuschließen, dass das Kartellrecht CSR-Konzepten auch inhaltliche Grenzen zieht. Wenn man so vorgeht wie die Kommission in ihrer aktuellen Bekanntmachung und jeden nichtwirtschaftlichen Vorteil, den eine CSR-Maßnahme verspricht, ausblendet, so dass nur wirtschaftliche Vorteile in die kartellrechtliche Bewertung eingehen, gelangt man zu einer materiellen Begrenzung zumindest kollektiv verfolgter CSR-Konzepte mit wettbewerbsbeschränkenden Wirkungen, denn soziale oder Umweltvorteile, die man sich von CSR verspricht, gehen nun einmal nicht stets mit nachweisbaren wirtschaftlichen Vorteilen für Verbraucher einher. Diese Begrenzung lockert sich in dem Maße, wie man bereit ist, Belange des Wettbewerbsschutzes in Anknüpfung an die Wouters-Doktrin des EuGH und die Querschnittsklauseln des primären Unionsrechts zugunsten außerwettbewerblicher Ziele hintanzustellen.

Teil V
CSR und das deutsche Lauterkeitsrecht

Mitteilungen über Corporate Social Responsibilty – eine geschäftliche Handlung?

Helmut Köhler

Zusammenfassung Mitteilungen eines Unternehmens über Maßnahmen der Corporate Social Responsibility (CSR) unterliegen nur dann einer Kontrolle durch das deutsche Lauterkeitsrecht, wenn sie eine „geschäftliche Handlung" i.S. des § 2 Abs. 1 Nr. 1 UWG darstellen. Dazu muss die Mitteilung objektiv und vorrangig darauf gerichtet sein, geschäftliche Entscheidungen von Verbrauchern und sonstigen Marktteilnehmern zu beeinflussen.

1 Einführung

Wenn ein Unternehmen nach außen kommuniziert, es würde bestimmte Grundsätze der *Corporate Social Responsibility* (CSR) einzuhalten, ohne sich daran zu halten, kann dies gegen das deutsche Lauterkeitsrecht (Gesetz zur Bekämpfung unlauteren Wettbewerbs, abgekürzt UWG) verstoßen.[1] Das setzt allerdings voraus, dass diese Äußerung eine *„geschäftliche Handlung"* des Unternehmens darstellt. Denn das UWG gewährt nur Schutz vor unlauteren geschäftlichen Handlungen (§ 1 S. 1 UWG).

2 Begriff der „geschäftlichen Handlung"

Eine „geschäftliche Handlung" ist nach § 2 Abs. 1 Nr. 1 UWG

---

[1] Dazu *Birk*, Corporate Responsibility, unternehmerische Selbstverpflichtungen und unlauterer Wettbewerb, GRUR 2011, 196; *Henning-Bodewig,* Der „ehrbare Kaufmann", Corporate Social Responsibility und das Lauterkeitsrecht, WRP 2011, 1014 (1020).

H. Köhler (✉)
Universität München
München, Deutschland
E-Mail: h.koehler.neusaess@t-online.de

R. M. Hilty, F. Henning-Bodewig (Hrsg.), *Corporate Social Responsibility*,
MPI Studies on Intellectual Property and Competition Law 21,
DOI 10.1007/978-3-642-54005-9_11, © Springer-Verlag Berlin Heidelberg 2014

jedes Verhalten einer Person zugunsten des eigenen oder eines fremden Unternehmens vor, bei oder nach einem Geschäftsabschluss, das mit der Förderung des Absatzes oder des Bezugs von Waren oder Dienstleistungen oder mit dem Abschluss oder der Durchführung eines Vertrags über Waren oder Dienstleistungen objektiv zusammenhängt.

3   Notwendigkeit der richtlinienkonformen Auslegung

Begriff und Definition der geschäftlichen Handlung sind erst 2008 unter dem Einfluss der *Richtlinie 2005/29/EG* über unlautere Geschäftspraktiken (UGP-Richtlinie) in das UWG aufgenommen worden. Im Anwendungsbereich dieser Richtlinie, also soweit es Handlungen von Unternehmern gegenüber Verbrauchern betrifft, ist diese Definition richtlinienkonform auszulegen.

4   Die Definition der „Geschäftspraktiken" als Maßstab

Maßstab für die richtlinienkonforme Auslegung ist die Definition der „Geschäftspraktiken" in Art. 2 lit. d UGP-Richtlinie. Sie versteht darunter

> jede Handlung, Unterlassung, Verhaltensweise oder Erklärung, kommerzielle Mitteilung einschließlich Werbung[2] und Marketing[3] eines Gewerbetreibenden, die unmittelbar mit der Absatzförderung, dem Verkauf oder der Lieferung eines Produkts an Verbraucher zusammenhängt.

Es sind darin *zwei Elemente* enthalten:

- Einmal das *Verhalten eines Gewerbetreibenden* oder – wie man heute besser sagt – Unternehmers. Bemerkenswert dabei ist, dass die Definition verschiedene Erscheinungsformen des relevanten Verhaltens aufführt. Es sind dies Formen, die mit Begriffen der Alltagssprache („Handlung, Unterlassung, Verhaltensweise oder Erklärung"), daneben aber auch mit Begriffen aus der juristisch-ökonomischen Fachsprache („kommerzielle Mitteilung, einschließlich Werbung und Marketing") beschrieben werden. Letztere kehren übrigens auch in Art. 7 Abs. 5 UGP-Richtlinie wieder. „Kommerzielle Mitteilung" ist dabei nur ein Synonym für „kommerzielle Kommunikation".

---

[2] Dazu die Definition in Art. 2 lit. a der Richtlinie 2006/114/EG; vgl. aber auch die Definition in Art. 2 Nr. 2 der Richtlinie 98/43/EG (Tabakrichtlinie) („alle Angaben im geschäftlichen Verkehr, deren Ziel oder deren direkte oder indirekte Wirkung die Verkaufsförderung für ein Tabakerzeugnis ist").

[3] Dazu gehören nach Art. 6 lit. c und d der E-Commerce-Richtlinie insbesondere Maßnahmen der Verkaufsförderung, wie Zugaben, Preisnachlässe und Geschenke. Vgl. *Köhler*, in: *Köhler/Bornkamm*, UWG, 32. Aufl. 2014, § 2 Rn. 16.

- Zum anderen muss dieses Verhalten mit der *„Absatzförderung, dem Verkauf oder der Lieferung eines Produkts an Verbraucher"* unmittelbar zusammenhängen (englisch: „directly connected with the promotion …").

5   „Kommerzielle Kommunikation" als Schlüsselbegriff

Soweit ein Unternehmer Angaben über seine CSR macht, stellt der Begriff der *„kommerziellen Kommunikation"* sicherlich den Schlüsselbegriff dar. Wie aber ist dieser Begriff zu verstehen? Der Unionsgesetzgeber konnte dabei an die Richtlinie 2000/31/EG (E-Commerce-Richtlinie) anknüpfen. Diese definiert in Art. 2 lit. f diesen Begriff wie folgt:

> alle Formen der Kommunikation, die der unmittelbaren oder mittelbaren Förderung des Absatzes von Waren und Dienstleistungen oder des Erscheinungsbilds eines Unternehmens, einer Organisation oder einer natürlichen Person dienen, die eine Tätigkeit in Handel, Gewerbe oder Handwerk oder einen reglementierten Beruf ausübt. (englisch: „designed to promote, directly or indirectly, the goods, services or image of a company …").

Auch in später erlassenen Richtlinien findet sich diese Definition wieder, wie beispielsweise in Art. 4 Nr. 12 der Richtlinie 2006/123/EG (Dienstleistungsrichtlinie), so dass es sich um einen *zentralen Begriff des Unionsrechts* handelt.

Angaben eines Unternehmens über seine CSR, beispielsweise, dass nur umweltfreundliche oder „fair gehandelte" Produkte verkauft würden, dass die Produkte unter Einhaltung der gesetzlichen Vorgaben hergestellt worden seien, dass die Mitarbeiter angemessen entlohnt würden usw., sind ohne Zweifel eine „kommerzielle Kommunikation", weil sie der Förderung des Absatzes seiner Produkte oder seines Erscheinungsbilds dienen.

6   Das Erfordernis des „unmittelbaren Zusammenhangs" mit der Absatzförderung

Eine „kommerzielle Kommunikation" stellt allerdings, wie erwähnt, nur dann eine „Geschäftspraktik" im Sinne der UGP-Richtlinie dar, wenn sie mit der Förderung des Produktabsatzes unmittelbar zusammenhängt. Es drängt sich der Gedanke auf, hier könnte ein *Widerspruch* innerhalb der Definition vorliegen. Denn der Begriff der „kommerziellen Kommunikation" erfasst nicht nur die Förderung des Produktabsatzes, sondern auch die Förderung des Erscheinungsbilds eines Unternehmens. Darüber hinaus soll auch eine bloß mittelbare Förderung dieser Ziele genügen. Eine „Geschäftspraktik" liegt dagegen nur dann vor, wenn die Maßnahme in einem „unmittelbaren Zusammenhang" mit der Absatzförderung steht.[4]

---

[4] Der Verkauf und die Lieferung eines Produkts spielen für diese Fragestellung keine Rolle.

Der Widerspruch ließe sich möglicherweise durch eine restriktive Auslegung des Begriffs der „kommerziellen Kommunikation" auflösen: „Kommerzielle Kommunikationen", die lediglich mittelbar der Absatzförderung oder lediglich der unmittelbaren oder mittelbaren Förderung des Erscheinungsbilds eines Unternehmens dienen, könnten dann keine Geschäftspraktik darstellen.

Eine solche einschränkende Auslegung stünde allerdings in Gegensatz zur Rechtsprechung des *EuGH*,[5] der den Begriff der „Geschäftspraktik" im Interesse eines „hohen Verbraucherschutzniveaus" in einem „breiten Sinne" verstanden wissen will.

Vorzuziehen ist daher eine Auslegung, die den Inhalt des Begriffs der „kommerziellen Kommunikation" unangetastet lässt und stattdessen fragt, wie das zusätzliche, aber etwas farblose Erfordernis eines „unmittelbaren Zusammenhangs" mit der Absatzförderung zu verstehen ist. Hilfreich könnte dabei ein Rückgriff auf die englische Sprachfassung sein, da sie die Urfassung darstellt und die deutsche Fassung lediglich das Werk von Übersetzern ist. Darin ist die Rede von *„commercial communication ... directly connected with the promotion ... of a product"*. Das ließe sich mit den Worten „unmittelbar verknüpft" übersetzen. Kommt man dadurch der Problemlösung näher? Dazu muss man auf den eigentlichen Schutzzweck der UGP-Richtlinie zurückzugreifen, nämlich den Schutz der „wirtschaftlichen Interessen" der Verbraucher, genauer den Schutz des Interesses der Verbraucher an einer freien und informierten geschäftlichen Entscheidung. Deshalb bezieht sich die UGP-Richtlinie nach ihrem Erwägungsgrund 7 S. 1 nur auf „Geschäftspraktiken, die in unmittelbarem Zusammenhang mit der Beeinflussung der geschäftlichen Entscheidungen des Verbrauchers in Bezug auf Produkte stehen" (englisch: *„directly related to influencing consumers' transactional decisions ..."*).

In der englischen Sprachfassung ist also zum einen die Rede von *„directly connected"* und zum anderen von *„directly related"*. Dieser Unterschied wird in der deutschen Sprachfassung, die beide Male von „unmittelbarem Zusammenhang" spricht, verwischt. „Directly related" würde wohl besser mit *„unmittelbar bezogen auf"* übersetzt werden. Darin kommt zum Ausdruck, dass es sich bei der Beeinflussung der Verbraucherentscheidung um eine objektive Zielsetzung der Maßnahme handeln muss. Hinzu muss kommen, dass die Maßnahme auch objektiv geeignet ist, dieses Ziel zu erreichen.[6] Dagegen sollte es keine Rolle spielen, ob die Mitteilung bloße Zielvorstellungen wiedergibt („Wir streben an ...") oder konkrete Leistungen oder Verpflichtungen („Wir handeln fair ...") enthält.[7] Dies ist nur für die Beurteilung maßgebend, ob eine unlautere Geschäftspraktik bzw. geschäftliche Handlung vorliegt.

---

[5] Vgl. EuGH, Rs. C-304/08, Plus Warenhandelsgesellschaft, Slg.I-2010, 00217, GRUR 2010, 244 (Rn. 36); Rs. C-540/08, Mediaprint, Slg. I-2010, 10909, GRUR 2011, 76 (Rn. 17); Rs. C-391/12, RLvS/Stuttgarter Wochenblatt, noch nicht veröffentlicht (Rn. 36–41).

[6] Vgl. *Köhler*, (Fn. 3), § 2 Rn. 37; *Henning-Bodewig,* Der „ehrbare Kaufmann", Corporate Social Responsibility und das Lauterkeitsrecht, WRP 2011, 1014 (1020).

[7] Anders insoweit *Henning-Bodewig,* Der „ehrbare Kaufmann", Corporate Social Responsibility und das Lauterkeitsrecht, WRP 2011, 1014 (1020); wie hier wohl *Keller,* in: *Harte-Bavendamm/ Henning-Bodewig* (Hrsg.), UWG, 3. Aufl. 2013, § 2 Rn. 23 (in Fn. 68).

Die eigentliche Lösung des Problems ermöglicht dann der nachfolgende *Satz 2 des Erwägungsgrunds 7*:

> Sie (scl. die UGP-Richtlinie) bezieht sich nicht auf Geschäftspraktiken, die vorrangig anderen Zielen dienen, wie etwa bei kommerziellen, für Investoren gedachten Mitteilungen, wie Jahresberichten und Unternehmensprospekten.

Da eine Geschäftspraktik im Sinne der UGP-Richtlinie voraussetzt, dass sie *„gegenüber Verbrauchern"* vorgenommen wird, kann der Sinn dieses Satzes nur sein: Derartige an Nichtverbraucher gerichtete kommerzielle Mitteilungen mit vorrangig anderen Zielsetzungen sind selbst dann nicht als Geschäftspraktiken zu beurteilen, wenn sie auch von Verbrauchern, also von natürlichen Personen in ihrer Eigenschaft als (potentielle) Käufer von Produkten des Unternehmens, wahrgenommen werden und auf ihre Kaufentscheidung ausstrahlen können. So beispielsweise, wenn kommerzielle Kommunikationen gegenüber Arbeitnehmern, Verbänden (NGO), Behörden oder Parlamenten erfolgen. Das gilt auch und gerade für Mitteilungen über die Einhaltung von CSR-Grundsätzen. Die Zielsetzung ist insoweit gänzlich oder doch vorrangig eine andere als die Beeinflussung des Verbraucherverhaltens, etwa beispielsweise das Erlangen von Preisen, Subventionen, von einer günstigen redaktionellen Berichterstattung oder eines „Wohlwollens" von Parlamenten oder Behörden.

Wenn dagegen eine solche Mitteilung gegenüber *Verbrauchern* erfolgt, ist eine andere Zielsetzung als die der Beeinflussung ihrer Kaufentscheidung kaum vorstellbar. Daraus folgt aber zugleich, dass die „kommerzielle Kommunikation" gegenüber einem Verbraucher stets in einem „unmittelbaren Zusammenhang" mit der Absatzförderung steht und somit als „Geschäftspraktik" anzusehen ist. Davon geht letztlich auch die UGP-Richtlinie selbst aus, wie sich aus den Tatbeständen der Nr. 1, 3 und 22 des Anhangs I UGP-Richtlinie ergibt.

Um es an einem *konkreten Beispiel* zu verdeutlichen: In deutschen „NH Hotels" sind Plakate aufgehängt und liegen Notizblöcke aus, die den Titel „ecomeeting" tragen, und in denen u. a. darauf hingewiesen wird, dass folgende Grundsätze beachtet werden: Umweltfreundliche Materialien; fair gehandelte Produkte; sparsamer Umgang mit Wasser und Energie; optimaler Emissionsausgleich. Hier handelt es sich zweifelsfrei um eine kommerzielle Kommunikation, die zumindest der Förderung des Erscheinungsbilds dieses Unternehmens dient. Diese Kommunikation wendet sich zumindest in erster Linie an die (potentiellen) Gäste des Hotels, also an Verbraucher. Damit liegt aber auf der Hand, dass auf diese Weise der Absatz der Leistungen dieses Hotels gefördert werden soll.

Damit beschränkt sich die Fragestellung darauf, ob die Mitteilung „gegenüber Verbrauchern" erfolgt. Hierzu gibt Art. 5 Abs. 2 UGP-Richtlinie einen Hinweis: Es ist zu fragen, ob die Mitteilung in erster Linie Verbraucher „erreicht" oder sich an sie „richtet". Das beurteilt sich nach den Umständen des Einzelfalls, insbesondere nach dem benutzten Medium und seiner Zugänglichkeit für Verbraucher.

Um an das vorige Beispiel anzuknüpfen: CSR-Mitteilungen in einer Branchenfachzeitschrift für Hoteliers werden typischerweise nicht von Verbrauchern wahrgenommen. Bei einer Selbstdarstellung eines Unternehmers auf einer *Homepage* ist dagegen davon auszugehen, dass sie sich auch an Verbraucher richtet, zumindest Verbraucher erreicht oder erreichen kann. Es ist daher von einer Geschäftspraktik und damit von einer geschäftlichen Handlung auszugehen.

7 Geschäftliche Handlung gegenüber sonstigen Marktteilnehmern

Der Begriff der „geschäftlichen Handlung" in § 2 Abs. 1 Nr. 1 UWG hat allerdings einen über den Anwendungsbereich der UGP-Richtlinie hinausgehenden Anwendungsbereich. Zum einen erfasst er auch Handlungen gegenüber sonstigen Marktteilnehmern, also sonstige Personen, die als Anbieter oder Nachfrager von Waren oder Dienstleistungen tätig werden (§ 2 Abs. 1 Nr. 2 UWG), insbesondere also Unternehmern als Marktpartnern. Dementsprechend fallen CSR-Mitteilungen auf der *Nachfrageseite* gegenüber potentiellen Lieferanten, Kreditgebern oder auf der Absatzseite gegenüber gewerblichen Abnehmern ebenfalls in den Anwendungsbereich des UWG, wenn sie „mit der Förderung des Absatzes oder Bezugs von Waren oder Dienstleistungen objektiv zusammenhängen. Das ist der Fall, wenn sie objektiv darauf gerichtet sind, die entsprechenden geschäftlichen Entscheidungen dieser Markteilnehmer zu beeinflussen.

8 Zusammenfassung

1. Mitteilungen eines Unternehmens über Maßnahmen der CSR unterliegen nur dann einer Kontrolle durch das Lauterkeitsrecht (UWG), wenn sie eine „geschäftliche Handlung" i.S. des § 2 Abs. 1 Nr. 1 UWG darstellen.
2. Die Definition der „geschäftlichen Handlung" ist, soweit es das Verhältnis von Unternehmern zu Verbrauchern betrifft, im Lichte der Definition der „Geschäftspraktiken" i.S. von Art. 2 lit. d UGP-Richtlinie auszulegen.
3. CSR-Mitteilungen stellen typischerweise „kommerzielle Kommunikationen" i.S. des Art. 2 lit. d UGP-Richtlinie i. V. mit deren Definition in Art. 2 lit. f E-Commerce-Richtlinie dar. Denn sie dienen, wenn nicht schon der Absatzförderung, so doch zumindest der Förderung des Erscheinungsbilds des Unternehmens.
4. Geschäftspraktiken i.S. des Art. 2 lit. d UGP-Richtlinie – und damit auch geschäftliche Handlungen i.S. des § 2 Abs. 1 Nr. 1 UWG – sind CSR-Mitteilungen jedoch nur dann, wenn sie außerdem in einem *„unmittelbaren Zusammenhang"* mit der Absatzförderung stehen. Das ist stets, aber auch nur dann anzunehmen, wenn sie sich ausschließlich oder zumindest vorrangig an *Verbraucher* richten oder sie erreichen (Erwägungsgrund 7 S. 2 UGP-Richtlinie). Denn der Zweck einer solchen Maßnahme kann nur sein, die Kaufentscheidung der Verbraucher zu beeinflussen.

5. CSR-Mitteilungen gegenüber „sonstigen Markteilnehmern" im Sinne des § 2 Abs. 1 Nr. 2 UWG stellen dann „geschäftliche Handlungen" dar, wenn sie in einem „objektiven Zusammenhang mit der Förderung des Absatzes oder Bezugs von Waren oder Dienstleistungen stehen. Das ist wiederum dann anzunehmen, wenn sie objektiv (und vorrangig) darauf gerichtet sind, entsprechende geschäftliche Entscheidungen dieser Personen, insbesondere Unternehmern, zu beeinflussen.

6. Anders verhält es sich, wenn die CSR-Mitteilung sich ausschließlich oder vorrangig an andere Unternehmen, Personen, Organisationen oder Institutionen wendet, um andere Ziele als die der Förderung des Absatzes oder Bezugs zu verfolgen.

7. Die Einordnung einer CSR-Mitteilung als „geschäftliche Handlung" sagt noch nichts über ihre lauterkeitsrechtliche Zulässigkeit aus.

Irreführung über CSR – Informationspflichten über CSR?

Axel Birk

Zusammenfassung Die Vorschriften zur Verhinderung von Täuschungen durch geschäftliche Handlungen, im deutschen Gesetz zur Bekämpfung unlauteren Wettbewerbs (UWG) in den §§ 5 und 5a UWG zu finden, stehen regelmäßig im Mittelpunkt der wettbewerbsrechtlichen Beurteilung unternehmerischer Aktivitäten im Bereich der Corporate Social Responsibility (CSR). Dieser Beitrag behandelt das Thema in drei Schritten. Er beginnt mit der Skizze zweier Grundpositionen zum Verhältnis von CSR und UWG (1). Danach folgt ein Überblick über die unterschiedlichen unternehmerischen Aktivitäten, die man mit dem Begriff CSR in Verbindung bringt und die Relevanz für das Unlauterkeitsrecht haben können (2). Der dritte Punkt, auf den ich mich konzentrieren will, ist die Frage nach einer etwaigen Verpflichtung der Unternehmen, über CSR-Maßnahmen zu informieren (3). Den Abschluss bildet ein Fazit in Thesenform (4).

1 Grundpositionen zum Verhältnis von CSR und UWG

CSR-Bemühungen von Unternehmen sind schnell dem Vorwurf des sog. „*green washing*" ausgesetzt.[1] Eine Reihe von Non-Governmental Organizations (NGOs) hat es sich zur Aufgabe gemacht, den „Wahrheitsgehalt" sozial- und umweltethischer Aussagen von Unternehmen zu prüfen und gegebenenfalls als falsch zu enttarnen. NGOs haben über die Medien ein erhebliches Skandalisierungspotential, mit dem sie Unternehmen unter Druck setzen können. Vielfach werden in diesem medial geführten Kampf um die richtige Weltanschauung Tatsachen nur unzureichend ermittelt bzw. dargestellt und von den Bewertungen nicht getrennt, was nor-

---

[1] Mit „*green washing*" werden PR-Methoden bezeichnet, die darauf abzielen, einem Unternehmen in der Öffentlichkeit ein umweltfreundliches und verantwortungsbewusstes Image zu verleihen, ohne dass es dafür eine hinreichende Grundlage gibt. Vielfach geht es weniger um Tatsachen als vielmehr um die unterschiedliche Bewertung der Umstände durch die Unternehmen einerseits und gesellschaftlichen Gruppen, insbes. NGOs, andererseits.

A. Birk (✉)
Hochschule Heilbronn
Künzelsau, Deutschland
E-Mail: axel.birk@hs-heilbronn.de

R. M. Hilty, F. Henning-Bodewig (Hrsg.), *Corporate Social Responsibility*,
MPI Studies on Intellectual Property and Competition Law 21,
DOI 10.1007/978-3-642-54005-9_12, © Springer-Verlag Berlin Heidelberg 2014

mativistische Fehlschlüsse[2] geradezu vorprogrammiert.[3] In der juristischen Diskussion zu diesem Thema lassen sich grob gesprochen zwei Lager unterscheiden:

Die eine, innovativere Seite will das „*green washing*" auch mit rechtlichen Mitteln bekämpfen und proklamiert einen „sozialethischen Leistungswettbewerb".[4] Die Idee besteht darin, das UWG als Treiber für ein ehrliches Engagement der Unternehmen einzusetzen. Die „unternehmerischen Versprechen [sollen] keine bloßen Lippenbekenntnisse bleiben".[5]

Die andere Seite steht der Durchsetzung von freiwilligen CSR-Maßnahmen mit den Mitteln des UWG skeptisch bis ablehnend gegenüber, weil sie eine „Moralisierung" des Wettbewerbsrechts befürchtet.[6] Sie sieht darin einen Rückfall in die Zeiten vor der UWG-Novelle von 2004, als zentrales Tatbestandsmerkmal des § 1 UWG 1909 noch der Verstoß gegen die „guten Sitten" war. Die Vertreter dieser Auffassung erkennen als unlauter nur das an, was Wettbewerbsprozesse verfälscht.[7] Tendenziell dürfte dieser Auffassung die Rechtsprechung zuzuneigen.[8]

Indem die Diskussion der Frage nachgeht, ob das UWG ein Einfallstor für moralische Vorstellungen bzw. anständige Geschäftsgepflogenheiten sei, überspannt sie meines Erachtens den Bogen und wird auf einer zu abstrakten Ebene geführt. Man muss keine philosophischen Kategorien bemühen,[9] um eine CSR-Maßnahme als unlauteren Wettbewerb zu bewerten. CSR umfasst, wie wir gleich sehen werden, recht unterschiedliche Formen absatzfördernder Maßnahmen. Es wird sich bei diesem Überblick erweisen, dass man nicht pauschal davon sprechen kann, dass CSR-Maßnahmen „lauter bzw. unlauter" sind oder „wesentliche Informationen im

---

[2] Unter einem normativistischen Fehlschluss versteht man ein moralisches Urteil, dass auf der Grundlage unzureichender Analyse der Tatsachen und der Wirklichkeit gefällt wird. Vgl. *Suchanek*, Ökonomische Ethik, 2. Aufl. 2007, 31 f.

[3] Zum ersten großen Kräftemessen zwischen einer NGO und Unternehmen kam es im Jahr 1995 im Fall des schwimmenden Öltanks (oft fälschlich als Ölplattform bezeichnet) „Brent-Spar", der von Shell und ESSO im Atlantik betrieben wurde und nach den Plänen der Ölgesellschaften zunächst im Meer versenkt werden sollte. Nach Protesten von Greenpeace wurde die Ölplattform stattdessen an Land gebracht und in Norwegen verschrottet. Dabei waren, wie sich später herausstellte, die Angaben von Greenpeace über die giftigen Ölrückstände im Tank und damit die Gefahr für die Umwelt grob fehlerhaft.

[4] Vgl. *Fezer*, in: *Fezer* (Hrsg.), UWG, 2. Aufl. 2010, Einl. E Rn. 238 ff.; *Peifer*, in: *Hilty/Henning-Bodewig* (Hrsg.), Lauterkeitsrecht und Acquis Communautaire, 2009, 125 ff.

[5] Vgl. *Peifer* (Fn. 5), 143.

[6] So etwa der Diskussionsbeitrag von *Ohly*, in: *Hilty/Henning-Bodewig* (Fn. 5), S. 145.

[7] Wettbewerbsprozesse werden – man kann das m. E. auf einen Punkt bringen – dann verfälscht, wenn die „rationale" oder „akkurate" Entscheidung des Kunden massiv in Gefahr gerät, entweder in dem Kunden unzulässig beeinflusst, Konkurrent in ihren Marketingaktivitäten unzulässig behindert oder Vorteile durch Verstöße gegen rechtliche Marktverhaltensregelungen verschafft werden.

[8] Vgl. BVerfG GRUR 2001, 170 – Benetton I; GRUR 2003, 442 – Benetton II; GRUR 2002, 455 – Tier- und Artenschutz; BGH GRUR 2001, 1181 (1182) – Telefonwerbung für Blindenware; GRUR 2007, 247– Regenwaldprojekt I; GRUR 2007, 251– Regenwaldprojekt II.

[9] Vgl. aber *Peifer* (Fn. 5).

Sinne des Informationsgebotes des Art. 7 UGP-Richtlinie und des § 5a UWG" dar-stellen.[10] Es muss vielmehr – wie so oft – differenziert werden.[11]

2   CSR- Maßnahmen mit wettbewerbsrechtlichen Berührungspunkten

Der Begriff Corporate Social Responsibility oder besser nur Corporate Responsibi-lity ist weit und unscharf.[12] Es werden daher auch ganz vielfältige und unterschied-liche unternehmerische Handlungen diesem Begriff zugeordnet. Auf eine erste, wichtige Einschränkung im Hinblick auf das UWG hat *Frauke Henning-Bodewig* hingewiesen:[13] „Nicht das umwelt- oder sozialschädliche Verhalten von Unterneh-men (…) können also dem Lauterkeitsrecht unterliegen, sehr wohl jedoch ihr Ein-satz zu Marketingzwecken." Es sind daher nur die CSR-Aktivitäten in Betracht zu ziehen, die dem Bereich der Unternehmenskommunikation und des Marketing zu-zurechnen sind und welche die Unternehmen als Mittel der Absatzförderung einset-zen. Unter dieser Einschränkung lassen sich die nachfolgenden CSR-Maßnahmen identifizieren und einer kurzen rechtlichen Bewertung unterziehen.[14]

2.1   *Nachhaltigkeitsberichte*

Ein Nachhaltigkeitsbericht ist die freiwillige Berichterstattung nicht-bilanzieller Kennzahlen, über die Auswirkungen der unternehmerischen Tätigkeit auf die Um-welt, die Beschäftigungsverhältnisse und die Gesellschaft im allgemeinen. Einen einheitlichen Standard dafür gibt es bislang nicht, auch wenn sich in der Praxis die G4-Leitlinien der *Global Reporting Initiative* wohl durchgesetzt haben.[15] Die G4-Leitlinien enthalten in ihrem Teil „Umsetzungsanleitung" besondere Indikatoren-protokollsätze zu den Themen Ökonomie, Umwelt, Produktverantwortung, Arbeits-praktiken und menschenwürdige Beschäftigung, Menschenrechte und Gesellschaft.

---

[10] So aber *Fezer* (Fn. 5), Einl. E Rn. 240.

[11] Nach Abstimmung mit dem Ko-Referenten, Hr. von Walther (in diesem Buch S. 187), konzen-triere ich mich dabei auf die Frage nach den Informationspflichten über CSR. Diese Fokussierung kommt mir entgegen, da ich zu den anderen Problembereichen bereits in einem Beitrag in der GRUR (2011, 196 ff.) Stellung genommen habe.

[12] Vgl. etwa *Blowfield/Murray,* Corporate Responsibility, 2008, 12 ff.

[13] *Henning-Bodewig,* UWG und Geschäftsethik, WRP 2010, 1094 (1103).

[14] Vgl. *Hansen*, Studie: „Konsumentenorientierte Kommunikation über Corporate Social Re-sponsibility", Universität Hannover 2005, abrufbar unter: http://www.ub.uni-koeln.de/ssg-bwl/ archiv/h/uh/muk/konsumorientierte_kommunikation_corporate.pdf (zul. aufgerufen am 16. Ok-tober 2013).

[15] Die G4-Leitlinien der Global Reporting Initiative sind abrufbar unter: https://www.globalrepor-ting.org/languages/german/Pages/default.aspx (zul. aufgerufen am 16. Oktober 2013).

Mit den einzelnen Indikatoren in den Protokollsätzen sollen die Aktivitäten der Unternehmen im jeweiligen Bereich messbar gemacht werden.

Da nach dem „G3-Leitfaden" u. a. über die Produkte des Unternehmens zu informieren ist, werden z. B. in den *Nachhaltigkeitsberichten* von Automobilherstellern die Entwicklung des CO_2-Verbrauchs der Fahrzeugflotte über mehrere Jahre hinweg dargestellt.[16] Das sind (aggregierte) Tatsachenaussagen, über die das Automobilunternehmen seine Kunden, wenn sie nicht zutreffen, prinzipiell irreführen könnte. Die Frage muss daher lauten: Unterliegen Nachhaltigkeitsberichte dem Irreführungsverbot des § 5 UWG oder sind Unternehmen gar nach § 5a UWG zur Anfertigung von Nachhaltigkeitsberichten verpflichtet? Die Antwort lautet nein und zwar aus einem einfachen Grund: Nachhaltigkeitsberichte stellen keine *geschäftliche Handlung* i.S.d. § 2 Abs. 1 Nr. 1 UWG dar, weil sie mit der Absatzförderung nicht in objektivem Zusammenhang stehen. Dazu muss man sich klarmachen, an wen die Berichte sich richten.

Wer ein Auto kaufen will, so darf man annehmen, liest davor nicht die Nachhaltigkeitsberichte der Automobilhersteller, für deren Produkte er sich interessiert. Wenn der Kunde etwa neben der Motorleistung und der Ausstattung etwas über die Umweltgesichtspunkte wissen will, kann er sich darüber in der Werbung bzw. im Autohaus informieren, weil die Hersteller und Händler nach der Pkw-Energieverbrauchskennzeichnungsverordnung zur Angabe von Kraftstoffverbrauch und CO_2-Werten verpflichtet sind.[17] Die Leserschaft eines Nachhaltigkeitsberichts wird also, entgegen manch theoretischer Konzeption, nicht von Verbrauchern und Kunden gebildet. Sie wird aber auch nicht oder allenfalls eingeschränkt auf sehr spezielle Publikationen von Vertretern der Medien gebildet. Im Wirtschaftsteil der großen Tageszeitungen liest man nichts über die Nachhaltigkeitsberichte der Unternehmen und ihre Inhalte. Wer also sind die externen Zielgruppen[18] von Nachhaltigkeitsberichten? Es sind in erster Linie die Finanzmärkte, die sich über Nachhaltigkeitsratings, Nachhaltigkeitsratingagenturen und Nachhaltigkeitsindizes bei Investitionen über die CSR-Aktivitäten von Unternehmen informieren.[19] Es sind in zweiter Linie einzelne NGOs, die sich inhaltlich mit bestimmten Unternehmen bzw. Branchen oder mit bestimmten Themen aus den Nachhaltigkeitsberichten von Unternehmen auseinandersetzen.

Helmut Köhler hat in seinem vorangegangenen Beitrag bereits herausgearbeitet, dass man den Begriff *„geschäftliche Handlung"* hinsichtlich der Schutzrichtung Verbraucher im Lichte der UGP-Richtlinie interpretieren muss.[20] Danach sind CSR-

---

[16] Vgl. etwa *Daimler,* Nachhaltigkeitsbericht 2012 (Print-Version), 68.

[17] Zur PKW-EnVKV: *Schabenberger/Amschewitz,* (Keine) Pflicht zur Angabe von Kraftstoffverbrauchs- und CO2-Werten in Werbeschriften für Automarken und Baureihen, WRP 2012, 669 ff.

[18] Die interne Zielgruppe sollen insbesondere die Mitarbeiter sein.

[19] Die bekanntesten Nachhaltigkeitsratingagenturen in Deutschland sind *oekom research* und *imug.* Die wichtigsten Nachhaltigkeitsindizes sind der *Dow Jones Sustainability Index* und der *FTSE for goods.*

[20] *Köhler,* in diesem Band auf S. Den Begriff „kommerzielle Kommunikation" definiert Art. 2 lit. f E-Commerce-Richtlinie: „alle Formen der Kommunikation, die der unmittelbaren oder mittel-

Mitteilungen von Unternehmen zwar typischerweise kommerzielle Kommunikation, weil sie zumindest das Erscheinungsbild des Unternehmens positiv beeinflussen wollen, sie stehen aber nur dann in objektivem Zusammenhang mit der Absatzförderung, wenn sie sich ausschließlich oder zumindest vorrangig an Verbraucher richten und geeignet sind, deren Kaufentscheidung zu beeinflussen.[21] Erwägungsgrund 7 S. 2 der UGP-Richtlinie grenzt deren Anwendungsbereich ausdrücklich ein: „Sie bezieht sich nicht auf Geschäftspraktiken, die vorrangig anderen Zielen dienen, wie etwa bei kommerziellen, für Investoren gedachten Mitteilungen, wie Jahresberichten und Unternehmensprospekten." Die Nähe der Nachhaltigkeitsberichte zum Jahresbericht eines Unternehmens ist offensichtlich.

Nun schützt das UWG gemäß § 1 UWG nicht nur die Verbraucher, sondern auch die *Mitbewerber und sonstige Marktteilnehmer.* Auch unter diesem Blickwinkel ist jedoch bei der Veröffentlichung eines Nachhaltigkeitsberichts keine geschäftliche Handlung zu konstatieren, weil kein objektiver (funktionaler) Zusammenhang[22] mit dem Absatz oder dem Bezug von Waren und Dienstleistungen besteht. Nachhaltigkeitsberichte richten sich weder gezielt an Geschäftskunden oder Zulieferer noch „primär" an Mitbewerber, sondern – wie schon festgestellt – vorrangig an Investoren und NGOs.

2.2 *Unternehmerische Selbstverpflichtung – Mitgliedschaft in (internationalen) Netzwerken*

Unternehmerische Selbstverpflichtungen sind einseitige und freiwillige Erklärungen, bestimmte Regeln einzuhalten. Die Übernahme einer Selbstverpflichtung kann auch durch *Beitritt in ein Netzwerk* geschehen, das sich die Einhaltung bestimmter Standards zur Aufgabe gemacht hat. Unternehmerische Selbstverpflichtungen gibt es in unterschiedlichen Branchen und in ganz unterschiedlichen Bereichen unternehmerischer Tätigkeit. Eine der bekanntesten branchenübergreifenden Selbstverpflichtungen für Unternehmen dürfte der „Deutsche Corporate Governance Kodex" sein.[23]

Im Bereich der CSR kann man sich die wichtigsten Möglichkeiten zur unternehmerischen Selbstverpflichtung gut am Beispiel der *Daimler AG* veranschaulichen. Im Nachhaltigkeitsbericht werden die Netz- und Regelwerke aufgelistet, denen

---

baren Förderung des Absatzes von Waren und Dienstleistungen oder des Erscheinungsbilds eines Unternehmens … dienen".

[21] Erwägungsgrund 7 S. 1 UGP-Richtlinie. Vgl. dazu *Köhler,* in: *Köhler/Bornkamm,* UWG, 31. Aufl. 2013, § 2 Rn. 45.

[22] Zum Begriff „objektiver Zusammenhang" siehe *Köhler* (Fn. 21), § 2 Rn. 42, 48, 52. Der „objektive Zusammenhang" verlangt in Bezug auf Mitbewerber, dass sich die geschäftliche Handlung „primär" bzw. „gezielt" auf die Konkurrenten bezieht.

[23] Siehe dazu www.corporate-governance-code.de (zuletzt aufgerufen am 16. Oktober 2013).

Daimler beigetreten ist bzw. zu deren Einhaltung sich Daimler freiwillig verpflichtet hat.[24] Es sind dies:

- die 10 Prinzipien des UN Global Compact,
- die Allgemeine Erklärung der Menschenrechte,
- die Kernarbeitsnormen der ILO,
- die OECD-Leitsätze für multinationale Unternehmen,
- die dreigliedrige Grundsatzerklärung über multinationale Unternehmen und Sozialpolitik der ILO,
- der Deutsche Corporate Governance Kodex und
- das Leitbild für verantwortliches Handeln in der Wirtschaft des Wittenberg-Zen-
  trum für Globale Ethik.

Die aus Sicht des *UWG* entscheidende Frage besteht darin, ob diese Regelwerke
Verhaltenskodizes i.S.d. § 2 Abs. 1 Nr. 5 UWG sind. Wenn sie es wären, würde das
Irreführungsgebot des § 5 Abs. 1 S. 2 Nr. 6 und die Nr. 1 und 3 des Anhangs zu § 3
Abs. 3 UWG eingreifen. Meiner Ansicht nach sind die genannten CSR-Initiativen
aber keine Verhaltenskodizes, weil sie nicht dazu dienen, die Grundsätze der UGP-
Richtlinie „in spezifischen Wirtschaftsbranchen wirksam" anzuwenden.[25] Genau so
ist aber nach Erwägungsgrund 20 der UGP-Richtlinie der Begriff „Verhaltensko-
dex" zu bestimmen.

2.3   Werbeaussagen

Werbeaussagen können von recht allgemein gehaltenen Formulierungen bis zu eindeutigen und konkreten Tatsachenbehauptungen reichen.

Häufig findet man Aussagen wie z. B. folgende:[26] „Wir sind der Nachhaltigkeit
verpflichtet. Die grundlegende Idee ist, dass wir die uns zur Verfügung stehenden
Ressourcen behutsam nutzen. Darauf bauen wir unsere Produktphilosophie auf: auf
Qualität, die hält; auf Funktion, die was taugt; auf Gestaltung, die morgen noch
überzeugt."

Am anderen Ende des Spektrums liegen recht konkrete Aussagen über Herstel-
lungsmethoden, wie etwa „IKEA akzeptiert keine Kinderarbeit".[27] Solche Aussagen
werden in der Praxis dann aber in aller Regel durch ergänzende Erläuterungen ab-
geschwächt.[28]

---

[24] Vgl. etwa *Daimler* (Fn. 16), 52. Es fehlt im wesentlichen nur die Verpflichtung zur Einhaltung
der ISO 26000.

[25] Eine ausführliche Begründung findet sich in *Birk,* (Fn. 1), 196 ff.

[26] Prospekt der Biber Umweltprodukte Versand GmbH, Dornbirn (A), Beilage der SZ vom 4. Mai
2013.

[27] Vgl. IKEA Homepage, abrufbar unter http://www.ikea.com/ms/de_DE/about_ikea/our_respon-
sibility/working_conditions/preventing_child_labour.html (zul. aufgerufen am 16. Oktober 2013).

[28] Bei IKEA geschieht dies etwa durch folgende Ergänzung „Kinderarbeit existiert in Ländern, in
denen IKEA Produkte hergestellt werden. IKEA akzeptiert keine Kinderarbeit bei seinen Lieferanten oder deren Subunternehmern und arbeitet aktiv daran, sie zu verhindern."

Die Probleme in diesem Bereich sind altbekannt: Es geht zunächst um die Frage, ob die Aussage überhaupt einen nachprüfbaren *Tatsachenkern* aufweist oder ob es sich um ein Werturteil, eine reklamehafte Anpreisung handelt.[29] Kann ein Tatsachenkern festgestellt werden, kommt es entscheidend auf der Interpretation der Werbeaussage durch die Gerichte an. Wie ich an anderer Stelle schon ausgeführt habe, schießen meiner Ansicht nach die Gerichte hier mitunter über das Ziel hinaus.[30]

2.4 Verwendung von CSR-Siegel

Im Bereich des freiwilligen ökologischen und sozialen Engagements der Unternehmen hat sich in den letzten Jahren eine Vielzahl von branchenweiten und branchenübergreifenden *Siegeln* etabliert. Das wohl bekannteste branchenübergreifende Siegel ist das „Fair trade"-Siegel.[31] Ein anderes bekanntes branchenweites Siegel ist das der „Fair Wear Foundation".[32] Die Verwendung von CSR-Siegeln wird von § 5 Abs. 1 S. 2 Nr. 1 UWG, Anhang Nr. 2 und 4 zu § 3 Abs. 3 UWG sowie der dazu ergangenen Rechtsprechung zu den Prüf- und Gütesiegeln erfasst. Wer solche Siegel verwendet, ohne von der jeweiligen Institution dazu berechtigt zu sein bzw. deren Anforderungen zu erfüllen, handelt irreführend.

2.5 „Cause-related"-Marketing

Der bekannteste Fall des sog. „cause-related" Marketings in Deutschland ist die Werbung der Brauerei Krombacher für das sog. „*Regenwaldprojekt*". Dieser Fall wurde vom BGH[33] – wie ich meine – zutreffend entschieden und eine andere Beurteilung wäre auch unter dem UWG 2008 nicht veranlasst. Der Bundesgerichtshof hat zu dieser Form des Marketings zwei wichtige Dinge festgehalten:

- „*Cause-related*"-Marketing (vom BGH als „Sozial-Sponsoring" bezeichnet) ist keine unangemessene, unsachlicher Beeinflussung des Kunden i.S. von § 4 Nr. 1 UWG.
- Das Unternehmen ist grundsätzlich nicht verpflichtet, die Kunden über die Details der Leistungen an den Partner/Gesponsorten zu informieren. Im konkreten Fall gäbe es keine Pflicht, über die Art und Weise der Unterstützung oder die

---

[29] Vgl. *Nordemann*, Wettbewerbsrecht – Markenrecht, 11. Aufl. 2012, Rn. 153 ff.

[30] Vgl. *Birk*, (Fn. 1), 196 ff.

[31] Verliehen vom *Verein Transfair*: http://www.fairtrade-deutschland.de/ (zul. aufgerufen am 16. Oktober 2013).

[32] Siehe http://www.fairwear.org/ (zul. aufgerufen am 16. Oktober 2013).

[33] BGH GRUR 2007, 247 – Regenwaldprojekt I; GRUR 2007, 251 – Regenwaldprojekt II.

Höhe bzw. den Wert der Zuwendung aufzuklären.[34] Etwas anderes gilt nur dann, wenn die Werbung konkrete, für die Kaufentscheidung relevante irrige Vorstellungen bei den Kunden hervorruft, also etwa konkrete Aussagen über die Art und den Umfang der Unterstützungsleistungen macht.

Die zweite Kernaussage des BGH im Fall Krombacher leitet über zum dritten Punkt, nämlich zu der Frage, ob § 5a UWG Unternehmen zur Aufklärung über ökologische und sozialethische Umstände verpflichtet.

3   Irreführung durch Unterlassen § 5a UWG – Informationspflichten

Die Dogmatik des § 5a UWG bereitet einige Schwierigkeiten.[35] So wird die Frage nach etwaigen Informationspflichten über ökologische und sozialethische Umstände von einem Teil der Literatur Abs. 2,[36] von einem anderen Teil Abs. 3 Nr. 1 zugeordnet.[37] Unklar ist auch, ob schon das bloße Fehlen einer wesentlichen Information ausreicht oder ob die Informationslücke kausal für die Verbraucherentscheidung sein muss oder ob beides überhaupt getrennt werden kann.[38] Unabhängig von diesen Streitfragen geht es in jedem Fall darum, ob Informationen über CSR-Aktivitäten *„wesentlich"* sind. Ich beschränke mich in den nachfolgenden Ausführungen allein auf dieses Merkmal. Die UGP-Richtlinie gibt zum Verständnis des Begriffs einen Hinweis: Wesentlich sind Informationen, die der Verbraucher für eine *„informierte geschäftliche Entscheidung"* benötigt. Daraus wird allgemein abgeleitet,[39] dass es auf eine Abwägung zwischen den Informationsbedürfnissen der Verbraucher für

---

[34] BGH GRUR 2007, 251 Rn. 22 – Regenwaldprojekt II.

[35] Dazu *Bornkamm,* Irrungen, Wirrungen – Der Tatbestand der Irreführung durch Unterlassen, WRP 2012, 1 ff. Es geht u. a. darum, ob ein irreführendes Unterlassen ausreicht oder ob zusätzlich eine Kausalität der fehlenden Information für die Kaufentscheidung zu fordern ist (echtes oder unechtes Unterlassungsdelikt).

[36] So wohl *Bornkamm,* in: *Köhler/Bornkamm,* (Fn. 21), § 5a Rn. 32a: „Informationen, bei denen es nicht unmittelbar um Produktmerkmale, sondern um wichtige außerhalb des konkreten Produkts liegende Informationen handelt, fallen eher nicht unter § 5a Abs. 3 Nr. 1 UWG, sondern unter § 5a Abs. 2 UWG."

[37] So *Sosnitza,* in: *Piper/Ohly/Sosnitza,* UWG, 5. Aufl. 2010, § 5a Rn. 26; *Peifer* (Fn. 5), 141. Die Zuordnung macht einen gewissen Unterschied, weil es in Abs. 2 um „wesentliche Informationen", in Abs. 3 um „wesentliche Merkmale der Ware oder Dienstleistung" geht.

[38] Dazu *Bornkamm,* Irrungen, Wirrungen – Der Tatbestand der Irreführung durch Unterlassen, WRP 2012, 1 ff.; *ders.* (Fn. 21), § 5a Rn. 55 ff.; *Dreyer,* in: *Harte-Bavendamm/Henning-Bodewig* (Hrsg.), UWG, 3. Aufl. 2013, § 5a Rn. 81 ff.; *Fezer,* Lebensmittelimitate, gentechnisch veränderte Produkte und CSR-Standards als Gegenstand des Informationsgebots im Sinne des Art. 7 UGP-RL – Lauterkeitsrechtliche Informationspflichten nach § 5a UWG zum Schutz vor irreführender Lebensmittelvermarktung, WRP 2010, 577 (582).

[39] BGH GRUR 2012, 1275– Zweigstellenbriefbogen; *Bornkamm,* Irrungen, Wirrungen – Der Tatbestand der Irreführung durch Unterlassen, WRP 2012, 1; *ders.* (Fn. 36), § 5a Rn. 29b ff.; *Peifer,*

eine rationale Entscheidung einerseits und den Interessen der Unternehmen an einer Beschränkung der Information andererseits ankommt.[40] Der BGH formuliert, dass Informationen wesentlich sind, wenn sie für den Verbraucher „erhebliches Gewicht haben und deren Angabe unter Berücksichtigung der beiderseitigen Interessen vom Unternehmer erwartet werden kann".[41]

Sind Informationen über ökologische und sozialethische Umstände der Herstellung eines Produkts „wesentlich" bzw. haben sie ein „erhebliches Gewicht"? In der Kommentarliteratur finden sich dazu die eingangs unter 1. erwähnten Grundpositionen wieder: Nach Ansicht der einen Seite zählen die Bedingungen der Herstellung und des Vertriebs, wie etwa Arbeits- oder Umweltschutzbedingungen, nicht zu den wesentlichen Informationen.[42] Als Beispiel für eine unwesentliche Information erwähnt *Bornkamm* etwa die Auskunft, dass „das Tropenholz, aus dem die angebotenen Gartenmöbel hergestellt sind, nicht aus einer Plantage stammt".[43] Das entspricht der bisherigen Linie der Rechtsprechung, wonach Aufklärung nur dann zu leisten ist, wenn es um die Gesundheits- und Sicherheitsinteressen der Abnehmer oder um deren wirtschaftliche Interessen, nämlich den Wert der Ware oder die mit dem Kauf verbundenen Zusatzkosten, geht.[44] Die andere Seite sieht in ökologischen und sozialethischen Standards dagegen die Daten eines „zweiten Preises", über welche der Verbraucher aufgeklärt werden müsse.[45] Diese Auffassung wird von einer neueren Entscheidung des BGH zumindest nicht grundsätzlich verworfen,[46] wonach die „Unlauterkeit einer geschäftlichen Handlung nicht mit der Begründung verneint werden [kann], diese Handlung beeinträchtige lediglich ideelle – etwa auf dem Gebiet des Umweltschutzes liegende – Interessen des Verbrauchers."

Eine wirklich überzeugende Begründung für die jeweilige Position findet sich, soweit ich es überblicken kann, weder auf der einen noch auf der anderen Seite. Daher will ich versuchen, dazu etwas beizutragen. Wie man bereits meinen Ausführungen an anderer Stelle entnehmen kann,[47] gehöre ich zur restriktiven Fraktion. Meine beiden Gründe hierfür sind die folgenden:

---

in: *Fezer* (Hrsg.), UWG, 2. Aufl. 2010, § 5a Rn. 14; *Nordemann* (Fn. 29), Rn. 383 f.; *Dreyer* (Fn. 38), § 5a Rn. 59 ff.

[40] Letzteres bringt Art. 7 Abs. 3 UGP-Richtlinie deutlich zum Ausdruck, wenn es dort heißt, dass bei der Entscheidung darüber, ob Informationen vorenthalten wurden, die räumlichen oder zeitlichen Beschränkungen des verwendete Kommunikationsmediums sowie die Maßnahmen, die der Gewerbetreibende getroffen hat, um den Verbrauchern die Informationen anderweitig zur Verfügung zu stellen, zu berücksichtigen sind.

[41] BGH GRUR 2012, 1275– Zweigstellenbriefbogen.

[42] Vgl. *Sosnitza* (Fn. 37), Rn. 26.

[43] Vgl. *Bornkamm* (Fn. 21), § 5a Rn. 32.

[44] Vgl. *Peifer* (Fn. 39), § 5a Rn. 17 ff.

[45] So insbes. *Fezer* (Fn. 5), 240; *ders.*, Das Informationsgebot der Lauterkeitsrichtlinie als subjektives Verbraucherrecht, WRP 2007, 1021 (1022).

[46] BGH GRUR 2010, 852 – Gallardo Spyder (Rn. 16). Der BGH beruft sich zur Begründung auf Art. 2 lit. e UGP-Richtlinie. Der Wortlaut der Vorschrift lässt aber sowohl eine Verengung auf rein wirtschaftliche Interessen als auch eine Ausdehnung auf ideelle Interessen zu.

[47] Vgl. *Birk,* (Fn. 1), 196 ff.

- Der Begriff der „informierten Entscheidung" beinhaltet nicht nur den Aspekt der Information, sondern auch den Aspekt der Komplexität. CSR-Problematiken sind aber aus naturwissenschaftlichen, technischen oder normativen Gründen zu komplex, um Verbraucher darüber sinnvoll zu informieren.
- Die Rechtssicherheit verlangt eine Unterscheidung von Tun und Unterlassen. Pflichten zum Tun und zur Aufklärung verlangen klare Standards. Solche Standards fehlen im Bereich von CSR.

3.1 Verbraucherinteresse an Information und Komplexität

3.1.1 Begriff der informierten Entscheidung

Um den Begriff der „informierten Entscheidung" besser zu verstehen, sollte man sich, wie im europäischen Recht üblich, auch die Fassungen der anderen offiziellen Gemeinschaftssprachen anschauen. Die englische Fassung ist der deutschen am nächsten, wenn sie von einer „informed transactional decision" spricht. Eine Bedeutungsverschiebung ergibt sich aber aus der italienischen und französischen Fassung: Der italienische Verbraucher soll eine „decisione consapevole", der französische eine „décision commerciale en connaissance" treffen können. Es geht in diesen Sprachfassungen also um „bewusste" Entscheidungen.

Der Begriff „informierte Entscheidung" der UGP-Richtlinie verlangt meines Erachtens also keine Verengung des Blicks allein auf Informationen, sondern ist in einem weiteren Sinn als „akkurate Entscheidung" i.S.d. der Verhaltensökonomie zu verstehen.[48] Dann ist Information aber nur ein Aspekt unter mehreren. Werfen wir dazu einen Blick auf die verhaltensökonomisch identifizierten Ziele, welche Verbraucher bei Kaufentscheidungen verfolgen. Es geht um

- optimale Bedürfnisbefriedigung (Nutzenmaximierung),
- Vermeidung von Anstrengungen (kognitive Reduktion),
- Vermeidung negativer Emotionen (Vornahme von *trade-offs*),[49]
- spätere Rechtfertigbarkeit der Kaufentscheidung (soziale Akzeptanz).[50]

Unter dem Stichwort *„Vermeidung von Anstrengungen"* sind drei Aspekte angesprochen: die Beschaffung von Informationen, die Komplexität der Entscheidung und der Zeitdruck. Natürlich sind fehlende Informationen ein „Kostentreiber" für rationale Entscheidungen, weil der Verbraucher sich die gesuchten Informationen anderweitig besorgen und dabei eine Kosten-Nutzen-Abwägung vornehmen muss (Lohnt es sich weitere Preisvergleiche anzustellen, nur um ein paar Cent zu spa-

---

[48] Vgl. *Wolff/Moser*, in: *Moser* (Hrsg.), Wirtschaftspsychologie, 2007, Kap. 3.5.1.

[49] Mit *trade-off* bezeichnet man die Situation, dass selten ein Produkt alle gewünschten Eigenschaften in sich vereint. Mit der Entscheidung für ein Produkt entscheidet man sich in der Praxis zugleich gegen ein anderes Produkt, das in einer entscheidungsrelevanten Eigenschaft besser ist.

[50] Käufe finden in einem sozialen Kontext statt, in dem man sich für seine Entscheidung rechtfertigen muss.

ren?). Entscheidungen sind aber bekanntermaßen um so schwieriger zu treffen, je mehr Informationen zu verarbeiten und je schwieriger die Informationen zu vermitteln und zu verstehen sind, mit anderen Worten je komplexer die Entscheidungssituation ist. Die Konsumverhaltensforschung hat gezeigt, dass die Informationsverarbeitungskapazität von Konsumenten nur sehr eingeschränkt ist.[51] Mir scheint, dass die Befürworter umfassender Aufklärungspflichten den Aspekt der Information im Rahmen einer „informierten Entscheidung" zu einseitig betonen und etwas naiv annehmen, dass man Verbraucher einfach und klar über ökologische und sozialethische Umstände der Produktion informieren kann.

3.1.2 Komplexität

Was macht die Informationsvermittlung im Bereich von CSR-Aktivitäten so schwierig und komplex, so dass eine Informationspflicht nicht sinnvoll erscheint? Ich will diesen Punkt durch einen Beispielsfall zur Frage der Beachtung von Menschenrechten durch Unternehmen veranschaulichen und damit das Problem der normativen Komplexität herausgreifen.

Fallbeispiel „Chevron"

Es dürfte weitgehend bekannt sein, dass die Ölförderung in Nigeria aus verschiedenen Gründen problematisch ist. Daher kommt es immer wieder zu Auseinandersetzungen zwischen Bevölkerungsgruppen in Nigeria und den dort tätigen ausländischen Mineralölgesellschaften. Im Jahr 1998 besetzten mehr als 100 Nigerianer eine Offshore-Ölplattform der Tochtergesellschaft Chevron-Nigeria., um gegen die Umweltverschmutzung und die Ablehnung von Chevron, ihnen Arbeitsplätze anzubieten, zu protestieren. Die Protestierenden wurden von Nonprofit Organisationen, u. a. dem „Center for Constitutional Rights", der „Public Interest Lawyers Group" und der „EarthRights International", unterstützt. Nachdem die Besetzung der Plattform vier Tage andauerte, forderte Chevron die Hilfe der nigerianischen Polizei an. Dies führte zu heftigen Auseinandersetzungen zwischen der Polizei und den Protestierenden, in deren Verlauf Polizisten von ihren Schusswaffen Gebrauch machten und mehrere Personen verletzten, zwei davon tödlich. Die Förderung von Öl war während der Besetzung der Bohrinsel eingestellt worden. Ungeklärt und streitig war, ob der Protest friedlich verlaufen ist.[52]

---

[51] Vgl. *Solomon,* Konsumentenverhalten, 9. Aufl. 2012, Kap. 8; *Kroeber-Riel/Gröppel-Klein,* Konsumentenverhalten, 10. Aufl. 2013, 2. Teil Abschnitte C und D.

[52] Sachverhalt zitiert nach *Bowoto vs. Chevron,* Court of Appeals ND California, No. 09-15641, D.C. No. 3:99-cv-02506-SI (June 14, 2010) führte in den USA zu einem sog. „Alien Tort Claim".

Was ist eine Menschenrechtsverletzung?

Nach deutschem Recht wäre die gezielte und mehr als nur einige Minuten dauernde Besetzung der Ölbohrplattform als ein Eingriff in das Recht in den Gewerbebetrieb zu beurteilen gewesen, der das betroffene Unternehmen gemäß § 823 Abs. 1 BGB zu Schadensersatzansprüchen gegenüber den Besetzern berechtigt hätte. Gezielte Blockaden oder Besetzungen von Unternehmen sind auch nicht durch das Grundrecht auf Versammlungsfreiheit gedeckt.[53] Kein Richter in Deutschland käme dabei auf die Idee, in der Anforderung von Sicherheitskräften durch das betroffene Unternehmen zur Räumung eines besetzten Betriebsgeländes die Teilnahme an einer Menschenrechtsverletzung durch die Polizei zu sehen. Die Polizei hat vielmehr die Aufgabe, die öffentliche Sicherheit und Ordnung zu schützen, wozu auch der subsidiäre Schutz privater Rechtsgüter zählt.[54]

Nun ist anzunehmen, dass zwischen dem Grad an Rechtsstaatlichkeit in Deutschland und in Nigeria ein qualitativer Unterschied besteht. Es ist dieser Umstand, der uns dazu führt, Fälle wie denjenigen von *Chevron* als Menschenrechtsproblem und nicht etwa als bloße Körperverletzung durch Polizisten aufzufassen. Man spricht also überhaupt erst dann von Menschenrechtsverletzungen, wenn die Rechtsverletzungen durch evidente Mängel des rechtsstaatlichen Ordnungsrahmens ermöglicht oder die staatlichen Behörden bzw. Machthaber für die privaten Rechtsverletzungen mitverantwortlich gemacht werden können.[55] Wann aber muss man annehmen, dass in einem Staat die rechtsstaatlichen Mindeststandards nicht eingehalten werden, so dass sich für Unternehmen die Frage nach der Teilnahme an Menschenrechtsverletzungen stellt?

Menschenrechtsverletzungen durch Unternehmen?

Der UN Global Compact, die OECD-Leitsätze für multinationale Unternehmen und die ISO 26000 verpflichten Unternehmen zur Einhaltung der Menschenrechte.[56] Das ist eine einigermaßen merkwürdige Verpflichtung, richten sich die Menschenrechte doch nach ihrem Wortlaut und ihrer Entstehungsgeschichte ausschließlich an Staaten. Daher kann es bei den Prinzipien des UN Global Compact nicht um die unmittelbare Umsetzung der Allgemeinen Erklärung der Menschenrechte von 1948

---

[53] BGH NJW 1972, 1366; NJW 1998, 377.

[54] BVerfG NJW 1985, 2395; VGH Mannheim, VBlBW 1997, 187; NVwZ-RR 2008, 700; *Götz*, Allgemeines Polizei- und Ordnungsrecht, 14. Aufl. 2008, § 6 I.

[55] Vgl. *Menke/Pollmann*, Philosophie der Menschenrechte, 3. Aufl. 2012, I.1. (30).

[56] UN Global Compact, abrufbar unter: http://www.unglobalcompact.org/ (zul. aufgerufen am 16. Oktober 2013); OECD Leitsätze für multinationale Unternehmen, Text abrufbar unter: http://www.oecd.org/berlin/publikationen/oecd-leitsatzefurmultinationaleunternehmen.htm (zul. aufgerufen am 16.Oktober 2013); ISO 26000, Informationen dazu abrufbar unter: http://www.iso.org/iso/home/standards/iso26000.htm (zul. aufgerufen am 16. Oktober 2013).

(abgekürzt „UDHR")[57] bzw. den Menschenrechtskonventionen von 1966[58] gehen. Das wäre genauso, wie wenn man Unternehmen und Privatpersonen zur Einhaltung der Grundrechte verpflichten wollte. Solchen Überlegungen hat das Bundesverfassungsgericht (BVerfG) und die Staatsrechtslehre zu Recht eine Absage erteilt.[59] Viel zu abstrakt sind die Regelungen, viel zu unklar ist der normative Maßstab.

Das hat auch die UN bemerkt und den Sonderbeauftragten *John Ruggie* damit mandatiert, für Unternehmen praktikable Vorgaben zu machen. Nach dem von ihm erarbeiteten sog. „Ruggie-Framework" sind die Unternehmen „nur" verpflichtet, einen „due-diligence"-Prozess zu installieren, der dabei helfen soll, das Risiko von Menschenrechtsverletzungen zu minimieren.[60] Verpflichtet sind die Unternehmen also nicht zur Einhaltung der Menschenrechte, sondern zur Implementierung von Prozessen, wie etwa Risikoanalysen, Schulungen, Lieferantenscreenings etc., mit denen sie den Erwartungen der Stakeholder Rechnung tragen können.[61] Inhaltliche Konkretisierungen und Klärungen über das, was die Menschenrechte für Unternehmen bedeuten, liefert das *„Ruggie-Framework"* nicht.

Anwendung der Menschenrechte auf den konkreten Fall

Versuchen wir in groben Zügen den Fall *Chevron* mit Hilfe der Allgemeinen Erklärung der Menschenrechte zu lösen und greifen wir dazu – aus rein pragmatischen Gründen – auf die vom BVerfG entwickelte Grundrechtsdogmatik zurück, obwohl dies im internationalen Kontext alles andere als zwingend ist. Bekanntermaßen nimmt das BVerfG eine dreistufige Prüfung vor, indem zunächst zu klären ist, ob der Schutzbereich des Grundrechts betroffen ist, ob zweitens eine Verletzung des Grundrechts vorliegt und ob drittens die Verletzung durch Grundrechtsschranken gerechtfertigt ist.[62]

---

[57] Allgemeine Erklärung der Menschenrechte, UN Resolution 217 A (III) vom 10. Dezember 1948.

[58] Internationaler Pakt über bürgerliche und politische Rechte vom 16. Dezember 1966 (BGBl. 1973 II 1553); Internationaler Pakt über wirtschaftliche, soziale und kulturelle Rechte vom 16. Dezember 1966 (BGBl. 1973 II, 1569).

[59] Vgl. *Herdegen*, in: *Maunz/Dürig* (Hrsg.), GG, Loseblatt, Stand: November 2013, Art. 1 Abs. 3 Rn. 59 ff.; seit BVerfG, NJW 1958, 254 ständige Rechtsprechung.

[60] Vgl. *Ruggie*, Protect, respect and remedy: a Framework for Business and Human Rights, vom 7. April 2008, A/HRC/8/5, Download: http://www.ohchr.org/EN/Issues/Business/Pages/Business-Index.aspx (zul. aufgerufen am 16. Oktober 2013); *Ruggie*, Guiding Principles on Business and Human Rights: Implementing the United Nations „Protect, Respect and Remedy" Framework, vom 21. März 2011, A/HRC/17/31, Download: http://www.ohchr.org/EN/Issues/Business/Pages/BusinessIndex.aspx (zul. aufgerufen am 16. Oktober 2013).

[61] Vgl. *von Bernstorff*, Die UN Guiding Principles on Business and Human Rights – Ein Kommentar aus völkerrechtlicher Sicht, Vortrag auf der Konferenz des Bundesministeriums für wirtschaftliche Zusammenarbeit und Entwicklung und der Universität Essen-Duisburg vom 24./25. November 2012 in Berlin, abrufbar unter: http://www.unesco.de/uho_1112_keynote_bernstorff.html (zul. aufgerufen am 16. Oktober 2013).

[62] Vgl. nur *Jarass*, in: *Jarass/Pieroth* (Hrsg.), Grundgesetz, 12. Aufl. 2012, Vorb. vor Art. 1 Rn. 14 ff.

Im vorliegenden Fall sind auf beiden Seiten Grundrechte betroffen: Auf der Seite von *Chevron* ist das Recht auf Eigentum, das Art. 17 UDHR schützt, auf der Seite der protestierenden Nigerianer ist das Recht, sich friedlich zu versammeln, nach Art. 20 UDHR berührt. Wir haben es also mit einem Fall kollidierender Grundrechte zu tun. Der Eingriff in das Grundrecht der Versammlungsfreiheit erfolgt durch die Aktion der nigerianischen Polizei und es ist an dieser Stelle natürlich fraglich, welche Eingriffsbefugnisse nach nigerianischem Recht der Polizei zustehen, ob sich die Polizei an die rechtlichen Vorgaben gehalten hat und ob der Protest tatsächlich friedlich war. Unabhängig davon stellt sich auf der dritten Ebene, der Rechtfertigungsebene, die Problematik der Abwägung kollidierender Menschenrechte. In Deutschland hat sich, wie oben erwähnt, die Rechtsprechung dazu entschieden, einen Vorrang des Privateigentums vor der Versammlungsfreiheit vorzunehmen. Gilt dieser Vorrang in anderen Ländern nicht bzw. nur eingeschränkt nach dem Grad der Rechtsstaatlichkeit der dortigen Institutionen? Wie soll ein Unternehmen in der Situation von *Chevron* zu einer zutreffenden Abwägung zwischen diesen Rechten kommen? Immerhin hat *Chevron* vier Tage lang zugewartet, bis die Polizei gerufen wurde. Wie hätte Chevron verhindern können, dass die nigerianische Polizei Schusswaffen benützt?

Rechtlich betrachtet liegt durch das Herbeirufen der Polizei weder eine Anstiftung noch eine Beihilfe zu deren Handlungen und etwaigen Rechtsüberschreitungen vor. Man kann *Chevron* also allenfalls vorwerfen, dass man auf Grund der Erfahrungen im Land hätte wissen müssen, dass die Polizisten schnell zur Waffe greifen. Aber auch dann, wenn man eine derartig weitgehende Verantwortung von *Chevron* annimmt, stellt sich die Frage, wie sich das Unternehmen hätte verhalten sollen. Ist es einem Unternehmen zumutbar, auf den Einsatz der Polizei zu verzichten und auf unabsehbare Zeit zu warten, bis sich der Protest durch Verhandlungen oder von selbst auflöst? Muss ein Unternehmen private Sicherheitskräfte vorhalten, die unter – aus westlicher Sicht – rechtsstaatlich einwandfreiem Vorgehen das Unternehmensareal vor Blockaden und Besetzungen schützen? Ist es richtig, einem Unternehmen das Risiko und die Verantwortung von gesellschaftlichen Spannungen im Gastland aufzubürden?

Konsequenzen für eine Informationspflicht

Welche Folgerungen wären aus dieser *komplexen Menschenrechtsproblematik* im Hinblick auf unsere Frage nach etwaigen Informationspflichten aus dem UWG zu ziehen? Müsste Chevron die Verbraucher an den Tankstellen über die Umstände und Vorfälle in Nigeria informieren, deren rechtliche und moralische Beurteilung doch ganz offensichtlich ausgesprochen problematisch ist? Wie wäre diese Information dann zu formulieren? Ein Vorschlag könnte lauten „Wir produzieren Öl auch in Nigeria. Nigeria ist ein Land, in dem rechtsstaatliche Defizite bestehen. Wir können daher nicht ausschließen, dass das Benzin, das Sie tanken, unter Verletzung von Menschenrechten von uns gefördert und produziert wurde. Wir bemühen uns, die Menschenrechtssituation in unseren Fördergebieten zu verbessern." Was bringt dem Verbraucher eine solche Information? Welches multinational agierende Unternehmen könnte sich diesen Hinweis ersparen? Und über was müssen dann Mineralölunternehmen informieren, die nicht Mitglied des UN Global Compact sind?

Hinzu kommt in vielen Branchen der Aspekt *komplexer Zulieferketten*. In unserer globalisierten Welt ist die Struktur der „supply chain" oft so komplex, dass viele Unternehmen gar nicht wissen können, an welcher Stelle, von wem, welche Umweltbelastung und welche Verstöße gegen die internationalen Sozialstandards der ILO oder die Menschenrechte eintreten. Muss die Information dann lauten: „Unsere Kleidung wird in Bangladesch genäht, die Baumwolle stammt aus Usbekistan. Wir kennen nicht alle Beteiligten innerhalb unserer Zulieferkette und können daher nicht ausschließen, dass unsere Textilien unter Missachtung der Menschenrechte oder internationaler Sozialstandards gefertigt wurden."

3.1.3   Information einer „professionellen Verbraucherschaft"

Dem Argument der Komplexität entgegnen die Befürworter weitergehender Informationspflichten, dass sich aus Art. 7 UGP-Richtlinie (und damit für die Frage nach Informationspflichten aus § 5a Abs. 2 UWG) eine grundlegende Änderung des Verbraucherleitbildes ableiten lasse. Statt ausschließlich auf den Durchschnittsverbraucher sei auf eine „professionelle Verbraucherschaft" abzustellen.[63] Das seien insbesondere Verbraucherschutzverbände, die Stiftung Warentest, NGOs und die Medien. Diese würden dann die Informationen aufbereitet an die eigentlichen Verbraucher weitergeben, die sich auf dieser Grundlage für oder gegen einen Kauf entscheiden.

Die Idee klingt auf den ersten Blick plausibel. In der Tat orientieren wir uns beim Kauf oft an Beurteilungen externer Institutionen wie der Stiftung Warentest, des ADAC oder der Fachmedien. Was bei der Qualitätsbeurteilung von Produkten durch die Stiftung Warentest seit Jahrzehnten gut funktioniert – hier geht es um objektive Eigenschaften –, kann aber nicht einfach auf ökologische und sozialethische Aspekte übertragen werden – hier geht es nämlich entweder um schwierige naturwissenschaftlich-technische oder um normative Fragen. Der Beurteilungsmaßstab ist in diesem Bereich unklar, komplex und teilweise hoch problematisch.[64] Es gibt keine einheitlichen internationalen und zugleich legitimen Standards zur Beurteilung von CSR-Aktivitäten. Es gibt vielmehr viele Standards ganz unterschiedlicher, zumeist privater Institutionen. Selbst wenn es also einheitliche Standards gäbe, würde sich automatisch die Frage nach der demokratischen Legitimation der beurteilenden Instanz stellen.[65] Keine der von den Befürwortern umfassender Informationspflichten

---

[63] Vgl. *Fezer*, (Fn. 38), 577 (580) unter II. 3. c) bb).

[64] Auch in vermeintlich technischen Bereichen ist in der Regel eine komplexen Folgenabwägung und Folgenbewertung nötig. Beispielhaft sei dazu auf den in Fn. 4 erwähnten Fall *„Brent Spar"* verwiesen.

[65] Dieses Problem wird momentan in den Wirtschafts- und Sozialwissenschaften vielfach diskutiert. Vgl. etwa *Wieland,* Globale Standards und Global Commons, in: Forum Wirtschaftsethik

genannten Institutionen einer „professionellen Verbraucherschaft" hat eine solche Legitimation. Daher kann es aus demokratietheoretischen Gründen[66] keine „professionelle Verbraucherschaft" für die Beurteilung von CSR-Maßnahmen geben.

3.2   Unternehmerinteresse an Beschränkung der Information

Bislang haben wir die Verbraucherseite betrachtet. Wechseln wir jetzt – wie es die Abwägung verlangt – die Perspektive und betrachten das Interesse der *Unternehmen*. Unter diesem Blickwinkel wird die *Unterscheidung zwischen Tun und Unterlassen* bedeutsam. Die Unterscheidung beruht auf dem bekannten Umstand, dass man immer nur eine bestimmte Handlung vornehmen kann, aber dabei unzählige andere Handlungen unterlässt. Das Unterlassen ist grenzenlos. Grenzenlos sind damit auch die Informationen, welche man von Unternehmen über ihre Produkte und deren Herstellung verlangen könnte.

Es besteht daher ein legitimes Interesse der Unternehmen an Rechtssicherheit, über welche Aspekte zu informieren ist. Die UGP-Richtlinie geht daher in Erwägungsgrund 15 von dem Grundsatz aus, dass in erster Linie nur über solche Umstände informiert werden muss, für die auf Grund von gemeinschaftsrechtlichen Vorgaben konkrete Aufklärungspflichten bestehen. Wenn man nun einen sozialethischen Leistungswettbewerb ausruft, ist nicht ersichtlich, wie für Unternehmen Rechtssicherheit hergestellt werden kann. Man müsste entweder auf die internationalen CSR-Regelwerke abstellen oder versuchen aus dem Verbraucherleitbild Maßstäbe abzuleiten. Beides muss scheitern:

3.2.1   Internationale CSR-Standards

Ein Heranziehen internationaler Regelwerke führt nicht weiter, weil es *keine einheitlichen globalen CSR-Standards* gibt.[67] So unterscheiden sich UN Global Compact in der Interpretation von John Ruggie, die OECD-Leitsätze für multinationale Unternehmen und die ISO 26000 beispielsweise in der Frage, wie Unternehmen die Menschenrechte respektieren sollen, zum Teil ganz erheblich. Wenn die Daimler AG behauptet, den UN Global Compact und die OECD-Leitsätze zu beachten, dann

---

2012, 62 ff., *ders.,* Corporate Social Responsibility – Die Aufgaben privater und öffentlicher Akteure, in: *Wieland* (Hrsg.), CSR als Netzwerkgovernance, 2009, 7 ff.; *Jastram,* Legitimation privater Governance, 2012. Zur Legitimation „privater Governance" werden im wesentlichen, zum Teil etwas naiv, basis- bzw. direktdemokratische Argumente (man spricht heute von Netzwerken) verwendet. Die Probleme, welche basisdemokratische Entscheidungen verursachen, sind aber seit langem bekannt: vgl. dazu *Schmidt,* Demokratietheorien, 5. Aufl. 2010, Kap. 14; *Kirsch,* Neue politische Ökonomie, 5. Aufl. 2004, Kap. VI; *Rüthers/Fischer/Birk,* Rechtstheorie, 7. Aufl. 2013, Rn. 73.

[66] Vgl. ebenso die Bedenken von *Palazzo,* Die Privatisierung von Menschenrechtsverletzungen, in: *Wieland* (Hrsg.), CSR als Netzwerkgovernance, 2009, 17 (33).

[67] Vgl. *Wieland* (Rn. 65), 62 ff.

ist das in bestimmten Fällen wegen der sich widersprechender Vorgaben gar nicht möglich.[68] Hinzu kommt das bereits angesprochene Problem, wie diese Regelwerke demokratietheoretisch überhaupt zu legitimieren sind, weil die normsetzenden Instanzen private, wie bei der ISO 26000, oder allenfalls völkerrechtsnahe Akteure, wie bei der OECD und dem UN Global Compact, sind.[69]

3.2.2 Verbraucherleitbild

Stellt man stattdessen als Maßstab auf das Verbraucherleitbild ab, so ist der Informationsbedarf des Durchschnittsverbrauchers zum ökologischen und sozialethischen Verhalten von Unternehmen meines Erachtens wegen der völlig unterschiedlichen Interessen nicht zu ermitteln. Hinzu kommt, dass die Bewertung der Verbraucher über die Umwelt- und Sozialbelastungen durch Unternehmen in aller Regel sehr unterschiedlich ausfällt. Mit anderen Worten: Unsere Ansichten über das, was unternehmensethische Verantwortung bedeutet, sind sehr verschieden und häufig medial geprägt.[70] Es ist daher gar nicht bestimmbar, welche Informationen für den eher kleinen Teil aufgeklärter Verbraucher (sog. „LOHAS"),[71] die eine ökologisch und sozialethisch verantwortliche Kaufentscheidung treffen wollen, „wesentlich" sind.

4 Fazit

Aus den vorangegangenen Überlegungen ergeben sich als Fazit folgende Thesen:

1. Es ist zu weitgehend, von einem „sozialethischen Leistungswettbewerb" zu sprechen, der durch das UWG geschützt würde. Rechtlich ist vielmehr nach den einzelnen CSR-Maßnahmen zu differenzieren.
2. Es lassen sich im Bereich der Unternehmenskommunikation fünf CSR-Maßnahmen identifizieren, die wettbewerbsrechtliche Relevanz haben können:

   a. Nachhaltigkeitsberichte stellen keine geschäftliche Handlung i.S.d. § 2 Abs. 1 Nr. 1 UWG dar.

---

[68] So wird das Verhältnis zwischen nationalem Recht und internationalem soft law unterschiedlich bewertet: *Ruggie* geht von einem Vorrang des UN Global Compact aus, die OECD-Leitsätze postulieren einen Vorrang nationalen Rechts. Vgl. einerseits *Ruggie* (Fn. 60), Nr. 11 (Rn. 58), andererseits die OECD-Leitsätze für multinationale Unternehmen, I. 2. Deutlich differenzierter die ISO 26000 unter 4.6–4.8.

[69] Siehe oben Fn. 65.

[70] Wie schnell sind die Skandale, welchen Unternehmen in den Medien vorgeworfen werden, wieder vergessen und der Kunde kehrt zu seinen alten Gewohnheiten wieder zurück.

[71] Der Anteil sozialökologisch orientierter Verbraucher beträgt nach der neusten *Sinus-Milieu-Studie* von 2013 etwa 7 %. Abrufbar unter: http://www.sinus-institut.de/loesungen/ (zul. aufgerufen am 16. Oktober 2013).

b. Der Begriff „Verhaltenskodex" in § 2 Abs. 1 Nr. 5 UWG erfasst nicht unternehmerische Selbstverpflichtungen im Bereich von CSR wie z. B. die Mitgliedschaft im UN Global Compact.

c. Werbeaussagen über CSR-Aktivitäten können dem Irreführungsverbot des § 5 UWG unterfallen.

d. Die Verwendung von Umwelt- und Sozialsiegeln darf nicht irreführend sein. Es gilt die Rechtsprechung zu den Güte- und Prüfsiegeln.

e. „Cause-related" Marketing ist nach der bekannten Rechtsprechung (etwa in Sachen Krombacher) zulässig und kann u. U. irreführend sein. Eine Aufklärungspflicht über die Einzelheiten der Spenden besteht nicht.

3. Eine Informationspflicht zur Aufklärung der Verbraucher über die CSR-Aktivitäten eines Unternehmens lässt sich nicht begründen.

a. Der Begriff der „informierten Entscheidung" in der deutschen Fassung des Art. 7 UGP-Richtlinie ist im Sinne einer „akkuraten" bzw. „bewussten" Entscheidung zu verstehen. Neben der Information ist daher auch die Komplexität der Entscheidungskriterien zu berücksichtigen.

 – Die Komplexität bei CSR-Aktivitäten entsteht dadurch, dass es sich im Fall von Umweltmaßnahmen um ökologisch und technisch schwierig zu beurteilende, im Bereich von Sozialmaßnahmen um schwierige normative Fragen handelt.

 – Die Berücksichtigung einer „professionellen Verbraucherschaft" (Stiftung Warentest, NGO, Nachhaltigkeitsagenturen etc.) als Intermediär ist nicht gerechtfertigt, weil solchen Institutionen gerade in normativen Fragen die Legitimation fehlt.

b. Aufklärungspflichten verlangen im Interesse der Unternehmen an Rechtssicherheit klare normative Standards. Diese existieren im Bereich CSR bislang allenfalls in Ansätzen.

Corporate Social Responsibility und das Irreführungsverbot nach den §§ 5, 5a UWG

Axel von Walter

Zusammenfassung Kommunikation über Corporate Social Responsibility (CSR) ist marktrelevant und generell am allgemeinen lauterkeitsrechtlichen Irreführungsmaßstab zu messen. Die Diskussion, ob es sich bei CSR-Selbstverpflichtungen um Kodizes im Sinne des § 5 Abs. 1 S. 2 Nr. 6 UWG handelt, ist im Ergebnis für den Irreführungstatbestand wenig ergiebig. Es bleibt das allgemeine Irreführungsverbot, an dem sich jede Entsprechenserklärung messen lassen muss. Unabhängig von der Frage nach echten Informationspflichten aus § 5a Abs. 2 ff. UWG kann im Einzelfall aus der CSR-Kommunikation heraus eine Aufklärungspflicht aus § 5a Abs. 1 UWG als eigenveranlasste Aufklärungspflicht erwachsen. Da die Komplexität der hinter der CSR stehenden ethischen, sozialen und ökologischen Verflechtungen bei der CSR-Kommunikation notwendigerweise reduziert werden muss, könnte ein situationsadäquates abgestuftes Informations-/Aufklärungskonzept, vergleichbar den Anforderungen an die Blickfangwerbung, als Maßstab zur Beurteilung unter Irreführungsgesichtspunkten dienen.

1 Einleitende Vorüberlegungen

Dieser Beitrag[1] befasst sich mit den Berührungspunkten der Corporate Social Responsibility (CSR) und dem lauterkeitsrechtlichen Irreführungsverbot, wie es in den §§ 5, 5a Abs. 1 UWG niedergelegt ist. Nicht Gegenstand dieses Beitrags ist die Frage, inwieweit aus § 5a Abs. 2 ff. UWG echte Informationspflichten im Zusammenhang mit Corporate Social Responsibility bestehen können. Dieser Themenkomplex verdient eine eigenständige umfassende Betrachtung.[2]

---

[1] Der Vortragsstil wurde beibehalten und der Beitrag lediglich um Fußnoten ergänzt.

[2] Vgl. den Beitrag von *Birk* in diesem Band.

A. v. Walter (✉)
Beiten Burkhardt Rechtsanwaltsgesellschaft mbH
München, Deutschland
E-Mail: Axel.Walter@bblaw.com

R. M. Hilty, F. Henning-Bodewig (Hrsg.), *Corporate Social Responsibility*,
MPI Studies on Intellectual Property and Competition Law 21,
DOI 10.1007/978-3-642-54005-9_13, © Springer-Verlag Berlin Heidelberg 2014

Im Folgenden geht es um die Kommunikation von Unternehmen in Bezug auf Corporate Social Responsibility, im Folgenden kurz *CSR-Kommunikation* genannt. Dies meint jede Form der öffentlichen Unternehmenskommunikation zu CSR, unabhängig davon, welche Maßnahme im Einzelnen zu diskutieren sein wird.

Vorweg sollte noch kurz festgehalten werden, dass sich die wettbewerbsrechtliche Diskussion im Zusammenhang mit Corporate Social Responsibility schon lange nicht mehr um die Frage dreht, ob in der CSR-Kommunikation eine *unsachliche Einflussnahme im Sinne des § 4 Nr. 1 UWG* unter dem Gesichtspunkt der gefühls- bzw. umweltbezogenen Werbung liegt. Diese Frage ist geklärt. CSR-Kommunikation ist auch gegenüber Verbrauchern grundsätzlich zulässig. Eine unlautere unsachliche Einflussnahme liegt, wie vom BGH festgestellt, nicht vor.[3] Das „Ob" der CSR-Kommunikation im Verbraucherkontext ist mithin geklärt. In diesem Beitrag soll sich die lauterkeitsrechtliche Diskussion im Zusammenhang mit CSR-Kommunikation also um die Frage des „Wie" drehen. Auch das europäisierte Lauterkeitsrecht fragt nicht mehr danach, ob Verbraucher über CSR-Maßnahmen informiert werden dürfen, sondern gibt Anforderungen an Art und Inhalt der Verbraucherinformation vor. Anhand der CSR-Kommunikation lässt sich beispielhaft der Wandel von dem Verbot der „unsachlichen Beeinflussung" im UWG 1909 hin zur lauterkeitsrechtlich erwünschten „sachlichen Beeinflussung" der Verbraucher erkennen. Im lauterkeitsrechtlichen Leitbild zeigt sich der Wandel vom unmündigen Verbraucher zum aufgeklärten, informierten Marktteilnehmer. Ausgangspunkt ist heute jedenfalls der *mündige und informierte Verbraucher* als Marktentscheider. Der Verbraucher benötigt in seiner gewandelten Rolle allerdings die für die mündige Entscheidung notwendigen *Informationen*. Der europäische Gesetzgeber kommt dem Bedürfnis nach entscheidungsrelevanten Informationen für den Verbraucher zunehmend durch vorgelagerte Informationspflichten entgegen. Das gewandelte Verbraucherleitbild mit dem im Vergleich zum UWG 1909 größeren Bedürfnis nach Informationen ist auch bei der Frage nach dem Umgang mit CSR-Kommunikation zu berücksichtigen.

Aber nicht nur die Verbraucherperspektive ist für die Frage nach der Irreführung im Zusammenhang mit CSR-Kommunikation von Bedeutung. CSR-Informationen sind vielmehr auch entscheidungserheblich für Investoren bzw. den Kapitalmarkt, der aufgrund von CSR-Kommunikation Investitionsentscheidungen trifft. Auch im *Geschäftsverkehr zwischen Unternehmen* kommt CSR eine zunehmend entscheidungserhebliche Rolle zu. Denn verbraucherorientierte Unternehmen werden verstärkt Aufmerksamkeit auf ihre Zulieferkette verwenden und darauf achten, insbesondere mit Unternehmen zusammenzuarbeiten, die den selbst gesetzten CSR-Standards entsprechen. Man denke nur an die Bekleidungsindustrie, die schon heute von der informierten Öffentlichkeit gezwungen wird, genau darauf zu achten, unter welchen Bedingungen die Produkte (zumeist in Drittländern) hergestellt werden. Insgesamt kann man also davon ausgehen, dass CSR-Kommunikation für alle Marktstufen entscheidungsrelevant ist.

---

[3] Vgl. BGH, GRUR 2006, 75– Artenschutz.

2   CSR und der Irreführungstatbestand der §§ 5, 5A Abs. 1 UWG (Art. 6 UGP-Richtlinie)

Bevor ich auf einzelne CSR-Berührungspunkte mit dem Irreführungsverbot eingehe, sollen im Folgenden kurz die für die CSR-Kommunikation relevanten Tatbestandsmerkmale des allgemeinen Irreführungsverbots nach den §§ 5, 5a Abs. 1 UWG bzw. Art. 6 UGP-Richtlinie dargestellt werden. Ausschlaggebend sind dabei die Tatbestände Nr. 1 und Nr. 3 der „Schwarzen Liste", die in ihrem Wesen auch Irreführungstatbestände und damit im Zusammenhang mit CSR-Kodizes relevant sind. Die strikte tatbestandsmäßige Anwendung dieser Verbote stellt die Praxis jedoch vor keine besonderen Herausforderungen, so dass auf diese Tatbestände hier nicht weiter eingegangen werden muss. Die nachfolgenden Ausführungen konzentrieren sich daher auf diejenigen Tatbestandsmerkmale des allgemeinen Irreführungstatbestandes der §§ 5, 5a Abs. 1 UWG, die im Zusammenhang mit einer CSR-Kommunikation eine Rolle spielen.

2.1   Geschäftliche Handlung

Unabhängig von der Diskussion, welche CSR-Kommunikationsmaßnahmen geschäftliche Handlungen im Sinne des § 2 Abs. 1 Nr. 1 UWG darstellen, wird für den vorliegenden Beitrag unterstellt, dass die *CSR-Kommunikation* eines Unternehmens *fast ausnahmslos eine geschäftliche Handlung* im Sinne des UWG sein wird.[4] Abzugrenzen ist allerdings die CSR-Kommunikation als geschäftliche Handlung einerseits von der bloßen CSR-Handlung als solcher, die von dem Unternehmen nicht kommuniziert wird. Beispielsweise ist eine stillschweigende und nicht bekannt gemachte Geldzuwendung an einen gemeinnützigen Verband durch ein Unternehmen sicherlich eine CSR-Handlung, aber erst die Verlautbarung über diese Handlung stellt jedoch eine CSR-Kommunikation dar. Im Mittelpunkt dieses Beitrags steht nicht die CSR-Handlung als solche, sondern die mit dieser verbundenen Unternehmenskommunikation, die nach der hier vertretenen Auffassung als geschäftliche Handlung im Sinne des UWG anzusehen ist.

2.2   Angabe

Das Tatbestandsmerkmal der „Angabe" wird oft eher stiefmütterlich behandelt. *Angaben* im Sinne des Irreführungsverbots des § 5 UWG sind nur Äußerungen, die sich (i) aus Sicht der angesprochenen Empfängerkreise (ii) auf Tatsachen beziehen und daher inhaltlich nachprüfbar sind. Im Umkehrschluss sind nichtssagende Anpreisungen (ohne Informationsgehalt), nicht nachprüfbare Anpreisungen (ohne objektiv verifizierbaren Inhalt) oder schlicht Meinungsäußerungen keine Angaben

---

[4] Zum Begriff der geschäftlichen Handlung im Zusammenhang mit CSR vgl. den Beitrag von *Köhler* in diesem Band.

im Sinne des Irreführungsverbots. Auf CSR-Kommunikation bezogen bedeutet dies beispielsweise, dass allgemein gehaltene „Wohlfühlclaims" mit einem lediglich thematischen Bezug zu gesellschaftlicher Verantwortung möglicherweise bereits an dieser Stelle aus der Irreführungskontrolle entlassen werden können. Als Beispiel könnte man den Claim eines Softgetränkeherstellers nennen, der farbenfroh gestaltete Plakate mit „Das offizielle Getränk einer besseren Welt" überschrieben hatte. Hier fehlt es an einem inhaltlich nachprüfbaren Aussagegehalt und damit bereits an einer Angabe im Sinne des § 5 UWG.

2.3 Irreführung

Eine Angabe ist irreführend, wenn das Verkehrsverständnis sich nicht mit den tatsächlichen Umständen deckt. Das bedeutet im Zusammenhang mit der CSR-Kommunikation, dass *objektiv richtige Aussagen*, die beim Empfänger aber *unrichtige Erwartungshaltungen* wecken, irreführend im Sinne des Irreführungsverbots sind. Im Zusammenhang mit CSR-Kommunikation ist unter diesem Gesichtspunkt insbesondere die *Werbung mit Selbstverständlichkeiten* ein diskussionswürdiger Punkt. Es dürfte allgemeiner Auffassung entsprechen, dass z. B. eine plakative Werbung eines inländischen Unternehmens, mit der sich das Unternehmen rühmt, inländische gesetzliche Standards einzuhalten, eine irreführende Angabe darstellen kann. Hier wird schlicht mit Selbstverständlichkeiten geworben und so getan, als ob dies eine besondere Errungenschaft des Unternehmens gegenüber den anderen Mitbewerbern darstellt. Vielschichtiger wird die Beurteilung allerdings schon dann, wenn auf ausländische gesetzliche Standards hingewiesen wird. Ist es wirklich eine Selbstverständlichkeit, dass ein Zulieferunternehmen im asiatischen Bereich die dort auf dem Papier bestehenden gesetzlichen Standards einhält? Hier wird im Einzelfall zu entscheiden sein, ob die Empfängererwartung unter dem Gesichtspunkt der Werbung mit Selbstverständlichkeiten enttäuscht wird oder nicht.

Ein weiterer Bereich, der für die lauterkeitsrechtliche Bewertung von CSR-Kommunikation in zunehmendem Maße wichtig wird, ist die *Werbung mit Gütesiegeln und Teststandards*. Viele Produkte werden mit vielfältigen CSR-Siegeln beworben, sei es in Bezug auf die Produktionsbedingungen im Ausland, die Art der Tierhaltung oder in Bezug auf Ressourcen- und Energieeffizienz. Lauterkeitsrechtlich gibt es keine Besonderheiten, die einer Vertiefung unter spezifischen CSR-Aspekten bedürften; es genügen die bekannten und bewährten allgemeinen Maßstäbe zur Beurteilung der Gütesiegel- bzw. Testwerbung.

Ein letzter Punkt, der hier im Zusammenhang mit CSR zur Sprache kommen soll, sind CSR-Aussagen, die zwar nachprüfbar sind, jedoch vom angesprochenen Empfängerkreis *nicht als ernsthaft* verstanden werden. Soweit Angaben von den angesprochenen Verkehrskreisen nicht als ernsthafte Aussage verstanden werden, können sie auch keine unrichtige Erwartungshaltung bei der Marktgegenseite wecken und sind mithin auch nicht zur Irreführung geeignet. Zum Beispiel sind marktschreierische Übertreibungen oder eine erkennbar satirische Werbung nicht irreführend und damit nicht unlauter. Bei der CSR-Kommunikation wird man daher genau hinzusehen haben, inwiefern Angaben mit „CSR-Anklang" letztendlich als ernsthafte CSR-Berühmung zu verstehen sind.

2.4 Relevanz

Eine CSR-Kommunikation ist *grundsätzlich kaufrelevant*, denn es liegt auf der Hand, dass Kunden bereit sind, für CSR-Produkte mehr zu bezahlen, wie beispielsweise für Lebensmittel, die mit dem Fair Trade–Siegel versehen sind. Hier sind Käufer meist unabhängig von anderen Produkt- und Qualitätsmerkmalen bereit, allein wegen der unter dem Siegel verbürgten sozialverträglichen Einkaufspolitik des Herstellers einen höheren Einkaufspreis im hiesigen Einzelhandel zu bezahlen. Es gibt jedenfalls hinreichend empirische Hinweise darauf, dass CSR-Kommunikationen tatsächlich Einfluss auf die Kaufentscheidung haben. Aus lauterkeitsrechtlicher Sicht genügt letztendlich bereits der Umstand, dass die CSR-Kommunikation *geeignet* ist, die Kaufentscheidung tatsächlich zu beeinflussen.

2.5 Verhältnismäßigkeit/Abwägung mit Kommunikationsgrundrechten

Ein Tatbestandsmerkmal, das üblicherweise eher weniger beachtet wird, ist der Zusammenhang zwischen dem lauterkeitsrechtlichen Irreführungsverbot einerseits und der *Meinungsfreiheit bzw. den Kommunikationsgrundrechten* andererseits. CSR-Kommunikation thematisiert explizit oder implizit gesellschaftlich relevante Umstände bzw. Anliegen, die oft aktueller Gegenstand einer öffentlichen Debatte oder des öffentlichen Informationsinteresses sind. Anders als konventionelle (neutrale) Wirtschaftswerbung wird CSR-Kommunikation daher in der Regel auch meinungsrelevant sein. Ein enger Bezug zu den Kommunikationsgrundrechten drängt sich geradezu auf, denn diese schützen ja gerade äußerungs- und medienunabhängig die Debattenbeteiligung. Auch wenn früher bestritten wurde, dass einfache Wirtschaftswerbung dem *Grundrechtsschutz der Meinungsfreiheit* unmittelbar untersteht, ist diese Frage spätestens seit den Entscheidungen des Bundesverfassungsgerichts in Sachen „*Benetton*" und „*Artenschutz*" geklärt. Auch Wirtschaftswerbung unterliegt unmittelbar dem Schutzbereich der Meinungsfreiheit, sofern sie einen meinungsrelevanten Debattenbeitrag enthält. Im Zusammenhang mit CSR-Kommunikation wird es daher zunehmend zu einer Abwägung des Irreführungsverbots mit den Kommunikationsgrundrechten aus Art. 5 GG, Art. 10 EMRK, Art. 11 EU-Grundrechtecharta kommen. Allerdings ist zu beachten, dass die Kommunikationsgrundrechte – vereinfacht gesagt – neben der Meinungsäußerung lediglich *wahre Tatsachenangaben* schützen, nicht hingegen unwahre Behauptungen. Das bedeutet für den Irreführungstatbestand, dass offen unwahre Werbeäußerungen, die von §§ 5, 5a UWG erfasst sind, gerade nicht in den Schutzbereich der Kommunikationsgrundrechte fallen. Eine *Abwägung* ist hier folglich nicht erforderlich.

Relevant wird sie allerdings bei *objektiv richtigen* Aussagen, die einen unrichtigen Eindruck erwecken können. Gerade in diesen Sachverhaltskonstellationen ist sorgfältig abzuwägen und es kann sein, dass das Irreführungsverbot im Rahmen dieser Abwägung zugunsten der CSR-Kommunikation zurückzutreten hat. Insbesondere wenn in der CSR-Kommunikation ein relevanter Debattenbeitrag zu zeitgeschichtlichen oder gesellschaftlich relevanten Themen liegt, wird das einfachgesetzliche Irreführungsverbot des § 5 UWG hinter die Meinungs- und Medienfreiheit zurücktreten müssen.

Zusammengefasst kann man festhalten, dass der Irreführungstatbestand mit seinen Tatbestandsmerkmalen genug Flexibilität *aufweist*, um CSR-Kommunikationen angemessen zu bewerten. Die Lösung im Einzelfall dürfte insbesondere über eine Interpretation der Tatbestandsmerkmale „Angabe", „Irreführung" (und der Abwägung mit den Kommunikationsgrundrechten aus Art. 5 GG, Art. 10 EMRK, Art. 11 EU-Grundrechtechart) möglich sein.

3 Einzelne CSR-Berührungspunkte mit dem Irreführungsverbot

Im Folgenden soll kurz näher auf einige besonders kritisch erscheinende Schnittstellen zwischen CSR und dem Irreführungsverbot eingegangen werden.

3.1 *Unternehmerische Selbstverpflichtung als Verhaltenskodex*

Es wird in der Literatur zunehmend diskutiert, inwiefern es sich bei CSR-Selbstverpflichtungen um *Kodizes* im Sinne des § 5 Abs. 1 S. 2 Nr. 6 UWG handelt.[5] Nach § 5 Abs. 1 S. 2 Nr. 6 UWG ist eine geschäftliche Handlung irreführend, wenn ein Unternehmer irreführende Angaben macht über die Einhaltung eines Verhaltenskodexes, auf den sich der Unternehmer verbindlich verpflichtet hat, und er auf diese Bindung hinweist. Der Begriff des Kodex ist in § 2 Abs. 1 Nr. 5 UWG legal definiert und beinhaltet bestimmte formale Anforderungen. Nach der hier vertretenen Auffassung ist die Diskussion, inwiefern CSR-Selbstverpflichtungen Kodizes im Sinne des § 5 Abs. 1 S. 2 Nr. 6 UWG darstellen, im Ergebnis unergiebig. Denn in jedem Fall ist die Entsprechenserklärung – d. h. die Angabe des Unternehmers, dass er bestimmte ethische Standards einhält – am *allgemeinen Irreführungstatbestand* zu messen. Erklärt ein Unternehmen im Rahmen seiner CSR-Kommunikation, sich an bestimmte Standards zu halten und/ oder bestimmte Verhaltensweise zu vermeiden, liegt darin eine nachprüfbare tatsächliche Angabe, an der er sich letztendlich mes-

---

[5] Vgl. beispielsweise *Birk,* Corporate Responsibility, unternehmerische Selbstverpflichtungen und unlauterer Wettbewerb, GRUR 2011, 196; so auch *Balitziki,* Werbung mit ökologischen Selbstverpflichtungen, GRUR 2013, 670 (673).

sen lassen muss. Die Frage, ob eine CSR-Selbstverpflichtung ein Kodex darstellt oder nicht, hat also für den Irreführungstatbestand des § 5 UWG wenig Erkenntnisgewinn. Allerdings kann eine CSR-Selbstverpflichtung, die auch den Anspruch an einen Kodex im Sinne des UWG erfüllt, höhere normative Erwartungen bei den angesprochenen Verkehrskreisen erzeugen als ein bloßer Werbeclaim und damit im Rahmen der tatbestandlichen Prüfung anders zu gewichten sein.

3.2   Überblick über die von der BGH-Rechtsprechung gestellten Anforderungen

Seit der BGH-Entscheidung „*Artenschutz*"[6] steht fest, dass die alten Restriktionen zur *gefühlsbetonten Werbung* aufgegeben sind. Gefühle dürfen auch werblich angesprochen werden, wobei die Grenze bei der Beeinträchtigung der freien Entscheidung der Verbraucher gezogen wird (§ 4 Nr. 1 UWG). Irreführungsfragen im Zusammenhang mit CSR waren Gegenstand der *leading cases „Regenwaldprojekt I*"[7] und „*Regenwaldprojekt II*"[8]. In ihnen stellte der BGH erneut fest, dass die Zugabe des „guten Gewissens" nicht wettbewerbswidrig ist. Darüber hinaus habe sich der Gesetzgeber gegen ein allgemeines Transparenzgebot entschieden und gerade keine Aufklärungspflichten über Details der Unterstützung im Bereich CSR statuiert. Erst wenn die Werbung konkrete, für die Kaufentscheidung relevante irrige Vorstellungen hervorrufe, ergebe sich daraus eine Verpflichtung des werbenden Unternehmens.[9] Letztendlich erweckt das CSR-Versprechen die Erwartung des Verbrauchers, dass das werbende Unternehmen zeitnah überhaupt eine Unterstützungsleistung erbringt und diese nicht so geringfügig ist, dass sie die werbliche Herausstellung nicht rechtfertig. In der Entscheidung „*Regenwaldprojekt II*" stützte der BGH die in der Vorgängerentscheidung aufgestellten Punkte und betonte erneut, dass eine Verpflichtung zu aufklärenden Hinweisen bestehen kann, wenn die Werbung konkrete Angaben zum Sponsoring enthält, falls anderenfalls Fehlvorstellungen entstehen können. Ist für den Verbraucher allerdings nur wichtig, dass geholfen wird, besteht keine Aufklärungspflicht; nur wenn wichtig wird, *wie* geholfen wird, kann eine entsprechende Aufklärungspflicht bejaht werden.

3.3   Aufklärungspflichten bei CSR-Kommunikation

Ausgehend von den beiden BGH-Entscheidungen „*Regenwaldprojekt I*" und „*Regenwaldprojekt II*" könnte man auf den ersten Blick zu dem Schluss gelangen, dass kaum jemals weitergehende Informationspflichten bestehen. Bei näherer Befassung

---

[6] BGH, GRUR 2006, 75 – Artenschutz.

[7] BGH, GRUR 2007, 247 – Regenwaldprojekt I.

[8] BGH, GRUR 2007. 251 – Regenwaldprojekt II.

[9] BGH, GRUR 2007, 247– Regenwaldprojekt I, Leitsatz 2.

ist aber zu beachten, dass diese beiden Entscheidungen noch vor dem UWG 2008 ergangen sind. Das UWG 2008 setzt bekanntermaßen die *Richtlinie über unlautere Geschäftspraktiken* um, die für sich einen Paradigmenwechsel im *Verbraucherleitbild* markiert – spätestens jetzt ist der unmündige, latent gefühlsgesteuerte Verbraucher durch den mündigen, informationsbasiert agierenden Marktteilnehmer ersetzt. Ausschlaggebend für die Auslegung der umgesetzten UWG-Vorschriften in §§ 5, 5a Abs. 1 UWG ist nunmehr die Reglungsintention des EU-Gesetzgebers, der den Bereich des verbraucherbezogenen Lauterkeitsrecht vollharmonisiert hat.

Das im Zusammenhang mit den BGH-Entscheidungen *„Regenwaldprojekt I und II"* oft bemühte Dogma „keine weitergehenden Informationspflichten" bei CSR-Kommunikationen kann daher nicht uneingeschränkt weitergelten; es ist vielmehr in jedem Einzelfall zu hinterfragen. Nach der hier vertretenen These wird im Einzelfall ein Aufklärungserfordernis im Zusammenhang mit CRS-Kommunikationen zu bejahen sein. Dabei ist allerdings nochmals zu betonen, dass zwischen der Irreführung im Sinne der §§ 5, 5a Abs. 1 UWG und den Informationspflichten nach § 5 Abs. 2 ff. UWG klar zu unterscheiden ist. Während die Informationspflichten nach § 5 Abs. 2 UWG anlasslos eine „Lieferpflicht" für den Unternehmer begründen, liegt in einer ergänzenden Aufklärungspflicht nach §§ 5, 5a Abs. 1 UWG eine Aufklärungs- und Erläuterungspflicht aufgrund *vorangegangenen Verhaltens des Unternehmers*. Das Irreführungsverbot knüpft an berechtigte Erwartungshaltungen der Marktgegenseite an, während die Informationslieferpflicht des § 5a Abs. 2 ff. UWG keine derartige Erwartungshaltung voraussetzt. Unabhängig von der Frage der echten Informationspflichten aus § 5a Abs. 2 ff. UWG kann also im Einzelfall die CSR-Kommunikation eine weitergehende Aufklärungspflicht aus § 5a Abs. 1 UWG nach sich ziehen, die ich als *eigenveranlasste Aufklärungspflicht* bezeichnen möchte. Sie entspricht im Kern dem vom BGH in den Entscheidungen *„Regenwaldprojekt I"* und *„Regenwaldprojekt II"* zum Ausdruck gebrachten Gedanken: Wenn das Vorverhalten des Unternehmens durch CSR-Kommunikation Veranlassung zur weitergehenden Informationen gibt, müssen diese im Rahmen einer weitergehenden Aufklärung auch gegeben werden. In diesem Zusammenhang sei an den oben erwähnten Paradigmenwechsel im Lauterkeitsrecht erinnert. Der aufklärte, informierte Verbraucher verlangt nach mehr Informationen als der bevormundete Verbraucher des UWG 1909. Deswegen können auch die Entscheidungen *„Regenwaldprojekt I"* und *„Regenwaldprojekt II"* – die beide noch zur früheren Rechtslage ergangen sind – nicht uneingeschränkt auf die neue Verbraucherinformationsbedürfnisse angewendet werden. Vielmehr bestehen zunehmend eigenveranlasste Aufklärungspflichten im Rahmen des §§ 5, 5a Abs. 1 UWG, die durchaus gerechtfertigt sind: Denn anders als bei originären Informationspflichten hat es der Unternehmer bei diesen Aufklärungspflichten selbst in der Hand. Begibt er sich in den Bereich der CSR-Kommunikation, muss er sich auch daran festhalten lassen und die entsprechenden Informationen zu Art und Hintergrund seines CSR-Engagements liefern.

4 Ausblick

Insgesamt ist zu beachten, dass CSR und die damit verbundenen sozialen und ökologischen Verflechtungen sehr komplex sind. Erfolgreiche *CSR-Kommunikation* muss notwendigerweise diese *Komplexität* reduzieren. In diesem Punkt soll das Interesse des Unternehmers auch am werblichen Einsatz von CSR-Kommunikation berücksichtigt und ein Stück weit geschützt werden. Das liegt im wohlverstandenen Interesse der CSR-Initiativen, die darauf angewiesen sind, dass Unternehmen sich in diesem Bereich engagieren.

Es stellt sich damit die Frage, ob es ein praxistaugliches schematisches Herangehen an die *Bewertung einer CSR-Kommunikation unter Irreführungsgesichtspunkten* gibt. In diesem Zusammenhang lohnt sich ein Blick auf ein altbekanntes Instrumentarium bei der Reduktion von Komplexität: Auch beim Umgang mit *Blickfangwerbung* geht es im Kern darum, einen Irreführungsmaßstab für kurze, prägnante Aussagen zu finden, um die zugrundeliegende Komplexität der Werbeaussage zu reduzieren. Es ist daher m. E. überlegenswert, entsprechend den Grundsätzen zur *Blickfangwerbung* ein *situationsadäquates abgestuftes Informations-/Aufklärungskonzept* zu etablieren. Danach darf – die erste Stufe – die CSR-Angabe selbst keine objektive Unrichtigkeit enthalten. In Fällen, in denen die CSR-Angabe zwar nicht objektiv unrichtig ist, aber nur die halbe Wahrheit enthält – zweite Stufe –, muss unmittelbar ein aufklärender Hinweis erfolgen. Im Übrigen können mit der CSR-Angabe verbundene Fehlvorstellungen in geeigneten Fällen durch allgemeine Hinweise oder Verweise auf zentrale CSR-Informationsquellen (z. B. Websites) korrigiert werden – dritte Stufe.

Mit einem solchen – sicherlich noch auszudifferenzierenden – Instrumentarium könnte ein ausgewogener Umgang mit CSR-Kommunikation und den damit verbundenen Aufklärungspflichten aus den §§ 5, 5a Abs. 1 UWG erreicht werden. Denn die Richtung, die Europa vorgibt, ist klar. Die EU-Kommission hat in einer Mitteilung aus dem Jahr 2011 erklärt, dass das Problem des irreführenden Marketings im Zusammenhang mit Auswirkungen von Produkten auf die Umwelt (sog. „*green washing*") angegangen werden soll.[10] Dazu beabsichtigt die Kommission insbesondere das Aufstellen bestimmter Offenlegungspflichten, auch für die Finanzbranche, sowie allgemeine Informationspflichten. Aus Sicht des europäischen Verbraucherleitbildes und der generellen Politik der EU-Kommission ist das durchaus konsequent, denn der „mündige Verbraucher" soll gerade mit für die Marktentscheidung wesentlichen Informationen versorgt werden. Nur am Rande sei bemerkt, dass Informationspflichten zu CSR auch anderen Rechtsordnungen nicht fremd sind. In Kalifornien gilt beispielsweise der „California Transparency In Supply Chains Act" (CTSC), der Einzelhändler und Hersteller mit einem Welteinkommen größer als 100 Mio. USD verpflichtet, im Internet zu veröffentlichen, welche Maßnahmen sie zur Bekämpfungen von Sklaverei und Menschenhandel in ihren Lieferketten ergriffen haben. Das zeigt, dass auch marktliberalere Rechtsordnungen, wie die der USA, konkrete CSR-Informationspflichten kennen.

---

[10] Mitteilung der Kommission v. 25. Oktober 2011 – Eine neue EU-Strategie (2011–14) für die soziale Verantwortung der Unternehmen (CSR), KOM (2011) 681 endg.

5   Fazit

Unternehmenskommunikationen zu CRS stellen den Unternehmer vor die Herausforderung, vielschichtige gesellschaftliche und ökologische Zusammenhänge in der *Komplexität zu reduzieren*, will er sie in seine Kommunikation aufnehmen. Andererseits hat der sog. ethische Konsum signifikante Steigerungsraten und ethische Themen werden für die Kaufentscheidung immer wichtiger bzw. für eine wachsende Konsumentengruppe sogar zum bestimmenden Faktor der Kaufentscheidung. Die Interessen beider Marktgegenseiten müssen bei der lauterkeitsrechtlichen Bewertung der CSR-Kommunikation berücksichtigt werden. Dabei werden *eigenveranlasste Aufklärungspflichten* im Rahmen des §§ 5, 5a Abs. 1 UWG an Bedeutung gewinnen, wohingegen originäre Informationspflichten im Sinne des § 5a Abs. 2 UWG – ohne neue Auflagen des EU-Gesetzgebers – derzeit nicht bestehen. Eigenveranlasste Aufklärungspflichten im Rahmen des allgemeinen Irreführungstatbestandes sind auch legitim, denn der Unternehmer hat es selbst in der Hand, ob er sich in den Bereich der CSR-Kommunikation begibt oder nicht. Tut er dies, so muss er sich auch daran festhalten lassen und die entsprechenden Informationen zu Art und Hintergrund seines CSR-Engagements geben können. Als schematischer, praktikabler Maßstab der Beurteilung bietet sich dabei die aus der *Blickfangwerbung* bewährte Prüfungsfolge an. Demgegenüber wird es eine „ethische Zertifizierung" der CSR-bezogenen Unternehmenskommunikation durch das UWG auch in Zukunft nicht geben. Das UWG bleibt als marktfunktionales Gesetz allein dem Schutz der Informiertheit der Kaufentscheidung der Marktgegenseite verschrieben und ist insofern „ethisch neutral".

Corporate Social Responsibility: unmittelbare Beurteilung auf der Grundlage der lauterkeitsrechtlichen Generalklausel?

Ansgar Ohly und Diana Liebenau

Zusammenfassung Kann die lauterkeitsrechtliche Generalklausel unverbindlichen Corporate Social Responsibility (CSR)-Standards unabhängig von Praktiken jenseits des Irreführungsverbots und von Informationspflichten zur Verbindlichkeit verhelfen? Methodisch wirft diese Frage ein Schlaglicht darauf, wie die Generalklausel nach der UWG-Reform außerhalb bekannter Fallgruppen zu konkretisieren ist. Rechtspolitisch zwingt sie unter Berücksichtigung der europarechtlichen Vorgaben zur Entscheidung zwischen einem marktfunktionalen und einem ordnungsrechtlichen Verständnis des Lauterkeitsrechts.

1 Ethik – Recht – Lauterkeitsrecht

Die Frage nach dem Einfluss ethischer Bewertungen auf das Recht im Allgemeinen und das Lauterkeitsrecht im Besonderen bedarf der Konkretisierung.[1] Für jedes ethische Ver- oder Gebot muss konkret entschieden werden, ob seine Einhaltung rechtlich und insbesondere lauterkeitsrechtlich sanktioniert ist oder sein sollte.

Im Hinblick auf Standards der Corporate Social Responsibility (CSR) lassen sich drei ethische Gebote unterscheiden.

„Du sollst nicht lügen": Wer in seiner Werbung die Einhaltung bestimmter Standards verspricht, täuscht Verbraucher, wenn er sich nicht daran hält. Dieses Gebot ist deontologisch fundiert, es lässt sich aber auch zwanglos utilitaristisch – genauer: ökonomisch – rechtfertigen. Bestünde in diesem Bereich kein Wahrheitsgebot, so

---

[1] *Peifer*, in: *Hilty/Henning-Bodewig* (Hrsg.), Lauterkeitsrecht und Acquis Communautaire, 2009, 125 (133); *Henning-Bodewig*, UWG und Geschäftsethik, WRP 2010, 1094 (1101).

A. Ohly (✉) · D. Liebenau
Lehrstuhl für Bürgerliches Recht, Recht des Geistigen Eigentums und Wettbewerbsrecht,
Ludwig-Maximilians-Universität München, München, Deutschland
E-Mail: ansgar.ohly@jura.uni-muenchen.de

D. Liebenau
E-Mail: diana.liebenau@jura.uni-muenchen.de

R. M. Hilty, F. Henning-Bodewig (Hrsg.), *Corporate Social Responsibility*,
MPI Studies on Intellectual Property and Competition Law 21,
DOI 10.1007/978-3-642-54005-9_14, © Springer-Verlag Berlin Heidelberg 2014

käme es zu einem „*market for lemons*": Verantwortliches Verhalten, das in aller Regel Kosten verursacht, würde sich für Anbieter nicht lohnen.[2] Dieses ethische Gebot findet seine Entsprechung nicht nur in §§ 3 Abs. 3 i.V.m. Anh. Nrn. 1, 3; 5; 5a UWG, sondern auch in gesellschaftsrechtlichen Informationspflichten.[3] Freilich lässt sich über den Umfang von Informationspflichten trefflich streiten.[4] Dieser Bereich der falschen bzw. fehlenden Information wird in diesem Band an anderer Stelle behandelt[5] und daher im Folgenden ausgeblendet.

„Du sollst Versprechen einhalten": Wer sich auf Standards verpflichtet, sollte sie auch unabhängig von Informationen an die Öffentlichkeit einhalten. Dieses Gebot findet seine rechtliche Entsprechung vor allem im Vertragsrecht. Aus ethischer und aus rechtsgeschäftlicher Sicht bestehen dieselben Grenzen: Versprechen müssen von unverbindlichen Bemühungszusagen abgegrenzt werden. Außerdem verpflichten sie nur den oder die Versprechenden. Ob Selbstverpflichtungen auf lauterkeitsrechtlichem Wege zur Allgemeinverbindlichkeit verholfen werden kann, ist eine umstrittene und nicht abschließend geklärte Frage.

„Du sollst bei Deiner wirtschaftlichen Tätigkeit Menschenrechte und Umweltstandards respektieren und Korruption bekämpfen": Während diese Gebote sicherlich deontologisch fundiert sind, ist fraglich, in welchem Maße sie rechtlich sanktioniert oder, jenseits spezialgesetzlich festgelegter Mindestanforderungen, der Selbstregulierung überlassen werden sollten. Ob es Aufgabe des Lauterkeitsrechts ist, abgesehen vom Irreführungsverbot und Aufklärungspflichten unethisches Verhalten rechtlich zu sanktionieren, oder ob das Lauterkeitsrecht lediglich die Rahmenbedingungen für einen Wettbewerb zwischen verantwortlich handelnden Unternehmen und Preisbrechern garantieren muss, ist ebenfalls eine rechtspolitisch umstrittene Frage.

---

[2] *Akerlof*, The Market for „Lemons". Quality Uncertainty and the Market Mechanism, The Quarterly Journal of Economics (1970) 84 (3), 488 (495 f.). *Akerlof* beschreibt anhand des Gebrauchtwarenmarkts, wie in einem Markt mit Informationsasymmetrien, variierender Produktqualität, Anreiz zu Betrügereien und fehlender Regulierung zur Negativauslese hinsichtlich der Produktqualität kommt. Während sich die Qualität von Gebrauchtwagen vor (Suchgüter) oder zumindest nach der Übereignung (Erfahrungsgüter) feststellen lässt, stellt sich das Problem mit besonderer Schärfe bei mit CSR-Informationen beworbenen Produkten, da deren Qualität weder *ex ante* noch *ex post* überprüfbar ist (Vertrauensgüter), zur Einordnung *Balineau/Dufeu*, Are Fair Trade goods credence goods? A new proposal, with French illustrations, Journal of Business Ethics, (2010) 92 (2, Supp.), 331 *passim*.

[3] Vgl. etwa Vorschlag für eine Richtlinie des Europäischen Parlaments und des Rates zur Änderung der Richtlinien 78/660/EWG und 83/349/EWG des Rates im Hinblick auf die Offenlegung nichtfinanzieller und die Diversität betreffender Informationen durch bestimmte große Gesellschaften und Konzerne, KOM(2013) 207 endg.

[4] *Birk*, Corporate Responsibility, unternehmerische Selbstverpflichtungen und unlauterer Wettbewerb, GRUR 2011, 196 (202 f.); *Henning-Bodewig*, Der „ehrbare Kaufmann", Corporate Social Responsibility und das Lauterkeitsrecht, WRP 2011, 1014 (1021); *Peifer*, in: *Hilty/Henning-Bodewig* (Hrsg.), Lauterkeitsrecht und Acquis Communautaire, 2009, 125 (141).

[5] S. die Beiträge von *Birk* und *v. Walter* in diesem Band.

Im Folgenden ist zu klären, inwieweit die Generalklausel für die rechtliche Sanktionierung der beiden letztgenannten Gebote fruchtbar gemacht werden kann und sollte. Dazu ist zunächst zu klären, welcher Gestaltungsspielraum hierfür dem autonomen deutschen UWG verbleibt (2). Wird der Rückgriff auf die Generalklausel nicht durch Spezial- und Beispieltatbestände versperrt, so stellt sich die Frage, wie die Generalklausel *de lege lata* zu konkretisieren ist (3). Schließlich ist *de lege ferenda* zu überlegen, ob Corporate Social Responsibility der Testfall für den Übergang von einem marktfunktionalen zu einem ordnungsrechtlichen Verständnis des Lauterkeitsrechts sein sollte (4).

2 Unionsrechtlicher Rahmen

2.1 Gestaltungsfreiheit im Primärrecht

Die Abwägung zwischen Wettbewerbsfreiheit und dem Schutz von Menschenrechten und Umwelt ist im Primärrecht angelegt. Der Vertrag von Lissabon hat mit Art. 6 EUV ein dreischichtiges System des Grundrechtsschutzes aus EU-Grundrechtecharta, EMRK und den allgemeinen Grundsätzen des Unionsrechts geschaffen (vgl. auch Art. 2, 3 Abs. 5 EUV, Art. 67 Abs. 1 AEUV). Seitdem der EuGH erstmals den Umweltschutz als Ziel der EU und als zwingendes Erfordernis des Allgemeinwohls im Sinne der *Cassis*-Rechtsprechung eingeordnet hat,[6] ist das Bekenntnis zum Umweltschutz in zunehmendem Maße primärrechtlich verankert worden. Objektivrechtlich überformen Umweltschutz und der soziale Ausgleich als Unionsziele (Art. 3 Abs. 3 S. 2, Abs. 5 EUV) und als justiziable Querschnittsklauseln (Art. 11, 9 AEUV) alle Politiksektoren. Die Kompetenz der EU zur Verwirklichung des europäischen Binnenmarktes umfasst ausdrücklich den Umweltschutz (Art. 114 Abs. 1, 3 AEUV); daneben bestehen Kompetenzen zu einer selbstständigen europäischen Umwelt- und Sozialpolitik (Art. 191 ff., 151 ff. AEUV). Einem subjektiven Recht auf Umweltschutz begegnet die Literatur mit Zurückhaltung, obwohl denkbar wäre, ein solches auf Grundlage des Art. 37 GRCh anzuerkennen.[7]

Trotz dieses engmaschigen Netzes lässt das Primärrecht den Parlamenten und Gerichten der Mitgliedstaaten einen erheblichen Gestaltungsspielraum. Zwar mag es sein, dass die Querschnittsklauseln[8] und die EU-Grundrechte (Art. 51 Abs. 1 GRCh) nur bei der Durchführung von EU-Recht durch die Mitgliedsstaaten zur An-

---

[6] EuGH, Rs. C-240/83, ADBHU, Slg. 1985, I-531 (Rn. 13, 15); Rs. C-302/86, Kommission/Dänemark, Slg. 1988, I-4607 (Rn. 9).

[7] *Voßkuhle*, Umweltschutz und Grundgesetz, NVwZ 2013, 1 (2); *Ekardt*, Umweltverfassung und „Schutzpflichten". Zugleich zu Nachhaltigkeit, Recht, Verhältnismäßigkeit und Abwägung, NVwZ 2013, 1105 (1106); vgl. EuGH, Rs. C-28/09, Kommission/Österreich, noch nicht in Slg. (Rn. 121).

[8] EuGH, Rs. C-379/92, Peralta, Slg. 1994, I-3453 (Rn. 56); *Breuer*, Das EU-Kartellrecht im Kraftfeld der Unionsziele, 2013, 168 ff.; *Kahl*, in: *Streinz* (Hrsg.), EUV/AEUV, 2. Aufl. 2013, Art. 11 AEUV Rn. 13.

wendung kommen. Der EuGH dehnt die Bindung der Mitgliedsstaaten weiter aus, indem er den Anwendungsbereich der Unionsgrundrechte mit dem Anwendungsbereich des Unionsrechts gleichsetzt.[9] Dies sind aber nur Fragen des Kontrollmaßstabs, nicht der Kontrolldichte, so dass es entscheidend auf das Sekundärrecht ankommt.

2.2   Bindung im Sekundärrecht?

Das Sekundärrecht schränkt im B2C-Bereich durch die vollharmonisierende[10] UGP-Richtlinie diesen Gestaltungsspielraum des nationalen Gesetzgebers ein. Vollharmonisierung bezweckt die UGP-Richtlinie freilich nur in ihrem Anwendungsbereich. Allerdings vermengt Art. 3 Abs. 1 UGP-Richtlinie den sachlichen und personellen Anwendungsbereich mit der lauterkeitsrechtlichen Beurteilung.[11] Der EuGH hat diese Unschärfe bisher nicht aufgegriffen und lediglich entschieden, dass die Richtlinie nur dann nicht eingreift, wenn ein Verhalten „lediglich" die wirtschaftlichen Interessen von Mitbewerbern schädigt.[12] Die Erwägungsgründe lassen aber Ausnahmen in sachlicher Hinsicht zu, die insoweit den fragmentarischen Art. 3 ergänzen.

Für den Bereich von CSR ist Erwägungsgrund 7 S. 3 UGP-Richtlinie einschlägig, der die Regelung von „Fragen der guten Sitten und des Anstands" aus dem Anwendungsbereich der Richtlinie ausnimmt. Außerhalb des konkretisierenden Satzes 4, der das Ansprechen auf der Straße betrifft, besteht über die Reichweite des Egrd. 7 S. 3 noch einige Unsicherheit.[13] Einerseits betreffen CSR-Kodizes wesentli-

---

[9] EuGH, Rs. C-617/10, Åkerberg Fransson, noch nicht in Slg. = NJW 2013, 1415 (Rn. 19, 21); krit. *Rabe*, Grundrechtsbindung der Mitgliedstaaten, NJW 2013, 1407 (1408); zust. *Weiß*, Grundrechtsschutz durch den EuGH. Tendenzen seit Lissabon, EuZW 2013, 287 (289).

[10] Der Grundsatz der vollständigen Harmonisierung ist im Ergebnis unbestritten, wird aber auf unterschiedliche Bestimmungen der UGP-Richtlinie gestützt: EuGH, Rs. C-304/08, Plus Warenhandelsgesellschaft, Slg. 2010, I-217 = GRUR 2010, 244 (Rn. 41); BGH, GRUR 2011, 532 (Rn. 19) – Millionen-Chance II: Art. 4 UGP-Richtlinie; Begr. RegE UWG 2008, BT-Drs. 16/10145, 10, li. Sp.: Art. 1 und Ergd. 6, 8, 11, 12, 13, 15 UGP-Richtlinie; *Köhler*, Die Unlauterkeitstatbestände des UWG und ihre Auslegung im Lichte der Richtlinie über unlautere Geschäftspraktiken, GRUR 2008, 841 (Fn. 2): Ergd. 6, 11, 12 UGP-Richtlinie; *Alexander*, Die Rechtsprechung des EuGH zur Richtlinie 2005/29/EG bis zum Jahr 2012, WRP 2013, 17 (Fn. 2): Ergd. 5 S. 3 UGP-Richtlinie; *Glöckner*, Über die Schwierigkeit, Proteus zu beschreiben – die Umsetzung der Richtlinie über unlautere Geschäftspraktiken in Deutschland, GRUR 2013, 224 (227): Ergd. 13 S. 2 UGP-Richtlinie als Harmonisierungsziel.

[11] *Glöckner*, in: *Harte-Bavendamm/Henning-Bodewig* (Hrsg.), UWG, 3. Aufl. 2013, Einl. B Rn. 240.

[12] Etwa EuGH, Rs. C-304/08, Plus Warenhandelsgesellschaft, Slg. 2010, I-217 = GRUR 2010, 244 (Rn. 31); EuGH, Rs. C-540/08, Mediaprint, Slg. 2010, I-10909 = GRUR 2011, 76 (Rn. 21); zum sachlichen Anwendungsbereich aber EuGH, Rs. C-265/12, Citroën Belux, noch nicht in Slg. = GRUR Int. 2013, 942 (Rn. 21).

[13] Vgl. dazu BGH, GRUR 2010, 1113 (Rn. 14) – Grabmalwerbung (lediglich den Normtext wiedergebend); *Glöckner/Henning-Bodewig*, EG-Richtlinie über unlautere Geschäftspraktiken – Was

che gesellschaftliche Grundwerte, nicht lediglich, wie es in der englischen und französischen Sprachfassung des Erwägungsgrundes heißt, „*taste and decency*" oder „*le bon goût et la bienséance*". Andererseits ist diese Formulierung wohl zu eng geraten. Weitergehend folgt aus Erwägungsgrund 7 S. 3, dass die Mitgliedstaaten im Rahmen des sonstigen Unionsrechts das Marktverhalten autonom regeln können, sofern es nicht um den Schutz der Entscheidungsfreiheit von Verbrauchern geht.[14]

Man könnte dagegen erstens einwenden, dass die Beeinflussung der Entscheidungsfreiheit lediglich als Relevanzkriterium Voraussetzung der Unlauterkeit ist, nicht aber über den Anwendungsbereich bestimmen sollte.[15] Diese Vermischung ist aber, wie gesehen, in Erwägungsgrund 7 und Art. 3 Abs. 1 UGP-Richtlinie angelegt. Zweitens führt der hier vorgeschlagene Ansatz zu einer Aufspaltung der lauterkeitsrechtlichen Beurteilung: Während der Irreführungsaspekt beim Verstoß gegen eigene CSR-Vorgaben sehr wohl in den Anwendungsbereich der UGP-Richtlinie fällt, besteht jenseits dessen ein den Mitgliedstaaten zur autonomen Regelung überlassener Bereich. Es ist aber zwingende Konsequenz des auf den Verbraucherschutz beschränkten Anwendungsbereichs der Richtlinie, dass *mehrere* Normen *mehrere* Unlauterkeitsaspekte regeln können, von denen nur einer unter die UGP-Richtlinie fällt. Anders ist es im Fall der doppelfunktionalen Norm, die sowohl dem Verbraucherschutz als auch anderen Interessen dient: Weist *eine* Norm *mehrere* Schutzzwecke auf, so fällt sie insgesamt in den Anwendungsbereich der Richtlinie, wenn auch nur einer dieser Zwecke der Verbraucherschutz ist.[16]

Letztlich deckt sich die über Erwägungsgrund 7 S. 3 vorgenommene Auslegung mit der derzeitigen Einschätzung der Kommission. Sie hat schon in ihrer Begründung „sozial[e] Verantwortung" als von der UGP-Richtlinie ausgenommen angesehen[17] und setzt in der „Strategie zur sozialen Verantwortlichkeit von Unternehmen" in erster Linie auf Selbstregulierung und soft law, ohne damit eine weitergehende rechtliche Regulierung auszuschließen oder an die UGP-Richlinie mit ihrem Prinzip der Vollharmonisierung anzuknüpfen.[18] In ihrem Papier vom 14. März 2013 zur Evaluie-

---

wird aus dem „neuen" UWG?, WRP 2005, 1311 (1320); *Sack*, Die Richtlinie über unlautere Geschäftspraktiken – Voll- oder Teilharmonisierung?, WRP 2006, 1 (3 ff.); *Henning-Bodewig*, UWG und Geschäftsethik, WRP 2010, 1094 (1099); *Köhler*, Die Umsetzung der Richtlinie über unlautere Geschäftspraktiken in Deutschland – eine kritische Analyse, GRUR 2012, 1073 (1081 f.).

[14] *Abbamonte*, The Unfair Commercial Practices Directive. An Example of the New European Consumer Protection Approach, 12 Colum. J. Eur. L., 695, 699 (2006); *Howells/Micklitz/Wilhelmsson*, Towards a better understanding of unfair commercial practices, Int. J.L.M. 2009, 51(2), 69, 79; *Köhler*, Die Ausstrahlung der Richtlinie über unlautere Geschäftspraktiken auf die Tatbestände des § 4 UWG, WRP 2012, 638 (648), vgl. auch *Alexander*, Verhaltenskodizes im europäischen und deutschen Lauterkeitsrecht, GRUR Int. 2012, 965 (968).

[15] Eine verwandte Problematik besteht bei der Abgrenzung zwischen geschäftlicher Handlung und bloßer Vertragsverletzung. BGH, GRUR 2013, 945 (Rn. 20, 29) – Standardisierte Mandatsbearbeitung, grenzt die Schlechterfüllung von der geschäftlichen Handlung unter Hinweis auf Egrd. 7 S. 3 UGP-Richtlinie ab, während *Sosnitza*, in: *Ohly/Sosnitza*, UWG, 6. Aufl. 2014, § 2 Rn. 23 diesen Ansatz als Vermengung von geschäftlicher Handlung und Unlauterkeitsurteil kritisiert.

[16] EuGH, Rs. C-540/08, Mediaprint, Slg. 2010, I-10909 = GRUR 2011, 76 (Rn. 21 ff.).

[17] KOM(2003) 356 endg., Nr. 39 (11).

[18] KOM(2011) 681 endg., 10 ff.

rung der UGP-Richtlinie weist die Kommission darauf hin, dass „*green claims*" oft zu vage gehalten und schwer nachprüfbar sind.[19] Auch hier geht es um Irreführung und Informationspflichten, während im Übrigen rechtliche Regelungen durch die Mitgliedstaaten weder vorgeschrieben noch ausgeschlossen werden.

Allerdings müssen die autonomen mitgliedsstaatlichen Regelungen nach Erwägungsgrund 7 S. 3 „im Einklang mit dem [Unions]recht" stehen, Erwägungsgrund 7 S. 5 UGP-Richtlinie. Es ginge aber zu weit, diesem Vorbehalt eine „überschießende Harmonisierungswirkung"[20] auch außerhalb des Anwendungsbereichs zuzumessen. Daher bleibt festzuhalten, dass der Gesetzgeber im Bereich von CSR jenseits von Irreführung und Informationspflichten nicht durch die UGP-Richtlinie determiniert ist.

3 Die allgemeine Generalklausel (§ 3 Abs. 1 UWG)

3.1 Vorrang anderer Unlauterkeitstatbestände

Abgesehen von den Vorschriften über die Irreführung durch Tun oder Unterlassen, deren Behandlung anderen Beiträgen im Sammelband vorbehalten ist,[21] sind Spezialtatbestände des UWG nicht einschlägig.

Zwar erwähnt *§ 4 Nr. 1 UWG* menschenverachtende geschäftliche Handlungen und scheint daher auf den ersten Blick einzugreifen, wenn beispielsweise ein Unternehmen Kleidungsstücke vertreibt, die durch Kinderarbeit hergestellt wurden. Da der Tatbestand aber zugleich eine Beeinträchtigung der Entscheidungsfreiheit des Verbrauchers voraussetzt, läuft er praktisch leer.[22] Unter dem Aspekt des unangemessenen unsachlichen Einflusses ist zu differenzieren: Bei Handlungen gegenüber Verbrauchern verschwimmen § 4 Nr. 1 UWG und die Verletzung von Informationspflichten, die hier ausgeklammert werden.[23] Die frühere Rechtsprechung zur gefühlsbetonten Werbung lässt sich unter Geltung des UWG von 2004 nicht mehr aufrecht erhalten, so dass auch werbliche Hinweise auf soziales und ökologisches Engagement nicht per se verboten sind, sofern sie nicht irreführen.[24] Zwar hat der BGH im Fall *FSA-Kodex*,[25] in dem es um einen Verstoß gegen einen Verhaltens-

---

[19] KOM(2013) 138 endg., 4.

[20] *Glöckner*, Über die Schwierigkeit, Proteus zu beschreiben – die Umsetzung der Richtlinie über unlautere Geschäftspraktiken in Deutschland, GRUR 2013, 224 (227); vgl. auch *Köhler*, „Fachliche Sorgfalt" – Der weiße Fleck auf der Landkarte des UWG, WRP 2012, 22 (30 f.) zur „fachlichen Sorgfalt" außerhalb des Anwendungsbereichs der UGP-Richtlinie.

[21] S. die Beiträge von *Birk* und *v. Walter* in diesem Band.

[22] *Scherer*, Verletzung der Menschenwürde durch Werbung, WRP 2007, 594 (595 ff.).

[23] BGH, GRUR 2007, 247 (Rn. 24) – Regenwaldprojekt I.

[24] Vgl. BGH, GRUR 2006, 75– Artenschutz.

[25] BGH, GRUR 2011, 432 (Rn. 16) – FSA-Kodex; im konkreten Fall im Ergebnis verneint, OLG München, GRUR-RR 2012, 260 – FSA-Kodex.

kodex der freiwilligen Arzneimittelselbstkontrolle ging, eine Unlauterkeit gem. § 4 Nr. 1 UWG in Erwägung gezogen, allerdings nur weil es um eine Zuwendung an einen Arzt, also einen Berufsträger ging, der Verantwortung für das Wohl Dritter trug. In diesem bisweilen als „Dreieckskopplung" [26] bezeichneten Sonderfall wendet die Rechtsprechung § 4 Nr. 1 UWG regelmäßig an, ohne dass dabei dem Verstoß gegen einen Verhaltenskodex entscheidende Bedeutung zukäme.[27]

In einem älteren Urteil hielt der BGH die „Ausnutzung des internationalen Rechtsgefälles" bei Umgehung des damaligen Rabattverbots durch einen Verkauf im Ausland für unlauter, weil Mitbewerbern ein entsprechendes Verhalten im Inland verboten sei und daher die *par conditio concurrentium* beeinträchtigt werde.[28] Dieser Gedanke, der mittlerweile am ehesten unter § 4 Nr. 10 UWG zu subsumieren wäre, überzeugte schon seinerzeit nicht, weil der BGH auf diese Weise der eigentlich gebotenen kollisionsrechtlichen Frage nach der Anwendbarkeit des deutschen RabattG aus dem Weg ging. Später relativierte er diese Fallgruppe für Arbeitsschutzbestimmungen, wenn die Waren im Ursprungsland rechtmäßig hergestellt und ins Inland eingeführt wurden.[29] In der Tat ist der Aspekt der Behinderung hier nicht einschlägig. Aus § 4 Nr. 11 UWG folgt, dass weder die Verletzung ausländischer Rechtsnormen noch ein Verhalten im Vorfeld des eigentlichen Marktgeschehens unlauter sind. Diese Wertung und die kollisionsrechtliche Entscheidung über das anwendbare Arbeitsschutzrecht würden unterlaufen, wenn der Vorsprung, den sich ein Mitbewerber durch eine Billigproduktion im Ausland unter schlechten Arbeits- oder Umweltbedingungen verschafft, als unlautere Behinderung angesehen würde.

Schließlich sind Kodizes sozialer Verantwortlichkeit keine gesetzlichen Vorschriften und fallen daher nicht unter § 4 Nr. 11 UWG.[30] Dies gilt auch, wenn sie deklaratorisch gesetzliche Vorschriften oder Normen internationaler Organisationen übernehmen. Für die Frage, ob private Regeln in Erweiterung der klassischen Rechtsquellenlehre als Normen zu betrachten sind,[31] ist § 4 Nr. 11 UWG jedenfalls nicht Feldlabor. Außerdem betreffen die Grundsätze der Corporate Social Respon-

---

[26] *Steinbeck*, Die Dreieckskopplung – ein Fall des übertriebenen Anlockens?, GRUR 2005, 15 (17).

[27] BGH, GRUR 2012, 1050 (Rn. 26) – Dentallaborleistungen.

[28] BGH, GRUR 1977, 672 (674) – Weltweit-Club; krit. *Schricker*, Deutsches Rabattrecht – weltweit?, GRUR 1977, 646 (648 ff.).

[29] BGH, GRUR 1980, 858 (860) – Asbestimporte; zust. *Kocher*, Unternehmerische Selbstverpflichtungen im Wettbewerb. Die Transformation von „soft law" in „hard law" durch das Wettbewerbsrecht, GRUR 2005, 647 (649).

[30] BGH, GRUR 2011, 432 (Rn. 11) – FSA-Kodex; *Birk*, Corporate Responsibility, unternehmerische Selbstverpflichtungen und unlauterer Wettbewerb, GRUR 2011, 196 (197 f.); *Henning-Bodewig*, Der „ehrbare Kaufmann", Corporate Social Responsibility und das Lauterkeitsrecht, WRP 2011, 1014 (1021); differenzierend *Kocher*, Unternehmerische Selbstverpflichtungen im Wettbewerb. Die Transformation von „soft law" in „hard law" durch das Wettbewerbsrecht, GRUR 2005, 647 (649).

[31] Näher *Bachmann*, Private Ordnung, 2006, 330 ff.; vgl. auch den Beitrag von *Podszun* in diesem Band.

sibility, wie erwähnt, oft das Vorfeld des eigentlichen Marktverhaltens[32] und können deshalb nicht unter § 4 Nr. 11 UWG erfasst werden.

Da sozial unverantwortliches Verhalten jenseits der Irreführung die Entscheidungsfreiheit der Verbraucher nicht beeinträchtigt, ist auch die Verbrauchergeneralklausel des § 3 Abs. 2 UWG nicht einschlägig.

3.2 Methodik der Konkretisierung

Welche Kriterien die Anwendung des § 3 Abs. 1 UWG leiten, ist bisher nicht abschließend geklärt.

Unter § 1 UWG 1909 ließen sich materielle (Wertungen der Grundrechte, Leitbild des Leistungswettbewerbs), verweisende (Geschäftssitten, außerwettbewerbsrechtliche Normen) und methodologische Leitlinien (Fallrecht, Interessenabwägung) zur Konkretisierung der Generalklausel unterscheiden.[33] In der Praxis im Vordergrund standen die Anwendung richterrechtlich entwickelter Fallgruppennormen und der Fallvergleich; die Frage nach materiellen Maßstäben wurde kaum gestellt.[34] Anders als der Wortlaut des § 1 UWG 1909 suggerierte, spielte die ethische Beurteilung jenseits auch funktional begründbarer Kriterien allenfalls in Randbereichen[35] eine Rolle.

Durch die UWG-Reform von 2004 wurden die wesentlichen Fallgruppen kodifiziert. Mit der Wandlung „von der Königsnorm zum Auffangtatbestand"[36] hat sich die Methode der Konkretisierung verändert. Neue systematische Erwägungen sind hinzugekommen: die Interessenklausel des § 1 UWG und die Wertungen des Beispielskatalogs, die positiv zum Ausdruck bringen, wogegen das UWG schützen soll, und die negativ Grenzen setzen, die nicht durch Anwendung der Generalklausel unterlaufen werden sollten. Die Fallgruppenmethodik des Rechts vor 2004 hat damit erheblich an Bedeutung verloren. Die Rechtsprechung wendet die Generalklausel unmittelbar nur noch in Ausnahmefällen an, insbesondere im Sonderfall der sekundären Haftung,[37] wenn ein einzelner Beispielstatbestand eine komplexe

---

[32] Vgl. BGH, GRUR 2000, 1076 (1078) – Abgasemissionen.

[33] *Ohly*, Richterrecht und Generalklausel im Recht des unlauteren Wettbewerbs, 1997, 209 ff., 219 ff., 223 ff.; vgl. auch *Auer*, Materialisierung, Flexibilisierung, Richterfreiheit, 2005, 144 ff., die auf höherer Abstraktionsebene inhaltliche, verfahrenstheoretische und funktionale Konkretisierungsansätze unterscheidet.

[34] *Ohly* (Fn. 33), 229 f.

[35] Vgl. BGH, GRUR 1995, 592 (594) – Busengrapscher: Form der Werbung, die „das sittliche Empfinden der maßgeblichen Verkehrskreise verletzt, weil sie wegen der damit verbundenen kränkenden Herabsetzung eines Bevölkerungsteils in grobem Maße gegen das allgemeine Anstandsgefühl verstößt"; BGH, GRUR 1995, 600 (601) – H.I.V. POSITIVE I: Werbung, die „mit der Darstellung des Elends der Welt [...] starke Gefühle des Mitleids und der Ohnmacht weckt".

[36] *Ohly*, Das neue UWG – Mehr Freiheit für den Wettbewerb?, GRUR 2004, 889 (897).

[37] BGH, GRUR 2007, 890 (Rn. 22) – Jugendgefährdende Medien bei eBay.

Interessenlage nicht erfasst[38] oder wenn Beispielstatbestände einen bestimmten Interessenkonflikt nicht abschließend regeln.[39] Der BGH formuliert, dass das Verhalten dem Unwertgehalt der §§ 4 ff. UWG entsprechen müsse.[40] Diese Entsprechensklausel wird flankiert durch den Hinweis auf die anständigen Gepflogenheiten in Handel und Gewerbe,[41] der aus Art. 10bis Abs. 2 PVÜ stammt.

Daraus ergibt sich eine zweistufige Konkretisierung des § 3 Abs. 1 UWG. Zunächst ist zu prüfen, ob Beispielstatbestände einschlägig sind oder ob sie *negative* Wertungen, also Grenzen enthalten, die einen Rückgriff auf die Generalklausel sperren. Ist der Weg zur Anwendung der Generalklausel frei, so lassen sich zwei Ansätze unterscheiden: Ein *heteronomer* Ansatz knüpft an außerhalb der Generalklausel liegende Umstände, insbesondere an außerrechtliche Normen an, die allerdings dem Unwertgehalt des Beispielkatalogs *positiv* „entsprechen" müssen. Ein *autonomer* Ansatz leitet das Unlauterkeitsverdikt hingegen aus einer Abwägung aller betroffenen Interessen ab (§ 1 UWG). Diese Unterscheidung erscheint auch bei der Bewertung sozial unverantwortlichen Verhaltens sinnvoll. Wird die Unlauterkeit mit einem Verstoß gegen die Bestimmung eines CSR-Standards begründet, so ergeben sich die Verhaltenspflichten des Unternehmers heteronom aus einer außerwettbewerbsrechtlichen Wertung. Wird der Verstoß hingegen mit einer Grundrechtsabwägung begründet, in deren Rahmen der CSR-Kodex allenfalls Indizwirkung entfaltet, so handelt es sich um eine autonome Wertung.

3.3   Heteronome Anknüpfung

Würde der Verstoß gegen einen Kodex die Unlauterkeit begründen, so hätte das vor allem zur Folge, dass er „Außenseitern" gegenüber verbindlich würde. Der BGH lehnt dies im Wesentlichen mit drei Gründen ab: Erstens würde der Wettbewerb „in bedenklicher Weise beschränkt, wenn das Übliche zur Norm erhoben würde"[42], zweitens ist im Grundsatz nur der Gesetzgeber befugt, allgemeinverbindliche Normen aufzustellen und drittens ist es nicht Aufgabe des Lauterkeitsrechts, alle nur denkbaren Regelverstöße zu sanktionieren.[43]

Das erste Argument hebt richtig hervor, dass aus einer tatsächlichen Übung noch keine normative Verbindlichkeit folgt. Der BGH ist damit bei Anwendung der lauterkeitsrechtlichen Generalklausel zurückhaltender als mit der Heranziehung privater Regelwerke in anderen Bereichen des Zivilrechts, etwa im Rahmen von Fahr-

---

[38] BGH, GRUR 2006, 426 (Rn. 16) – Direktansprache am Arbeitsplatz II.

[39] BGH, GRUR 2010, 455 (Rn. 20) – Stumme Verkäufer II; offen BGH, GRUR 2011, 436 (Rn. 19) – hartplatzhelden.de.

[40] BGH, GRUR 2009, 1080 (Rn. 13) – Auskunft der IHK; GRUR 2011, 431 (Rn. 11) – FSA-Kodex; GRUR 2013, 301 (Rn. 26) – Solarinitiative.

[41] BGH, GRUR 2006, 1042 (Rn. 29) – Kontaktanzeigen; GRUR 2009, 1080 (Rn. 13) – Auskunft der IHK.

[42] BGH, GRUR 2006, 773 (Rn. 19) – Probeabonnement.

[43] BGH, GRUR 2011, 431 (Rn. 13 f.) – FSA-Kodex.

lässigkeitsanforderungen oder Verkehrspflichten.[44] Die Besonderheit von Verhaltenskodizes gegenüber diesen Regelwerken besteht aber darin, dass sie oft nur die
Interessen einer besonderen Gruppe reflektieren, im Fall *FSA-Kodex* diejenigen der
forschenden Arzneimittelindustrie. Über das materielle Problem hinaus, dass private Regelwerke oft nicht den Interessen aller Marktbeteiligter in gleichem Maße dienen,[45] hebt der BGH zu Recht die grundsätzlichen methodischen Bedenken gegen
eine unreflektierte Übernahme gesellschaftlicher Normen ins Lauterkeitsrecht hervor: Sitten können sich auch als Unsitten entpuppen.[46] Außerdem fehlt ihnen die
demokratische Legitimation, wie das zweite Argument hervorhebt. Unter § 4 Nr. 11
UWG wird die außerwettbewerbsrechtliche Norm durch die gesetzgeberische Entscheidung legitimiert, außerhalb des gesetzlich geregelten Bereichs ist das gerade
nicht der Fall, so dass insbesondere die Vergleichbarkeit des Unwertgehalts mit
demjenigen der Beispiele des § 4 UWG zweifelhaft erscheint. Das dritte Argument
bezieht sich auf Verhaltenskodizes, die zwar auf den Vertrag als Grundmodell beruhen, aber faktisch horizontal wirken sollen. Eine „Allgemeinverbindlicherklärung"
würde privatautonome Beziehungen verdinglichen,[47] was außerhalb von Sonder-
bereichen wie dem kollektiven Arbeitsrecht sehr problematisch ist. Dabei ist die
Verdinglichungstendenz sogar eine doppelte: Über die Aktivlegitimation würde
der Vertrag auf Gläubigerseite kollektiviert; auf Schuldnerseite eine Bindung für
Außenseiter erzeugt. Wird beim Verleiten zum Vertragsbruch[48] die Durchbrechung
der Relativität der Schuldverhältnisse mit dem Einmischen des Anstifters ins frem-
de Schuldverhältnis begründet, fehlt hier eine klare Begründung.

All diese Argumente sprechen aber nicht dagegen, Grundsätze privater Kodizes bei der Interessenabwägung unter § 3 Abs. 1 UWG zu berücksichtigen. Auch
der BGH spricht von einer „Indizwirkung".[49] Diese Indizwirkung ist allerdings nur
schwach. Ausschlaggebend ist letztlich nicht der Gehalt des Kodex, sondern die
autonom-lauterkeitsrechtliche Wertung unter § 3 Abs. 1 UWG.

---

[44] Näher *Bachmann*, Private Ordnung, 2006, 235 ff. mit Vorschlag einer Stufenleiter.

[45] BGH, GRUR 1991, 462 (463) – Wettbewerbsrichtlinie der Privatwirtschaft; sogar für unmittelbare Relevanz der außerrechtlichen Norm bei starkem Allgemeininteresse BGH, GRUR 1993, 756
(757) – Mild-Abkommen.

[46] *Schricker*, Gesetzesverletzung und Sittenverstoß, 1970, 221 f.; *Teubner*, Standards und Direk-
tiven in Generalklauseln, 1971, 13; *Podszun*, in: *Harte-Bavendamm/Henning-Bodewig* (Hrsg.),
UWG, 3. Aufl. 2013, § 3 Rn. 95.

[47] *Nemeczek*, Anmerkung zu BGH, Urt. v. 09. September 2010, Az. I ZR 157/08 – FSA-Kodex,
GRUR 2011, 432 (433); vgl. auch *Bachmann* (Fn. 44), 223.

[48] Vgl. BGH, GRUR 2009, 173 (Rn. 32) – bundesligakarten.de; *Ohly*, in: *Bernreuther/Freitag/
Leible u. a.* (Hrsg.), FS Spellenberg, 2010, 617 (624).

[49] BGH, GRUR 2011, 431 (Rn. 13) – FSA-Kodex.

3.4   Autonome Anknüpfung?

§ 3 Abs. 1 UWG ist als Generalklausel Einfallstor für verfassungsrechtliche Wertungen. Aus den Grundrechten ergeben sich für den Staat nicht nur Eingriffsverbote, sie konstituieren auch eine objektive Wertordnung. Diese bindet nicht nur den Gesetzgeber, sondern, gerade in Bereichen „offengelassener Gesetzgebung"[50] auch die Rechtsprechung. Man könnte also erwägen, lauterkeitsrechtliche Marktverhaltensregeln aus den Grundrechten abzuleiten, und auf dieser Grundlage beispielsweise den Verkauf von Produkten, die in Entwicklungsländern unter menschenunwürdigen Bedingungen produziert wurden, für unlauter erklären.

Allerdings hat sich der Gesetzgeber in der UWG-Reform von 2004 gegen den Schutz jeglicher Allgemeininteressen entschieden. Gemäß § 1 UWG sind nur die Interessen der Mitbewerber, der Marktgegenseite und das Allgemeininteresse an einem unverfälschten Wettbewerb geschützt: „Der Schutz sonstiger Allgemeininteressen ist weiterhin nicht Aufgabe des Wettbewerbsrechts."[51] Die Praxis sollte auch der Versuchung widerstehen, Allgemeininteressen durch eine von zwei Hintertüren ins UWG einzuführen. Die erste Hintertür ist der Verbraucherschutz, mit dem wie folgt argumentiert werden könnte: Verbraucher sind auch Bürger mit sozialen Werten, sie lehnen unverantwortliches Wirtschaftsverhalten ab, das daher Verbraucherinteressen beeinträchtigt. Unter § 4 Nr. 11 UWG zeigt die Rechtsprechung die Tendenz, Allgemeininteressen im Gewand des Verbraucherschutzes zu berücksichtigen.[52] Demgegenüber ist zu betonen, dass § 1 UWG auf einen marktbezogenen Verbraucherschutz zielt, nicht auf den Schutz sämtlicher menschlicher Interessen mit der Begründung, dass jeder Verbraucher auch Mensch und jeder Mensch auch Verbraucher ist. Die zweite Hintertür öffnet, wie oben bereits gesehen, der Vorsprungsgedanke: Unternehmen, die umweltschädlich arbeiten oder Sozialdumping betreiben, verschaffen sich damit einen unlauteren Vorsprung gegenüber ihren redlichen Mitbewerbern. Allerdings hat der BGH den allgemeinen Vorsprungsgedanken verworfen,[53] der Gesetzgeber ist der Rechtsprechung bei der Formulierung des § 4 Nr. 11 UWG gefolgt. Zwar wird vereinzelt für eine Rehabilitierung des Vorsprungsgedankens plädiert,[54] doch ist er dem entscheidenden Einwand ausgesetzt, dass er zu einer allgemeinen Rechtmäßigkeitskontrolle durch das UWG führt und damit die funktionale Begrenzung des UWG als Marktverhaltensrecht sprengt. Durch Marktverhalten, das den Grundsätzen verantwortlichen Handelns widerspricht, werden die in § 1 UWG genannten marktbezogenen Interessen nicht verletzt. Im Gegenteil kommt es zu einem Wettbewerb, in dem die soziale Verantwortlichkeit zum Wettbewerbsparameter wird.

---

[50] *Hedemann*, Die Flucht in die Generalklauseln, 1933, 58.

[51] Begr. RegE UWG 2004, BT-Drs. 15/1487, 16 li. Sp.

[52] Etwa BGH, GRUR 2010, 852 (Rn. 16) – Gallardo Spyder.

[53] BGH, GRUR 2000, 1076 (1079) – Abgasemissionen.

[54] *Glöckner*, Wettbewerbsbezogenes Verständnis der Unlauterkeit und Vorsprungserlangung durch Rechtsbruch, GRUR 2008, 960 (965 ff.); *ders.*, Rechtsbruchtatbestand oder … The Saga Continues!, GRUR 2013, 568 (576).

Auch eine systematische Auslegung spricht gegen ein durch Allgemeininteressen motiviertes Verbot geschäftlicher Praktiken. §§ 4 Nr. 1–5; 5; 5a UWG schützen die Entscheidungsfreiheit des Verbrauchers, §§ 4 Nr. 7–10; 6 UWG den guten Ruf, die immateriellen Werte und die Handlungsfreiheit der Mitbewerber. Lediglich in § 4 Nr. 11 und § 7 UWG wird diese Ausrichtung auf marktbezogene Interessen für begrenzte, hier nicht einschlägigen Fallgruppen, durchbrochen.

Schließlich zeigen die Fälle, in denen die Rechtsprechung vor 2004 Allgemeininteressen aufgrund grundrechtlicher Wertungen geschützt hat, dass die Abgrenzung zwischen „fair und unfair" hier besonders problematisch und anfechtbar war. In den *Benetton*-Urteilen des BGH[55] sah das BVerfG eine Verletzung der Meinungsfreiheit,[56] das *Busengrapscher*-Urteil[57] ist der Kritik ausgesetzt, dass hier ein strenger, nicht unumstrittener Moralstandard verrechtlicht wird. Der in seiner Gesamtheit überzogene Einwand des englischen Rechts gegen eine wettbewerbsrechtliche Generalklausel – Gerichte können die Grenze zwischen „fair" und „unfair" nicht ziehen – hat hier einige Berechtigung.[58]

3.5 Ergebnis

Nach geltendem Lauterkeitsrecht in der Auslegung des BGH kann also der Verstoß gegen Grundsätze verantwortlichen unternehmerischen Handelns die Unlauterkeit nicht begründen, sofern es an einer Irreführung durch Tun oder Unterlassen fehlt. Dies fügt sich in die Tendenz der Rechtsprechung ein, die Eigenverantwortung für den wirtschaftlichen Erfolg zu betonen und Fallgruppen zurückhaltend zu beurteilen, die wie die Marktstörung oder der unmittelbarere Leistungsschutz dazu dienen, die eigene Marktposition gegen den Wettbewerb abzuschotten.[59]

4   Bewertung: Mehr Ethik im Lauterkeitsrecht?

Dieser Befund wirft eine grundsätzliche Systemfrage auf, bei der sich zwei Modelle des Lauterkeitsrechts gegenüberstehen. Nach dem funktionalen Modell ist das Lauterkeitsrecht Wirtschaftsrecht. Es soll die Rahmenbedingungen der Marktwirtschaft sichern, indem es die Entscheidungsfreiheit des Verbrauchers und die Wettbewerbsfreiheit der Mitbewerber garantiert und bestimmte unternehmerische Geschäftswerte schützt. Diesem Leitbild folgen weitgehend die UGP-Richtlinie und das UWG

---

[55] BGH, GRUR 1995, 600 – H.I.V. POSITIVE I; BGH, GRUR 2002, 360– H.I.V. POSITIVE II.

[56] BVerfGE 102, 347=BVerfG, GRUR 2001, 170 – Benetton-Werbung I; BVerfG, GRUR 2003, 442 – Benetton-Werbung II.

[57] BGH, GRUR 1995, 592 – Busengrapscher.

[58] *Ohly* (Fn. 33), 73 ff.

[59] Vgl. *Peukert*, in: *Riesenhuber* (Hrsg.), Das Prinzip der Selbstverantwortung, 2010, 395 (417).

2008. Nach dem Gegenmodell übernimmt das Lauterkeitsrecht stärker Funktionen des Ordnungsrechts und hat die Aufgabe, auf dem Markt umfassend für Rechtmäßigkeit und Sauberkeit zu sorgen, insofern das Verwaltungsrecht zu ergänzen und dessen Vollzugsdefizite auszugleichen.

Im Bereich der Corporate Social Responsibility bewährt sich das funktionale Modell. Derzeit besteht Wettbewerb zwischen Billiganbietern, die sich wenig um soziale Verantwortlichkeit scheren, und Premium-Anbietern, die auf verantwortliches Unternehmertum Wert legen, sei es aus ethischer Verantwortung, sei es, weil sie sich vom guten Image Gewinn versprechen. Der Verbraucher ist der Schiedsrichter. Er entscheidet sich nicht immer so, wie es „älter[e] Richter in hoher Stellung"[60] für richtig halten. Der demokratisch legitimierte Gesetzgeber ist aufgerufen, durch konkrete Vorschriften des Verwaltungs- und Strafrechts Mindeststandards zu setzen. Darüber hinaus sollte verantwortliches Verhalten nicht erzwungen werden. Aufgabe des Lauterkeitsrechts ist es lediglich, sicherzustellen, dass eine CSR-Strategie am Markt zur Geltung gebracht werden kann. Es muss die Rahmenbedingungen dafür schaffen und garantieren, dass ein fairer Wettbewerb zwischen Unternehmen mit hohen Sozial- und Umweltstandards und Billiganbietern ohne einen solchen Anspruch stattfinden kann. Zu diesen Rahmenbedingungen gehört das Irreführungsverbot, das sicherstellt, dass sich Verbraucher auf unternehmerische Informationen über verantwortliches Handeln verlassen können, und so einen Anreiz für die Einhaltung dieser Standards schafft. Werbung verantwortlich handelnder Unternehmen, die Veröffentlichung und Umsetzung von Kodizes, Presseberichte über Missstände und Aufklärung durch staatliche Stellen können ihren Teil dazu beitragen, dass sich eine zunehmende Zahl von Verbrauchern bei der Konsumentscheidung nicht nur vom Preis leiten lässt.

---

[60] *Baumbach*, Kommentar zum Wettbewerbsrecht, 1929, 174.

Teil VI
CSR aus der Sicht anderer Rechtsordnungen

Corporate Social Responsibility und Lauterkeitsrecht aus asiatischer Sicht

Yuanshi Bu und Berrit Roth

Zusammenfassung Der folgende Beitrag untersucht das ursprünglich aus den Vereinigten Staaten von Amerika kommende Konzept der Corporate Social Responsibilty (CSR) im Rahmen des chinesischen Lauterkeitsrechts. Insbesondere seit 2005, als der damalige Generalsekretär der Kommunistischen Partei Chinas und Staatspräsident Hu Jintao die Politik einer Harmonischen Gesellschaft ausrief, gewinnt die Frage nach der sozialen und gesellschaftspolitischen Verantwortung von Unternehmen in China zunehmend an Bedeutung. Inwiefern das chinesische Gesetz gegen den unlauteren Wettbewerb Anknüpfungspunkte für die Verwirklichung von CSR bietet, wird jedoch kaum in der chinesischen Rechtswissenschaft diskutiert. Die folgenden Ausführungen versuchen diese Forschungslücke zu schließen. Eine Analyse des chinesischen Gesetzes gegen den unlauteren Wettbewerb sowie der Blick auf die weitere Gesetzeslage in China zeigen aber, dass das Konzept CSR noch keine grundlegende gesetzliche Rezeption in China erfahren hat. Es ist jedoch davon auszugehen, dass die fortschreitende wirtschaftliche Entwicklung Chinas und die damit einhergehende Entstehung einer ihrer Rechte bewussten chinesischen Mittelschicht dem Konzept der CSR schließlich zur Durchsetzung verhelfen wird.

Y. Bu (✉)
Professur für Internationales Wirtschaftsrecht mit Schwerpunkt Ostasien,
Albert-Ludwigs-Universität, Freiburg,
Freiburg, Deutschland
E-Mail: asien@jura.uni-freiburg.de

B. Roth
Freiburg, Deutschland
E-Mail: asien@jura.uni-freiburg.de

R. M. Hilty, F. Henning-Bodewig (Hrsg.), *Corporate Social Responsibility*,
MPI Studies on Intellectual Property and Competition Law 21,
DOI 10.1007/978-3-642-54005-9_15, © Springer-Verlag Berlin Heidelberg 2014

1 Einleitung

Das aus den Vereinigten Staaten von Amerika stammende Konzept der Corporate Social Responsibility[1] (CSR) hat in den letzten 10 Jahren *im asiatischen Raum zunehmend an Bedeutung* gewonnen. Nach dem wirtschaftlichen Aufschwung der sog. Tigerstaaten Südkorea, Taiwan, Singapur sowie der chinesischen Sonderverwaltungszone Hongkong in den 1980er Jahren und dem sog. Japanischen Wirtschaftswunder in den 1990er Jahren haben auch andere asiatische Länder wie Bangladesch, Vietnam und die Volksrepublik China (China) den Weg des wirtschaftlichen Wachstums betreten. Mit zunehmend steigendem Wohlstand in der Bevölkerung wächst auch das Bewusstsein um die soziale und gesellschaftspolitische Verantwortung der Unternehmen in Asien. Globale Zulieferketten, die in Asien unter fragwürdigen Bedingungen produzieren lassen, geraten verstärkt in den Blick der Medien.[2] In China zum Beispiel stand im (negativen) Rampenlicht zuletzt das taiwanesische Unternehmen Foxconn.[3] Inwiefern das Konzept der CSR geeignet ist, bestehende Missstände in der Wirtschaft zu beseitigen bleibt jedoch zu untersuchen. Im Folgenden wird daher erörtert, welchen Inhalt CSR aus asiatischer Sicht hat und wie CSR im asiatischen Raum umgesetzt wird.

Dabei werden sich die vorliegenden Ausführungen insbesondere auf die CSR der Unternehmen in *China* konzentrieren. Denn es können Gemeinsamkeiten in der Herangehensweise asiatischer Staaten an CSR festgestellt werden, die zum einen ihren Grund darin haben, dass die meisten asiatischen Staaten noch als Entwicklungs- oder Schwellenländer bezeichnet werden können[4] und zum anderen darin, dass zahlreiche asiatische Staaten wesentlich durch den Konfuzianismus beeinflusst sind. Aufgrund seiner Tradition des Konfuzianismus und des stattfindenden Wandelprozesses von einem Entwicklungsland zu einem Schwellenland kann China bei der Frage nach der CSR von Unternehmen als für den asiatischen Raum in gewissem Maße repräsentativ bezeichnet werden. Als mittlerweile größte und bedeu-

---

[1] *Bassen/Jastram/Meyer*, Corporate Social Responsibilty. Eine Begriffserläuterung, zfwu 2005, 231.

[2] Zuletzt geriet der Zusammensturz einer Textilfabrik in Bangladesch im April 2013 mit über 1000 Toten in die Schlagzeilen.

[3] Siehe zuletzt u. a. „Die Frankfurter Allgemeine" v. 18. Mai 2013 „Drei Foxconn-Mitarbeiter stürzten sich in den Tod", http://www.faz.net/aktuell/wirtschaft/selbstmorde-in-china-drei-foxconn-mitarbeiter-stuerzten-sich-in-den-tod-12187583.html (aufgerufen am 29. August 2013); „Handelsblatt" v. 18. Mai 2013 „Erneut Selbstmorde in Elektronikfabrik in China", http://www.handelsblatt.com/unternehmen/it-medien/foxconn-erneut-selbstmorde-in-elektronikfabrik-in-china/8225912.html (aufgerufen am 29. August 2013).

[4] Entwicklungs- und Schwellenländer weisen eine andere Herangehensweise an CSR auf als wirtschaftlich entwickelte Industriestaaten wie zum Beispiel Deutschland, siehe hierzu *Prieto-Carrón* u. a., Critical perspectives on CSR and development: what we know, what we don't know, and what we need to know, International Affairs 2006, 977 (987), die zudem darauf hinweisen, dass CSR in Entwicklungsländern „may do more harm than good".

tendste Volkswirtschaft im asiatischen Raum[5] und Produktionsort vieler transnationaler Unternehmen wird die chinesische Volkswirtschaft zugleich von Problemen im Bereich des Arbeitnehmerschutzes und des Umweltschutzes geplagt. Es stellt sich die Frage, wie diesen Problemen durch das Konzept der CSR begegnet werden kann. Insbesondere ist fraglich, wie das *chinesische Lauterkeitsrecht* zur Verwirklichung von CSR beitragen kann.

Im Folgenden erfolgt zunächst eine kurze Einführung in das chinesische Lauterkeitsrecht. Daran anschließend wird erörtert, wie die chinesische Politik und die chinesische Gesellschaft sowie insbesondere die chinesische Rechtswissenschaft das Konzept der CSR aufnehmen und anwenden. Dabei stellt sich hier vor allem die Frage, inwiefern das chinesische Lauterkeitsrecht zur Umsetzung von CSR herangezogen werden kann. Bemerkenswert ist, dass es zu dieser Frage in China bislang noch kaum eine wissenschaftliche Diskussion gibt.[6] Schließlich wird in einer Zusammenfassung der bisherigen Ergebnisse ein Ausblick auf die mögliche zukünftige Entwicklung von CSR in China im Besonderen und in Asien im Allgemeinen unternommen.

2 Das chinesische Lauterkeitsrecht

In China entstand ein modernes Lauterkeitsrecht erstmals in den 1980er-Jahren.[7] Das *chinesische Gesetz gegen den unlauteren Wettbewerb* (chinUWG)[8], das gegenwärtig Reformen unterzogen wird[9], trat am 1. Dezember 1993 in Kraft.[10] Wenn man heute in China über Lauterkeitsrecht spricht, muss man zwischen Lauterkeitsrecht im engeren und im weiteren Sinne unterscheiden. Ersteres umfasst allein das chinUWG, letzteres bezeichnet auch mit dem chinUWG verwandte Regelungen, wie zum Beispiel das Markenrecht, Werberecht oder Kartellrecht.[11] Die folgenden

---

[5] Nach Angaben des Auswärtigen Amtes kann die chinesische Volkswirtschaft seit 2010 sogar als die größte Volkswirtschaft weltweit bezeichnet werden (Auswärtiges Amt, Länderinformationen: China, Stand: April 2013, http://www.auswaertiges-amt.de/DE/Aussenpolitik/Laender/Laenderinfos/China/Wirtschaft_node.html (aufgerufen am 13. September 2013).

[6] Die Frage einer Einführung und Umsetzung von CSR wird derzeit nur im Gesellschaftsrecht diskutiert.

[7] Zur Entwicklung des chinesischen Lauterkeitsrechts siehe *Wen*, Zur Entwicklung des Rechts gegen unlauteren Wettbewerb in der Volksrepublik China, GRUR Int. 1991, 265 ff.

[8] Chinesischer Titel:中华人民共和国反不正当竞争法 zhonghua renmin gongheguo fan buzhengdang jingzhengfa, verkündet am 2. September 1993, in Kraft getreten am 1. Dezember 1993; ausführlich zum Lauterkeitsrecht in China *Bu*, Country Report China, in: *Henning-Bodewig* (Hrsg.), International Handbook on Unfair Competition, 2013, 189 f.

[9] Die „State Administration for Industry and Commerce" (SAIC) begann 2003 mit der Arbeit an einer Neufassung des chinUWG, 2011 wurde diese an den Staatsrat überreicht.

[10] *Bu* (Fn. 8), 189 f.

[11] *Bu* (Fn. 8), 193.

Ausführungen beziehen sich in erster Linie auf das chinUWG, d. h. das chinesische Lauterkeitsrecht im engeren Sinne.

Das *chinUWG* ist wie folgt *aufgebaut*: In einem ersten Kapitel sind allgemeine Regeln normiert, u. a. die Schutzzwecke des chinUWG sowie einzelne Legaldefinitionen der Begriffe des Unternehmers sowie des unfairen Wettbewerbs. In einem zweiten Kapitel folgt die Normierung von Spezialtatbeständen. Daran anschließend wird in Kapitel 3 die behördliche Aufsicht geregelt und in Kapitel 4 die zivilrechtlichen Klagemöglichkeiten. In Kapitel 5 wird das Inkrafttreten des Gesetzes geregelt. Wie das deutsche Gesetz gegen den unlauteren Wettbewerb (dUWG) kennt das chinUWG mehrere Schutzzwecke. Gemäß Art. 1 chinUWG sollen die gesunde Entwicklung einer sozialistischen Marktwirtschaft, der faire Marktwettbewerb sowie die gesetzlichen Rechte und Interessen der Unternehmer geschützt werden.

Bereits anhand Art. 1 chinUWG ist zu erkennen, dass das chinUWG *in erster Linie die Unternehmer* und deren Unternehmen *schützt*. Diese werden in Art. 2 Abs. 3 chinUWG legaldefiniert als die juristische Person, die andere wirtschaftliche Organisation und die Individuen, welche kommerzielle Aktivitäten oder profitorientierte Dienstleistungen unternehmen. Aufgrund des insofern unklaren Gesetzeswortlauts des chinUWG ist zwar umstritten, ob zwischen den Unternehmern ein Wettbewerbsverhältnis vonnöten ist. Die überwiegende Auffassung spricht sich jedoch für ein solches aus.[12]

Für durch unlautere Geschäftspraktiken betroffene *Verbraucher* normiert das chinUWG zwar einzelne Spezialtatbestände. Da aber weder die Verbraucher selbst, noch Verbraucherschutzorganisationen Klage vor den Zivilgerichten erheben dürfen, normiert das chinUWG nur einen mittelbaren Verbraucherschutz.[13] Für Verbraucher wichtiger sind somit das chinesische Verbraucherschutzgesetz sowie das chinesische Werbegesetz.[14]

Nach wie vor umstritten ist auch, ob Art. 2 Abs. 1 chinUWG eine *Generalklausel* beinhaltet, oder ob nicht vielmehr den im 2. Kapitel des chinUWG normierten Spezialtatbeständen eine abschließende Wirkung zukommt.[15] Gem. Art. 2 Abs. 1 chinUWG müssen Unternehmer die Prinzipien der Freiwilligkeit, Gleichheit, Fairness, Ehrlichkeit sowie von Treu und Glauben befolgen. Dabei müssen sie zudem eine allgemein geltende geschäftliche Moral in ihren Geschäftstransaktionen be-

---

[12] *Maier*, Das Lauterkeitsrecht in der Bundesrepublik Deutschland im Vergleich zur Rechtslage in der VR China, 2009, 93.

[13] Vgl. so auch *Maier* (Fn. 12), 94, der darauf hinweist, dass für ein Tätigwerden der chinesischen Behörden eine den sozialistischen Wettbewerb schädigende Handlung vorliegen müsse.

[14] *Bu* (Fn. 8), 193.

[15] Siehe hierzu die Ausführungen bei *Maier* (Fn. 12), 95 ff. *Maier* stellt fest, dass bislang die chinesischen Gerichte Art. 2 Abs. 1 chinUWG nur vereinzelt als Generalklausel herangezogen haben. Er plädiert schließlich für eine vermittelnde Auslegung dergestalt, dass bei zivilrechtlichen Streitigkeiten Art. 2 Abs. 1 chinUWG den Charakter einer Generalklausel tragen solle, nicht aber bei einem behördlichen Verfahren. Für solch eine Auslegung spreche das stark ausgeprägte Behördensystem in China, welches die behördliche Normierung von Spezialregelungen im Lauterkeitsrecht erlaube.

achten. In einzelnen Fällen haben die Gerichte daher in der Tat die Annahme einer Generalklausel bejaht, um unfaire Handelspraktiken zu ahnden.[16]

3 CSR in China

In China zeigen sich seit der im Jahr 2005 vom ehemaligen Generalsekretär der Kommunistischen Partei Chinas (KPCh) und Staatspräsidenten *Hu Jintao* ins Leben gerufenen *Politik einer Harmonischen Gesellschaft* (和谐社会 hexie shehui)[17] zunehmend Anzeichen für die Auseinandersetzung mit der Frage nach der sozialen und gesellschaftspolitischen Rolle der Unternehmen.[18] Bereits 2007 erließ der chinesische Staatsrat Richtlinien für die Staatsunternehmen unter der Zentralregierung zur Erfüllung von CSR.[19] Ebenfalls im Jahr 2007 haben die Deutsche Gesellschaft für Internationale Zusammenarbeit GmbH (GIZ) auf Seiten des Bundesministeriums für wirtschaftliche Zusammenarbeit und Entwicklung (BMZ) und die „World Trade Organisation" (WTO) – Abteilung des chinesischen Handelsministeriums („Ministry of Commerce", MofCom) das „Sino-German Corporate Social Responsibility Project" ins Leben gerufen.[20] Dieses Projekt mit einer Laufzeit bis 2014 versucht zunächst bei staatlichen Stellen, öffentlichen Institutionen und Wirtschaftsunternehmen in China ein Bewusstsein für CSR zu schaffen sowie Anregungen für konkrete Umsetzungsmöglichkeiten von CSR zu geben. Hieran zeigt sich, dass sich der chinesische Staat der Einführung und Umsetzung von CSR in der chinesischen Wirtschaft direkt annimmt.[21]

Obwohl das Konzept CSR in China zunehmend an Bedeutung gewinnt und auch chinesische Unternehmen angefangen haben, sog. CSR-Berichte zu verfassen und CSR-Webauftritte zu gestalten[22], ist bei allen diesen Maßnahmen problematisch,

---

[16] *Bu* (Fn. 8), 195.

[17] Vgl. *See*, Harmonious Society and Chinese CSR: Is There Really A Link?, 89 Journal of Business Ethics 2009, 1.

[18] Dabei wird CSR allgemein übersetzt als 企业社会责任(qiye shehui zeren).

[19] 《关于中央企业履行社会责任的指导意见》 (guanyu zhongyangye lüxing shehui zeren de zhidao yijian) vom 29. Februar 2007.

[20] Siehe Webauftritt unter http://www.chinacsrproject.org/index_EN.asp (aufgerufen am 13. September 2013).

[21] *Jensen*, Serve the People! Corporate Social Responsibility (CSR) in China, Asia Research Centre, CBS, Copenhagen Discussion Papers 2006- 6, 15.

[22] *Schneider*, CSR Communication in Germany and China – A Comparative Study of CSR Website Reporting, in: *Lattemann/Kupke*, (Hrsg.), International and Inter-Organizational Governance, 2010, 45 (69) zeigt, wie sich die CSR-Kommunikation chinesischer Unternehmen zunehmend vermehrt hat. Wie deutsche Unternehmen würden chinesische Unternehmen dabei überwiegend einen wertebasierten CSR-Ansatz vertreten, d. h. die Übernahme sozialer und gesellschaftspolitischer Pflichten als selbstverständliche Pflicht und um der Unternehmensphilosophie wegen begreifen. Bislang besteht zwar noch keine gesetzliche Pflicht zu CSR-Veröffentlichungen, jedoch haben die Börsen von Shanghai und Shenzhen entsprechende Pflichten für börsennotierte Unternehmen eingeführt (z. B. ist die englische Fassung der Shenzhen-Verpflichtungen abrufbar auf http://www.

dass bislang noch kaum geklärt ist, was genau unter CSR verstanden wird. In der chinesischen Literatur werden unter CSR in erster Linie die bestehenden *gesetzlichen Verpflichtungen*, wie zum Beispiel im Arbeitsgesetz und Arbeitsvertragsgesetz oder im Umweltschutzrecht, subsumiert.[23] Über gesetzliche Pflichten hinausgehendes Engagement, wie zum Beispiel die Einführung sogenannter CSR-Kodizes, wird oft als Soft Law bezeichnet, welches mangels konkreter rechtlicher Verankerung keine direkten rechtlichen Auswirkungen auf die Unternehmen in der Gesellschaft habe.[24] In der Tat ist in Anbetracht dessen, dass chinesische Unternehmen nicht immer die gesetzlichen Mindestbedingungen einhalten, der Gewinn einer Vorstellung von CSR als ein freiwilliges, über die gesetzlichen Pflichten hinausgehendes soziales und gesellschaftspolitisches Konzept der Unternehmen für China zweifelhaft.

Bei der Untersuchung des Konzeptes der CSR, wie es von Unternehmen in China vertreten wird, stellt sich zudem die Frage, inwiefern hier nicht das Sprichwort „alter Wein in neuen Schläuchen" zutrifft. Denn auch in China kann das Konzept der sozialen und gesellschaftspolitischen Verantwortung von Unternehmen an bereits bekannte Mechanismen anknüpfen. Im *traditionellen China der Kaiserzeit* verlangte der Konfuzianismus neben der Einhaltung einer strengen hierarchischen Ordnung die Erfüllung besonderer gesellschaftlicher Pflichten. Als bis heute bekannte Beispiele eines sozialen und gesellschaftspolitischen Engagements können zwei Figuren aus der Südlichen Songdynastie (1126–1279 n. Chr. mit ihrem Regierungssitz im heutigen Hangzhou) genannt werden, der Minister *Zhongyan Fan* (989–1052 n. Chr.) und der Philanthrop *Liu Zai* (1165–1238 n. Chr.). Beide setzten sich zu ihrer Zeit mit Spendensammlungen und der Gründung sozialer Einrichtungen für die einfache Bevölkerung ein.[25] Nach der Gründung der *Volksrepublik China* am 1. Oktober 1949 führten *Mao Zedong* und die KPCh eine sozialistische Planwirtschaft ein. In dieser gewann das Konzept „Unternehmen regeln die Gesellschaft" (企业办社会 qiye ban shehui) an Bedeutung.[26] Die Unternehmen sorgten fortan nicht nur für die Beschäftigung ihrer Arbeiter, sondern auch für deren Wohnstätte, Gesundheit, Sport- und Freizeitaktivitäten sowie für deren Familien. In dieser Zeit war das

---

szse.cn/main/en/rulseandregulations/sserules/2007060410636.shtml (aufgerufen am 22. Februar 2013). Im Jahr 2010 sollen ca. 24 % der in China tätigen nicht-börsennotierten Unternehmen Angaben zu ihrem CSR-Verhalten veröffentlicht haben (http://www.cass-csr.org/index.php?option=com_content&module=30&sortid=44&artid=300 (aufgerufen am 26. September 2013).

[23] Nicht wenige Autoren plädieren für eine stärkere rechtliche Verpflichtung der Unternehmen zu Umwelt-, Arbeitnehmerschutz usw. Siehe zum Beispiel *Jiang*, Das juristische Denken über die gesellschaftliche Verantwortung von Chinas Unternehmen stärken [强化我国企业社会责任的法律思考 qianghua woguo qiye shehui zeren de falü sikao], Wirtschaft und Recht [经济与法 jingji yu fa], 2012, 95 ff.

[24] Vgl. u. a. *Liao*, Die rechtliche Regelung von nicht marktbezogenen unlauteren Wettbewerbsverhalten [论非市场不正当竞争行为的法律规制 lun fei shichang bu zhengdang jingzheng xingwei de falü guizhi], Politik und Recht [政治与法律 zhengzhi yu falü], 2009, 92 (94).

[25] Siehe Nachweise bei *Lin*, Profit through Goodwill. Corporate Social Responsibility in China and Taiwan, 2006. 16 f.

[26] *Cao/Lu*, Von die „Unternehmen regeln die Gesellschaft" zu der „gesellschaftlichen Verantwortung der Unternehmen" [从企业办社会到企业的社会责任 cong qiye ban shehui dao qiye de shehui zeren], Modernization of Management [管理现代化 guanli xiandaihua], 2010, 36 ff.

Unternehmen für die Versorgung ihrer Arbeiter und deren Familien „von der Wiege bis zur Bahre" (从摇篮到坟墓 cong yaolan dao fenmu) verantwortlich. Jedes Unternehmen stellte eine kleine Gesellschaft für sich dar.[27] Dieses Konzept wurde später von vielen für die Unrentabilität und Unproduktivität der chinesischen Unternehmen verantwortlich gemacht. Als *Deng Xiaoping* im Jahr 1978 entscheidende Wirtschaftsreformen einläutete wurde dieses Konzept daher auch aufgegeben. In der neu propagierten sozialistischen Marktwirtschaft sollten die Staatsbetriebe und die allmählich wieder zugelassenen privaten Wirtschaftsunternehmen effektiv und produktiv arbeiten können. Die Erwirtschaftung von Rendite wurde betont.[28] Um die Jahrtausendwende wurden jedoch auch die Nachteile dieser einseitigen Ausrichtung der Wirtschaft auf Wachstum immer deutlicher sichtbar. Der Raubbau an der Umwelt und die sog. „Sweatshops" prägten das Bild der chinesischen Werkbank für die Welt. Um diese Nachteile auszugleichen erscheint daher heute vielen das Konzept CSR geeignet.[29] Dieses unterscheide sich nämlich in vielen Punkten von dem nach wie vor verpönten Konzept „Unternehmen regeln die Gesellschaft".[30] Denn im Gegensatz zu letzterem Konzept betone die Idee von CSR, dass das Unternehmen nicht alle sozialen und gesellschaftlichen Aufgaben übernehmen, sondern nur zunehmend weitere Interessen neben denen der Anteilseigner berücksichtigen solle.[31] Dabei sei auch der Kreis der Profiteure von CSR größer, da das Unternehmen sich nicht nur an den Interessen seiner Arbeiter und deren Familien, sondern auch an denen der Gesellschaft im Allgemeinen ausrichten solle.[32]

4 CSR im chinesischen Lauterkeitsrecht

Bei der Frage, ob die CSR eines Unternehmens von den Normen des chinUWG erfasst wird, können insbesondere zwei Fallkonstellationen diskutiert werden. Zum einen stellt sich die Frage, ob ein unlauteres Verhalten im Sinne des chinUWG auch dann vorliegt, wenn ein Unternehmen in China gegen bestehende soziale und gesellschaftspolitische Pflichten, zum Beispiel im Arbeitsschutz- oder Umweltschutzrecht verstößt. Die Erfüllung solcher gesetzlich statuierter Pflichten wird auch als

---

[27] *Cao/Lu* (Fn. 26), 36.

[28] Vgl. *Lin*, Corporate Social Responsibilty in China: Window Dressing or Structural Change?, BerkelyJournal of International Law 2010, 64 (69).

[29] Anfangs wurde CSR jedoch als angebliche Protektionismusmaßnahme westlicher Staaten gegen die chinesische Exportindustrie abgelehnt (*Lin*, Corporate Social and Environmental Disclosure in Emerging Securities Markets: China as a Case Study, 2002, 106).

[30] Vgl. *Lin*, (Fn. 28), 64 (87).

[31] *Cao/Lu* (Fn. 26), 37 f.

[32] *Cao/Lu* (Fn. 26), 37 f., die noch auf die weiteren Unterschiede hinweisen, dass der historische Hintergrund beider Konzepte sich voneinander unterscheide, die Eigentümerstrukturen über die Unternehmen im Rahmen dieser beiden Konzepte verschieden sei so wie CSR heutzutage in internationale Konventionen eingebettet sei.

implizite CSR bezeichnet.[33] Zum anderen ist zu untersuchen, wie die Unterzeichnung freiwilliger CSR-Kodizes und die Werbung hiermit im chinUWG gesehen wird. Solch ein freiwilliges, gesetzlich nicht gefordertes soziales und gesellschaftspolitisches Engagement kann als *explizite CSR* bezeichnet werden.[34]

4.1   Die Verwirklichung impliziter CSR durch das chinesische UWG

Liao diskutiert die Frage, ob eine nach dem chinUWG zu ahnende Handlung auch dann vorliegt, wenn das Unternehmen die außerhalb des chinUWG geregelten Pflichten im Bereich von CSR vernachlässigt.[35] Dies müsse, so *Liao*, maßgeblich davon abhängen, ob diese Pflichtenverstöße die Wettbewerbsfähigkeit des betreffenden Unternehmens steigere, so dass eine Unlauterkeit im Wettbewerb bejaht werden könne.[36] Dieser Ansicht kann jedoch nicht zugestimmt werden. So ist bereits zweifelhaft, ob ein jeglicher Gesetzesverstoß immer zu einem Wettbewerbsvorteil führen wird. Daneben kann es nicht die Aufgabe des Lauterkeitsrechts sein, jegliche Gesetzesverstöße von Unternehmen zu ahnden.[37] Abhängig vom jeweiligen Verstoß kann das jeweilige Fachrecht die Folgen detaillierter und sachgerechter regeln.[38] Mangels einer dem § 4 Nr. 11 dUWG entsprechenden Vorschrift im chinUWG könnte die Verwirklichung implizierter CSR zudem nur mittels § 2 Abs. 1 chinUWG erfasst werden. Wie bereits angesprochen ist jedoch strittig, ob § 2 Abs. 1 chinUWG als eine Generalklausel bezeichnet werden kann. Dieser Streit ist noch ungeklärt. Auch deswegen lehnen „weite Teile der chinesischen Rechtswissenschaft und Rechtspraxis Rechtsfortbildung" bislang ab.[39] Zumindest bei der Frage nach der Verwirklichung impliziter CSR, d. h. in anderen Gesetzen geregelter sozialer und gesellschaftspolitischer Pflichten, ist dem zuzustimmen.

---

[33] *Matten/Moon*, „Implicit" and „Explicit" CSR: A Conceptual Framework for a Comparative Understanding of Corporate Social Responsibility, Academy of Management Review 2008, 404, (409).

[34] *Matten/Moon*, (Fn. 33) (409).

[35] *Liao* (Fn. 24), 92.

[36] *Liao* (Fn. 24), 92, 93.

[37] In Deutschland bestimmt § 4 Nr. 11 UWG daher auch, dass nur ein Verstoß gegen eine gesetzliche Vorschrift, die auch dazu bestimmt ist, im Interesse der Marktteilnehmer das Marktverhalten zu regeln, eine unlautere Handlung darstellt.

[38] Das vertritt auch *Liao* (Fn. 24), 92, 95. Daneben diskutiert *Liao* weitere Argumente, die gegen eine Ahndung jeglicher Gesetzesverstöße durch das Lauterkeitsrecht sprechen.

[39] *Maier* (Fn. 12), 290.

4.2 Die Verwirklichung expliziter CSR durch das chinesische UWG

Bei der Frage nach der Handhabung sogenannter expliziter CSR durch das chinUWG, wie zum Beispiel die Unterzeichnung und Werbung mit CSR-Standards, sind insbesondere die Schutznormen des chinUWG zu Gunsten der Verbraucher und der Allgemeinheit zu untersuchen.

4.2.1 Schutznormen zu Gunsten der Verbraucher

Das chinesische Lauterkeitsrecht zum Schutz der Verbraucher kann als *„Drei-Säulen-Modell"* bezeichnet werden. Diese drei Säulen sind erstens das chinUWG, zweitens das chinesische Verbraucherschutzgesetz (chinVerbrSchG) und drittens das chinesische Werbegesetz (chinWerbeG).[40] Zusammen normieren diese Gesetze ein Verbot der unlauteren Beeinflussung der *Entscheidungsfreiheit* des Verbrauchers, ein Verbot *der Irreführung* sowie ein Verbot *unzumutbarer Belästigung*.[41]

Im Zusammenhang mit der durch ein Unternehmen kommunizierten CSR kommt insbesondere das Verbot der *Irreführung* in Betracht. War Werbung in der Zeit der sozialistischen Planwirtschaft noch als „kapitalistisches Übel" verpönt, so stellt der heutige chinesische Werbemarkt den zweitwichtigsten Werbemarkt weltweit dar.[42] Die Gefahr einer Irreführung der Verbraucher ist somit rein zahlenmäßig gesehen nicht unwahrscheinlich.

§ 9 Abs. 1 chinUWG stellt ein *Irreführungsverbot* für Unternehmer auf. Hiernach dürfen Unternehmer keine Werbemittel oder andere Methoden verwenden, um falsche Angaben über die Qualität, die Beschaffenheit, die Funktion, die Verwendung sowie über den Hersteller, die Laufzeit und den Ort der Herstellung zu machen. In § 9 Abs. 2 chinUWG wird dieses Verbot unter gewissen Voraussetzungen sogar auf Werbunternehmer, d. h. Unternehmer, die nicht für sich selbst werben, sondern Werbung für einen anderen als Dienstleistung ausführen, erweitert.

Das Vorliegen einer Irreführung wird in der chinesischen Rechtswissenschaft dann bejaht, wenn die Werbung „wahrheitswidrig oder geeignet ist, bei dem Umworbenen eine irrige Vorstellung über die wirklichen Verhältnisse der Waren oder Dienstleistungen zu erwecken".[43] Dabei kann eine Irreführung auch bei Richtigkeit der gemachten Werbeangaben vorliegen, sofern sie durch sonstige Umstände irreführend auf den Verbraucher wirken.[44] Maßstab ist der durchschnittlich informierte Adressat des durch die jeweilige Werbung angesprochenen Verkehrskreises.[45]

---

[40] *Maier* (Fn. 12), 243 Fn. 1199.

[41] Vgl. *Maier* (Fn. 12), 213 ff.

[42] *Maier* (Fn. 12), 262.

[43] *Maier* (Fn. 12), 264 mit weiteren Nachweisen.

[44] *Maier* (Fn. 12), 264.

[45] *Maier* (Fn. 12), 264.

Im Ergebnis ist das chinesische Irreführungsverbot in seiner Wirkung dem deutschen Irreführungsverbot des § 5 dUWG sehr ähnlich. Mithin ist es nicht unwahrscheinlich, dass die chinesischen Gerichte bei einer irreführenden CSR-Werbung
einen Verstoß gegen § 9 chinUWG bejahen würden.[46] Bislang ist jedoch noch kein
entsprechender Fall in China bekannt geworden. Dies kann auch daran liegen, dass
das chinUWG, wie bereits ausgeführt, keine zivilrechtlichen Durchsetzungsmög-
lichkeiten für Verbraucher kennt. Einschlägiger für die Bekämpfung von Verbrau-
chertäuschungen ist mithin das *chinWerbeG*, welches individuelle Ansprüche der
Verbraucher bei einer Irreführung zulässt.[47]

4.2.2 Schutznormen zu Gunsten der Allgemeinheit

Bei der Aufzählung der Schutzzwecke gem. Art. 1 chinUWG wurde bereits die
gesunde Entwicklung einer sozialistischen Marktwirtschaft genannt. Unter diesen
Zweck können die Interessen der Allgemeinheit subsumiert werden. Der Begriff der
sozialistischen Marktwirtschaft kam in China erst nach dem Tode *Mao Zedongs* im
Jahr 1976 unter der Leitung von *Deng Xiaoping* auf. Auf dem XIV. Parteitag 1992
wurde die sozialistische Marktwirtschaft in das Programm der KPCh und durch
eine entsprechende Änderung im selben Jahr in die chinesische Verfassung aufgenommen. Zentral sind die sogenannten vier Grundprinzipien, d. h. die Forderung,
dass China am sozialistischen Weg, an der Diktatur des Proletariats, an der Führung
durch die KPCh sowie am Marxismus-Leninismus in Verbindung mit den Mao Ze-
dong-Gedanken festhalten müsse.[48] Mittlerweile wird das Leitmotiv der sozialistischen Marktwirtschaft in vielen Gesetzen „präambelartig" genannt.[49] Inwiefern
es tatsächlich noch zu konkreten Folgen für die juristische Rechtsauslegung und
-praxis führt, darf bezweifelt werden.

Tatsächlich kennt das chinUWG keinen Verbotstatbestand, der sich ausdrücklich dem Schutz von Allgemeininteressen widmet. Insofern ist fraglich, ob eine
Rechtsfortbildung in Betracht kommt. Anknüpfungspunkt hierfür könnte § 2 Abs. 1
chinUWG sein. Wie jedoch bereits an anderer Stelle angesprochen, wird eine
Rechtsfortbildung im Rahmen des § 2 Abs. 1 chinUWG in der chinesischen Rechtswissenschaft und Rechtspraxis überwiegend abgelehnt.[50] Der Schutzzweck des Allgemeininteresses kann jedoch bei der Auslegung der einzelnen Verbotstatbestände

---

[46] Daneben natürlich auch einen Verstoß gegen das werberechtliche Irreführungsverbot.

[47] Das konkrete Irreführungsverbot in den §§ 3, 4 chinWerbeG ist laut *Maier* (Fn. 12), 262 sogar
lex specialis zum chinUWG. Art. 38 chinWerbeG regelt die zivilrechtlichen Klagemöglichkeiten
der Verbraucher.

[48] *Zhu/Huang*, Die Essenz der sozialistischen Marktwirtschaft liegt in den vier Grundprinzipien
[论社会主义市场经济的本质在于„四个坚持" lun shehui zhuyi shichang jingji de benzhi zai yu
„si ge jianchi"], in: Hochschulzeitschrift der Guizhou Universität für Technologie [贵州工业大学
学报 Guizhou gongye daxue xuebao], 2006, 8 ff.

[49] *Maier* (Fn. 12), 287.

[50] *Maier* (Fn. 12), 290.

herangezogen werden.[51] Als Einfallstor einer Rechtspflicht zur Beachtung von CSR wurde die Klausel von der sozialistischen Marktwirtschaft zumindest im chinUWG noch nicht herangezogen.

5 Zusammenfassung

Zusammenfassend ist festzustellen, dass *CSR in China bislang noch kaum eine rechtliche Rezeption* erfahren hat. Während die Zentralregierung in Beijing sich mit ihrer Politik um eine Harmonische Gesellschaft brüstet und sich vordergründig für CSR einsetzt, steht für die lokalen Regierungen eher der wirtschaftliche Erfolg im Vordergrund. Bereits die Umsetzung des chinesischen Arbeitsgesetzes sowie des chinesischen Arbeitsvertragsgesetzes hapert an vielen Stellen. Wenn aber von vielen chinesischen Unternehmen nicht einmal die gesetzlichen Mindestbedingungen eingehalten werden, ist die Durchführung von über die gesetzlichen Pflichten hinausgehenden CSR-Maßnahmen eher zweifelhaft. Dies ist eine Erfahrung, die nicht wenige Entwicklungsländer machen.

Daneben fehlen in China auch starke und unabhängige *„watchdogs"*, wie zum Beispiel Nichtregierungsorganisationen oder Verbraucherschutzorganisationen, welche bestehende Missstände anprangern könnten. Auch die Presse hat in China noch nicht die Freiheit erlangt, die es bedürfte, um eine „Vierte Gewalt" im Regierungssystem darzustellen. Wie in diesem Artikel gezeigt wurde, fehlen zudem die gesetzlichen Möglichkeiten für eine effiziente Durchsetzung. Anders als § 8 Abs. 3 Nr. 3 dUWG der ein Klagerecht für Verbraucherschutzorganisationen normiert, kennt das chinUWG keine vergleichbare Klage- oder Beschwerdemöglichkeit für Verbraucher bzw. Verbraucherschutzorganisationen.

Schließlich ist eine wohlhabende chinesische Zivilgesellschaft erst im Entstehen inbegriffen. Bislang achten die chinesischen *Konsumenten* mehr auf den Preis eines Produktes, als auf die Art und Weise seiner Herstellung. Auch die Tatsache, dass eine große Anzahl an ungebildeten Arbeitskräften dem Arbeitsmarkt zur Verfügung steht und das soziale Versicherungsnetz noch nicht flächendeckend ist, führt dazu, dass jeder zunächst einen sicheren Arbeitsplatz anstrebt. Erst wenn die wirtschaftliche Entwicklung das Lohnniveau und den allgemeinen Lebensstandard generell steigert, wird eine Verbesserung der Arbeitsbedingungen erfolgen.[52]

Mithin ist es bislang nicht so sehr das Recht, dass der CSR zur Durchsetzung verhilft bzw. verhelfen wird, als vielmehr die zunehmende wirtschaftliche Entwicklung. Dieses Ergebnis gilt so nicht nur für China, sondern für die meisten asiatischen Länder. Es bleibt daher zu hoffen, dass die bereits stattfindende wirtschaftliche Entwicklung weiter voranschreitet und mit ihr die Unternehmen zukünftig mehr zu einem sozialen und gesellschaftspolitischen Engagement bewegt werden.

---

[51] Art. 38 chinWerbeG.

[52] In China dürfte hierzu auch der demographische Druck beitragen, da in naher Zukunft aufgrund der Ein-Kind-Politik immer weniger potentielle Arbeiter vorhanden sein werden.

Corporate Social Responsibility-Standards and the Belgian and French Perspective

Jules Stuyck

Abstract Although both in France and Belgium Corporate Social Responsibility (CSR)- communications can be apprehended to a large extent by the legal rules on unfair commercial practices, there is no significant case law on the application of legal provisions to CSR-advertising. These questions are more often left to advertising self-regulation bodies which apply a detailed set of rules on sustainable development (France) respectively environmental claims (Belgium).

1 Introduction

Corporate social responsibility (CSR) is part of what is generally called *business ethics*. Business ethics is a controversial phenomenon. Indeed the basic question is how business and ethics can go together. Compromised to its very core, business ethics seem to say: "look at me, look how good I am!"[1].

Consumers on the other hand expect more and more that businesses act with due regard to what is perceived as being their social (societal) responsibility.

According to the European Commission CSR at least covers human rights, labour and employment practices (such as training, diversity, gender equality and employee health and well-being), environmental issues (such as biodiversity, climate change, resource efficiency, life-cycle assessment and pollution prevention), and combating bribery and corruption. Community involvement and development, the integration of disabled persons, *and consumer interests*, including privacy, are also part of the CSR agenda. The promotion of social and environmental responsibility through the supply-chain, and the disclosure of non-financial information, are recognised as important cross-cutting issues.[2]

---

[1] *Jones/Parker/Ten Bos*, For Business Ethics, 2005.

[2] COM (2011) 681 final, Communication from the Commission to the European Parliament, the Council, the European Economic and Social Committee and the Committee of the regions. A rene-

---

J. Stuyck (✉)
Liederkerke Wolters Waelbroeck Kirkpatrick
Brussels, Belgium
e-mail: j.stuyck@liedekerke.com

R. M. Hilty, F. Henning-Bodewig (Hrsg.), *Corporate Social Responsibility*,
MPI Studies on Intellectual Property and Competition Law 21,
DOI 10.1007/978-3-642-54005-9_16, © Springer-Verlag Berlin Heidelberg 2014

In its newest policy document in the area of consumer protection, i.e. its Communication to the European Parliament, the Council, the Economic and Social Committee and the Committee of the Regions ("*A European Consumer Agenda-Boosting Confidence and Growth*"[3] of 2012), the Commission places consumer protection in a broader context of sustainable development: "[w]*ell designed and implemented consumer policies with a European dimension can enable consumers to make informed choices that reward competition, and support the goal of sustainable and resource-efficient growth whilst taking account of the needs of all consumers.*"

CRS therefore seems to have gained momentum in business to consumer relations. It is particularly important in the area of (business-to-consumers) commercial practices.

I will now first briefly describe the law on unfair commercial practices and then look at CRS and this branch of the law in the two countries.

2 The Law of Unfair Commercial Practices in France and Belgium

Of course these days, the national law on B2C unfair commercial practices in both countries is the implementation of the *Directive 2005/29 on B2C unfair commercial practices* (UCPD). The Belgian Act of 6 April 2010 on Market Practices (as its predecessors, the "Trade Practices Act" of 14 July 1971 and the "Trade Practices and Consumer Protection Act" of 14 July 1991) also contains rules on unfair competition and unfair commercial practices between businesses.[4] In France this part of the law is not specifically enacted. The law of unfair competition in France is still based on Article 1382 Civil Code.[5]

2.1 Belgium

Just like Germany, *Belgium* has a long tradition with respect to a *general clause* on unfair competition. Since 1935 the law refers to the standard of "honest business practices". Since the "Trade Practices and Consumer Protection Act" of 1991 businesses also have to respect honest business practices vis-à-vis consumers. Belgium could more or less maintain its general clause of consumer protection on the

---

wed EU Strategy 2011–14 for Corporate Social responsibility.

[3] COM (2012) 225 final, 1.

[4] See *Stuyck*, Handelspraktijken, in: *Dillemans/Van Gerven* (eds.), Beginselen van Belgisch Privaatrecht, 3rd ed. 2013.

[5] See *Nérisson,* in: *Henning-Bodewig* (ed.), Handbook on Unfair Competition, 2013, 206 et seq; *Vogel*, Droit de la concurrence, in: Traité de droit économique, Volume 1, 2011.

occasion of the implementation of the UCPD. The present general clause on unfair commercial practices in B2C relations and the (unchanged) general clause on unfair competition both refer to honest business practices. Enforcement of the law of unfair commercial practices is essentially ensured through private actions, actions for a cease and desist order by consumer organisations, but more often by professional associations.

2.2 France

In the area of consumer protection, including in the area of unfair commercial practices, *France* has a strong tradition of criminal sanctions. Enforcement is primarily public (mainly by the "Direction Générale de la Concurrence, de la Consommation et de la Répression des Fraudes"). In order to comply with its obligation to implement the UCPD in national law, France introduced a general clause on unfair commercial practices in its *Code de la Consommation* (Article L 120-1, I).[6]

2.3 No (significant) Case Law on CSR

It would seem that in none of these two countries the application of legal provisions on unfair commercial practices has led to (significant) case law on CSR. In particular in Belgium where there is a tradition of a general clause both in B2B and B2C unfair commercial practices, these clauses do not seem to have been applied to tackle advertising claims in relation to sustainable development or corporate social responsibility. One would have thought that especially in this area a general clause could play a role because it is flexible and its significance necessarily evolves with societal opinions. On the other hand these opinions may be controversial and tend to evolve rapidly. This might be the reason why in France and Belgium CRS seems more a question of *advertising self-regulation*, which will be discussed in the next section.

3 CSR and Advertising Self-Regulation in France and Belgium

3.1 France

France has a 75 years long tradition with respect to self regulation of advertising. Since 2008 there is the "Autorité de régulation professionnelle de la publicité"

---

[6] See *Keirsbilck*, The New European Law on Unfair Commercial Practices and Competition Law, 2011, 164.

(ARPP) which succeeded to the old BVP ("Bureau de la Vérification de la Publicité"). ARPP is an association of advertisers, advertising agencies and media. Within the ARRP there is a "Conseil de l'Ethique Publicitaire" (CEP) composed of an equal number of members from ARPP and independent members. The CEP reflects on general questions regarding advertising and the society. Another body within the ARPP is the "Jury de Déontologie Publicitaire" (JDP) the mission of which is to take a public position on complaints against an advertisement in the light of professional rules. The JDP is composed of nine independent and neutral members appointed for a renewal term of. three years.

In 2007 the CEP published an "*Advice on sustainable development and advertising*".[7] In this advice the CEP takes note that since 2003 BVP (former name of ARPP) has adopted *ethical rules on sustainable development*, based on the principles of truthfulness, objectivity and fairness, and that at that time these rules were unique in Europe. Going beyond legal obligations these rules have undoubtedly contributed to the good and balanced results (conciliating freedom of expression and social responsibility) which had been achieved by then. However the CEP underlines that the application of these rules is far from simple in areas where knowledge is not fixed and that in other areas it is controversial. The CEP finds it necessary to re-examine, and probably reinforce these rules. The CEP also pleads for an open debate with the stakeholders on sustainable development.

The 2009 recommendation on sustainable development of the ARPP[8] stresses that sustainable development has to conciliate environmental and societal (labour conditions, information and education policy, remuneration, subcontracting, quality of relations with the civil society, public health, etc.) requirements with economic requirements (relations with clients, suppliers, shareholders, etc.). It contains nine principles: (1) truthfulness of the actions, (2) proportionality of messages, (3) clarity of the message, (4) fairness, (5) a correct use of signs, labels, logos, symbols, self-declarations, (6) vocabulary, (7) correct visual or audio presentation, (8) no deceiving reference to complex schemes, such as "green electricity" or "social responsible investment", (9) "eco-citizen" impact (advertising has to take into account the sensitiveness of the public at a given moment as well as the context of the spread of the advertising).

The following *rules* can be highlighted.

(1) (truthfulness):

1/1 Advertising shall mislead the public concerning neither the reality of the actions of the advertiser nor the properties of its products with regard to sustainable development(…)

(2) (proportionality):

2/1 The advertisement shall express accurately the action of the advertiser and the properties of its products, proportionate to the means of proof at its disposal. The reality of these actions or properties can be assessed with regard to the different pillars of sustainable development, the different types of likely impact and the different steps in the life of the product.

---

[7] *Conseil de l'Ethique Publicitaire*, Avis sur le développement durable et la publicité, 2007.

[8] Recommandation Développement Durable, juin 2009.

(…)

2/3 In particular:

(…)

b/the advertisement shall not suggest inappropriately a total absence of negative impact.

(6) (vocabulary)

1/ the terms and expressions used shall not mislead public regarding the nature and the extent of the product's properties or the actions for sustainable development.

(…)

6/3 Where it is impossible to justify generic expressions (such as "ecological", green, ethical, responsible, sustainable…) advertising must put them in perspective by using expressions such as "contributes to …"

(9) (eco-citizen impact)

9/1 advertising shall not in any way make a representation that is likely to trivialize, or on the contrary to value practices or ideas that are contrary to the objectives of sustainable development. Further examples are given:

a/advertising shall not contain any evocation or representation of a conduct that is contrary to the protection of the environment or the preservation of natural resources (such as waste or degradation of natural resources, damage to biodiversity, air, water or soil pollution, climate change, etc..) except where it's aim is to denounce it.

(…)

e/the representation, in whatever form of motor vehicles in a natural environment shall clearly position them on roads that are open to traffic.

If one looks at the *decisions of the JDP* it is striking that many relate to *car advertising*.

A few recent examples (in a whole series of comparable cases).

- *"Bonjour caravanning."*[9] The "Association France Nature Environnement" (FNE) lodged a complaint regarding advertising visuals for the company Bonjour Caravanning for its open door days from 23 to 27 November 2011. The visual that was published in the press showed a car that was parked on a grass field in a landscape with mountains and a lake. The JDP found that this advertisement violated point 9.1/e of the "Recommendation". The director general of the ARPP was instructed to ensure that the advertisement is stopped and the decision was made public on the website of the JDP.
- *"Wonderbox".*[10] In March 2012 the same FNE complained about a commercial photo posted by the company Wonderbox on its website. The photo showed two quads that cross a river. The JDP found that this photo violated point 9.1/ a and e of the "Recommendation".

In September 2013 the JDP rendered three other decisions on car advertising.

---

[9] Decision 175/12 of 13 February 2012.

[10] Decision 192/12 of 24 April 2012.

- The first one, *"Bollore Blue Car,"*[11] is a decision condemning an advertisement on the internet showing a parked car on a cobbled street, with the following text: *"The electrical Blue car: a new automotive era—the future of the automobile. The Blue Car represents the future of the automobile: a clean vehicle, 100% electrical, safe and silent."* A complaint had been lodged by the association "Observatoire du nucléaire".

The JDP found this advertisement contrary to points 1/1, 2/1, 2/3/b and 6/1 of the "Recommendation" and ordered publication of its decision on the ARPP's website.

- The second, *"Honda"*,[12] concerned an advertisement showing a motorbike driven on a lane that is surrounded by a safety railing with the following text: *"youngsters make noise"*, the word "noise" coming apparently from a megaphone.

The JDP found this advertisement contrary to point 9/1 of the "Recommendation" since it invites young people to make noise (but a complaint that it would be contrary to the ethical rules for motor vehicles because it would invite them to exaggerated speed was rejected).

- The third one concerned an advertisement for *"Citroën Zero"*[13] which showed a parked car on a white soil accompanied of several indications on the car's properties under the title *"Citroën C-Zero- Ecological car C-Zero –"*; the text itself started with the words *"Ecological car Citroën C-Zero"*.

The JDP found this advertisement contrary to points 1/1, 2/1, 2/3/B, 6/1 and 6/3 of the "Recommendation", the production of an electrical car having necessarily a negative impact on the environment.

3.2   Belgium

In Belgium there exists a body that can be compared to the French JDP: the *"Jury d'Ethique Publicitaire/Jury vor Ethische Praktijken inzake Reclame" (JEP)*. Its members are representatives of advertisers, advertising agencies and the media.

The JEP applies the "Code of Advertising and Marketing Communication Practices" of the International Chamber of Commerce and is also responsible for the application of the *"Code of Environmental Advertising"*. This Code has been drafted by the "Commission for Environmental Labelling" that has been set up by Royal Decree of 13 January 1995 pursuant to a legal provision that can now be found in Article 39 Market Practices Act.[14] The "Commission for Environmental Labelling" is composed of a chairman and a vice-chairman, eight representatives of business,

---

[11] Decision 266/13 of 18 September 2013.

[12] Decision 267/13 of 18 September 2013.

[13] Decision 262/13 of 18 September 2013.

[14] See http://minceo.fgov (last visited on 5 November 2013).

four of consumers and four of environmental groups. The Commission has chosen to entrust a body of self-regulation, the JEP, to administer the Code.

Article 1 of the Code provides that advertising shall not appeal to societal concerns for the environment and shall not exploit a lack of knowledge in this field.

Pursuant to Article 2 advertising shall not incite to conduct or actions that are contrary to the protection of the environment, on the basis of the law on self regulatory codes, nor shall it give the impression to approve or to encourage such conduct or actions.

Articles 3 to 14 lists examples of misleading advertising in relation to the environment.

The decisions of the JEP in environmental matters often do not (or not only) refer to the "Code on Environmental Advertising" but (also) to infringements of the law (e.g. misleading advertising or specific rules on advertising for cars).

Like in France many decisions concern *car advertising*. In the following case the JEP found that the advertisement violated the Code: *Renault* had advertised with the banner "*Eventually a car with which you can ecologically run over a hedgehog.*" The JEP found that this advertisement appealed in an inappropriate manner to concerns for the environment.

The JEP has often been asked to decide on complaints about sexist advertising and advertising that is *discriminatory or denigrating* for certain people, such as the obese or vulnerable people. The JEP is not inclined to accept a defence based on humour or parody.[15]

Finally in a recent case the JEP had to decide on the use of the term "sustainable". In *Malaysian Palm Oil Company*[16] the enterprise had published a banner on the internet: "Sustainable. Food Security. Societal Advancement. This is Palm Oil". It had argued that not one single word in the banner referred to the environment but that "food security" referred to access to food and the "societal advancement" referred to the guarantee of revenues for the population by maintaining small holdings and thus combating poverty. The JEP, however, insisted that, in the public's perception, a reference to sustainability necessarily includes the environment (definition of the Brundtland Commission) and condemned the advertisement.

---

[15] See e.g. a case closed on 1 December 2012 concerning a commercial for Mercedes referring to a winter without family warmth and solitude for cars that are left alone in a showroom and a case closed on 9 May 2012 where the Fédération Wallonie-Bruxelles (the federation of the Walloon and the Brussels regions) has launched a healthy food campaign. The spot showed two men typing on their pc. One is obese and is eating very fat food; the other one is inspired by an apple of which he has just eaten a bit and he makes a rough drawing of the logo of a well-known computer brand. The voice-over says: "*Ah, if Jean-Claude had eaten healthy, he would have reinvented informatics and would have become billionaire. And above all he would have found a wife!*" Finally in a case closed on 12 August 2011 "Corelio" a TV spot shows images of the pole areas. A voice-over says: "*The chance that your children and grandchildren will be able to admire this unique fauna and flora melts like snow in the sun. But no panic, the poles are now immortalized on DVD.*" In all three cases the advertiser promised to stop the spot.

[16] Case closed on 11 July 2011.

4   Some Concluding Remarks

Both in France and in Belgium Corporate Social Responsibility (CSR) in the field of advertising and commercial practices can be apprehended to a large extent by the national legal provisions that implement *Directive 2005/29* on unfair commercial practices, because very often unacceptable claims that the advertiser is acting in the general interest (in particular concerning the protection of the environment and sustainable development) can be qualified as *misleading advertising*.

In both countries however there does not seem to be a lot of *case law* on the application of these legal provisions to CSR related advertising. In both France and Belgium these questions are more often raised by individuals and associations before the *advertising self-regulatory body*, the JDP in France and the JEP in Belgium. Both juries apply a detailed set of rules (a "Recommendation" in France, a "Code" in Belgium) on sustainable development (France) respectively environmental claims (in Belgium).

Self-regulation seems to have several advantages over legal procedures in this regard: more rapid adaptation to changes in societal attitudes, a more informal (and low cost) procedure giving the advertiser an easier way out (committing to stop the advertisement) and the possibility to decide on the basis of what is generally accepted as being ethical by business without elevating these ethical principles to hard legal rules.

Die Rechtsrelevanz der Sittlichkeit der Wirtschaft- am Beispiel der Corporate Social Responsibility im US-Recht

Alexander Peukert

Zusammenfassung Marktverhalten folgt nicht allein rationalen Kosten-Nutzen-Kalkülen. Vielmehr kann mit Jens Beckert zwischen der marktermöglichenden, der marktbegleitenden und der marktbegrenzenden Sittlichkeit der Wirtschaft unterschieden werden. Der Beitrag erörtert anhand der Bedeutung der Corporate Social Responsibility (CSR) im US-Recht, inwieweit diese ethischen Normen des Wirtschaftens verrechtlicht sind, also durch Rechtsvorschriften sanktioniert werden. Im Ergebnis wird sich ein Zusammenhang zwischen der Rechtsrelevanz sittlicher Maßstäbe und ihrer Komplementarität mit dem wettbewerblichen Marktgeschehen ergeben. Die marktermöglichende Sittlichkeit genießt demnach intensiven Rechtsschutz, der jedoch immer lückenhafter wird, je stärker die marktbegrenzende Dimension ethischer Normen zu Tage tritt.

1 Sittlichkeit der Wirtschaft und Corporate Social Responsibility

Marktverhalten folgt nicht allein rationalen Kosten-Nutzen-Kalkülen. Vielmehr können mit *Jens Beckert* drei Formen normativer Handlungsorientierungen in wirtschaftlichen Kontexten unterschieden werden, die die ökonomische Eigenlogik der marktmäßigen Bedürfnisbefriedigung um Fragen des guten Wirtschaftens transzendieren:[1] Die mark*ermöglichende* Sittlichkeit betrifft die unverzichtbaren Grundlagen dezentraler Marktbeziehungen, die – wie insbesondere das Vertrauen in die Vertrags- und Rechtstreue des Partners – nicht ihrerseits mit interessenbasierten

---

[1] *Beckert*, Die Sittlichkeit der Wirtschaft. Von Effizienz- und Differenzierungstheorien zu einer Theorie wirtschaftlicher Felder, Max-Planck-Institut für Gesellschaftsforschung, Working Paper 2011/8, 3 ff. Anders die Einteilung ethischer Ge- und Verbote mit Bezug auf das Marktverhalten bei *Ohly/Liebenau*, in diesem Band.

A. Peukert (✉)
Exzellenzcluster Normative Ordnungen, Goethe-Universität Frankfurt/Main,
Frankfurt, Deutschland
E-Mail: a.peukert@jur.uni-frankfurt.de

R. M. Hilty, F. Henning-Bodewig (Hrsg.), *Corporate Social Responsibility*,
MPI Studies on Intellectual Property and Competition Law 21,
DOI 10.1007/978-3-642-54005-9_17, © Springer-Verlag Berlin Heidelberg 2014

Erwägungen erklärt werden können.[2] Die markt*begleitende* Sittlichkeit meint moralische Vorstellungen und sittliche Maßstäbe, die die Präferenzen der Marktakteure beeinflussen und die Nachfrage lenken. So sind viele Verbraucher bereit, im Interesse der Gesundheit, der Umwelt oder allgemein der Gerechtigkeit hochpreisige Bio-, Fair-Trade- und umweltfreundliche Produkte nachzufragen.[3] Schließlich können sittliche Normen markt*begrenzend* wirken. Diesen Effekt weisen namentlich Verkehrsverbote auf, etwa im Hinblick auf den Organ- und Menschenhandel.[4] Eine zumindest mittelbare, marktbegrenzende Steuerungswirkung können Einschränkungen zulässiger Werbung sowie komplementär die Verleihung werbewirksamer Gütezeichen (z. B. Öko-Label) entfalten.

Der folgende Beitrag erörtert anhand der Bedeutung der Corporate Social Responsibility (CSR) im US-Recht, inwieweit diese sittlichen oder synonym ethischen Normen des Wirtschaftens verrechtlicht sind, also durch Rechtsvorschriften sanktioniert werden. Offensichtlich ist dies im Fall spezialgesetzlicher Verkehrsverbote.[5] Das Vertrauen in die Leistungsbereitschaft und Rechtstreue des Vertragspartners als marktermöglichende Norm ist anerkanntermaßen ebenfalls Schutzgegenstand des Privat- und Wirtschaftsrechts.[6] Es wird allerdings vom Recht nicht konstituiert, sondern als in den sozialen Beziehungen gegeben vorausgesetzt.

Weniger eindeutig ist indes die Rechtsrelevanz der gewissermaßen dazwischen angesiedelten, marktbegleitenden Sittlichkeit. Ihre tatsächliche Bedeutung steht auch in Anbetracht der weltweiten Verbreitung von CSR-Standards außer Frage.[7] Ihre Verrechtlichung aber bereitet aus mehreren Gründen Schwierigkeiten. Erstens sperrt sich die Vielfalt sittlicher Normen des Wirtschaftens gegen eine strikte rechtliche Formalisierung und eine Reduzierung auf die binäre Entscheidungsvariante rechtmäßig/rechtswidrig. So verschwimmt die Bedeutung der weltweiten Rede von der Corporate Social Responsibility zunehmend. Während die EG-Kommission CSR 2001 noch recht konkret auf die freiwillige Integration „sozialer Belange und Umweltbelange" in die Unternehmenstätigkeit beziehen konnte,[8] definiert die Kommission CSR zehn Jahre später unter Verweis auf inzwischen international an-

---

[2] Vgl. dazu und zu weitreichenden normativen Schlussfolgerungen im Sinne eines „moralischen Ökonomismus" *Honneth*, Das Recht der Freiheit. Grundriß einer demokratischen Sittlichkeit, 2011, 320 ff., 352 f. (die Sphäre des Marktes sei nur insoweit als sittliches Verhältnis zu begreifen und zu rechtfertigen, als es gelinge, sie als ein in vormarktlichen Solidaritätsbeziehungen begründetes System wirtschaftlicher Aktivitäten zu beschreiben).

[3] Zur auch von Unternehmen befeuerten Moralisierung der Märkte siehe *Stehr*, Die Moralisierung der Märkte. Eine Gesellschaftstheorie, 2007; *Schoenheit*, in diesem Band. Skeptisch *Honneth* (Fn. 2), 398 ff.

[4] Vgl. § 17 Abs. 1 S. 1 TPG („Es ist verboten, mit Organen oder Geweben, die einer Heilbehandlung eines anderen zu dienen bestimmt sind, Handel zu treiben."); §§ 232 f. StGB.

[5] Dazu unten 3.1.

[6] *Canaris*, Die Vertrauenshaftung im deutschen Privatrecht, 1971. Auch das lauterkeitsrechtliche Irreführungsverbot (dazu 2.) kann als Schutz des Vertrauens auf die Wahrheitstreue von Unternehmern gedeutet werden.

[7] Siehe dazu *Beckert* (Fn. 1), 4–6 m.w.N.

[8] EG-Kommission, Europäische Rahmenbedingungen für die soziale Verantwortung der Unternehmen, KOM (2001) 366 endg.

erkannte Grundsätze wie den „Global Compact" und die „United Nations Guiding Principles on Business and Human Rights" generell als „die Verantwortung von Unternehmen für ihre Auswirkungen auf die Gesellschaft", womit neben sozialen und ökologischen auch „ethische, Menschenrechts- und Verbraucherbelange" umfasst seien. Relevant sei CSR daher „zumindest" in den Bereichen „Menschenrechte, Arbeits- und Beschäftigungspraktiken (z. B. Aus- und Fortbildung, Diversität, Gleichstellung von Frauen und Männern, Gesundheit der Arbeitnehmer und Wohlbefinden) und Ökologie (z. B. Artenvielfalt, Klimawandel, Ressourceneffizienz, Lebenszyklusanalyse und Prävention von Umweltverschmutzung) sowie Bekämpfung von Bestechung und Korruption". Auch „für die Einbindung und Weiterentwicklung der Gemeinschaft, die Integration von Menschen mit Behinderungen sowie die Vertretung der Verbraucherinteressen, einschließlich des Schutzes der Privatsphäre" spiele CSR eine wichtige Rolle.[9]

Ein derart amorphes, transnationales Normengeflecht stellt das Wirtschaftsrecht vor erhebliche Herausforderungen. Jenseits des Nationalstaats wird darüber gestritten, ob und auf welchem Niveau der Welthandel aufgrund sittlicher Erwägungen reguliert werden darf bzw. soll. Aber bereits auf nationaler/regionaler Ebene ist fraglich, inwieweit ethische Normen in das Wirtschaftsrecht und hier insbesondere das Lauterkeitsrecht als allgemeines Marktverhaltensrecht integriert werden können.[10] Eine solche Rechtsrelevanz der Sittlichkeit der Wirtschaft könnte daran scheitern, dass das Recht der Wirtschaft eine spezifisch ökonomische, wettbewerbsfunktionale Teleologie verfolgt, die nur die Gewährleistung der Eigennormativität des Wettbewerbs verfolgt.[11]

Rechtlich ganz ausblenden ließen sich die in CSR-Standards verkörperten ethischen Normen freilich nur, wenn CSR als bloße unternehmerische Selbstverpflichtung betrachtet würde, deren Nichtbeachtung rechtlich folgenlos bleibt. Dies ist jedoch weder für die EU und Deutschland[12] noch für die hier im Fokus stehenden USA der Fall. Denn wie im folgenden Abschnitt zu zeigen sein wird, ist im US-Recht wie hierzulande anerkannt, dass Irreführungen der Verbraucher über ethische Erwartungen an Produkte und das generelle Unternehmenshandeln verboten sind, womit der markt*begleitenden* Sittlichkeit mittelbare Rechtsrelevanz zukommt (dazu 2). Das US-Recht sanktioniert ethische Normen des Wirtschaftens sogar in dezidiert markt*begrenzender* Absicht, indem bestimmte Produkte, die unter Verletzung sozialer oder ökologischer Standards hergestellt wurden, nicht in die USA importiert werden dürfen (dazu 3). In der Gesamtschau wird sich ein Zusammenhang zwischen der Rechtsrelevanz sittlicher Maßstäbe und ihrer Komplementarität mit dem wettbewerblichen Marktgeschehen ergeben. Die markt*ermöglichende* Sittlichkeit genießt demnach intensiven Rechtsschutz, der jedoch immer lückenhafter wird, je stärker die markt*begrenzende* Dimension ethischer Normen zu Tage tritt (dazu 4).

---

[9] EU-Kommission, Eine neue EU-Strategie (2011–14) für die soziale Verantwortung der Unternehmen (CSR), KOM (2011) 681 endg., 7f.

[10] Zum Lauterkeitsrecht als allgemeinem Marktverhaltensrecht vgl. Art. 10bis PVÜ und *Peukert*, in: GK-UWG, 2. Aufl. 2014, § 2 Rn. 48 ff.

[11] Vgl. § 1 S. 2 UWG (Schutz des Allgemeininteresses am unverfälschten Wettbewerb).

[12] Zum deutschen Lauterkeitsrecht *Peukert* (Rn. 10), § 1 Rn. 58 ff., 322 ff. m.w.N.

2 Irreführungsverbote

Hinsichtlich des Verbots der Irreführung über sittliche, insbesondere CSR-bezogene Entscheidungsparameter ist zwischen einer Irreführung durch aktives Tun (dazu 1) und einer Irreführung durch Unterlassen (dazu 2) sowie jeweils zwischen konkret produkt- und lediglich allgemein unternehmensbezogenen Täuschungen zu unterscheiden.

2.1 *Irreführung durch aktives Tun*

2.1.1 Irreführung über bestimmte Produktmerkmale

Wie das deutsche und das EU-Recht[13] verbietet auch das US-Recht eine aktive Irreführung über bestimmte Produktmerkmale. Für den zwischenstaatlichen Wirtschaftsverkehr gewährt § 43a Lanham Act[14] den Mitbewerbern eines Unternehmers, der die geschäftlichen Entscheidungen von Verbrauchern mit falschen oder irreführenden Tatsachenaussagen über ein Produkt beeinträchtigt, individuelle Klagebefugnisse. Im Interesse des Verbraucherschutzes kann auch die Federal Trade Commission (FTC) gegen irreführende geschäftliche Handlungen vorgehen.[15] Im einzelstaatlichen Recht finden sich einschlägige Irreführungsverbote zum einen in den sog. kleinen FTC-Gesetzen[16] und im Übrigen im Common-Law-Tatbestand der Mitbewerberschädigung durch unwahre Tatsachenbehauptungen (*fraud*). Sämtliche Rechtsgrundlagen setzen den Nachweis einer aktiven Äußerung oder sonstigen Handlung voraus.[17]

Die vorgenannten Tatbestände sind auch einschlägig, wenn sich der Vorwurf der Irreführung auf ein Merkmal jenseits des Preises und der Produkteigenschaften bezieht. So existieren zum Beispiel seit vielen Jahren detaillierte Leitlinien der FTC für umweltbezogene Angaben, die wissenschaftlich belegt sein müssen und um so eher als irreführend eingestuft werden, je allgemeiner sie gehalten sind.[18] Auch Irreführungen über die sozialen und ökologischen Umstände der Herstellung eines Pro-

---

[13] Siehe die Beiträge von *Birk* und *Glöckner*, in diesem Band.

[14] 15 United States Code (U.S.C.) § 1125a.

[15] Siehe 15 U.S.C. § 45 (Sec. 5 FTC Act).

[16] Übersicht bei *McCarthy*, McCarthy on Trademarks and Unfair Competition, Bd. 5, 4. Aufl., Stand Dezember 2013, § 27:115. Zum kalifornischen Recht siehe etwa *O'Shea v. Epson America Inc.*, 2011 WL 3299936 (C.D.Cal.) (çç 17200 ff. California Business and Professions Code (unfair business practices); çç 17500 ff. California Business and Professions Code (false advertising); Consumer Legal Remedies Act, çç 1750 ff. California Civil Code).

[17] *Kearns v. Ford Motor Co.*, 567 F.3d 1120, 1127 (9th Cir. 2009); *Stanwood v. Mary Kay Inc.*, 2012 WL 7991231, 7 (C.D.Cal.).

[18] Siehe FTC, Environmental Claims – Summary of the Green Guides, 10. Januar 2012, http://www.ftc.gov/os/2012/10/greenguidesummary.pdf (zul. aufgerufen am 1. Dezember 2013) (Aussagen wie „grün" oder „umweltfreundlich" bedenklich).

dukts können haftungsbegründend sein.[19] Spezialgesetzlich im Einzelnen reguliert sind insoweit die Anforderungen an Werbung mit den Aussagen „Made in America"[20] und „dolphin-safe tuna".[21] Selbst sehr allgemein gehaltene, auslegungsbedürftige Äußerungen wie „cruelty-free cosmetics" sollen den Irreführungsvorwurf auslösen können, wenn das betreffende Unternehmen beispielsweise Tierversuche durchführt.[22] Diese strenge Regulierung kommerzieller Werbung steht nicht in Widerspruch zum Schutz der Redefreiheit, da täuschende Formen der Absatzförderung schon nicht in den Schutzbereich der *freedom of expression* fallen.[23]

Zwar setzt das Irreführungsverbot einen Anreiz, tatsächlich in den USA zu produzieren oder beim Fang von Tunfisch Delfine zu schonen. Denn nur in diesem Fall darf ein Unternehmen die betreffenden ethischen Präferenzen der Verbraucher adressieren. Die Förderung sozial und ökologisch verantwortlichen Wirtschaftens bleibt gleichwohl eine sekundäre Folge der primär ökonomisch motivierten Regulierung des Marktverhaltens, die Wahrheit gebietet, um Verfälschungen des Wettbewerbs mit der Folge ineffizienter Ressourcenallokationen zu verhindern. Ökologische und sonstige Auswirkungen eines Produkts sowie diesbezügliche Wertvorstellungen von Marktteilnehmern sind nicht um ihrer selbst willen rechtlich relevant, sondern weil sie die Nachfrageentscheidung des Verbrauchers immer stärker beeinflussen und hohen Werbewert haben. Aus dieser Warte besteht zwischen dem Preis, der Genießbarkeit und der ökologischen (Un-)Bedenklichkeit von Tunfisch kein Unterschied.

2.1.2 Irreführung über die Unternehmenspolitik

Während aktive Irreführungen über *produktbezogene* CSR-Standards also anerkanntermaßen verboten sind, ist die Rechtslage für allgemein *unternehmensbezogene* Aussagen zur Einhaltung von Sozial- und Umweltstandards etc. bereits weniger eindeutig. Einerseits beeinflusst auch die generelle Haltung eines Unternehmens etwa zu Fragen des Arbeits-, Umwelt- oder Datenschutzes das Nachfrageverhalten der Verbraucher.[24] Andererseits beziehen sich entsprechende Werbeaussagen nicht

---

[19] *Kwikset Corp. v. Superior Court*, 51 Cal.4th 310, 328–9 (Cal. 2011).

[20] § 17533.7 California Business and Professions Code(„It is unlawful for any person, firm, corporation or association to sell or offer for sale in this State any merchandise on which merchandise or on its container there appears the words ‚Made in U.S.A.,' ‚Made in America,' ‚U.S.A.,' or similar words when the merchandise or any article, unit, or part thereof, has been entirely or substantially made, manufactured, or produced outside of the United States.").

[21] Siehe Dolphin Protection Consumer Information Act, 16 U.S.C. § 1385 (2006) (detaillierte Vorgaben, wo und mit welchen Methoden Tunfisch gefangen werden darf, um das Label „dolphin safe" verwenden zu dürfen). Dazu noch unten 3.1.

[22] See *Winders*, Note, Combining Reflexive Law and False Advertising Law to Standardize „Cruelty-Free" Labeling of Cosmetics, 81 N.Y.U. L. REV. 454, 458–59 (2006).

[23] *Central Hudson Gas & Elec. Corp. v. Public Serv. Comm'n of New York*, 447 U.S. 557, 566 (1980); *Sorrell v. IMS Health Inc.*, 131 S.Ct. 2653, 2674 (2011) (Breyer J., dissenting) m.w.N.

[24] *Tushnet*, Fighting Freestyle: The First Amendment, Fairness, and Corporate Reputation, 50 B.C. L. Rev. 1457 ff. (2009).

mehr auf ein bestimmtes Produkt und sind häufig allgemein gehalten. Sie betreffen damit nicht das Zentrum des Marktgeschehens in Gestalt konkreter Angebots- und Nachfrageentscheidungen, sondern bewegen sich im Randbereich kommerzieller Kommunikation. Eine Haftung für die Wahrheit von Äußerungen zu verantwortlicher Unternehmenspolitik gerät daher in Konflikt mit dem Schutz der Freiheit der kommerziellen Rede:

Die Leitentscheidungen zur Regulierung unternehmensbezogener Kommunikation ergingen im Verfahren *Kasky v. Nike*, das auch international unter dem Stichwort eines vermeintlichen „corporate right to lie"[25] hohe Wellen schlug. *Nike* hatte 1993 mit asiatischen Lieferanten eine Vereinbarung zur Einhaltung lokaler Sozial- und Umweltstandards getroffen. 1996 lösten Medienberichte über die tatsächlichen Zustände in asiatischen *Nike*-Produktionsstätten („sweatshops") erhebliche öffentliche Empörung bis hin zu Boykottaufrufen aus. Diese Vorwürfe konterte *Nike* mit einer medialen Gegenkampagne. Unter Berufung auf die Studie eines ehemaligen Außenministers der USA führte das Unternehmen aus, *Nike*-Produkte würden unter Einhaltung der vor Ort gültigen Arbeitsschutzvorschriften hergestellt. Außerdem zahle man angemessene, sogar überdurchschnittliche Löhne. Der Verbraucherschutz- und Menschenrechtsaktivist *Marc Kasky* hielt *Nikes* Behauptungen für unwahr und irreführend und verklagte *Nike* im April 1998 auf Unterlassung und Richtigstellung. Hierzu berief er sich auf das kalifornische Lauterkeits- und Werberecht. Ausdrücklich erklärte er, keine Verletzung eigener Rechte oder Interessen geltend zu machen, sondern als Popularkläger für die Allgemeinheit aufzutreten.[26]

In der ersten Instanz gelang es *Nike*, die Auseinandersetzung auf die grundrechtliche Frage zu beschränken, ob es sich bei den angegriffenen Äußerungen um kommerzielle oder um nicht-kommerzielle Rede handele.[27] Während *commercial speech* verboten werden darf, wenn sie irreführend ist, genießen sonstige, insbesondere politische Äußerungen im Interesse einer ungehinderten öffentlichen Debatte selbst dann den vollen Schutz der Redefreiheit, wenn sie unwahr oder sonst irreführend sind. Sie dürfen allenfalls verboten werden, wenn nachgewiesen ist, dass der Sprecher wider besseres Wissen falsche Tatsachen kundtut. Für die folglich strengere Regulierung kommerzieller Äußerungen werden drei Gründe angeführt. Erstens seien Tatsachenbehauptungen zu Produkteigenschaften oder praktizierten Her-

---

[25] http://reclaimdemocracy.org/nike/ (zul. aufgerufen am 1. Dezember 2013).

[26] Siehe die Klageschrift *Kasky v. Nike, Inc.*, Superior Court of the State of California, 20.4.1998, abrufbar unter http://www.corpwatch.org/article.php?id=3448 (zul. aufgerufen am 1. Dezember 2013). § 17204 California Business and Professions Code erlaubte zum damaligen Zeitpunkt die Klageerhebung durch „any person acting for the interests of itself, its members or the general public". Zur späteren Begrenzung dieser Popularklagebefugnis unten Fn. 35.

[27] Vgl. zu dieser grundlegenden Unterscheidung *New York Times v. Sullivan*, 376 U.S. 254, 270 f. (1964) (Zeitungsannonce zu Fragen der Rassendiskriminierung als geschützte Meinungsäußerung); *Boos v. Barry*, 485 U.S. 312, 321 (1988); *Central Hudson Gas & Elec. Corp. v. Public Serv. Comm'n of N.Y.*, 447 U.S. 557 (1980); *Nike Inc. v. Kasky*, 539 U.S. 654, 665 ff. (2003) (Breyer J., dissenting); *Sorrell v. IMS Health Inc.*, 131 S.Ct. 2653, 2673 f. (2011), jeweils m.w.N.; *Tushnet*, Fighting Freestyle: The First Amendment, Fairness, and Corporate Reputation, 50 B.C. L. Rev. 1457 ff. (2009). Zu den deutschen und europäischen Grundrechten siehe *Streinz*, in diesem Band.

stellungsmethoden dem Beweis zugänglich. Zweitens halte das Irreführungsverbot Unternehmer nicht davon ab, von ihrer Freiheit zur kommerziellen Rede intensiven Gebrauch zu machen. Und nicht zuletzt sei ein intensiver und unverfälschter Wettbewerb nur zu gewährleisten, wenn Irreführungen strikt untersagt sind.

Entgegen den beiden Vorinstanzen entschied eine denkbar knappe Mehrheit von vier zu drei Richtern des kalifornischen Supreme Court,[28] bei den Äußerungen von *Nike* zur eigenen Unternehmenspolitik handele es sich um kommerziell-werbliche und nicht um politische Rede, so dass insoweit der strengere Maßstab des Irreführungsrechts zum Tragen komme. In den Genuss des absoluten Schutzes der Meinungsfreiheit kämen lediglich allgemeine Aussagen zur Globalisierung. Für die Einordnung einer Rede als kommerziell oder nicht-kommerziell sei auf die Person des Sprechers, die angesprochene Öffentlichkeit und den Inhalt der Aussage abzustellen. Mit den Äußerungen zur eigenen Unternehmenspolitik habe *Nike* versucht, geschäftliche Entscheidungen der Verbraucher zu beeinflussen. Der zulässigen und notwendigen Regulierung dieser Marktkommunikation könne das Unternehmen nicht dadurch entgehen, dass es seine Werbung mit politischen Stellungnahmen verknüpfe.

Als der US Supreme Court die Revision gegen das Urteil zunächst zuließ,[29] schien sich die Hoffnung mancher Beobachter zu erfüllen, das oberste Bundesgericht werde die überkommene Unterscheidung zwischen kommerzieller und nichtkommerzieller Rede aufgeben und eine neue Grundrechtsdoktrin formulieren, die der zunehmenden Kommerzialisierung des öffentlichen Diskurses Rechnung trägt.[30] Diese Erwartung zerschlug sich allerdings am letzten Tag der Sitzungsperiode, als der Supreme Court die bereits erfolgte Zulassung der Revision aus prozessualen Gründen widerrief.[31]

Damit hat die knappe Entscheidung des kalifornischen Supreme Court zugunsten der lauterkeitsrechtlichen Überprüfbarkeit unternehmerischer Aussagen zur eigenen CSR-Politik weiterhin Bestand. Ein „corporate right to lie" ist somit im US-Recht gerade nicht anerkannt. Das aber heißt nicht, dass die Rechtslage geklärt wäre. Erstens wurde der Rechtsstreit durch Vergleich beendet.[32] Es ist daher offen, ob die Klage zum Erfolg geführt hätte. Hierfür wäre unter anderem noch zu prüfen gewesen, ob die streitgegenständlichen Äußerungen überhaupt konkrete, überprüfbare Tatsachen und nicht vage Übertreibungen und Werbefloskeln (*puffery*) darstellten, die die Konsumenten durchschauen oder ignorieren und die deshalb keine Haftung auslösen können.[33] Zweitens steht die Kritik des Minderheitsvotums des Supreme Court-Richters *Breyer* im Raum. Dieser hält eine strenge Regulierung der

---

[28] *Kasky v. Nike Inc.*, 27 Cal.4th 939 (Cal. 2002).

[29] *Nike Inc. v. Kasky*, 537 U.S. 1099 (2003).

[30] *Kasky v. Nike Inc.*, 27 Cal.4th 939, 995 f. (Cal. 2002, Brown, J., dissenting).

[31] Siehe *Nike Inc. v. Kasky*, 539 U.S. 654, 656 ff. (2003, Stevens, Ginsburg, Souter, J., concurring).

[32] Siehe http://www.sourcewatch.org/index.php/Kasky_vs_Nike (zul. aufgerufen am 1. Dezember 2013).

[33] Vgl. *Pizza Hut, Inc. v. Papa John's Intl., Inc.*, 227 F.3d 489, 495 (5th Cir. 2000) („Better Ingredients. Better Pizza." als nicht angreifbare Werbebehauptung). Zur insoweit zweifelhaften Rele-

allgemeinen unternehmerischen CSR-Kommunikation mit Maßstäben des Irreführungsrechts für verfehlt.[34] Die unterschiedliche Behandlung öffentlicher Äußerungen von Unternehmen einerseits und nicht-unternehmerisch agierenden Sprechern andererseits beeinträchtige die Waffengleichheit im öffentlichen Meinungskampf. Während Verbraucher, Verbraucherschützer und sonstige, nicht-kommerziell agierende Akteure es mit den Tatsachen nicht so genau nehmen müssten, unterlägen Unternehmer einer strengen Wahrheitspflicht. Ein multinationales Unternehmen (MNU) wie *Nike* könne an der öffentlichen Auseinandersetzung über die Globalisierung überhaupt nur teilnehmen, wenn es sich zugleich zu seiner eigenen Unternehmensverantwortung und -politik einlasse. Wenn aber dieser Teil der Äußerung strengen Wahrheitsanforderungen unterliege, schrecke dies MNUs potentiell davon ab, sich überhaupt am Globalisierungsdiskurs zu beteiligen. Schließlich äußert sich *Breyer* kritisch zur Popularklagebefugnis nach damaligem kalifornischem Lauterkeitsrecht, das auch „rein ideologisch" motivierte Kläger wie eben *Kasky* zulasse.

Letztgenanntes Bedenken griff der kalifornische Gesetzgeber bereits 2004 auf. Seither sind neben staatlichen Institutionen nur noch solche Personen befugt, Verstöße gegen das Lauterkeitsrecht geltend zu machen, deren Vermögensinteressen durch das angegriffene Verhalten beeinträchtigt wurden.[35] Hierfür lassen die Gerichte zwar den Umstand genügen, dass der Kläger ein Produkt erworben hat, welches er ungeachtet seiner Mangelfreiheit in Kenntnis aller Umstände nicht angeschafft hätte. Mit dieser Begründung wurde dem Käufer einer Ware, die entgegen dem Label „Made in U.S.A." in einem Drittland hergestellt worden war, die Befugnis zur Erhebung einer Klage wegen Irreführung über die Produktherkunft zugesprochen.[36] Und doch hat der kalifornische Gesetzgeber zum Ausdruck gebracht, dass eine moralische Empörung oder ideelle Interessenbeeinträchtigung für sich betrachtet keine Aktivlegitimation verschafft. Die Klageberechtigung beruht vielmehr allein auf den in Kenntnis aller Umstände nicht aufgewendeten Kosten für die Anschaffung eines Produkts.[37] Damit bietet selbst das besonders progressive kalifornische Lauterkeits- und Verbraucherschutzrecht keine taugliche Grundlage

---

vanz der Begriffe „nachhaltig" und „erneuerbar" siehe *Rosch*, Responsible Green Marketing, 2008 WL 2557916.

[34] *Nike Inc. v. Kasky*, 539 U.S. 654, 665 ff. (2003, Breyer J., dissenting). Siehe auch *Kasky v. Nike Inc.*, 27 Cal.4th 939, 970 ff. (Cal. 2002, Chin, Baxter, Brown, J., dissenting).

[35] Vgl. § 17204 California Business and Professions Code n.F. („Actions for relief pursuant to this chapter shall be prosecuted exclusively in a court of competent jurisdiction by the Attorney General or a district attorney or by a county counsel … or by a person who has suffered injury in fact and has lost money or property as a result of the unfair competition.").

[36] *Kwikset Corp. v. Superior Court*, 51 Cal.4th 310 (Cal. 2011).

[37] *Kwikset Corp. v. Superior Court*, 51 Cal.4th 310, 322, 329 f. (Cal. 2011) („Two wines might to almost any palate taste indistinguishable—but to serious oenophiles, the difference between one year and the next, between grapes from one valley and another nearby, might be sufficient to carry with it real economic differences in how much they would pay. Nonkosher meat might taste and in every respect be nutritionally identical to kosher meat, but to an observant Jew who keeps kosher, the former would be worthless."); *Stanwood v. Mary Kay, Inc.*, 2012 WL 7991231 (C.D.Cal.). Zur Rechtslage in anderen Staaten siehe *Cohen*, Annotation, Private Right Under State Consumer Protection Act – Preconditions to Action, 117 A.L.R.5th 155 ff. (2004–2005); *Dillard*, False Advertising, Animals, and Ethical Consumption, 10 Animal L. 25, 43 (2004).

mehr für Kläger, die wie *Kasky* als Vertreter einer allgemeinen Norm verantwortlichen Wirschaftens auftreten.[38]

In diesem Zusammenhang bestätigt sich erneut, dass das Verbot der Irreführung über sittliche Entscheidungsparameter primär auf der wettbewerbsfunktionalen Erwägung beruht, dass durch derartige Manipulationen der Wettbewerb genauso verfälscht werden kann wie bei einer Irreführung über den Preis oder die Person des Anbieters. Immerhin aber stabilisiert der Rechtsschutz von Verbrauchererwartungen im Hinblick auf die Einhaltung sozialer und ökologischer Standards entsprechende Präferenzen, ihren Werbewert und ihre Wettbewerbsrelevanz. Das Irreführungsverbot fördert die marktbegleitende Sittlichkeit also mittelbar.

2.2 Irreführung durch Unterlassen

In den bisher erörterten Fällen haben sich Unternehmer die marktbegleitende Sittlichkeit aktiv zunutze gemacht. Wer damit wirbt, dass seine Produkte in sozialer und ökologischer Verantwortung hergestellt wurden, kommerzialisiert ethische Präferenzen. In einer solchen Konstellation bewegt sich das Lauterkeitsrecht in gewohnten Bahnen. Es reguliert geschäftliche Handlungen zur Gewährleistung unverfälschten Wettbewerbs. Sittliche Normen werden nicht als externe Anforderung an das Marktverhalten herangetragen, sondern als dessen vorgefundener Bestandteil mitreguliert.

Eine die Sittlichkeit der Marktbeziehungen verstärkende Rolle käme dem Lauterkeitsrecht hingegen zu, wenn es Unternehmer dazu verpflichtete, sich proaktiv zu ihrer CSR-Politik zu erklären. Eine solche Transparenzpflicht würde die Bedeutung der marktbegleitenden Sittlichkeit erheblich steigern und zugleich ihr marktbegrenzendes Potential entfachen. Verbraucher wären ohne eigene Nachforschungen in der Lage, Anbieter zu meiden, die ihren Vorstellungen unternehmerischer Verantwortung nicht genügen. Zugleich bestünde für Unternehmer ein hoher Anreiz, sich zu werbewirksamen CSR-Standards zu verpflichten und über deren Einhaltung wahrheitsgemäß zu berichten. Voraussetzung wäre allerdings, dass allein das Verschweigen einer mangelnden Beachtung sittlicher, in CSR-Grundsätzen niedergelegter Handlungsnormen haftungsbegründend ist. Hierfür kommt sowohl im europäischen[39] als auch im US-amerikanischen Recht der Tatbestand der Irreführung durch Unterlassen in Betracht. Auch insoweit ist wiederum zwischen verschwiegenen Informationen über Produktmerkmale einerseits und die allgemeine Unternehmenspolitik andererseits zu unterscheiden.

---

[38] Siehe auch *Fisher*, Free Speech to Have Sweatshops? How Kasky v. Nike Might Provide a Usefull Tool To Improve Sweatshop Condictions, 26 B.C. Third World L.J. 267, 304 f. (2006) m.w.N.

[39] Vgl. die Beiträge von *Birk* und *Glöckner*, in diesem Band.

2.2.1 Irreführung durch Verschweigen bestimmter Produktmerkmale

Wie erläutert fällen Verbraucher zunehmend geschäftliche Entscheidungen unter Berücksichtigung sittlicher Präferenzen jenseits von Preis und Beschaffenheit eines Produkts. Unter diesen Umständen kann eine rechtlich relevante Irreführung auch darin gesehen werden, dass ein Unternehmer die Verletzung von CSR-Standards verschweigt – man denke etwa an das Vorenthalten der Information, dass ein Produkt von Zwangs- oder Kinderarbeitern erzeugt wurde.

Ein solcher Vorwurf könnte im US-Recht den Common-Law-Tatbestand des *fraud by concealment* erfüllen. Hierzu müsste der in Anspruch genommene Unternehmer eine wesentliche, offenzulegende Tatsache in Täuschungsabsicht verschwiegen und hierdurch einen Marktteilnehmer zu einer geschäftlichen Entscheidung veranlasst haben, die jener andernfalls nicht getroffen hätte, so dass es zu einem Vermögensschaden kommt.[40] Auch das kodifizierte kalifornische Lauterkeits- und Verbraucherschutzrecht verbietet Irreführungen durch Unterlassen. Hierzu muss der Beklagte exklusives Wissen aktiv unterdrückt und zumindest teilweise Andeutungen gemacht haben, die im Widerspruch zu den im Übrigen vorenthaltenen Tatsachen stehen.[41]

Die Rechtsprechung handhabt diese Tatbestände allerdings restriktiv. Grundsätzlich verlangen die Gerichte den Nachweis einer Äußerung oder sonstigen Darstellung, insbesondere im Rahmen von Garantieerklärungen, die zu der unterdrückten Tatsache in Widerspruch steht. Fehlt es an solch aktiven Repräsentationen, greift der Kläger mithin ein bloßes Unterlassen an, begründen nur solche vorenthaltenen Informationen eine Haftung, für die eine proaktive Offenlegungspflicht besteht.[42] Eine solche Rechtspflicht wurde zum Beispiel für einen ungewöhnlich hohen Kraftstoff- und Tonerverbrauch von PKWs und Druckern verneint. Denn wie im deutschen Recht sind Unternehmer auch im US-Recht nicht gezwungen, auf die Defizite des eigenen Produkts hinzuweisen und damit Werbung für die Konkurrenz zu betreiben.[43] Anders urteilen die Gerichte nur bei bekannten, aber verschwiegenen Sicherheitsrisiken.[44]

Derartige Gefahren stehen beim Absatz von Produkten, die ohne Rücksicht auf bzw. unter Verletzung von CSR-Standards hergestellt wurden, typischerweise nicht in Rede. Folglich löst allein der Umstand, dass ein Unternehmer verschweigt, sich bewusst nicht an die Grundsätze sozial und ökologisch verantwortlichen Wirtschaf-

---

[40] *Lovejoy v. AT & T Corp.*, 92 Cal.App.4th 85, 96 (3rd Dist. 2001).

[41] Vgl. *LiMandri v. Judkins*, 52 Cal.App.4th 326, 337 (4th Dist. 1997); *Daugherty v. Am. Honda Motor Co., Inc.*, 144 Cal.App.4th 824, 835–36 (2nd Dist. 2006); *O'Shea v. Epson America Inc.*, 2011 WL 3299936 (C.D.Cal.) m.w.N. („(1) when the defendant is in a fiduciary relationship with the plaintiff; (2) when the defendant had exclusive knowledge of material facts not known to the plaintiff; (3) when the defendant actively conceals a material fact from the plaintiff; and (4) when the defendant makes partial representations but also suppresses some material fact.").

[42] *Oestreicher v. Alienware Corp.*, 544 F.Supp.2d 964, 969 (N.D.Cal. 2008), aff'd, 322 Fed.Appx. 489, 493 (9th Cir. 2009).

[43] *O'Shea v. Epson America Inc.*, 2011 WL 3299936, 8 (C.D.Cal.) m.w.N.; *Gray v. Toyota Motor Sales U.S.A.*, 2012 WL 313703 (C.D.Cal.).

[44] *Wilson v. Hewlett-Packard Co.*, 668 F.3d 1136 (9th Cir. 2012).

tens zu halten, keine Haftung aus. Erst recht juristisch folgenlos bleibt die Unkenntnis und damit allenfalls fahrlässige Nichtbeachtung einschlägiger CSR-Grundsätze.

2.2.2 Irreführung durch Verschweigen bestimmter Unternehmenspraktiken

Um so überraschender und zugleich zweifelhafter ist eine Ende 2012 ergangene Entscheidung eines kalifornischen Distriktgerichts im Fall *Stanwood v. Mary Kay, Inc.*[45] Dieses Verfahren betrifft nämlich nicht die Umstände der Herstellung eines bestimmten Produkts, sondern die allgemeine Unternehmenspolitik des verklagten Kosmetikherstellers im Hinblick auf die Durchführung von Tierversuchen. Die Klägerin behauptet, *Mary Kay* habe in Werbekampagnen, öffentlichen Stellungnahmen und durch Verkäufer wahrheitswidrig bekundet, generell keine Tierversuche zu unternehmen. In Unkenntnis dieses Umstands habe sie verschiedene Produkte dieses Herstellers erworben. Das hätte sie aber nicht getan, wären ihr die systematisch erfolgten Tierversuche bekannt gewesen. Sie sei daher berechtigt, die Beklagte wegen Irreführung der Verbraucher zur Rechenschaft zu ziehen.

Wie *Marc Kasky* macht *Ashley Stanwood* damit die gesamte Unternehmenspolitik der Beklagten und nicht nur die sittlichen Merkmale eines einzelnen Produkts zum Gegenstand des Verfahrens. Im Unterschied zu *Kasky* vermochte sie aber keine Äußerungen der Beklagten zur Tierschutzpolitik darzulegen. Das Distriktgericht verwirft deshalb alle Klagegründe, die auf eine aktive Irreführung gestützt sind, und prüft stattdessen den Tatbestand der Irreführung durch Unterlassung.[46]

In Anbetracht der restriktiven Entscheidungspraxis zur Vorenthaltung von Informationen über bestimmte Produktmerkmale wäre zu erwarten gewesen, dass *Stanwoods* Klage daraufhin bereits als unsubstantiiert abgewiesen wird. Denn die Klägerin macht keine verborgenen Sicherheitsrisiken oder Verstöße gegen Garantiezusagen geltend, sondern stützt ihren Irreführungsvorwurf auf geheim gehaltene Tierversuche. Doch auch hiermit ist nach Auffassung des Gerichts eine unfaire, betrügerische und damit rechtswidrige Geschäftspraxis nach Maßgabe des kalifornischen Lauterkeitsrechts dargetan.[47] Denn ausweislich einer von der Klägerin vorgelegten Umfrage, wonach 72 % der Konsumenten von Kosmetika es für unethisch halten, Tierversuche für derartige Produkte durchzuführen, und 61 % derartige Versuche gern verboten sähen, stelle die diesbezügliche Unternehmenspolitik für den Durchschnittsverbraucher eine wesentliche Information dar, die sich auf die Kaufentscheidung auswirke. Schon aus diesem Beeinflussungspotential der Information folge eine Rechtspflicht zur Offenlegung. Unschädlich sei, dass die Klägerin keine Sicherheitsrisiken der Kosmetika geltend mache. Denn derartige Gefahren seien ohnehin abschließend von vertraglichen Garantien und dem Produkthaftungsrecht reguliert. Demgegenüber fehle es für sonstige Umstände der Herstellung an speziellen Regelungen, so dass das Common Law und die Generalklausel des kaliforni-

---

[45] *Stanwood v. Mary Kay, Inc.*, 2012 WL 7991231 (C.D.Cal.).

[46] *Stanwood v. Mary Kay, Inc.*, 2012 WL 7991231, 4 ff., 7 ff. (C.D.Cal.).

[47] *Stanwood v. Mary Kay, Inc.*, 2012 WL 7991231, 7 f. (C.D.Cal.) („unfair, fraudulent, and unlawful business practice").

schen Lauterkeitsrechts heranzuziehen seien, um die Verbraucher vor Irreführungen zu schützen.

Diese Rechtsauffassung erscheint aus mehreren Gründen zweifelhaft. Erstens geht die übrige Rechtsprechung davon aus, dass eine Irreführung durch Unterlassen nach kalifornischem Recht nur vorliegt, wenn der Beklagte zumindest gewisse Aussagen und Andeutungen macht, die darauf schließen lassen, dass die im Übrigen wider besseres Wissen unterdrückte Tatsache nicht vorliegt.[48] Den Nachweis solcher Repräsentationen ist die Klägerin aber ebenso schuldig geblieben wie Vortrag zur aktiven Unterdrückung der durchgeführten Tierversuche. Zweitens verschweigt die Beklagte kein exklusives Wissen, wenn die streitige Tatsache wie im hiesigen Fall bereits öffentlich diskutiert wird.[49] In einer Entscheidung zu einem angeblich überhöhten Tonerverbrauch von Druckern wurde dieser Konsumentendiskurs als ausreichend erachtet, um etwaigen Irreführungen vorzubeugen; einer rechtlichen Offenlegungspflicht bedürfe es dann nicht.[50] Drittens legt die Rechtsprechung zu nicht mitgeteilten Sicherheitsrisiken nahe, dass Unternehmen nur insoweit auf Transparenz verpflichtet werden, als Leib, Leben und sonstige Integritätsinteressen *des Verbrauchers* auf dem Spiel stehen. Demgegenüber schützt eine Informationspflicht im Hinblick auf soziale und ökologische Herstellungsstandards die Integritätsinteressen an der Herstellung beteiligter oder hiervon sonst betroffener Personen sowie sonstiger Rechtsgüter. Diese *Dritt- und Allgemeininteressen* kann die Klägerin aber nicht geltend machen. Denn ihre Klagebefugnis beruht allein auf der Beeinträchtigung ihrer eigenen Vermögensinteressen aufgrund des durch Täuschung herbeigeführten Erwerbs der Kosmetika.[51]

Diese Bedenken hat sich das Distriktgericht auch nach erneuter Befassung nicht zu Eigen gemacht.[52] Bei dieser Gelegenheit scheiterte die Beklagte zudem mit der *Nike*-Strategie, die weitere Sachaufklärung auszusetzen und zunächst die aufgeworfenen Rechtsfragen in einem langwierigen und kostenintensiven Berufungs- und möglicherweise Revisionsverfahren klären zu lassen. Stattdessen hat das Gericht entschieden, das erstinstanzliche Verfahren mit der sachlichen Prüfung des Irreführungsvorwurfs fortzusetzen. Anders als *Nike* muss sich *Mary Kay* also gefallen lassen, dass die Unternehmenspolitik in einem öffentlichen Zivilprozess durchleuchtet wird. Es bleibt abzuwarten, ob das Verfahren durch Streitentscheid oder wie so häufig durch Vergleich beendet werden wird.

Ungeachtet dessen bezeugt die Entscheidung *Stanwood* die Bereitschaft zumindest einzelner kalifornischer Richter, der marktbegleitenden Sittlichkeit in weitem Umfang Rechtsschutz angedeihen zu lassen. Setzte sich die Auffassung des

---

[48] Vgl. *LiMandri v. Judkins*, 52 Cal.App.4th 326, 337 (4th Dist. 1997) („when the defendant makes partial representations but also suppresses some material fact"); *Falk v. Gen. Motors Corp.*, 496 F. Supp.2d 1088, 1095 (N.D.Cal. 2007); *Gray v. Toyota Motor Sales U.S.A.*, 2012 WL 313703, 3 f. (C.D.Cal.).

[49] *Gray v. Toyota Motor Sales U.S.A.*, 2012 WL 313703, 8 f. (C.D.Cal.).

[50] *O'Shea v. Epson America Inc.*, 2011 WL 3299936, 8 (C.D.Cal.).

[51] Siehe dazu oben 2.1.2.

[52] *Stanwood v. Mary Kay, Inc.*, Case No. SACV 12–00312–CJC(ANx), Nov. 13, 2012, abrufbar unter 2012 WL 7991231 (Stand: 20.11.2013).

Distriktgerichts durch, wären Unternehmer rechtlich verpflichtet, von sich aus all diejenigen Unternehmenspolitiken und erst recht konkrete Herstellungsumstände bestimmter Produkte offenzulegen, die die ethischen Nachfragepräferenzen des *reasonable consumer*[53] beeinflussen können. Diesbezügliche Angaben müssen nach *Kasky v. Nike* den Tatsachen entsprechen. Wäre eine solche Rechtspflicht zur wahrheitsgemäßen Information über die eigene CSR-Praxis anerkannt, könnte dies eine regelrechte Spirale der Versittlichung der Marktbeziehungen auslösen. Je mehr nämlich über soziale und ökologische Verantwortung gesprochen werden muss, desto bedeutsamer werden diese Gesichtspunkte für die Verbraucherentscheidung, was wiederum erweiterte Informationserwartungen und korrespondierende Transparenzpflichten nach sich zieht usw. In der Logik dieser Entwicklung läge es, wenn Unternehmer Produkte, die aus Sicht des Durchschnittsverbrauchers sittlich „unverantwortlich" sind, entsprechend kennzeichnen müssten.

Aus europäischer Sicht erscheint eine solche Entwicklung in Anbetracht der hiesigen Proliferation von Kennzeichnungspflichten im Lebensmittelsektor[54] sowie im Hinblick auf den Energieverbrauch[55] keineswegs ausgeschlossen. Freilich werden diese Anforderungen nicht von Richtern unter Verweis auf die Erwartungen eines fiktiven Durchschnittsverbrauchers festgelegt, sondern gehen auf gesetzliche Vorgaben zurück, die sittliche Präferenzen zu einem guten Teil vorwegnehmen und damit in die Marktkommunikation injizieren. Damit ist die kompetenzielle und legitimatorische Dimension der Verrechtlichung der Sittlichkeit des Wirtschaftens bzw. umgekehrt der Ethisierung des Wirtschaftsrechts angesprochen: Ist hierzu die Judikative im Nachvollzug faktischer Veränderungen des Entscheidungsverhaltens der Marktteilnehmer berufen oder obliegt es dem demokratisch legitimierten Gesetzgeber, entsprechende Maßstäbe aufzustellen? Anders gewendet: Geht die Verschränkung von Recht und Sittlichkeit vom Wirtschaftssystem oder von der Politik aus? Die überwiegende Rechtspraxis in den USA lässt erkennen, dass die Justiz in Ermangelung spezieller Rechtsgrundlagen eher zurückhaltend agiert.

3 Verrechtlichung sittlicher Normen mit dem Ziel der Marktbegrenzung

Noch deutlicher wird dieser *judicial self restraint*, soweit eine Verrechtlichung ethischer Normen mit dem Ziel der Marktbegrenzung in Rede steht. Dieser intensivste Grad einer sittlich motivierten Marktregulierung ist auch bei einer weitreichenden

---

[53] Hierzu *Altman/Pollack*, in: Callmann on Unfair Competition, Trademarks and Monopolies, Bd. 1, 4. Aufl., Stand August 2013, § 5:17 m.w.N.

[54] Vgl. Verordnung (EU) Nr. 1169/2011 v. 25. Oktober 2011 betreffend die Information der Verbraucher über Lebensmittel, ABl. L 304/18.

[55] Vgl. Richtlinie 2009/125/EG v. 21. Oktober 2009 zur Schaffung eines Rahmens für die Festlegung von Anforderungen an die umweltgerechte Gestaltung energieverbrauchsrelevanter Produkte, ABl. L 285/10; Richtlinie 2010/30/EU v. 19. Mai 2010 über die Angabe des Verbrauchs an Energie und anderen Ressourcen durch energieverbrauchsrelevante Produkte mittels einheitlicher Etiketten und Produktinformationen, ABl. L 153/1.

Haftung für verschwiegene CSR-Verstöße noch nicht erreicht. Den hiermit einhergehenden Informationspflichten kommt zwar ein erhebliches Steuerungspotential zu.[56] Und doch vollzieht das Irreführungsrecht keine unmittelbar marktbegrenzende Sittlichkeit. Denn Zweck des Verbots von Irreführungen hinsichtlich ethischer Präferenzen ist es nicht, bestimmte Produkte vom Markt zu verbannen und die diesbezügliche Marktkommunikation per se zu verbieten. Vielmehr geht es in Übereinstimmung mit dem klassisch-wettbewerbsfunktionalen Programm darum, durch den Abbau von Informationsasymmetrien eine Verfälschung des Wettbewerbs und eine Beeinträchtigung ökonomisch messbarer Interessen der Verbraucher zu verhindern. Zudem erwachsen die dargestellten Informationspflichten aus der Marktkommunikation selbst, in der sich entsprechende Verbrauchererwartungen bilden. Der wirtschaftliche Wettbewerb zur Befriedigung aller – auch aus der Sicht eines Durchschnittsverbrauchers „unverantwortlicher" – Bedürfnisse wird nicht von vornherein ausgeschaltet, sondern „lediglich" einem Transparenzgebot hinsichtlich seiner sozialen und ökologischen Implikationen unterworfen.

Unmittelbar marktbegrenzende Verbote finden sich im US-Recht allerdings in spezialgesetzlichen Regelungen zu bestimmten Produkten (dazu 3.1.). Hingegen sind alle bisherigen Versuche gescheitert, sozial oder ökologisch „unverantwortliches" Wirtschaften auf der Basis allgemeiner Rechtsgrundlagen für rechtswidrig erklären zu lassen (dazu 3.2).

3.1 Spezialgesetzliche Import-Verbote

Wie das deutsche Recht unterbindet auch das US-Recht den Handel mit bestimmten Gütern, etwa menschlichen Organen oder Wählerstimmen.[57] Diese Verbote gelten gleichermaßen für den inländischen wie für den grenzüberschreitenden Verkehr. So ist es beispielsweise allen in- und ausländischen Anbietern untersagt, Glücksspiele und Wettdienstleistungen im Fernabsatz, insbesondere über das Internet, zu offerieren.[58]

Während diese Vorschriften auf den US-amerikanischen Markt gerichtet sind, zielen einzelne Importverbote prima facie darauf ab, weltweite Mindeststandards verantwortlichen Wirtschaftens zu etablieren. Hersteller und Importeure, die den entsprechenden Anforderungen nicht genügen, werden vom Zugang zu einem der

---

[56] Ein besonders eindrückliches Beispiel bietet insoweit das australische Tabakwerberecht, das durchaus als Vorstufe zu einer Prohibition aufgefasst werden kann; dazu WTO-Streitbeilegungsverfahren 435, Australia – Certain Measures Concerning Trademarks, Geographical Indications and Other Plain Packaging Requirements Applicable to Tobacco Products and Packaging, http://www.wto.org/english/tratop_e/dispu_e/cases_e/ds435_e.htm (zul. aufgerufen am 1. Dezember 2013); *Davison*, Plain Packaging and the TRIPS Agreement: A Response to Professor Gervais, AIPJ 23 (2013), 160, 167 f.

[57] Siehe *Satz*, Why Some Things Should Not Be For Sale: The Moral Limits of Markets, 2010.

[58] Siehe dazu WTO Appellate Body, United States – Measures Affecting the Cross-Border Supply of Gambling and Betting Services, WT/DS 285/AB/R, AB-2005–1, 7.4.2005, Rn. 5– Gambling and Betting (insbes. Wire Act, Travel Act, Illegal Gambling Business Act).

weltweit größten Absatzmärkte ausgeschlossen. Die USA setzen hier ihre globale Nachfragemacht ein, um andere Länder zur Durchsetzung sozialer und vor allem ökologischer Standards zu veranlassen.[59]

So ist seit 1989 der Import von Shrimps aus Ländern untersagt, die kein mit dem US-Recht vergleichbares Programm zum Schutz von Meeresschildkröten implementiert haben. Demnach müssen die Herkunftsländer von Shrimps ihren Fangflotten den Einsatz von *turtle excluder devices* vorschreiben. Die Einhaltung dieser Vorgabe prüfen die amerikanischen Behörden im Rahmen eines jährlichen Zertifizierungsverfahrens.[60] Ebenfalls verboten sind die Ein- und Ausfuhr von Rohdiamanten, die kein Kimberley-Zertifikat tragen.[61] Mithilfe dieses internationalen Zertifizierungssystems sollen sog. Blut- oder Konfliktdiamanten vom Welthandel ausgeschlossen werden, deren Erzeugung in den 1990er Jahren in mehreren afrikanischen Ländern mit massiver Gewalt und millionenfacher Vertreibung einherging. Nachdem die USA zunächst einseitige Importverbote über Rohdiamanten aus Sierre Leone und Liberia verhängt hatten, kam es 2002 zur Verabschiedung der „Interlaken Declaration on the Kimberley Process Certification Scheme for Rough Diamonds", an der neben der EU und ihren Mitgliedstaaten[62] 53 weitere Staaten sowie Vertreter der Diamantindustrie und Nichtregierungsorganisationen beteiligt sind. In diesem Wirtschaftsraum dürfen seither nur Rohdiamanten aus Ländern gehandelt werden, die ihre Diamantproduktion nach bestimmten Vorgaben statistisch erfassen und regulieren.[63]

Aus der Sicht des US-amerikanischen Verfassungsrechts sind derartige Produkt- und flankierende Werbeverbote unbedenklich, soweit der Gesetzgeber seinen weiten Gestaltungsspielraum nicht in willkürlicher Weise missbraucht.[64] Anders ist dies nur, wenn das entgeltliche Angebot von Informationen oder Meinungen untersagt werden soll. Eine solche Regelung muss den strengen Anforderungen für einen verfassungsmäßigen Eingriff in die Redefreiheit genügen, die auch dann Beachtung verlangt, wenn Information als Ware gehandelt und dieser Markt reguliert wird.[65]

---

[59] Vgl. zur Regulierung des Rohdiamanthandels 19 U.S.C. § 3901(6) („As the consumer of a majority of the world's supply of diamonds, the United States has an obligation to help sever the link between diamonds and conflict and press for implementation of an effective solution.").

[60] Siehe 16 U.S.C. § 1537 und http://www.nmfs.noaa.gov/pr/species/turtles/shrimp.htm (zul. aufgerufen am 1. Dezember 2013).

[61] 19 U.S.C. §§ 3901–3913 („Clean Diamond Trade").

[62] Siehe Verordnung (EG) Nr. 2368/2002 v. 20. Dezember 2002 zur Umsetzung des Zertifikationssystems des Kimberley-Prozesses für den internationalen Handel mit Rohdiamanten, ABl. L 358/28; Verordnung (EG) Nr. 254/2003 v. 11. Februar 2003 zur Änderung der Verordnung (EG) Nr. 2368/2002 zur Umsetzung des Zertifikationssystems des Kimberley-Prozesses für den internationalen Handel mit Rohdiamanten, ABl. L 36/7.

[63] Siehe http://www.kimberleyprocess.com/ (zul. aufgerufen am 1. Dezember 2013).

[64] Vgl. 5 U.S.C. § 706(2)(A); *Sorrell v. IMS Health Inc.*, 131 S.Ct. 2653, 2665 (2011) m.w.N. (z. B. Verbot rassendiskriminierender Stellenausschreibungen).

[65] *Sorrell v. IMS Health Inc.*, 131 S.Ct. 2653, 2663 ff. (2011) (Verfassungswidrigkeit eines an Pharmaunternehmen gerichteten Verbots, Informationen über ärztliche Verschreibungspraktiken zu veräußern und sonst gewerblich zu nutzen).

Aufgrund ihrer Auswirkungen auf den grenzüberschreitenden Handel stehen Verkehrsverbote allerdings in einem latenten Spannungsverhältnis zum Welthandelsrecht. Das vom US-Kongress als Tierschutzmaßnahme propagierte Label „dolphin-safe tuna",[66] die Restriktionen der Shrimps-Importe zum Schutz von Meeresschildkröten und schließlich auch das generelle Verbot des Fernabsatzes von Glücksspiel und Wettdienstleistungen – all diese Vorschriften wurden in WTO-Streitbeilegungsverfahren als unzulässige Beschränkungen des Welthandels angegriffen, und zwar bemerkenswerterweise von Entwicklungsländern.[67] Diese Beschwerden reflektieren die Sanktions- und Hebelwirkung der Nachfragemacht der USA. Beschränkungen des Zutritts zum US-amerikanischen Markt wirken sich stets erheblich auf ausländische Anbieter aus. Die Zertifizierung von Tunfisch- und Shrimps-Produkten erfolgte überdies gezielt in der Absicht, die Fangmethoden ausländischer Flotten zu beeinflussen.

Sämtliche Verfahren endeten zumindest mit Teilerfolgen der Entwicklungsländer.[68] Zwar anerkennen die Entscheidungen nachdrücklich das Recht der USA wie aller anderen Mitglieder der WTO, den internationalen Waren- und Dienstleistungsverkehr zur Erhaltung erschöpflicher Naturschätze,[69] zum Schutz von Tieren, Pflanzen und der Umwelt[70] und zur Aufrechterhaltung der öffentlichen Moral und Ordnung[71] zu beschränken. Allerdings dürfen derartige Maßnahmen nicht in einer Weise angewendet werden, die ein Mittel zu willkürlicher oder unberechtigter Diskriminierung unter Ländern, in denen gleiche Bedingungen herrschen, oder eine verdeckte Beschränkung für den Handel mit Waren und Dienstleistungen darstellen.[72] Mit anderen Worten darf unter dem Deckmantel hehrer Ziele ökologisch und sozial verantwortlichen Wirtschaftens kein Protektionismus betrieben werden.[73]

---

[66] Siehe 16 U.S.C. § 1385(b) („The Congress finds that (1) dolphins and other marine mammals are frequently killed in the course of tuna fishing operations in the eastern tropical Pacific Ocean and high seas driftnet fishing in other parts of the world; (2) it is the policy of the United States to support a worldwide ban on high seas driftnet fishing, in part because of the harmful effects that such driftnets have on marine mammals, including dolphins; and (3) consumers would like to know if the tuna they purchase is falsely labeled as to the effect of the harvesting of the tuna on dolphins.").

[67] Siehe WTO-Streitbeilegungsverfahren 58: United States – Import Prohibition of Certain Shrimp and Shrimp Products (Indien, Malaysia, Pakistan, Thailand); WTO-Streitbeilegungsverfahren 258: United States – Measures Affecting the Cross-Border Supply of Gambling and Betting Services (Antigua); WTO-Streitbeilegungsverfahren 381: United States – Measures Concerning the Importation, Marketing and Sale of Tuna and Tuna Products (Mexiko).

[68] WTO Appellate Body, United States – Import Prohibition of Certain Shrimp and Shrimp Products, WT/DS 58/AB/R, AB-1998-4, 12.10.1998– Shrimp I und WT/DS 58/AB/RW, AB-2001-4, 22.10.2001 – Shrimp II; WTO Appellate Body, United States – Gambling and Betting (Fn. 58); WTO Appellate Body, United States – Measures Concerning the Importation, Marketing and Sale of Tuna and Tuna Products, WT/DS 381/AB/R, AB-2012-2, 16.5.2012– Tuna II.

[69] Vgl. Art. XX lit. g GATT und WTO Appellate Body, United States – Shrimps II (Fn. 68), VI B.

[70] Vgl. Art. 2.2 S. 2 TBT und WTO Appellate Body, United States – Tuna II (Fn. 68), Rn. 116 ff.

[71] Vgl. Art. XIV lit. a GATS und WTO Appellate Body, United States – Betting and Gambling (Fn. 58), Rn. 293 ff.

[72] Vgl. Art. XX GATT, 2.1 TBT, XIX GATS.

[73] Vgl. WTO Appellate Body, United States – Shrimps I (Fn. 68), VI Rn. 43 f. („We have not decided that the protection and preservation of the environment is of no significance to the Members

So aber verhielt es sich nach Auffassung der WTO-Gremien in allen drei genannten Fällen. Das Label „dolphin-safe-tuna" wurde als technisches Handelshemmnis qualifiziert, ohne das Importeure in den USA faktisch keinen Tunfisch absetzen können. Dieses Erfordernis werde unberechtigt auf die mexikanische Fangflotte angewendet. Denn obwohl jene umfangreiche und nachweislich sehr erfolgreiche Maßnahmen zum Schutz von Delfinen ergriffen habe, werde ihr das Label nicht erteilt, was wiederum den Marktzutritt erheblich erschwere.[74] Auch Shrimps-Importeure aus Malaysia und anderen asiatischen Ländern erfuhren durch die Einfuhrkontrollen eine unzulässige Diskriminierung. Nach der ursprünglichen Praxis der US-Behörden waren sie innerhalb von vier Monaten gezwungen, ihre Schiffe auf die US-amerikanischen Anforderungen umzurüsten und bei US-Behörden ein Zertifikat zu erlangen, ohne dass es zuvor internationale Verhandlungen und im Nachgang ein transparentes Behördenverfahren gegeben hatte. Unter diesen Umständen ordnete das WTO-Berufungsgremium die gesetzliche Regelung als unilaterales Embargo ein, mit dem die USA andere WTO-Mitglieder in ungerechtfertigter und willkürlicher Weise zwinge, die eigenen Tierschutzmaßnamen teile quelle zu übernehmen.[75] Erst nachdem sich die USA ernsthaft um ein internationales Abkommen zum Schutz von Meeresschildkröten bemüht hatten und eine flexibilisierende Verwaltungsvorschrift ergangen war, wonach Herkunftsländer von Shrimps auch dann ein Importzertifikat erlangen konnten, wenn ihre ggf. abweichenden Schutzmaßnahmen eine vergleichbare Wirksamkeit entfalten, in den betreffenden Gewässern keine Meeresschildkröten vorkommen oder die dortigen Fangmethoden von vornherein kein Risiko für Meeresschildkröten darstellen, wies das WTO-Berufungspanel eine erneute Beschwerde Malaysias zurück.[76] Im Verfahren um das unterschiedslos anwendbare Verbot des Fernabsatzes von Glücksspielen und Wettdienstleistungen gelang es Antigua zwar nicht, den USA eine faktische Diskriminierung zwischen in- und ausländischen Anbietern bei der Anwendung der einschlägigen Gesetze nachzuweisen. Immerhin aber hatte die Beschwerde insoweit Erfolg, als es der *Interstate Horse Racing Act* Unternehmen mit Sitz in den USA gestattet, Pferdewetten abseits der Rennstrecke und somit im Fernabsatz zu offerieren. Diese punktuelle und nur Inländern zugutekommende Eröffnung des Wettmarktes stelle eine ungerechtfertigte Diskriminierung von Anbietern aus Antigua und anderen WTO-Mitgliedstaaten dar.[77]

---

of the WTO. Clearly, it is. We have not decided that the sovereign nations that are Members of the WTO cannot adopt effective measures to protect endangered species, such as sea turtles. Clearly, they can and should. And we have not decided that sovereign states should not act together bilaterally, plurilaterally or multilaterally, either within the WTO or in other international fora, to protect endangered species or to otherwise protect the environment. Clearly, they should and do. ... WTO Members are free to adopt their own policies aimed at protecting the environment as long as, in so doing, they fulfill their obligations and respect the rights of other Members under the WTO Agreement."); WTO Appellate Body, United States – Gambling and Betting (Fn. 58), Rn. 252, 296 ff.

[74] Siehe WTO Appellate Body, United States – Tuna II (Fn. 68), Rn. 255 ff.

[75] Siehe WTO Appellate Body, United States – Shrimps I (Fn. 68), VI.

[76] Siehe WTO Appellate Body, United States – Shrimps II (Fn. 68), Rn. 135 ff.

[77] WTO Appellate Body, United States – Gambling and Betting (Fn. 58), Rn. 338 ff.

   Damit ist nur das Importverbot für nicht zertifizierte Rohdiamanten vom Vorwurf des verdeckten Protektionismus verschont geblieben. Grund hierfür dürfte
sein, dass das entsprechende Zertifizierungssystem auf einer transnationalen Vereinbarung zwischen Staaten und Privatparteien beruht, die im Zweifel das vom
WTO-Recht verlangte Gleichgewicht zwischen legitimer Verhinderung menschen-
rechtswidriger Produktionsprozesse einerseits und diskriminierungsfrei zugänglichen Märkten andererseits herstellt. Allerdings wird zunehmend bezweifelt, ob
das Kimberley-System tatsächlich dafür sorgt, dass Blutdiamanten vom Welthandel
ausgeschlossen werden, oder ob diplomatische Rücksichten nicht doch fortgesetzte
Vertreibung und Gewalt ermöglichen.[78]
   Insgesamt offenbart sich an den hier betrachteten Beispielen ein Legitimitäts-
dilemma der Versuche, die Globalisierung nicht nur durch freiwillige CSR-Grundsätze und ihre mittelbare Verrechtlichung im Rahmen des Irreführungsrechts (s. o.),
sondern unmittelbar marktbegrenzend einzufangen: Von den nachfragestarken
Industrieländern unilateral definierte Maßstäbe sozial und ökologisch verantwortlichen Wirtschaftens sind zwar effektiv, sie benachteiligen aber nicht selten Anbieter aus Dritt- und namentlich Entwicklungsländern in unberechtigter, weil in
Anbetracht des bezweckten Ziels nicht notwendiger oder sonst willkürlicher Weise.
Transparente Nord-Süd-Vereinbarungen, zumal unter Beteiligung von privaten Akteuren, mögen solche ungerechtfertigten Diskriminierungen zwar vermeiden, lassen es aber an der wünschenswerten Wirksamkeit mangeln.

3.2   Marktbegrenzung auf der Basis allgemeiner
         Rechtsgrundlagen

Die vorstehend skizzierten Import- und Vertriebsverbote betreffen lediglich einen eng
umrissenen Kreis von Waren und Dienstleistungen. Fraglich ist, ob die allgemeinen
Grundlagen des US-Rechts eine weitergehende Verrechtlichung sittlicher Normen mit
dem Ziel der Marktbegrenzung ermöglichen. Angesprochen sind damit Versuche, multinationale Unternehmen vor US-Gerichten für unsoziale oder gar menschenrechtswid-
rige Produktionsprozesse im Ausland zur Rechenschaft zu ziehen.

3.2.1   Klagen von Betroffenen auf der Basis des Common Law und der Alien
            Tort Statute

Im Verfahren *Doe v. Wal-Mart Stores Inc.*[79] machten die Kläger geltend, bei ausländischen Zulieferbetrieben der amerikanischen Handelskette beschäftigt zu sein. Seit
1992 habe *Wal-Mart* in seine Lieferverträge einen Verhaltenskodex aufgenommen.
Die Zulieferer würden verpflichtet, die an ihrem Sitz gültigen arbeitsrechtlichen
Regeln, insbesondere im Hinblick auf das Verbot von Zwangs- und Kinderarbeit so-

---

[78] Siehe   http://www.globalwitness.org/campaigns/conflict/conflict-diamonds/kimberley-process
(zul. aufgerufen am 1. Dezember 2013).
[79] 572 F.3d 677 (9th Cir. 2009).

wie Diskriminierungen, einzuhalten. *Wal-Mart* sei berechtigt, das Verhalten seiner Lieferanten zu inspizieren und bei festgestellten Verstößen das Vertragsverhältnis mit sofortiger Wirkung zu beenden. Allerdings würden derartige Überprüfungen gar nicht, nur nach Ankündigung oder mit manipuliertem Ergebnis durchgeführt, obwohl *Wal-Mart* auch aufgrund der harten Konditionen positiv wisse, dass Zulieferer häufig die lokalen Arbeitsstandards verletzten.[80]

In einer knappen und einstimmigen Entscheidung wies der kalifornische Court of Appeals die Klage 2009 bereits als unsubstantiiert ab.[81] Auch wenn alle Behauptungen der Kläger zuträfen, gebe es keinen Klagegrund, dessen Voraussetzungen erfüllt seien. Die Kläger hätten nur mit den ausländischen Zulieferern, nicht hingegen mit *Wal-Mart* ein Arbeitsverhältnis begründet. Auch alle Versuche, aus der Lieferkette und dem Verhaltenskodex eine mittelbare rechtliche Verantwortlichkeit *Wal-Marts* herzuleiten, scheiterten. Der Verhaltenskodex entfalte keine Schutzwirkungen zugunsten der Arbeitnehmer, weil sich *Wal-Mart* gegenüber den Zulieferern lediglich das *Recht* zur Inspektion und ggf. Kündigung vorbehalten habe, nicht aber verpflichtet sei, die Einhaltung lokaler Arbeitsstandards zu überprüfen oder sonst sicherzustellen. Aus diesem Grund scheide auch eine Haftung wegen *negligence* aus. Schließlich sei *Wal-Mart* auch nicht ungerechtfertigt bereichert. Denn der Profit, den *Wal-Mart* aus rechtswidrigen Arbeitsbedingungen im Ausland schlage, beruhe nicht auf einer unmittelbaren Vermögensverschiebung zwischen den Streitparteien.

Die Entscheidung lässt an Deutlichkeit nichts zu wünschen übrig. Aus ihr folgt, dass das Common Law multinationale Unternehmen auch dann nicht für Verletzungen sozialer und ökologischer Standards durch ihre ausländischen Zulieferer in Haftung nimmt, wenn einschlägige Verhaltenskodizes existieren. Dies gilt jedenfalls solange, wie diese Regelwerke nur die Lieferanten, nicht aber die MNUs selbst verpflichten. Die internationale Arbeitsteilung wirkt somit als Haftungsschild. Die sozialen und ökologischen Bedingungen an ausländischen Produktionsorten erlangen damit in den USA nur insoweit Rechtsrelevanz, als US-Verbraucher hierüber irregeführt werden. Sie kommen mithin im US-Recht nicht als solche, sondern nur als Verbraucherpräferenz zur Sprache.

Ebenso erfolglos blieb ein Vorstoß unter Berufung auf die Alien Tort Statute (ATS).[82] Im Verfahren *Kiobel et. al. v. Royal Dutch Petroleum Co. et. al.*[83] verklagten frühere Bewohner des nigerianischen Öldeltas, die zwischenzeitlich in den USA Asyl gefunden hatten, die *Shell Petroleum Development Company of Nigeria, Ltd.* sowie deren in den Niederlanden bzw. England inkorporierten Muttergesellschaften. Sie behaupteten, die Beklagten hätten die nigerianische Regierung in den frühen 1990er Jahren dabei unterstützt, Proteste der Bewohner des Ogonilandes gegen die Ölbohrungen gewaltsam niederzuschlagen, wobei es zu massiven Menschenrechtsverletzungen gekommen sei. Unter anderem hätten die Beklagten den nigerianischen Einsatzkräften Geld, Material und einen Stützpunkt auf ihrem

---

[80] 572 F.3d 677 (680 f.) (9th Cir. 2009).

[81] 572 F.3d 677 (681 ff.) (9th Cir. 2009).

[82] 28 U.S.C. § 1350 („[t]he district courts shall have original jurisdiction of any civil action by an alien for a tort only, committed in violation of the law of nations or a treaty of the United States.“).

[83] 133 S.Ct. 1659 (2013).

Grundstück zur Verfügung gestellt. Dieses Verhalten sei nach Maßgabe der ATS in einem Zivilverfahren vor amerikanischen Bundesgerichten justiziabel, weil es gegen das *law of nations* verstoße.

Der US Supreme Court urteilte, die ATS eröffne den Rechtsweg zwar auch für Zivilklagen zwischen Privatpersonen. Allerdings habe sich das streitgegenständliche Verhalten vollständig außerhalb des Territoriums der USA zugetragen. Eine solch extraterritoriale Reichweite habe der historische Gesetzgeber der ATS nur im Hinblick auf Piraterie zukommen lassen wollen. In jener Konstellation seien die souveränen Belange fremder Staaten indes nur in geringem Umfang tangiert, denn „pirates were fair game wherever found, by any nation, because they generally did not operate within any jurisdiction".[84] Im Übrigen gebe es keinen Anhaltspunkt dafür, dass die ATS Rechtsverletzungen unabhängig vom Ort ihrer Verursachung bzw. ihres Erfolgs justiziabel machen sollte. Kein Staat und erst recht nicht die zum Erlasszeitpunkt 1789 junge USA hätten sich je angemaßt, der „custos morum" der ganzen Welt zu sein.[85] Die allgemeine Vermutung gegen eine extraterritoriale Anwendung des US-amerikanischen Rechts erlaube eine Berufung auf die ATS nur, wenn der betreffende Sachverhalt deutliche Bezüge auf das Inland aufweise. Die bloße Niederlassung oder gar nur die bloße Geschäftstätigkeit multinationaler Unternehmen in den USA genüge hierfür nicht.[86] Zum selben Ergebnis, nämlich der Unanwendbarkeit der ATS im Streitfall, gelangte eine immerhin von vier Richtern getragene *concurring opinion*.[87] Demnach könnten ausländische Personen zwar auch für extraterritoriale Vorgänge vor US-Gerichten belangt werden. Hierfür sei allerdings Voraussetzung, dass das angegriffene Verhalten ein wichtiges nationales Interesse der USA wesentlich beeinträchtige. Hierzu zähle, dass die USA nicht zu einem sicheren Hafen für Folterknechte und andere Feinde der Menschheit werden dürfen. Zu dieser Kategorie zählten die Beklagten aber nicht.

3.2.2 Rechtsschutz von Verbrauchern auf der Basis des Lauterkeitsrechts?

Die Kläger in den Verfahren gegen *Wal-Mart* und *Royal Dutch Petroleum et. al.* machen geltend, in Asien bzw. Nigeria sozial- und menschenrechtswidrigen Praktiken ausgesetzt gewesen zu sein. Die Zuständigkeit der US-amerikanischen Gerichte sollte sich letztlich aus dem Umstand ergeben, dass die dort unter rechtswidrigen Umständen erzeugten Waren von den Beklagten in den USA gewinnbringend vermarktet wurden. Der Ausgang der Verfahren zeigt jedoch, dass das US-Recht den Betroffenen keine Handhabe bietet, die multinationalen Auftraggeber und Holdinggesellschaften als die Enden bzw. Spitzen der globalen, arbeitsteiligen Wertschöpfungskette in den USA für Verhaltensweisen ihrer Zulieferer oder beherrschter Tochterunternehmen zu belangen. Das US-Recht verweist mithin diejenigen, die

---

[84] 133 S.Ct. 1659 (1667) (2013).

[85] 133 S.Ct. 1659 (1668) (2013) mit Verweis auf *United States v. The La Jeune Eugenie*, 26 F. Cas. 832, 847 (No. 15,551) (C.C.Mass. 1822).

[86] 133 S.Ct. 1659 (1669) 2013.

[87] 133 S.Ct. 1659 (1670 ff.) (2013) (Breyer, Ginsburg, Sotomayor, Kagan, J., concurring).

in Entwicklungsländern von rechtswidrigen, unsozialen oder ökologisch unverantwortlichen Produktionsprozessen betroffen sind, auf die Durchsetzung ihrer Rechte im jeweiligen Herstellungsland.

Zu erwägen ist allerdings, ob Verstöße gegen CSR-Standards nicht auch von den in Industriestaaten ansässigen Verbrauchern geltend gemacht werden können, die gewissermaßen als Vertreter der andernorts ausgebeuteten Menschen, Tiere und Naturgüter auftreten würden. Hierfür müsste argumentiert werden, dass die Konsumenten in entwickelten Ländern ein Recht darauf haben, keinen Produkten ausgesetzt zu werden, die unter Verletzung generell oder zumindest von den beteiligten Unternehmen anerkannter CSR-Grundsätze erzeugt wurden. Solche Waren und Dienstleistungen wären nicht mehr verkehrsfähig und dürften auch nicht beworben werden. Im Ergebnis würden alle sozial oder ökologisch „unverantwortlich" hergestellten Produkte vom US-amerikanischen Absatzmarkt ausgeschlossen.

Da eine ausdrückliche Rechtsvorschrift dieses Inhalts nicht existiert, stellt sich die Frage, ob die allgemeinen wirtschaftsrechtlichen Vorschriften eine derartige Sanktionierung CSR-widriger Herstellungspraktiken erlauben. In Betracht kommt insoweit zunächst das etwa im kalifornischen Recht vorgesehene Verbot rechtswidriger (*unlawful*) Geschäftspraktiken.[88] Auf der Basis dieses Rechtsbruchtatbestandes wurden zum Beispiel Zuwiderhandlungen gegen arbeitsrechtliche Diskriminierungsverbote als unlauterer Wettbewerb untersagt, weil sich der beklagte Unternehmer einen verbotenen Vorsprung gegenüber rechtstreuen Mitbewerbern verschafft habe.[89] Allerdings betrafen die Entscheidungen Sachverhalte, in denen sich sowohl die Produktion als auch der Absatz in den USA zugetragen hatten. Ausländische Herstellungsprozesse unterliegen hingegen nicht den US-amerikanischen Marktverhaltensvorschriften, sondern den vor Ort gültigen Regelungen. Verstöße hiergegen stellen ebenso wenig *unlawful business acts or practices* im Sinne des kalifornischen Lauterkeitsrechts dar wie Zuwiderhandlungen gegen freiwillig eingegangene Selbstverpflichtungen zu verantwortlichem Wirtschaften.[90]

Schließlich könnte der Vertrieb von Produkten, die im Ausland unter Verstoß gegen CSR-Grundsätze hergestellt wurden, als *unfair* untersagt werden. Ein solch generalklauselartiges Verbot findet sich in Sec. 5 des FTC-Gesetzes und in einzelstaatlichen Regelungen wie etwa dem kalifornischen Lauterkeitsrecht, nicht aber im Lanham Act, der Mitbewerber mit Klagerechten gegen irreführende geschäftliche Handlungen im zwischenstaatlichen Wirtschaftsverkehr ausstattet.[91] Einer-

---

[88] § 17200 California Business and Professions Code; *Wilson v. Hewlett-Packard Inc.*, 668 F.3d 1136 (9th Cir. 2012).

[89] *Herr v. Nestle U.S.A., Inc.*, 109 Cal. App.4th 779 (2nd Dist. 2003), review denied, (Sept. 10, 2003); *Alch v. Superior Court*, 122 Cal. App.4th 339 (2nd Dist. 2004), review denied, (Dec. 22, 2004); ferner *McCaffrey v. Brobeck, Phleger & Harrison, L.L.P.*, 2004 WL 345231 (N.D.Cal. 2004) (Verletzung gesetzlicher Arbeitsstandards als unlauterer Wettbewerb).

[90] Zu den anerkannten Fallgruppen des *unlawful conduct of business* siehe *Altman/Pollack* (Fn. 53), §§ 16:3-5, 13 ff. Zum deutschen Recht *Köhler*, in: *Köhler/Bornkamm*, UWG, 31. Aufl. 2013, § 4 Rn. 11.24, 26, 29 m.w.N.

[91] Zur FTC siehe *FTC v. Sperry & Hutchinson C.*, 405 U.S. 233, 244–45, n. 5 (1972); *Altman/Pollack* (Fn. 53), § 2:10. Zum kalifornischen Recht § 17200 California Business and Professions Code („any … unfair… business act or practice and unfair… Advertising") und *Cel-Tech Commc'ns,*

seits sollen diese Regelungen der Rechtsprechung ein umfassendes und flexibles Instrument an die Hand geben, um die Lauterkeit des Wettbewerbs im Interesse der Verbraucher und der Mitbewerber zu gewährleisten.[92] Andererseits spielt diese, auf den ersten Blick weitreichende Kompetenz in der Rechtspraxis keine Rolle.[93] Soweit ersichtlich ist bisher weder von der FTC noch von privaten Klägern überhaupt auch nur der Versuch unternommen worden, den Absatz eines Produkts in den USA als unfair/unlauter und deshalb verboten anzugreifen, weil es im Ausland unter Verletzung von CSR-Grundsätzen hergestellt wurde.

Diese Zurückhaltung ist nachvollziehbar. Denn die Erfolgsaussichten einer solchen Rechtsargumentation erscheinen äußerst gering.[94] Die Kompetenz der FTC zur Sanktionierung allgemein „unfairer" geschäftlicher Handlungen wurde vom Gesetzgeber explizit auf den kaum zu beweisenden Ausnahmefall beschränkt, dass „the act or practice causes or is likely to cause substantial injury to consumers which is not reasonably avoidable by consumers themselves and not outweighed by countervailing benefits to consumers or to competition." Die FTC darf hierbei zwar Gesichtspunkte der *public policy* berücksichtigen. Es ist ihr aber ausdrücklich untersagt, ihre Entscheidung primär auf derartige Erwägungen zu stützen.[95] Eine behördliche Durchsetzung transnationaler CSR-Standards im Interesse einer marktbegrenzenden Sittlichkeit dürfte daher nicht in Betracht kommen.

Ebenso unwahrscheinlich ist, dass die Gerichte diese Rolle übernehmen. Selbst wenn unfairer/unlauterer Wettbewerb wie in Kalifornien als klagbares Delikt kodifiziert ist, sind die Voraussetzungen und Grenzen des Tatbestands doch weithin ungeklärt.[96] Wenn Gerichte auf diese Generalklausel überhaupt rekurrieren, dann zum Schutz wettbewerblicher Interessen von Mitbewerbern vor Irreführungen und unlauteren Leistungsübernahmen.[97] Von dieser wettbewerbsfunktionalen Logik unter-

---

Inc. v. Los Angeles Cellular Tel. Co., 83 Cal.Rptr.2d 548, 561 (Cal. 1999); *Lozano v. AT & T Wireless Servs., Inc.*, 504 F.3d 718, 731 (9th Cir. 2007); *Wilson v. Hewlett-Packard Co.*, 668 F.3d 1136 (9th Cir. 2012); *Stanwood v. Mary Kay, Inc.*, 2012 WL 7991231, 2 (C.D.Cal.). Zum Lanham Act und zum Scheitern diesbezüglicher Kodifikationsbemühungen siehe *Altman/Pollack* (Fn. 53), § 2:11.

[92] *Cel-Tech Commc'ns, Inc. v. Los Angeles Cellular Tel. Co.*, 20 Cal.4th 163, 181 (Cal. 1999); *Wilson v. Hewlett-Packard Co.*, 668 F.3d 1136 (9th Cir. 2012); *Kwikset Corp. v. Superior Court*, 51 Cal.4th 310, 320 (Cal. 2011) m.w.N. („broad, sweeping language ... to protect both consumers and competitors by promoting fair competition in commercial markets for goods and services"). Weitergehend *Altman/Pollack* (Fn. 53), §§ 2:2, 2:11 („The resulting legal situation would be similar to that which occurs under French, German and Swiss law: by virtue of a general code clause, in any suit, whether based on contract, tort or unjust enrichment, the violation of good morals may become an issue.").

[93] Vgl. etwa *Gray v. Toyota*, 2012 WL 313703, 7 (C.D.Cal.) (Tatbestand der Unfairness nicht ausreichend dargelegt).

[94] Zur Sanktionierung von CSR über § 3 Abs. 1 UWG ebenfalls ablehnend *Ohly/Liebenau*, in diesem Band.

[95] Siehe 15 U.S.C. § 45(n) und *Rosch*, Self-Regulation and Consumer Protection: A Complement to Federal Law Enforcement, 2008 WL 4380445 (F.T.C.), 5 f. (mit Hinweisen zur gescheiterten Regulierung von an Kinder gerichteter Werbung).

[96] *Altman/Pollack* (Fn. 53), § 2:11 („As the law stands today, unfair competition is recognized as a tort, but very little else is known about it.").

[97] Zum *passing-off* siehe *Altman/Pollack* (Fn. 53), § 2:22.

scheidet sich ein marktbegrenzendes Verbot im globalen (!) Allgemeininteresse an sozial und ökologisch „gutem" Wirtschaften grundlegend. Jenes hat im US-Recht nur in Gestalt eng begrenzter Import- und Vertriebsverbote für nicht zertifizierten Shrimps und Rohdiamanten Niederschlag gefunden.[98] Aus diesen Regelungen folgt im Umkehrschluss, dass alle anderen Produkte ungeachtet der Umstände ihrer Herstellung grundsätzlich verkehrsfähig sind. Nicht zuletzt geraten pauschale Absatz- und Werbeverbote erneut in Konflikt mit dem grundrechtlichen Schutz der kommerziellen Rede.[99] Denn auch wenn derartige Äußerungen nicht den vollen Schutz der *freedom of speech* genießen und folglich überhaupt untersagt werden dürfen, so muss ein Werbeverbot doch immerhin geeignet und erforderlich sein, um ein verfassungsmäßiges Regelungsziel zu fördern.[100] Es bedürfte daher des Nachweises, dass ein Vertriebsverbot für den US-Markt die Produktionsverhältnisse in Entwicklungsländern in sozialer oder ökologischer Hinsicht verbessert. Wie die Erfahrungen mit dem Rohdiamanthandel lehren, ist dies auch in Anbetracht der Nachfragemacht der USA keineswegs selbstverständlich.

4   Zusammenfassung und Gesamtschau

Damit bleibt die Rechtsrelevanz der Sittlichkeit der Wirtschaft begrenzt. Die marktbegleitende Sittlichkeit wird über das Irreführungsrecht anerkannt und stabilisiert. Unternehmen sollen den erheblichen Werbewert sozial und ökologisch „guten" Wirtschaftens nicht in täuschender Absicht missbrauchen und so den Wettbewerb verfälschen.[101] Dabei gehen jedenfalls die kalifornischen Gerichte recht weit. Nicht nur konkret produktbezogene, sondern auch allgemein die Unternehmenspolitik betreffende Aussagen müssen wahrheitsgemäß sein und dürfen auch sonst keine Irreführungsgefahren auslösen (*Kasky v. Nike*). Ein „*corporate right to lie*" gibt es im US-Recht also gerade nicht. Sogar das Verschweigen wesentlicher Informationen über die soziale und ökologische Unternehmenspraxis soll eine sanktionsbewehrte Irreführungsgefahr auslösen können (*Stanwood v. Mary Kay*). Sollte sich letztgenannte Rechtsauffassung durchsetzen, wären Unternehmen verpflichtet, von sich aus wahrheitsgemäß all diejenigen Aspekte der Produktherstellung und des Vertriebs offenzulegen, die die sittlich motivierten Präferenzen anderer Marktteil-

---

[98] Oben 3.1.

[99] Siehe dazu *Smolla*, Afterword. Free the Fortune 500! The Debate over Corporate Speech and the First Amendment, 54 Case W. Res. L. Rev. 1277, 1292 ff. (2004). Zur Berücksichtigung der Meinungsfreiheit der Werbenden durch die FTC siehe *Rosch*, Responsible Green Marketing, 2008 WL 2557916 (F.T.C.), 6.

[100] *Central Hudson Gas & Elec. Corp. v. Public Serv. Comm'n of New York*, 447 U.S. 557, 566 (1980); *Riley v. National Federation of the Blind of North Carolina, Inc.*, 487 U.S. 781, 789 (1988). Zur deshalb problematischen Marktregulierung im Interesse des Gesundheitsschutzes der Verbraucher siehe *Rosch*, Self-Regulation and Consumer Protection: A Complement to Federal Law Enforcement, 2008 WL 4380445 (F.T.C.).

[101] Zur Bekämpfung solchen „*green-washings*" auch EU-Kommission, Eine neue EU-Strategie (2011–14) für die soziale Verantwortung der Unternehmen (CSR), KOM (2011) 681 endg., 11; zur entsprechenden deutschen Rechtslage vgl. *Peukert* (Fn. 10), § 1 Rn. 60 m.w.N.

nehmer beeinflussen können. Diese Rechtsnorm könnte geradezu eine Spirale der Verrechtlichung verantwortungsvollen Wirtschaftens und umgekehrt eine Ethisierung des Wirtschaftsrechts auslösen. Gleichwohl handelt es sich hierbei lediglich um einen sekundären Effekt einer weiterhin primär wettbewerbsfunktionalen Regulierungslogik.

Eine genuin marktbegrenzende Sittlichkeit realisiert das US-Recht nur punktuell. Der erwünschte Steuerungseffekt zugunsten eines sozial und ökologisch verantwortungsvollen Handelns wird dabei zum Teil über die Verleihung werbewirksamer Gütezeichen („dolphin safe tuna"), zum Teil sogar über Importverbote nicht zertifizierter Produkte (Shrimps und Rohdiamanten) erreicht. Die Regelungen zielen dabei nicht nur auf US-amerikanische Unternehmen, sondern auch und gerade auf Hersteller bzw. Erzeuger aus Drittstaaten ab. Dieser extraterritoriale Regelungsanspruch hat welthandelsrechtliche Konflikte mit Entwicklungsländern hervorgerufen. Ihnen wurde in WTO-Streitbeilegungsverfahren mehrfach attestiert, von den USA durch die konkrete Ausgestaltung der Marktzutrittshürden in willkürlicher oder sonst ungerechtfertigter Weise diskriminiert zu werden. Das WTO-Recht übernimmt hier die Funktion sicherzustellen, dass sich hinter wohlfeiler Sittlichkeit kein schnöder Protektionismus versteckt.

Jenseits dieser spezialgesetzlichen Begrenzungen bestimmter Produktmärkte bietet das US-Recht keine Grundlage, um ausländische Verstöße gegen CSR-Standards zu sanktionieren. Dies gilt sowohl für Klagen der im Ausland von (menschen-)rechtswidrigen Praktiken und Vorfällen Betroffenen (*Doe v. Wal-Mart*, *Kiobel v. Royal Dutch Petroleum*), als auch für den in der Tat exzentrischen und soweit ersichtlich bisher nicht unternommenen Versuch, solch unsittliches Wirtschaften im Namen des US-amerikanischen Durchschnittsverbrauchers für unlauter und damit rechtswidrig zu erklären.[102] Folglich bleibt eine Sittlichkeit, die die globale Wirtschaft auf sozial und ökologisch verantwortliches Handeln begrenzt, auf nicht-rechtliche Normen und Sanktionsmechanismen angewiesen, wie sie sich in transnationalen CSR-Grundsätzen finden.[103] Das Lauterkeitsrecht hingegen ist grundsätzlich einer ökonomisch-wettbewerbsfunktionalen Logik verpflichtet. Es bezweckt die Stabilisierung des unverfälschten Wettbewerbs als des maßgeblichen Ordnungsmechanismus der Wirtschaft – nicht jedoch seine Einhegung aus ethischen Gründen.[104]

---

[102] Zur entsprechenden Rechtslage nach deutschem UWG siehe BGH, GRUR 1980, 858 (860 f.) – Asbestimporte (Vertrieb importierter Asbestware, die im Ausland nach den dortigen Vorschriften ordnungsgemäß, aber ohne Beachtung von Sicherheitsbestimmungen hergestellt worden ist, wie sie im Inland zum Schutz der Arbeitnehmer vor Asbestose bestehen, nicht wettbewerbswidrig gem. § 1 UWG 1909); LG Aschaffenburg, Magazindienst 2010, 750– Mauertrockenlegungssystem (es sei nicht Aufgabe des UWG, „Produkte auf deren Sinnhaftigkeit und Zweckbestimmung zu untersuchen und eine etwaige Werbung für solche Produkte einzuschränken bzw. zu unterbinden"); *Peukert* (Fn. 10), § 1 Rn. 66.

[103] Siehe auch EU-Kommission, Eine neue EU-Strategie (2011–14) für die soziale Verantwortung der Unternehmen (CSR), KOM (2011) 681 endg. 9. Zur öffentlichen Regulierung dieser Selbstregulierung siehe *Wolf*, in: *Bumke/Röthel*, Privates Recht, 2012, 187 (199). Zur öffentlichen Regulierung der Selbstregulierung der Selbstregulierung (Verhaltenskodizes zur Erstellung von Verhaltenskodizes) siehe EU-Kommission, a. a. O., 12.

[104] In diesem Sinne zum deutschen UWG *Peukert* (Rn. 10), § 1 Rn. 76 ff.

In der Gesamtschau zeigt sich eine Korrelation zwischen der Rechtsrelevanz der Sittlichkeit der Wirtschaft und ihrer Komplementarität mit dem Marktgeschehen. Je kompatibler ethische Normen mit dem wirtschaftlichen Wettbewerb sind, desto intensiveren Rechtsschutz genießen sie. Dementsprechend begünstigt das Privat- und Wirtschaftsrecht die marktermöglichende Sittlichkeit, indem etwa das Vertrauen auf die Vertrags- und Rechtstreue des Partners und die Wahrheit werblicher Angaben Schutz genießt. Auch die marktbegleitende, in den Wettbewerb eingebettete Sittlichkeit wird insbesondere vom Irreführungsrecht wahrgenommen und stabilisiert. Ihre Berücksichtigung steht im Einklang mit einem wettbewerbsfunktionalen Konzept des Wirtschaftsrechts, das eben auch Manipulationen des sittlich motivierten Marktverhaltens verbietet. Dabei ist die Rechtsrelevanz sittlicher Präferenzen um so größer, je bedeutsamer sie für Geschäftsabschlüsse, die den Kern des Marktgeschehens bilden, sind. Dementsprechend sind aktive Irreführungen über konkrete Produktmerkmale anerkanntermaßen verboten, während die Rechtslage für eher marktperiphere Äußerungen zur allgemeinen Unternehmenspolitik umstritten ist.

Je mehr sich sittliche Normen schließlich gegen den Markt wenden und zu seiner Begrenzung aufrufen, desto weniger Gewicht misst das Wirtschaftsrecht ihnen bei. Zwar verbietet das Lauterkeitsrecht auch Irreführungen durch Unterlassen. Eine Rechtspflicht zur Offenlegung sozial oder ökologisch unverantwortlichen Wirtschaftens ist aber bisher nicht anerkannt. Für eine weitergehende, unmittelbar marktbegrenzende Regulierung fehlt es abgesehen von punktuellen, spezialgesetzlichen Import- und Verkehrsverboten bereits an einer Rechtsgrundlage. Insoweit ist die Sittlichkeit der Wirtschaft auf die Stärke ihrer nicht-rechtlichen Normativität angewiesen.

Grafisch lässt sich dieses Ergebnis wie folgt veranschaulichen:

Teil VII
Zukunftsperspektiven

Corporate Social Responsibility und das Lauterkeitsrecht: Braucht es ein „Europäisches Unternehmerleitbild"?

Franz Jürgen Säcker

Zusammenfassung Beim Corporate Governance-Kodex geht es bislang allein darum, die Unternehmen zur Rechtstreue zu verpflichten. Unbeachtet bleiben ökologische und soziale Ziele, soweit diese (noch) nicht zum Inhalt der Rechtsordnung geworden sind. Die Vorstellung, dass Preisbildung und Markt nicht von der Ethik dirigiert werden sollten, war eines der großen Dogmen des klassischen Liberalismus. Das Regelwerk der UNO „The Responsibility of National Corporations and other Business Enterprises with regard to Human Rights" und die Corporate Social Responsibility-Richtlinien der EU wollen diese Ideologie überwinden aus der Erkenntnis heraus, dass eine moderne Zivilgesellschaft auch auf nicht in Rechtsnormen verdichteten gemeinsamen sozialen, ökologischen und kulturellen Grundüberzeugungen beruht, die ein Unternehmen beachten muss, wenn es langfristig erfolgreich sein will. Eine Beschränkung von Compliance auf die strikte Einhaltung von Rechtsnormen ohne ethische Fundierung i.S. eines auch sozial und ökologisch verantwortungsvollen Handelns würde auf Dauer jedes Corporate Governance System zu einem als lästig empfundenen Überbau machen. Das Corporate Governance-Konzept sollte deshalb stärker mit den Grundsätzen von Corporate Social Responsibility verbunden werden.

1 Corporate Social Responsibility als Corporate Culture?

In der Wochenzeitschrift „Die Zeit" vom 16. Mai 2013 begann der Wirtschaftsteil mit einem Artikel: „Was ist ihnen das Leben dieser Maus wert? Wirtschaftswissenschaftler zeigen im Labor, wie der Markt die Moral zerstört."[1] Vor die Frage gestellt, ob ihnen 10 € lieber sei oder das Leben einer „jungen gesunden Maus

---

[1] *Heuser*, „Die Zeit" v. 16. Mai 2013, S. 21.

F. J. Säcker (✉)
Institut für Energie- und Regulierungsrecht Berlin e. V.
Berlin, Deutschland
E-Mail: saecker@enreg.eu

R. M. Hilty, F. Henning-Bodewig (Hrsg.), *Corporate Social Responsibility*,
MPI Studies on Intellectual Property and Competition Law 21,
DOI 10.1007/978-3-642-54005-9_18, © Springer-Verlag Berlin Heidelberg 2014

mit einer Lebenserwartung von rund 2 Jahren", entschieden sich bei individueller Befragung von fast tausend studentischen Teilnehmern 45 % für das Geld und opferten dafür das Leben der Maus. Bei anonymisierten Marktverhandlungen waren es 75 %, die das Geld bevorzugten. Eine durch Angebot und Nachfrage gesteuerte kompetitive Marktwirtschaft hat nie für sich in Anspruch genommen, moralische Fragen einer offenen Marktwirtschaft zu lösen. Der Schutz von Menschenrechten, der Schutz von sozialen Arbeitsbedingungen und der Schutz der Umwelt gehört nicht zu den mit Hilfe des Marktmechanismus zu lösenden Problemen. Wettbewerb dient der Wohlstandsmehrung der Verbraucher durch Kampf um den Kunden mittels der Effizienz unternehmerischer Entscheidungsprozesse. Wettbewerb kann nur funktionieren – das ist Kern der ORDO-liberalen Kritik[2] am klassischen Laissez-faire-Liberalismus[3] – unter den Bedingungen einer staatlichen Rahmenordnung, die ökologische, soziale und kulturelle Ziele mit Hilfe des zwingenden staatlichen Gesetzesrechts vorgibt.[4] Ein wettbewerbsorientiertes Wirtschaftssystem bedingt nicht die Abwesenheit, sondern die Anwesenheit vieler rechtlicher *Rahmenregelungen*, die klare Daten für die unternehmerischen Entscheidungen im Wettbewerb setzen. Das System würde in seiner Leistungsfähigkeit beeinträchtigt durch permanente staatliche *mikro*interventionistische Eingriffe zur inhaltsrechtlichen Korrektur von Ungerechtigkeiten. Solche Eingriffe sind nur dann erforderlich, wenn der Staat auf eine funktionierende Rahmenordnung für das Handeln der privaten und öffentlichen Unternehmen verzichtet hat.[5] Nicht der Markt ist unmoralisch, sondern die staatliche Rahmenordnung, wenn sie durch Regelungslücken oder durch mangelhafte Durchsetzung der Normen Spielräume zu unmoralischem, einseitig eigensüchtigem Verhalten lässt.[6]

Prüfen wir also im Folgenden, ob das geltende *Lauterkeitsrecht* namentlich im Bereich der umwelt- und sozialbezogenen Werbung den Anforderungen an eine zeitgemäße Rahmenordnung für das kompetitive Handeln der Unternehmen in Übereinstimmung mit einem veränderten ökologischen und sozialen Bewusstsein gerecht wird. Bedarf das historische und nicht von Selbstbelobigung freie Leitbild des „ehrbaren Kaufmanns",[7] das historisch als Idealtyp hinter dem Lauterkeitsrecht steht, stärkerer rechtlicher Umhegung?

---

[2] *Säcker*, Zielwandlungen und Zielkonflikte in der Wettbewerbspolitik, 1971, 36 ff.

[3] Vgl. dazu *Nawroth*, Die Sozial- und Wirtschaftsphilosophie des Neoliberalismus, 1962, 162 ff.

[4] Der in der Öffentlichkeit verbreitet bestehende Eindruck, die Liberalisierung eines Monopolmarktes müsse zum Abbau gesetzlicher Regelungen führen, ist im Bereich von natürlichem Infrastrukturmonopolen unzutreffend. Nur die Produktmärkte sind durch den diskriminierungsfreien Zugang zu den Netzen gemäß §§ 17, 20 EnWG wettbewerblich organisiert; der Transportmarkt bleibt monopolisiert, vgl. näher *Mestmäcker*, in: *Coing/Kronstein/Mestmäcker* (Hrsg.), FS für Böhm, 1965, 353 ff.

[5] Näher *Säcker*, Gruppenparität und Staatsneutralität als verfassungsrechtliche Grundprinzipien des Arbeitskampfrechts, 1974, 112 ff.

[6] Vgl. auch *Stehr*, Die Moralisierung der Märkte, 2007.

[7] Vgl. dazu *Schricker*, Gesetzesverletzung und Sittenverstoß, 1970, 190 ff.

F. Henning-Bodewig[8] beendete ihren Aufsatz über den ehrbaren Kaufmann mit dem Satz: „Der ehrbare Kaufmann oder die Geschäftsethik sind gewiss nicht *das* Fundament des UWG, aber ebenso gewiss *ein* Steinchen im Fundament." Dies eher resignierende Schlusswort ermutigt nicht, der Corporate Social Responsibility (CSR)-Idee[9] eine das Wirtschaftsleben prägende Zukunft vorherzusagen. Um den *Stellenwert von CSR im Rahmen eines modernen Unternehmensleitbildes* auszuloten, erlauben Sie mir zunächst einige Umwege zu gehen:

Wer die Homepages großer *chinesischer* Unternehmen betrachtet, findet dort breite Abschnitte über *Corporate Culture*.[10] Für den chinesischen Manager ist die Beachtung der von den von Unternehmen selbst gesetzten Corporate Culture–Prinzipien im Umgang mit Mitarbeitern und Kunden eine moralische Frage von erheblichem Gewicht. Er verliert sein Gesicht, wenn er bei der Verletzung dieser Spielregeln ertappt wird. Eine abstrakte Rechtsverletzung dürfte ihn eher kalt lassen als der berechtigte Vorwurf, gegen die Prinzipien verstoßen zu haben, die seine Firma als Ausdruck ihrer Corporate Culture aufgestellt hat. Das sich darin ausdrückende Verhaltensmuster unterscheidet sich wesentlich vom europäischen und US-amerikanischen Muster.[11] Gemeinsame ethisch verpflichtende Standards im Wettbewerb *jenseits* des Zwangs zur Rechtlichkeit des Verhaltens sind den Staaten des Westens weitgehend fremd. Zwar existieren heute in fast allen großen Unternehmen auf deren Homepage Führungsgrundsätze; diese beziehen sich aber nicht auf ethische Prinzipien im Geschäftsleben, die über den Aufruf zur Einhaltung der gesetzlichen Normen hinaus gehen.

Die den frühen Kapitalismus antreibende und in gewissem Maße auch bändigende calvinistisch geprägte Ethik[12] hat sich in der globalisierten arbeitsteiligen Wirtschaft weitgehend an einem am EBIT[13] und ROCE-Zielen[14] orientierten Denken aufgelöst. Der klassische Manchester Laissez Faire Liberalismus hatte sich darauf beschränkt, die Bedingungen der Wettbewerbsfreiheit zu sichern und Störungen dieser Freiheit zu beseitigen, um das freie unverfälschte Spiel der unternehmerischen Kräfte nicht zu beeinträchtigen. Dass Produktion, Preisbildung und Markt „ihre eigene Sphäre haben und weder von der Ethik noch von der Ästhetik und am allerwenigsten von der Politik dirigiert werden können, galt als eines der wenigen

---

[8] *Henning-Bodewig*, Der „ehrbare" Kaufmann, Corporate Social Responsibility und das Lauterkeitsrecht, WRP 2011, 1014, (1023).

[9] Vgl. den UN Global Compact (http://www.unglobalcompact.org/); OECD-Leitsätze für multinationale Unternehmen (http://www.oecd.org/daf/inv/mne/48808708.pdf); näher dazu *Birk,* GRUR 2011, 196 ff.

[10] "Guiding Opinion on Strengthening the Building of Corporate Culture in Centrally Controlled Corporations", issued by SASAC on 16 March 2005 (www.sasac.gov.cn/eng/zrzc.htm, accessed 28 Nov. 2007); dazu *Hawes*, "Representing Corporate Culture in China: Official Academic and Corporate Perspectives", The China Journal, No. 59, January 2008, 33.

[11] *Deal/Kennedy*, Corporate Culture: The Rites and Rituals of Corporate Life, 1988, 22 ff.

[12] Vgl. *M. Weber,* Wirtschaft und Gesellschaft, 1922.

[13] Earnings before interests and taxes.

[14] Return on Capital Employed.

wirklich undiskutierbaren, unbezweifelbaren Dogmen des liberalen Zeitalters."[15] Das Vertrauen darauf, dass Wettbewerbsfreiheit als quasi-automatisches Resultat des kompetetiven Strebens nach Kundenabschlüssen die Wohlfahrt aller herbeiführe, galt als eines der unbestrittenen Dogmen des ausgehenden 19. Jahrhunderts.[16] Ihren Ausdruck findet diese Position noch heute in der Zurückweisung der ordoliberalen Kritik an dieser Konzeption von Wirtschaftsfreiheit durch zahlreiche Wirtschaftswissenschaftler, die Sozialpolitik aus der Wirtschaftspolitik ausblenden und sich gegen die Berücksichtigung von außerökonomischen Zielen wenden, weil dies eine Relativierung des ökonomischen Optimums durch soziale Kosten bedeute.[17] Wenn *Henning-Bodewig* neuerdings Wirtschaftswissenschaftler ausfindig macht, bei denen die Wettbewerbstheorie „auf der ungeschriebenen Voraussetzung des ehrbaren Kaufmanns beruht", so habe ich den Verdacht, dass sie Bücher über Wirtschafts- und Managementethik[18] gelesen hat, aber keine betriebswirtschaftlichen Bücher über Marketingstrategien. Betriebswirtschaftliches Denken wird nach wie vor von der Frage beherrscht, ob ein neues Produkt auf der Grundlage bestehender Kosten erfolgreich vermarktet werden kann. Ethisches Verhalten hat nur dann einen Marktwert, wenn der Verbraucher ethisches Verhalten des Unternehmens honoriert.[19]

2   Corporate Social Responsibility und UWG

Prüfen wir also, ob das geltende Lauterkeitsrecht durch ergänzende verbindliche Standards, wie es die CSR-Grundsätze darstellen, verbessert werden kann. Kennzeichnend für das deutsche Recht ist nicht das Fehlen von Normen, sondern eine Normenüberflutung und Normenverfeinerung durch die Rechtsprechung, gerade im Bereich des Umwelt-, des Arbeits- und des Verbraucherschutzrechts. Dadurch ist ein Dickicht umfangreicher Gesetzesvorschriften entstanden, die unternehmerische Entscheidungen umhegen und nicht selten in ein Prokrustesbett einzwängen.[20] Das spricht zunächst gegen eine weitere „Normenflut."

---

[15] *C. Schmitt,* Der Begriff des Politischen, 1932 (Neuauflage 1963), 70 f.

[16] Vgl. zur Kritik *Morgensterin,* in: *Klothen/Krelle/Müller/Neumark* (Hrsg.), FS für Beckerath, 1964, 558 ff.; *Eucken,* Die Grundlagen der Nationalökonomie, 6. Aufl. 1950, 97 ff.; *Heuss,* ORDO XVIII (1967), 411 ff.; *Roper,* ORDO III (1950), 239 ff.; *Günther,* Der Stand der deutschen Kartellgesetzgebung, BB 1950, 879 ff.; *Raiser,* Vertragsfreiheit heute, JZ 1958, 1 ff.; *Mestmäcker,* Über die normative Kraft privatrechtlicher Verträge, JZ 1964, 441 ff.

[17] Vgl. *Kantzenbach,* Die Funktionsfähigkeit des Wettbewerbs, 2. Aufl. 1967, 12 ff.; *Hoppmann,* in: *Albert/Wilhelm/Besters,* FS für Wessels, 1967, 145 (168 ff.); zur Kritik *Lampert/Althammer,* Lehrbuch der Sozialpolitik, 2007; *Clark,* Competition as a Dynamic Process, 1961, 85 ff; *Holzer,* Theorie des Datenrahmens, 1964, 61 ff.

[18] Vgl. z. B. *Göbel,* Unternehmensethik, 2. Aufl. 2010; *Homann/Blome-Drees,* Wirtschafts- und Unternehmensethik, 1992.

[19] Vgl. zutreffend BGH, GRUR 1996, 36 – Umweltfreundliches Bauen; GRUR 1991, 546 – Altpapier; GRUR 2007, 247 – Regenwaldprojekt I; GRUR 2007, 251 – Regenwaldprojekt II.

[20] Vgl. *Säcker*, in: *Boguslawskij/Trunk* (Hrsg.), Festgabe für Seiffert, 2006, 479 ff.

Der Vorstand handelt heute nicht mehr, wie dies vor 100 Jahren noch der Fall sein mochte, *legibus solutus*, sondern *legibus coactus*. Die Bedeutung der Rechtsabteilungen und der beratenden Anwaltssozietäten spielt im Unternehmensalltag eine immer größere Rolle. Normenverstöße, z. B. Verstöße gegen Kartell- und Umweltvorschriften, sind heute auch im Selbstverständnis der Unternehmen keine bloßen Kavaliersdelikte mehr, sondern stellen wegen ihrer strikten Sanktionierung mittels *public und private enforcement* schwerwiegende Verstöße gegen die internen Grundsätze guter Corporate Governance dar.[21] Die Compliance Abteilungen der großen Unternehmen demonstrieren den wachsenden Willen zur Rechtlichkeit des Verhaltens.[22]

Die Verbraucher können ihrerseits die Informationen, die ihnen als Folge der Aufklärungs- und Transparenzverpflichtungen der Unternehmen zufließen, größtenteils gar nicht mehr aufnehmen; sie werden davon erschlagen. Angesichts dieser Überforderung der Verbraucher wird das UWG-rechtliche Leitbild des informierten und wachen Konsumenten[23] zunehmend überlagert durch das Leitbild des verantwortlich handelnden Unternehmers, der die Interessen des Verbrauchers bereits bei seinen Vertragsverhandlungen und Vertragsangeboten angemessen zu berücksichtigen hat.[24] Immer häufiger findet sich daher in Leitlinien das Paradigma des verantwortungsvollen, auf den Verbraucher angemessen Rücksicht nehmenden Unternehmers. Das Leitbild der verantwortungsvollen Kreditvergabe bei komplexen Finanzprodukten ergänzt das Leitbild des aufgeklärten Verbrauchers bei Finanzdienstleistungen.[25] Die der europäischen Tradition entsprechende Maxime, dass das Recht für die Wachen geschrieben ist *("ius civile vigilantibus scriptum est")*, wird heute weitgehend ersetzt durch die sozialstaatliche Fürsorge des Gemeinwesens, das sich seiner Verantwortung für angemessenen Verbraucher- und Umweltschutz bewusst ist und sich dazu immer mehr der Unternehmen bedient, um diesen Schutz durch zusätzliche Rechtsvorschriften zu erreichen.

Das Konzept der Corporate Responsibility unterscheidet sich von dem Konzept der *Corporate Governance* dadurch, dass es bei den Corporate Governance-Spielregeln darum geht, die Unternehmen strikt auf Rechtstreue durch Einhaltung der Rechtsnormen zu verpflichten, die die geltende Rechtsordnung der unternehmeri-

---

[21] *Lampert/Matthey*, in: *Hauschka*, Corporate Compliance, § 26, Rn. 53; *Burgi*, Compliance im Staat – Staat und Compliance, CCZ 2010, 41 ff.; *Kort*, Verhaltensstandardisierung durch Corporate Compliance, NZG 2008, 81 (85).

[22] Was allerdings das OLG München (Az. 5 U 2472/09) im Fall Kirch/Deutsche Bank über das Verhalten des Vorstandes der Deutschen Bank feststellt, lässt daran dann doch wieder gewisse Zweifel aufkommen; vgl. dazu *Rüthers*, Oberlandesrichter stechen mit Kirch-Urteil ins Wespennest, FAZ v. 17.4.2013, Nr. 89, S. 22.

[23] Vgl. EuGH, Rs. C-210/96, Gut Springenheide, Slg. 1998, I – 4657, Rn. 31; Rs. C- 220/98, Estée Lauder, Slg. 2000, I-117, Rn. 32; BGH GRUR 2000, 619 (621); BGHZ 156, 250 (252); BGH GRUR 2012, 184, Rn. 19; BGH GRUR 2012, 1053.

[24] Dies entspricht der Rechtsprechung des Bundesgerichtshofs, der den Aufsteller Allgemeiner Geschäftsbedingungen verpflichtet, bei der Gestaltung des Inhalts nicht nur seine Interessen, sondern auch die Interessen seiner künftigen Vertragspartner angemessen zu berücksichtigen, vgl. BGHZ 41, 151 (154); 48, 264 (268); 51, 55 (57 ff.); BAG AP Nr. 1 zu § 305 BGB – Billigkeitskontrolle.

[25] Vgl. dazu Art. 19 RL 2004/39/EG über Märkte für Finanzinstrumente, ABl. EU v. 30.4.2004 Nr. L 145/17.

schen Tätigkeit auf den Gebieten des Umwelt-, Steuer-, Arbeits- und Sozialrechts setzt.[26] Bei CSR geht es dagegen darum, zusätzliche, freiwillige Verhaltensmaßstäbe zu entwickeln, die unternehmerische Entscheidungen leiten sollen.[27] Mit dieser Ausrichtung auf freiwillige, nicht gesetzlich ausgeformte Standards i.S. unternehmensbezogener Selbstverpflichtung handelt es sich allerdings um nichts prinzipiell Neues (vgl. auch § 2 Abs. 1 Nr. 5 UWG, § 24 GWB). Bereits das Aktiengesetz 1937 enthielt ja die Verpflichtung des Vorstandes, die Gesellschaft nicht nur im Unternehmensinteresse, sondern auch unter Berücksichtigung des Gemeinwohls zu leiten.[28]

Diese Gemeinwohlverpflichtung des Vorstandes, die nach herrschender Auffassung als ungeschriebene Verpflichtung i.S. von „good citizenship" auch heute weiter gilt,[29] hat allerdings das Verhalten der Unternehmen in der Realität nicht nachhaltig geprägt. Die Gemeinwohlverpflichtung hat eher eine Feigenblattfunktion für die Öffentlichkeit („Greenwashing"). Sie hat viele Vorstände in der Vergangenheit nicht gehindert ihr Unternehmens i.S. strikter Shareholder Value- Orientierung zu führen und für sich selber exzessive Vergütungen in Anspruch zu nehmen. – trotz des Verbots in § 87 AktG, unangemessene Vorstandsvergütungen zu gewähren.[30] Daraus kann nur abgeleitet werden, dass, wer ein stärker ökologisch und sozial orientiertes Verhalten von Vorständen durchsetzen will, dies nur durch eine klare gesetzliche Regelung bewirken kann. Das geltende Wettbewerbsrecht lässt zwischen den Unternehmen vereinbarte konzertierte Einschränkungen des Wettbewerbs i.S. von Art. 101 AEUV, § 2 GWB zugunsten außerwettbewerblicher Zielsetzungen auf sozialem und ökologischem Gebiet grundsätzlich nicht zu[31] – es sei denn, es liegen die Voraussetzungen von Art. 106 Abs. 2 AEUV vor.[32] Diese restriktive Haltung des europäischen Wettbewerbsrechts erklärt sich aus der Gefahr einer Beeinträchtigung der Interessen der Marktgegenseite bzw. der Konsumenten, die sonst höhere Preise zahlen müssten, als dies durch die staatliche Rahmenordnung zugunsten von Umwelt und Sozialem gerechtfertigt ist. Insbesondere aber gilt es, den Schutz von

---

[26] *Schrader*, Nachhaltigkeit in Unternehmen – Verrechtlichung von Corporate Social Responsibility, ZUR 2013, 451 (453); *Säcker*, Corporate Social Responsibility and Compliance, CB 7/2013.

[27] Vgl. *Birk*, Corporate Responsibility, unternehmerische Selbstverpflichtungen und unlauterer Wettbewerb GRUR 2011, 196 (196); Die EU Kommission hatte CSR von Anfang an wie folgt eingegrenzt: CSR ist „ein Konzept, das den Unternehmen als Grundlage dient, um auf freiwilliger Basis soziale und ökologische Belange in ihre Unternehmenstätigkeit" aufzunehmen. Die CSR Grundsätze sich nach Ursprung und Präzisionsgrad auch nicht geeignet, die Generalklausel des Lauterkeitsrecht unmittelbar zu konkretisieren.

[28] *Roth*, Wirtschaftsrecht auf dem Deutschen Juristentag 2012 – Möglichkeiten und Grenzen für staatliche und nichtstaatliche Eingriffe in die Unternehmensführung -, NZG 2012, 881 (881).

[29] Vgl. statt anderer *Kort*, Gemeinwohlbelange beim Vorstandshandeln, NZG 2012, 926 ff.; *Muelbert*, Soziale Verantwortung von Unternehmen im Gesellschaftsrecht, AG 2009, 766 ff.; *Karlss,* in: MünchKommAktG, 3. Aufl. 2008, § 76 Rn. 118.

[30] Vgl. *Säcker*, Das zivilrechtliche Schicksal von gegen § 87 Abs. 1 AktG verstoßenden Vergütungsvereinbarungen, JZ 2006, 1154 ff.

[31] Vgl. Zimmer, in: *Immenga/Mestmäcker*, GWB 4. Aufl. 2007, § 1 Rn. 303 ff.

[32] *Gundel*, in: MünchKommWettbR, 2. Aufl. 2014, Art. 106 AEUV, Rn 74 ff.

potentiellen Wettbewerbern im In- und Ausland zu beachten, die durch sozial und ökologisch begründete Kartellabsprachen zwischen Herstellern und Händlern vom Markt verdrängt werden können.[33] Gerade das Beispiel der *open price systems* auf oligopolistischen und voroligopolistischen homogenen Gütermärkten hat gezeigt, dass hinter dem Vorwand, lauteren Wettbewerb zu schützen, immer auch das Motiv steht, Preise am Markt durchzusetzen, die bei Gewährung geheimer Rabatte oder sonstiger Preiszugeständnisse nicht möglich wären.[34]

Zwar hat der Europäische Gerichtshof in seinem *Preußen Electra* Urteil[35] sogar diskriminierende Einschränkungen der Warenverkehrsfreiheit zum Schutze der Umwelt unter engen gesetzlichen Voraussetzungen für zulässig erklärt, obgleich der Umweltschutz in Art. 36 AEUV (früher: Art. 30 EGV) nicht aufgeführt ist.[36] Hier geht es aber um eine an den Zielsetzungen des europäischen Rechts orientierte widerspruchsfreie Rechtsfindung, die konfligierende Zielsetzungen nach den Prinzipien praktischer Konkordanz harmonisieren muss und nicht um die Anerkennung von freiwillig übernommenen, von Unternehmen und deren Verbänden aufgestellten Verhaltensstandards, die zwar von ihrer Erklärung her dem Umwelt- und Gesundheitsschutz gelten, die aber u. U. nicht frei sind von wettbewerbseinschränkenden Zielsetzungen.[37]

Auch das in Art. 3 Abs. 3 AEUV definierte Ziel des europäischen Wirtschaftsrechts eine möglichst kompetitive *und* soziale Marktwirtschaft[38] zu schaffen, ist keine Generalklausel, kein „starting point" für eine richterliche Rechtsfortbildung, Verhaltenskodizes wie die CSR-Spielregeln umzusetzen. Es lässt sich bei realistischer Betrachtung nicht sagen, dass das Leitbild des Wettbewerbsrechts angesichts der bestehenden kulturellen Verschiedenheiten in den europäischen Mitgliedstaaten der EU der „ehrbare Kaufmann" sei, der aufgrund seiner ethischen Überzeugung allein oder mit anderen immer nach lauteren Maßstäben handelt[39] und (in der Formulierung von *Thomas Mann*[40] in den „Buddenbrooks") am Tage nur solche Geschäfte macht, die ihn des Nachts im Hinblick auf Umwelt, Arbeit und Menschenrechte ruhig schlafen lassen.

Nach § 3 Abs. 1 UWG ist unlauteres Verhalten auch nur dann untersagt, wenn es den Wettbewerb nicht nur unerheblich beeinträchtigt. Diese Effects-Doktrin re-

---

[33] Vgl. dazu *Birk*, Corporate Responsibility, unternehmerische Selbstverpflichtungen und unlauterer Wettbewerb, GRUR 2011, 196 ff.

[34] Vgl. BGH, NJW 1970, 194 f.; BKartA, Tätigkeitsbericht 1969, BT-Drs. VI/950, 19; *Hoppmann*, Preismeldestellen und Wettbewerb, WUW 1966, 97 (120).

[35] EuGH, Rs. C-379/98, PreussenElektra, Slg. 2001, I-2099.

[36] *Calliess/Ruffert*, EUV/AEUV, 4. Aufl. 2011, Art. 34-36, Rn. 210, 214. Näher dazu *Säcker*, Die Europäisierung des Energie-Umweltschutzrechts als nicht länger aufschiebbare Aufgabe, EWERK-Sonderausgabe im Gedenken an H. Scheer, 2011, 27 ff.

[37] *Zimmer*, in: *Immenga/Mestmäcker*, GWB, 4. Aufl. 2007, § 1 Rn. 201 ff.

[38] *Säcker*, Die Konvergenz von unionsrechtlicher & mitgliedstaatlicher Verfassung der Wirtschaft gem. der Zielvorgabe in Art. 3 Abs. 3 EUV, in: *Altmeppen* (Hrsg.), FS für Roth, 2011, 671 ff.

[39] Dazu näher: *Henning-Bodewig*, Der „ehrbare" Kaufmann, Corporate Social Responsibilitiy und das Lauterkeitsrecht, WRP 2011, 1014 ff.

[40] *T. Mann*, Die Buddenbrooks, 1909, 168.

lativiert das Ehrbarkeitsleitbild. Die §§ 3 ff. UWG verankern keine sozialen und ökologischen Standards, um die es bei den CSR geht. Nur wenn ein Unternehmen wahrheitswidrig mit der Beachtung von sozialen und ökologischen Verhaltenskodizes wirbt, verletzt es das UWG (§ 2 Abs. 1 Nr. 5 UWG und Anhang zu § 3 Abs. 3 UWG Nr. 1 und 2). § 2 Abs. 1 Nr. 7 UWG (der Art. 2 lit. h der Richtlinie 2005/29/ EG über unlautere Geschäftspraktiken entspricht) stellt ab auf den Standard an Fachkenntnissen und Sorgfalt, der gemäß den anständigen Marktgepflogenheiten und dem allgemeinen Grundsatz von Treu und Glauben von Verbrauchern im Tätigkeitsbereich der Gewerbetreibenden billigerweise erwartet werden kann.[41] Dies betrifft aber die Leistungserbringung, nicht die sozialen oder ökologischen Umstände der Produkterzeugung, sofern nur die gesetzlichen Vorgaben eingehalten werden. Die Corporate Governance-Grundsätze beziehen sich, wie gesagt, eben nicht auf das, was „recht" i.S. des Leitbilds eines sozial und ökologisch verantwortungsvoll handelnden Unternehmers ist, sondern nur auf das, was „Recht" ist.[42]

Mit der *Freiwilligkeit* der Einhaltung von CSR-Spielregeln können negative Aspekte verbunden sein, die es zu minimieren gilt. Unternehmen, die sich nicht an CSR halten, haben keine rechtlichen Nachteile im Wettbewerb zu befürchten[43] („Gute Mädchen [Unternehmen] kommen in den Himmel, böse Mädchen [Unternehmen] überall hin. Warum Bravsein nicht weiter bringt." – so der von mir abgewandelte Titel eines Buches von *Ute Ehrhardt*). Um negative Effekte für CSR-treue Unternehmen zu reduzieren, ließe sich an verbands- bzw. branchenweite Wettbewerbsregeln i.S. der §§ 24 ff. GWB mit ökologischem und sozialem Inhalt denken.[44] Solche Selbstregulierung stößt aber zu Recht auf kartellrechtliche Bedenken (Art. 101 AEUV, § 1 GWB).[45] Verbandsabsprachen über ökologisch und sozial verantwortungsbewusstes Handeln sollen häufig den Gesetzgeber an einem eigenständigen Handeln zur Beseitigung eines Marktversagens hindern (Beispiele: freiwillige, aber nicht wirksam gewordene Insider-Richtlinien[46]; Verbändeübereinkünfte zum Zugang zu Energienetzen[47]; freiwillige Werbebeschränkungen im Tabakbereich[48]; freiwillige Beschränkungen zur Sicherung der Biodiversität). Der Dialog zwischen Staat und Verbänden- so wichtig er ist – ist nach allen Erfahrungen nicht besser geeignet, Marktstörungen zu unterbinden, als ordnungrechtliches

---

[41] Vgl. dazu *Bornkamm*, in: *Köhler/Bornkamm*, UWG, 30. Aufl. 2012, § 5 Rn. 1.68.

[42] Vgl. dazu *Windbichler*, in: *Möllers* (Hrsg.), Geltung und Faktizität von Standards, 2009, 19 ff.; *Möslein*, Dispositives Recht, 2011, 120 ff.; ferner *Ernst* in: *Engel/Schön* (Hrsg.), Das Proprium der Rechtswissenschaft, 2007, 15 ff.

[43] *Kort*, Gemeinwohlbelange beim Vorstandshandeln, NZG 2012, 926 (927); *Rau*, Social Compliance – Nachhaltigkeitsrisiken richtig bewerten und kontrollieren, CCZ 2008, 224 ff.; *Windbichler*, Dienen staatliche Eingriffe guter Unternehmensführung?, NJW 2012, 2625 ff.

[44] Diese sind aber nach einhelliger Auffassung nicht geeignet, sozial oder ökologische motivierte wettbewerbseinschränkende Regelungen zu legitimieren, vgl. *Timme*, in: MünchKommWettbR, Bd. 2, 2008, § 24 Rn. 26 ff.

[45] Vgl. *Zimmer*, in: *Immenga/Mestmäcker*, GWB, 4. Aufl. 2007, § 1 Rn. 205 ff.

[46] *Fuchs*, Wertpapierhandelsgesetz, 2009, Einl. Rn. 71.

[47] Vgl. dazu kritisch *Säcker/Boesche*, in: *Säcker*, Neues Energierecht, 2. Aufl. 2003, 135 ff.

[48] *Zimmer*, in: *Immenga/Mestmäcker*, (Fn. 45), Rn. 203 ff.

Handeln des Staates. Trotz allem: freiwillige Regeln sind besser als nichts; denn in positiver Hinsicht können sie durch Veränderung des gesellschaftlichen Bewusstseins die Voraussetzungen für eine sachgerechte Fortbildung des Rechts schaffen.

Das Leitbild des nicht nur rechtlich, sondern auch sozial und ökologisch verantwortungsvoll handelnden Unternehmers bedarf zu seiner konsequenten Umsetzung in die Praxis der Ergänzung durch ein Leitbild des verantwortungsvoll handelnden Unternehmensjuristen, der CSR-Standards.[49] Wenn Unternehmensjuristen und Unternehmensanwälte beim Kampf um juristischen Erfolg für sich selber Corporate Governance- und Corporate Culture-Grundsätze ablehnen, wie dies der Deutsche Anwaltsverein getan hat, so droht die Gefahr, dass bei der Beratung des Unternehmens freiwillige CSR-Grundsätze zum Dekor für Sonntagsreden verblassen.

3 Corporate Social Responsibility als Vorstufe von zukünftigem Recht

Die moderne Konsumgesellschaft beruht trotz aller Laszivität gegenüber nur moralisch gebotenem Verhalten nach wie vor auch auf gemeinsam gelebten Grundüberzeugungen außerhalb von Gesetzen und Überwachungsinstitutionen.[50] Von nicht staatlichen Institutionen aufgestellte Maximen ökologisch und sozial verantwortungsbewussten unternehmerischen Verhaltens gewinnen als freiwillig zu beachtende Spielregeln rechtliche Stabilität allerdings nur dann, wenn sie in geltendes Recht transformiert werden, sei es durch Spezialtatbestände im UWG[51], sei es durch richterrechtliche Einstrahlung („Sündenregister"[52]) in die Generalklausel des UWG[53], sei es durch Identifikation des Unternehmens mit sozialen und ökologischen Kodex-Zielen und einer wirksamen rechtlichen Sanktionierung bei Nichteinhaltung (§ 5 Abs. 1 Nr. 6 UWG), z. B. durch UWG-rechtliche Unterlassungsverfügungen im Falle von Fehlvorstellungen der Verbraucher (§§ 5, 5a UWG), die durch umwelt- und sozialbezogene Werbung hervorgerufen wurden.[54] Rechtspolitisch könnte man auch daran denken, die Unternehmen in Analogie zu § 161 AktG (Corporate Go-

---

[49] Vgl. dazu *Säcker*, Corporate Governance und Co. – Worum geht es?, Online-Magazin „Deutscher AnwaltsSpiegel", 03/2009, 17 f.

[50] Vgl. *Popper*, Conjectures and Refutations, 1963, 215 ff.

[51] Vgl. z. B. § 5 Abs. 1 S. 2 Nr. 6 UWG.

[52] Vgl. dazu den Wortlaut des „Sündenregisters": Bundeswirtschaftsministerium vom 17.11.1974 (WRP 1975, 24); dazu *Kellermann*, in: *Immenga/Mestmäcker*, (Fn. 45), § 24 Rn. 139 ff. Kritisch dazu *Säcker/Mohr*, Forderung und Durchsetzung ungerechtfertigter Vorteile – Eine Analyse des § 20 Abs. 3 GWB, WRP 2010, 1 (7).

[53] Vgl. BGH WUW/E 1466 – Eintrittsgeld; einschränkend zu Recht BGH GRUR 2011, 431 ff. – FSA- Kodex.

[54] Vgl. exemplarisch BGH, GRUR 1996, 367 – Umweltfreundliches Bauen; BGH GRUR 1991, 546 zum Altpapier; BGH GRUR 2007, 247 – Regenwaldprojekt I; BGH GRUR 2007, 251 – Regenwaldprojekt II.

vernance Kodex) zu verpflichten, Abweichungen von einem klar definierten Kodex "Corporate Social Responsibility" bekanntzugeben.[55]

Als nützliche Vorstufe zur Ausbildung weltweiter Standards guten unternehmerischen Verhaltens haben sich internationale Konventionen für transnationale Unternehmen herausgestellt, die diese dazu verpflichten, mit den Entwicklungsländern vergleichbare Standards anzuwenden wie in ihren Heimatländern.[56] Positive Beispiele dafür sind die "International Bainwork Agreements" zwischen Großunternehmen und Gewerkschaften.[57] Die praktische Bedeutung internationaler Standards sollte aber nicht überschätzt werden. Der über viele Jahre hinweg mit großer Akzeptanz vorbereitete Code of Conduct für transnationale Unternehmen[58] ist bislang ohne nennenswerte Wirkung geblieben. Ein gleiches Schicksal dürfte auch das von den Vereinten Nationen im Jahre 2003 herausgegebene Regelwerk "The responsibility of transnational corporations and other business enterprises with regard to human rights"[59] erleiden. Da der Marktwert ethischen Verhaltens bei den Verbrauchern hoch ist, besteht hier leider immer die Gefahr, dass solche Regelwerke eher als wettbewerbswirksames Feigenblatt fungieren denn als Richtschnur der praktischen Unternehmenspolitik. Dies zeigt die Grenzen der „Regulierung durch Selbstregulierung",[60] sollte aber kein Anlass zur Resignation sein. Auch hier gilt: „Steter Tropfen höhlt den Stein!". Ohne „immer strebendes Bemühen" lässt sich sozialer und ökologischer Fortschritt nicht erreichen.[61]

---

[55] Vgl. zur Problematik *Möllers/Hailer*, Möglichkeiten und Grenzen staatlicher und halbstaatlicher Eingriffe in die Unternehmensführung, JZ 2012, 841 ff.; *Vetter*, Corporate Governance als Thema der Juristentagung, NZG 2012, 900 ff.

[56] Vgl. *Dzida/Reinhard*, Globale Rahmenabkommen: zwischen Corporate Social Responsibility und Gewerkschaftlichen Kampagnen, BB 2012, 2241 ff.

[57] Vgl. dazu *Thüsing*, International Framework Agreements: Rechtliche Grenzen und praktischer Nutzen, RdA 2010, 78 ff.

[58] Vgl. dazu näher *Ebenroth*, Code of Conduct, Ansätze zur vertraglichen Gestaltung Internationaler Investitionen, 1987.

[59] Norms on the Responsibilities of Transnational Corporations and Other Business Enterprises with Regard to Human Rights, U.N. Doc. E/CN.4/Sub.2/2003/12/Rev.2 (2003), abzurufen unter: http://www1.umn.edu/humanrts/links/norms-Aug2003.html#approval.

[60] Vgl. dazu *Schmidt-Preuß*, in: *Säcker* (Hrsg), Neues Energierecht, 2. Aufl. 2003, 179 ff.

[61] Vgl. dazu auch *Scherer/Picot*, Unternehmensethik und Corporate Social Responsilbility – Herausforderungen an die Betriebswirtschaftslehre, zfbf- Sonderheft 58/08; *Schwalbach*, Corporate Social Responsilbility, ZfB 3/08; *Wieland*, Unternehmensethik und Compliance Management – Zwei Seiten einer Medaille, CCZ 2008, 15 ff.

Die Berücksichtigung von Corporate Social Responsibility bei der Urteilsfindung – Sind ethische Aspekte justiziabel?

Irmgard Griss

Zusammenfassung Auch wenn Recht und Moral strikt voneinander zu trennen sind, dürfen und können Gerichte ethische Aspekte berücksichtigen. Zu einer unmittelbaren Anwendung kommt es bei der Verrechtlichung moralischer Pflichten, durch Verhaltenskodizes, durch die moralisch handelnde Person als Leitfigur, bei der Auslegung von Generalklauseln, bei der Konkretisierung unbestimmter Rechtsbegriffe und bei der ergänzenden Vertragsauslegung; zu einer mittelbaren Anwendung durch das Irreführungsverbot und durch Offenlegungsvorschriften. Dabei haben sich die Gerichte an den Grundrechten und am Schutzzweck des Gesetzes zu orientieren; widerstreitende Interessen sind offenzulegen und gegeneinander abzuwägen. Ethische Aspekte sind demnach justiziabel, wenn das positive Recht ihre Berücksichtigung zulässt und sie nachvollziehbar dargelegt werden können.

1 Einleitung

Wir befinden uns in einer paradoxen Situation: Einerseits werden Recht und Moral strikt voneinander getrennt, andererseits besteht ein Bedürfnis sicherzustellen, dass auch das Wirtschaftsleben von moralischen Werten bestimmt ist. Und wenn sich (auch) die Wirtschaftsteilnehmer danach richten sollen, was gut und richtig ist, dann stellt sich natürlich die Frage, ob es Sanktionen geben soll und kann, wenn sie es nicht tun. Dem folgt aber gleich die nächste Frage, ob ethische Aspekte überhaupt justiziabel sind, und damit werde ich mich in meinem Beitrag befassen.

I. Griss (✉)
Graz, Österreich
E-Mail: ig@griss.at

R. M. Hilty, F. Henning-Bodewig (Hrsg.), *Corporate Social Responsibility*,
MPI Studies on Intellectual Property and Competition Law 21,
DOI 10.1007/978-3-642-54005-9_19, © Springer-Verlag Berlin Heidelberg 2014

2   Verhältnis zwischen Recht und Ethik[1]

Gerichte sprechen Recht; ihre Aufgabe ist es nicht, Verhalten danach zu beurteilen, ob es moralisch oder unmoralisch ist. Der grundlegende Unterschied zwischen rechtlichen und moralischen Pflichten wird darin gesehen, dass rechtliche Pflichten justiziabel sind, moralische hingegen nicht. Ethische Standards taugen regelmäßig nicht als Norm, denn sie bilden nicht das erwünschte Durchschnittsverhalten ab, sondern sie zielen auf Vervollkommnung und können deshalb auch nicht Anknüpfungspunkt für Sanktionen sein.

Für das moderne *Strafrecht* gilt die Abgrenzung gegenüber ethischen Standards in besonderem Maß: *nulla crimen sine lege, nulla poena sine lege.* Zugleich stellt sich aber auch die Frage, ob dieser Grundsatz noch aufrecht erhalten werden kann, wenn etwa dem Fiskus Milliarden dadurch entgehen, dass Gesetzeslücken ausgenützt werden, um Steuer mehrfach rückerstattet zu erhalten, wie beim Skandal um die Kapitalertragssteuer.[2]

Der Staatslehrer *Georg Jellinek*[3] hat Recht als das „ethische Minimum" bezeichnet. Denn die Ethik fordert regelmäßig mehr als das Recht. Das muss aber nicht immer der Fall sein. So können Verhaltenspflichten über moralische Pflichten hinausgehen, wie etwa die Rettungspflicht. Andererseits reichen ethische Erwägungen nicht aus, um ein rechtliches Interesse für z. B. die Akteneinsicht zu begründen; das rechtliche Interesse muss vielmehr in der Rechtsordnung gegründet und von ihr gebilligt sein.[4]

3   Ethische Aspekte in der Rechtsanwendung

Dass ethische oder besser moralische Pflichten nicht mit Rechtspflichten gleichgesetzt werden können, muss noch nicht heißen, dass bei der Rechtsanwendung nicht ethische Aspekte berücksichtigt werden können oder vielleicht sogar müssen. Dabei ist zwischen der unmittelbaren und der mittelbaren Berücksichtigung ethischer Aspekte zu unterscheiden.

---

[1] Eigentlich müssten Recht und Moral einander gegenübergestellt werden, denn Ethik ist die Lehre bzw Theorie vom Handeln gemäß der Unterscheidung von gut und böse; ihr Gegenstand ist die Moral.

[2] S. http://www.welt.de/wirtschaft/article117975823/Finanzaemter-sind-hilflos-gegenueber-Steuertricks.html (zul. besucht am 22. Oktober 2013).

[3] *Jellinek*, Die sozialethische Bedeutung von Recht, Unrecht und Strafe, 1908, 45.

[4] OGH v. 19. September 1995, 4 Ob 553/95: Begehren auf Einsicht in den Verlassenschaftsakt des Betreibers eines „Büros für Genealogie", der unbekannte Erben ausfindig machen will, um den Heimfall des Nachlasses an den Staat zu verhindern.

3.1 Unmittelbare Berücksichtigung

3.1.1 Moralische Pflichten als Rechtspflichten

Eine Tendenz zu einer Umwandlung moralischer Pflichten in Rechtspflichten, zu einer *Verrechtlichung*, ist in vielen Bereichen zu beobachten. Der Staat wird vielfach als Garant eines guten Zusammenlebens gesehen, von manchen sogar als Garant eines gelingenden Lebens; diesen Erwartungen kann der Staat nur gerecht werden, wenn er den Bürgern entsprechende Pflichten ihren Mitmenschen gegenüber auferlegt. Damit diese Pflichten auch durchsetzbar sind, müssen sie Inhalt von allgemein verbindlichen Normen und damit verrechtlicht werden.

Ein Beispiel aus dem *Lauterkeitsrecht* ist der Einsatz von *Kindern* als Kaufmotivatoren. Vor Umsetzung der UGP-Richtlinie war Werbung gegenüber Kindern unter die Generalklausel zu subsumieren und damit am Maßstab der „guten Sitten" zu messen. Mit Nr. 28 des Anhangs zur UGP-Richtlinie ist eine bestimmte Form der Werbung gegenüber Kindern nunmehr ausdrücklich verboten, und zwar die Einbeziehung einer direkten Aufforderung an Kinder in einer Werbung, die beworbenen Produkte zu kaufen oder ihre Eltern oder andere Erwachsene zu überreden, die beworbenen Produkte für sie zu kaufen.

3.1.2 Moralische Pflichten als Inhalt von Verhaltenskodizes

Verhaltenskodizes dienen regelmäßig dazu, Regeln für das Verhalten einer Gruppe von Marktteilnehmern oder auch eines Unternehmens (seiner Mitarbeiter) aufzustellen, wobei die Spannweite groß ist. Sie kann von der (eigentlich selbstverständlichen) Verpflichtung, anwendbare Gesetze zu befolgen, bis zu dem eher als Appell einzustufenden Gebot reichen, die Anliegen der Kunden ernst zu nehmen. Für Unternehmen ist es geradezu ein Muss geworden, einen Compliance-Code aufzustellen, wobei das Ausmaß der Selbstbindung oft weit über gesetzliche Pflichten hinausgeht und zu einer Einschränkung unternehmerischer Freiheit führen kann. Im Bereich des Lauterkeitsrechts gibt es vor allem im Vereinigten Königreich zahlreiche Verhaltenskodizes; so hat beispielsweise der britische Handel einen Verhaltenskodex aufgestellt, wonach auf anzügliche Werbung für Kinderkleidung verzichtet werden soll.[5]

Die UGP-Richtlinie widmet den Verhaltenskodizes mehrere Bestimmungen. Nach Art. 2 lit. f ist „Verhaltenskodex" eine Vereinbarung oder ein Vorschriftenkatalog, die bzw. der nicht durch die Rechts- und Verwaltungsvorschriften eines Mitgliedstaats vorgeschrieben ist und das Verhalten der Gewerbetreibenden definiert, die sich in Bezug auf eine oder mehrere spezielle Geschäftspraktiken oder Wirt-

---

[5] http://www.brc.org.uk/brc_policy_content.asp?iCat=678&iSubCat=679&spolicy=Responsible+ Retailing&sSubPolicy=Childrenswear (zul. besucht am 22. Oktober 2013).

schaftszweige auf diesen Kodex verpflichten. Ausdrücklich bestimmt wird auch, dass unlautere Geschäftspraktiken durch Verhaltenskodizes kontrolliert werden können; neben den dafür eingerichteten Kontrolleinrichtungen muss aber immer auch ein Gericht oder eine Verwaltungsbehörde angerufen werden können.[6] Nach Art. 6 Abs. 2 lit. b UGP-Richtlinie gilt als irreführende Geschäftspraxis die Nichteinhaltung von Verpflichtungen, die der Gewerbetreibende im Rahmen von Verhaltenskodizes, auf die er sich verpflichtet hat, eingegangen ist, sofern i) es sich nicht um eine Absichtserklärung, sondern um eine eindeutige Verpflichtung handelt, deren Einhaltung nachprüfbar ist, und ii) der Gewerbetreibende im Rahmen einer Geschäftspraxis darauf hinweist, dass er durch den Kodex gebunden ist.

3.1.3   Moralisch handelnde Person als Leitfigur

Lange Zeit hindurch war der „ehrbare Kaufmann" ein Leitbild, an dem das Verhalten von Wirtschaftsteilnehmern zu messen war. Als „ehrbar" galt, wer Tugenden wie Vertragstreue, Aufrichtigkeit, Klugheit, Anstand, Sparsamkeit besaß. Welche Tugenden als wesentlich angesehen werden, kann sich im Laufe der Zeit ändern; unverändert bleibt aber der grundsätzliche Bedarf an einer Leitfigur, die ihr Handeln nach moralischen Kriterien ausrichtet.

3.1.4   Moralisches Verhalten als Bezugspunkt für die Beurteilung eines Verhaltens nach der Generalklausel

Gemäß Art. 10bis PVÜ ist jede Wettbewerbshandlung unlauter, die den *„anständigen Gepflogenheiten"* in Gewerbe oder Handel zuwiderläuft. Die UGP-Richtlinie misst die Unlauterkeit an der *beruflichen Sorgfaltspflicht*[7] und definiert diese als den Standard an Fachkenntnissen und Sorgfalt, bei denen billigerweise davon ausgegangen werden kann, dass der Gewerbetreibende sie gegenüber dem Verbraucher gemäß den anständigen Marktgepflogenheiten und/oder dem allgemeinen Grundsatz von Treu und Glauben in seinem Tätigkeitsbereich anwendet.[8]

Sowohl bei der näheren Bestimmung der anständigen Marktgepflogenheiten als auch des Grundsatzes von Treu und Glauben können ethische Aspekte einbezogen werden. In Frage kommen etwa die Rücksichtnahme auf die schutzwürdigen Interessen anderer und ein redliches und loyales Verhalten im Rechts- oder Wirtschaftsverkehr.

---

[6] Art. 10 UGP-RL.
[7] Art. 5 Abs. 2 lit. a UGP-RL.
[8] Art. 2 lit. h UGP-RL.

3.1.5   Ethische Aspekte bei der Konkretisierung unbestimmter Rechtsbegriffe

Keine Rechtsordnung kommt ohne unbestimmte Rechtsbegriffe aus, und genauso wenig kann sie darauf verzichten, den Richter zu ermächtigen, unbestimmte Rechtsbegriffe im Bedarfsfall zu konkretisieren. Neben Wertungen, die auf den Grundrechten beruhen, und Wertungen, die einfachen Gesetzen entnommen werden, sind es vor allem *allgemeine Wertvorstellungen*, die der Richter zu berücksichtigen hat. Die allgemeinen Wertvorstellungen sind moralischer Natur. Der Gesetzgeber verzichtet regelmäßig darauf, sie zu konkretisieren, weil sie gesellschaftliche Entwicklungen widerspiegeln und daher in gewisser Weise zeitgebunden sind.

Ein Beispiel für einen ausdrücklichen Bezug auf allgemeine Wertvorstellungen findet sich in Österreich in der Rechtsprechung des Obersten Gerichtshofs zum Rechtsmissbrauchseinwand. Danach besteht die Funktion des Rechtsmissbrauchsverbots des § 1295 Abs. 2 des österreichischen ABGB darin, „verwerfliches Handeln zu ahnden, also ein Verhalten, das einen Verstoß gegen natürliche Rechtsgrundsätze und allgemein anerkannte Regeln der Ethik darstellt".[9] Offen bleibt hier aber, welche allgemein anerkannten Regeln der Ethik gemeint sind.

3.1.6   Ethische Aspekte bei der ergänzenden Vertragsauslegung

Wenn die Parteien in einem Vertrag nicht alle wesentlichen Punkte regeln, muss der Richter den Vertrag ergänzend auslegen. Als Mittel der *ergänzenden Vertragsauslegung* kommen der hypothetische Parteiwille (wie hätten redliche und vernünftige Parteien diesen Punkt geregelt), die Übung des redlichen Verkehrs, der Grundsatz von Treu und Glauben sowie die Verkehrsauffassung in Betracht.[10]

Redlich und vernünftig, redlicher Verkehr, Treu und Glauben, das sind alles Begriffe, durch die moralische Erwägungen Eingang finden können. Entscheidend ist aber, dass die maßgebenden Wertungsgesichtspunkte auch tatsächlich offengelegt werden und den Begriffen nicht bloß floskelhaft-ornamentale Bedeutung zukommt.[11]

3.2   Mittelbare Anwendung

Ethische Aspekte können nicht nur durch die genannten „Einfallstore" Eingang in Entscheidungen finden, sondern, so könnte man sagen, auch durch die Hintertür. „Türöffner" sind insbesondere das Irreführungsverbot und Offenlegungsvorschriften.

---

[9] OGH v. 14. Juli 1986, 1 Ob 571/86: Frage der Haftung einer Bank wegen Konkursverschleppung durch Kreditgewährung.

[10] RIS-Justiz RS0017832.

[11] S. *Vonkilch*, in: *Fenyves/Kerschner/Vonkilch* (Hrsg.), Kommentar zum ABGB, 3. Aufl. 2011, § 914 Rn. 206.

3.2.1 Irreführungsverbot

Behauptungen der Nachhaltigkeit, des fairen Handels, sozialer Einstellung sind offenbar wirksame und daher auch beliebte Werbebotschaften. Wer damit wirbt, muss – dank Irreführungsverbot – sich auch tatsächlich so verhalten. Damit kann mit Hilfe des Irreführungsverbots sichergestellt werden, dass ethische Grundsätze und Leitbilder jedenfalls dann befolgt werden, wenn man sich ihrer berühmt.

3.2.2 Offenlegungsvorschriften

Indirekter Druck zur Befolgung ethischer Grundsätze und Leitbilder entsteht auch durch Offenlegungsvorschriften. Wer etwa seine Geschäftspolitik in Fragen der Beschaffung von Rohstoffen oder der von ihm gehandelten Waren offenlegen muss, wird eher dazu veranlasst sein, sich dabei nach ethischen Grundsätzen und Leitbildern zu richten als jemand, für den diese Pflicht nicht gilt. Sanktioniert werden kann eine Verletzung entweder durch Bestimmungen in den Offenlegungsvorschriften selbst oder, wenn die offengelegten Umstände nicht den Tatsachen entsprechen, wiederum durch das Irreführungsverbot.

4   Sind Richter qualifiziert, ethische Aspekte zu berücksichtigen?

Warum stellt sich diese Frage überhaupt? Anders als Rechtsnormen sind ethische Normen regelmäßig – von Verhaltenskodizes und Leitbildern abgesehen – nicht schriftlich niedergelegt. Allein schon ihre Feststellung ist daher mit Unsicherheiten behaftet. Denn wenn ethische Aspekte in eine Entscheidung einfließen, dann kann es nicht auf interne Standards der Individualmoral ankommen, sondern maßgebend sind externe Verhaltenserwartungen, wie sie die Sozialmoral formuliert. Es kann daher auch nicht genügen, dass das Entscheidungsorgan bestimmte moralische Überzeugungen hat und diese Überzeugungen seiner Entscheidung zugrunde legt, sondern es muss sich um allgemeine Wertvorstellungen handeln. Wie aber findet der Richter heraus, ob und mit welchem Inhalt in einer Frage Übereinstimmung darüber besteht, was gut und richtig ist?

Der erste Schritt dazu muss schon bei der Auswahl und Ausbildung der Richter gemacht werden. Es sollte sichergestellt sein, dass Persönlichkeiten zu Richtern ernannt werden, die dafür auch die charakterlichen und menschlichen Voraussetzungen mitbringen. Denn nur wer sein eigenes Handeln nach Werten ausrichtet, wird auch einen Sinn dafür entwickeln, von welchen Werten sich unsere pluralistische Gesellschaft leiten lässt, was allgemein als gut und richtig gilt. Um sicherzustellen, dass es allgemein gültige Werte sind, auf die Richter ihre Entscheidung gründen, müssen sie die *Wertungen offenlegen* und die Entscheidung auch *nachvollziehbar* begründen. Die damit hergestellte Transparenz dient als Mittel der Selbstkontrolle und legitimiert zugleich die Entscheidung.

Denn die Berücksichtigung ethischer Aspekte ist ganz allgemein mit der Gefahr verbunden, dass *Leerformeln* verwendet werden. Ein bestimmtes Verhalten wird etwa als „anständig" oder „nicht anständig" bezeichnet; etwas soll den „anständigen Gepflogenheiten in Gewerbe oder Handel" oder dem Grundsatz von „Treu und Glauben" widersprechen, ohne dass gesagt wird, auf welchen Wertentscheidungen diese Beurteilung beruht. Denn es sind immer Wertentscheidungen, mit denen diese Begriffe ausgefüllt werden. Welche Wertentscheidungen das sind, steht nicht im Belieben des Richters.

An erster Stelle sind es die *Grundrechte*, an denen sich der Richter zu orientieren hat, wie sie das Unionsrecht in der Charta der Grundrechte, die Europäische Menschenrechtskonvention und die nationalen Verfassungsordnungen festschreiben. Im Bereich des Lauterkeitsrechts ist der *Schutzzweck des Gesetzes* zu beachten, der den Schutz der Unternehmer, der Verbraucher, der sonstigen Marktteilnehmer und der Allgemeinheit umfasst. Wichtige Hinweise darauf, was in bestimmten Bereichen als gut und richtig gilt, geben Verhaltenskodizes.

Rechtsanwendung ist insbesondere auch bei der Berücksichtigung ethischer Aspekte immer auch *Interessenabwägung*. Dazu müssen die beteiligten Interessen klar herausgearbeitet und gegeneinander abgewogen werden. Die große Herausforderung für die Richter besteht darin, sich selbst gegenüber ehrlich zu sein, indem sie sich darüber klar werden, von welchen Erwägungen sie geleitet werden. Die Notwendigkeit, Interessen zu benennen und die Gründe für ihre Gewichtung anzugeben, ist dabei eine wesentliche Hilfe.

5 Schlussbemerkung

Was ist nun die Antwort auf die Frage, ob ethische Aspekte überhaupt justiziabel sind? Die Antwort ist wohl, dass sie es sind, und auch wiederum nicht sind. Ethische Aspekte sind justiziabel, wenn das positive Recht ihre Berücksichtigung zulässt und sie nachvollziehbar dargelegt werden können. Sie sind es nicht, wenn sie nur in individuellen Moralvorstellungen begründet sind. Denn die Berücksichtigung ethischer Aspekte darf nicht dazu führen, dass Moral mit Recht gleichgesetzt wird und Richter zu selbsternannten Hütern der Moral werden.

Tagungsprogramm

Donnerstag, 16.05.2013

Begrüßung und Einführung in die Thematik
(*Reto M. Hilty/Frauke Henning-Bodewig*)
Keynote:
(*Gesine Schwan*)

I. Was sind CSR-Standards und wie werden sie gesehen?
    1. CSR aus gesellschaftspolitischer Sicht
    (*Jackson*)
    2. CSR aus Unternehmersicht: Neuinterpretation des „ehrbaren Kaufmanns"?
    (*Lütge*)
    3. CSR aus Konsumentensicht
    (*Schoenheit*)
II. Rahmenbedingungen für die wettbewerbsrechtliche Beurteilung von CSR
    1. Rechtsqualität von CSR; Abgrenzung zu Kodizes, Soft Law etc.
    (*Podszun*)
    2. Internationalrechtliche Vorgaben: PVÜ, TRIPS
    (*Cottier*)
    3. Europäisches Verfassungsrecht; Bedeutung von „commercial speech" etc.
    (*Streinz*)
    4. Vorgaben des primären und sekundären Gemeinschaftsrechts, CSR-Programme
    (*Glöckner*)
    5. Kartellrechtliche Überlegungen
    (*Ackermann*)

Freitag, 17.05.2013

III. CSR und das deutsche Lauterkeitsrecht
    1. Der Anwendungsbereich des UWG
    (*Köhler*)
    2. Irreführung durch CSR
    (*von Walter*)
    3. Informationspflichten bei CSR
    (*Birk*)

R. M. Hilty, F. Henning-Bodewig (Hrsg.), *Corporate Social Responsibility*,
MPI Studies on Intellectual Property and Competition Law 21,
DOI 10.1007/978-3-642-54005-9, © Springer-Verlag Berlin Heidelberg 2014

    4. Unmittelbare Beurteilung auf der Grundlage der Generalklausel?
    (Ohly)

IV. CSR im Rechtsvergleich

    1. CSR aus asiatischer Sicht
    (*Bu*)

    2. CSR aus belgisch/französischer Sicht
    (*Stuyck*)

    3. CSR aus US-amerikanischer Sicht
    (*Peukert*)

    4. CSR aus niederländischer/englischer Sicht
    (*Kampermann Sanders*)

V. Zusammenfassung, Ausblick

    1. Braucht es ein Europäisches Unternehmerleitbild?
    (*Säcker*)

    2. Sind ethische Aspekte überhaupt justiziabel?
    (*Griss*)

VI. Generaldiskussion

Printing and Binding: Stürtz GmbH, Würzburg